랭체인과 랭그래프로 구현하는
RAG·AI 에이전트
실전 입문

랭체인과 랭그래프로 구현하는
RAG·AI 에이전트 실전 입문

지은이 니시미 마사히로, 요시다 신고, 오시마 유키
옮긴이 최용
펴낸이 박찬규 **엮은이** 전이주 **디자인** 북누리 **표지디자인** Arowa & Arowana

펴낸곳 위키북스 **전화** 031-955-3658, 3659 **팩스** 031-955-3660
주소 경기도 파주시 문발로 115, 311호 (파주출판도시, 세종출판벤처타운)

가격 35,000 **페이지** 508 **책규격** 188 x 240mm

초판 발행 2025년 06월 20일
ISBN 979-11-5839-610-7 (93000)

등록번호 제406-2006-000036호 **등록일자** 2006년 05월 19일
홈페이지 wikibook.co.kr **전자우편** wikibook@wikibook.co.kr

LANGCHAIN TO LANGGRAPH NI YORU RAG·AI AGENT [JISSEN] NYUMON
by Masahiro Nishimi, Shingo Yoshida, Yuki Oshima
Copyright © 2024 Masahiro Nishimi, Shingo Yoshida, Yuki Oshima
All rights reserved.
Original Japanese edition published by Gijutsu-Hyoron Co., Ltd., Tokyo
This Korean language edition published by arrangement with Gijutsu-Hyoron Co., Ltd.,
Tokyo in care of Tuttle-Mori Agency, Inc., Tokyo, through Botong Agency, Seoul.

이 책의 한국어판 저작권은 Botong Agency를 통한 저작권자와의 독점 계약으로 위키북스에 있습니다.
신저작권법에 의해 한국 내에서 보호를 받는 저작물이므로 무단 전재와 복제를 금합니다.
이 책의 내용에 대한 추가 지원과 문의는 위키북스 출판사 홈페이지 wikibook.co.kr이나
이메일 wikibook@wikibook.co.kr을 이용해 주세요.

랭체인과 랭그래프로 구현하는
RAG · AI 에이전트 실전 입문

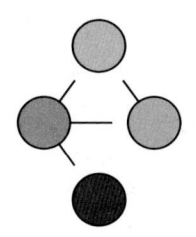  

RAG 설계부터
AI 에이전트 구현과 디자인 패턴까지,
LLM 애플리케이션 개발자를 위한
완벽 실습서

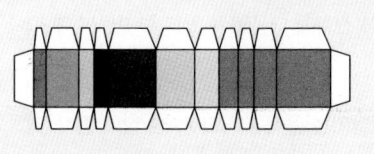

니시미 마사히로,
요시다 신고, 오시마 유키 지음
최용 옮김

위키북스

 시작하며

이 책은 OpenAI의 챗 API와 LangChain, LangGraph를 사용하여 대규모 언어 모델(LLM)을 프로덕션 수준의 시스템에 통합하기 위한 기본 지식을 학습하고, 나아가 LLM을 활용한 검색 증강 생성(RAG) 애플리케이션과 AI 에이전트 시스템 구축을 단계별로 실습할 수 있는 기술서입니다.

OpenAI, Google, Anthropic을 비롯해 API를 통해 LLM을 제공하는 사업자들의 서비스 덕분에, 애플리케이션 개발자들은 이전에는 AI/ML(머신러닝) 지식을 기초부터 공부해야만 구축할 수 있었던 AI 시스템을 쉽게 구축할 수 있게 됐습니다. 애플리케이션 엔지니어에게 2023년은 상상보다 훨씬 더 빠른 속도로 LLM 애플리케이션 구축이나 기존 시스템에 LLM 기능을 통합하는 기회가 많은 해였습니다. 이어서 2024년에는 사내 챗봇이나 사내 문서 검색 시스템뿐만 아니라 다양한 유스케이스에서 LLM이 활용되기 시작했습니다. 그중에서도 특히 'AI 에이전트'라는 말을 자주 듣게 되면서, 사람과 AI 어시스턴트가 상호작용하면서 업무를 진행하는 것보다 더 적은 지시로 정확하게 업무를 처리해 주는 방향으로 LLM을 활용할 수 있을지도 모른다는 기대가 높아지고 있습니다.

이 책에서는 처음 생성형 AI로 프로젝트를 시작하는 사람에게도, 더 에이전트다운 LLM 애플리케이션을 구축하고자 하는 사람에게도 충분한 내용이 되도록, OpenAI의 챗 API(ChatGPT의 API)와 LangChain의 기초부터 RAG의 발전적 기법과 평가 실습, 그리고 LLM을 활용한 AI 에이전트의 구조, AI 에이전트 디자인 패턴 및 패턴별 AI 에이전트 실습까지 다양한 내용을 담았습니다.

처음 생성형 AI를 활용한 프로젝트를 시작하는 사람에게 먼저 권하고 싶은 것은 OpenAI의 챗 API(ChatGPT의 API)와 LangChain 프레임워크를 확실히 학습하는 것입니다. 기본적인 LLM의 특성을 살리면서 서비스나 업무 시스템으로 구축하고, 앞으로의 생성형 AI 진화에 대응할 수 있도록 머릿속에 지식 체계를 확실히 구축하는 것이 목표입니다.

생성형 AI 활용 경험이 있는 사람이라면 이 책을 통해 RAG 앱 개발의 실용적 지식과 RAG 앱의 평가, 테스트, 운영 및 유지보수 등 LLMOps를 배울 수 있습니다. 더 나아가 LangGraph를 통한 LLM 활용 워크플로 구축 방법론을 통해 현재 주목받는 AI 에이전트 개발에 적용할 수 있는 디자인 패턴과 구현 코드를 종합적으로 접할 수 있습니다.

이 책은 생성형 AI나 AI 에이전트처럼 언뜻 보기에 마법 같은 기술을 과학적 방법론의 하나로 이해하고, 시스템의 일부 또는 대부분으로 활용할 수 있도록 안내하는 최적의 입문서를 지향하며 집필했습니다.

시작하며

이 책에 앞서 출간한 《챗GPT와 랭체인을 활용한 LLM 기반 AI 앱 개발》(위키북스, 2024)에서는 주로 OpenAI의 챗 API와 LangChain을 활용해 채팅 시스템을 구축했습니다. 이번에는 OpenAI의 챗 API와 LangChain의 업데이트에 맞춰 최신화했을 뿐만 아니라, 비즈니스에서 실제로 유용한 수준의 편의성과 UX를 LLM 앱에서 구현하기 위해 프롬프트와 워크플로의 최적화, 그리고 여러 시스템 프롬프트로 구성된 멀티 에이전트와 같은 에이전트형 AI 구축 방법을 설명합니다.

특히 여러분이 프로덕션 시스템을 만들 때 많은 과제에 직면할 것을 고려해, 가능한 한 많은 유스케이스와 과제에 대한 해결 힌트를 제공합니다. 이 책을 통해 앞으로 시스템 활용이 더욱 기대되는 생성형 AI에 여러분이 자신감을 가지고 도전할 수 있게 된다면 기쁘겠습니다. 함께 노력해 나갑시다.

이 책에서 배울 수 있는 것

먼저 2~5장에서는 OpenAI의 챗 API와 LangChain에 대해 설명합니다. 성능이 우수한 상용 모델이 많이 출시되고 있는 현재에도 OpenAI는 여전히 선두 주자이며 가장 널리 보급돼 있습니다. 특히 현재 무료 사용자도 이용할 수 있는 최신 GPT-4o를 통해 이미지 인식과 같은 작업도 수행할 수 있는 멀티모달 모델이 제공되고 있습니다. 이러한 기능들은 API로 제공되며, 시스템에 통합하려면 프로그램을 통해 입력을 받아 API를 호출하고 생성을 지시한 후, 받은 생성 결과를 활용해야 합니다.

이런 경우에 여러 LLM을 쉽게 전환하거나 생성 결과에 크게 영향을 미치는 양질의 지시를 템플릿화하거나 애플리케이션 측의 처리를 추상화하여 편리하게 구현할 수 있는 것이 LangChain이라는 LLM 애플리케이션 프레임워크입니다. LangChain은 여러 작업을 추상화할 수 있는 기능뿐만 아니라, LLM을 활용한 애플리케이션을 만들 때 직면하는 다양한 과제에 대한 많은 구현을 포함하고 있어, 직접 애플리케이션을 설계할 때 LangChain 내의 구성 요소를 조합하여 빠르게 원하는 것을 구현할 수 있는 것이 큰 장점입니다.

참고로, 이 책의 2~4장은 《챗GPT와 랭체인을 활용한 LLM 기반 AI 앱 개발》의 2~5장을 바탕으로 최신 정보를 반영해 대폭 업데이트한 내용입니다.

6장과 7장에서는 이들을 활용하여 RAG(Retrieval-Augmented Generation)라고 하는 문서 검색과 생성을 결합한 시스템을 실습하고, 프로덕션 수준으로 활용할 수 있도록 평가 방법에 관해 배웁니다.

8장부터는 AI 에이전트 개발 방법에 대해 배웁니다. 8장에서는 AI 에이전트의 진화와 변천을 설명하고, 9~12장에서는 LLM을 활용한 복잡한 워크플로를 구축하기 위한 라이브러리인 LangGraph를 활용한 AI 에이전트 구현과 에이전트 디자인 패턴이라 불리는 디자인 패턴을 설명하고 추가로 구현해 봅니다. 이 책을 읽고 실습하면 최신 AI 에이전트 지식을 습득하고 실전 노하우를 익힐 수 있습니다.

클라우드를 활용해 실습

이 책의 구현은 가능한 한 클라우드 환경에서 진행합니다. 저장소, 노트북, LLM, 스토리지 모두 클라우드에서 제공되는 기능을 활용합니다. 이를 통해 전문가가 아니면 구하기 어려운 강력한 GPU와 같은 계산 자원이 필요 없으며, 환경 차이로 인해 설정에 많은 시간을 소비하지 않고도 빠르게 리소스를 확보하여 실제 작동하는 애플리케이션을 개발할 수 있습니다. 적은 비용으로 빠르게 실습하기에 최적의 구성을 고려했습니다.

할 수 있는 것

- **사내의 대량 문서를 검색하는 챗 시스템 구축**

  이 책의 코드는 실제 사용 상황을 고려하여 작성됐습니다.

- **완전히 자율적인 AI 에이전트 구축**

  완전히 자율적인 AI 에이전트를 구축하기 위해서는 아직 여러 과제가 있습니다. 하지만 이 책의 설명과 코드가 앞으로 다양한 상황에서 구현하는 데 도움이 될 것입니다.

할 수 없는 것

- 머신러닝 전문 지식이나 생성형 AI의 메커니즘 자체에 대한 설명은 다루지 않습니다. 이에 대해 알고 싶다면 다른 전문서를 참고하기 바랍니다.

대상 독자

이 책은 다음과 같은 독자를 대상으로 합니다.

- 대규모 언어 모델(LLM)을 활용한 시스템을 만들고 싶은 애플리케이션 개발자
- 실제로 작동하는 앱을 만들면서 대규모 언어 모델(LLM) 애플리케이션 개발에 필요한 지식 체계와 핵심 포인트를 배우고 싶은 분
- 대규모 언어 모델(LLM) 애플리케이션 개발 전문가가 되기 위해 우선 알아둬야 할 기술을 파악하고 싶은 분
- AI 에이전트 개발의 기초 지식을 배우고 싶은 분

필요한 사전 지식·조건

이 책을 읽기 위해서는 몇 가지 사전 지식을 갖춰야 하고 준비할 사항도 있습니다.

파이썬 프로그래밍

이 책에서는 프로그래밍 언어로 파이썬(Python)을 사용합니다. 파이썬은 실제로 작동하는 코드를 작성할 수 있는 수준의 지식을 갖춰야 합니다. 따라서 이 책에서는 파이썬의 기본은 설명하지 않습니다. 다만, 파이썬에 정통하지 않더라도 어떤 프로그래밍 언어든 일반적으로 다룰 수 있는 정도의 이해가 있으면 문제없습니다. 이 책에서는 구현할 코드를 꼼꼼하게 단계별로 설명하며, 작동을 확인한 코드도 공개하고 있으니 안심해도 됩니다.

각종 클라우드 서비스 가입

이 책에서는 OpenAI API, Google Colaboratory 및 기타 여러 클라우드 서비스를 사용합니다. 따라서 이 책의 내용을 실제로 따라 해보기 위해서는 환경 구축 절차에 따라 이들을 설정할 수 있는 정도의 IT 리터러시가 필요합니다. 이 책에서 구현하는 애플리케이션은 가능한 한 비용을 절감한 구성이나 플랜을 이용합니다. 그러나 약간의 요금이 발생할 수도 있습니다. 자신의 학습을 위해 몇 만 원 정도의 이용 요금을 지불할 용의가 있는 분을 대상으로 합니다. 또한, 이 책에서 사용하는 서비스 일부는 결제를 위해 신용카드 등록이 필요합니다.

이 책의 구성

이 책은 LLM 애플리케이션의 개념 설명과 구현 샘플을 직접 프로그래밍하며 이해를 넓혀 가는 방식으로 진행합니다. 개발자로서 어느 정도 경험이 있는 분을 염두에 두고 썼지만, 소스 코드를 모두 게재하고 있으므로 순서대로 따라 하면 작동 확인까지 할 수 있습니다.

사용하는 소프트웨어 버전

이 책의 코드는 다음 버전에서 작동하는 것을 확인했습니다.

- Python 3.10.12
- Python 패키지
    - openai: 1.40.6
    - langchain-core: 0.3.0
    - langchain-community: 0.3.0
    - langchain-text-splitters: 0.3.0
    - langchain-anthropic: 0.2.0
    - langchain-chroma: 0.1.4
    - langchain-cohere: 0.3.0
    - langchain-openai: 0.2.0
    - langgraph: 0.2.22

그 외에 이 책을 집필하면서 작동을 확인한 패키지 버전에 대해서는 GitHub에 공개한 requirements.txt를 참조해 주세요.

실제로 애플리케이션을 개발할 때는 의존 관계는 가능한 한 최신 버전을 사용하고 싶을 것입니다. 다만, 이 책에서는 소스 코드의 작동을 확실히 하기 위해 본문의 각종 패키지를 설치하는 부분에서 명시적으로 버전을 지정했습니다. 그래도 암묵적인 의존 관계 버전의 차이로 인해 제대로 작동하지 않는 경우에는 requirements.txt에 기재된 버전을 사용해 주세요.

이 책의 프로그램 코드에 대해

이 책에 게재한 프로그램은 GitHub의 다음 리포지터리에서 공개하고 있습니다.

- 번역서: https://github.com/ychoi-kr/llm-agent
- 원서: https://github.com/GenerativeAgents/agent-book

감사의 말

전작 《챗GPT와 랭체인을 활용한 LLM 기반 AI 앱 개발》에 이어, 많은 엔지니어들에게 앞으로 AI 에이전트의 구체적인 구축 방법이 필요한 상황을 위해 다시 집필 기회를 주신 편집자 호소야 켄고 님에게 감사를 전합니다. 이번에는 전작에 비해 기획과 집필 과정에서 난항을 겪었지만, 매번 훌륭한 진행 관리를 해주신 덕분에 이렇게 이 책을 출판하게 되었습니다.

또한 원고 리뷰를 통해 이 책에 쓰인 표현의 정확성을 높이고 이해하기 쉽게 다듬는 데 많은 지적과 지도를 해주신 오타 마사토, 오미도 유타카, 타테노 유이치, 니케, 하야시 유타, 미야와키 슌페이 님도 감사합니다. 처음 말씀드렸던 원고량의 거의 두 배에 가까운 리뷰를 부탁드렸음에도 불구하고, 기꺼이 수락해 주시고 지적과 지도를 통해 이 책의 수준을 몇 단계 레벨업 시켜주었습니다.

또한 리뷰와 감상을 보내주신 LangChain Community(JP), ChatGPT Community(JP), Serverless Community(JP), StudyCo 커뮤니티의 공헌 덕분에 많은 사람들에게 이 책을 전달할 수 있게 됐습니다. 앞으로도 LangChain 및 AI 에이전트와 관련된 많은 커뮤니티로부터 매일 자극을 받으면서 저자들도 세계를 변화시키기 위해 계속 공헌해 나가겠습니다.

마지막으로, 편집 제작을 담당해 주신 Top Studio의 헌신적인 작업과 훌륭한 디자인 덕분에 집필부터 출판까지 매끄럽게 진행될 수 있었습니다. 감사합니다.

집필자 일동

목차

01 LLM 애플리케이션 개발의 기초

1.1 _ 활용되기 시작한 생성형 AI … 2
1.2 _ Copilot vs AI 에이전트 … 3
1.3 _ 모든 것이 AI 에이전트가 된다 … 4
1.4 _ AI 에이전트의 지식 지도 … 5
1.5 _ 요약 … 6

02 OpenAI 챗 API의 기초

2.1 _ OpenAI의 챗 모델 … 8
    ChatGPT의 '모델' … 8
    OpenAI API에서 사용 가능한 챗 모델 … 9
    모델 스냅숏 … 9

2.2 _ OpenAI의 챗 API 기본 … 10
    Chat Completions API … 10
    Chat Completions API 요금 … 12
    발생한 요금 확인 … 12

2.3 _ 입출력 길이 제한과 요금에 영향을 미치는 '토큰' … 15
    토큰 … 15
    Tokenizer와 tiktoken 소개 … 15
    한국어의 토큰 수에 대해 … 16

2.4 _ Chat Completions API 테스트 환경 준비 … 17
    Google Colab이란 … 17
    Google Colab 노트북 생성 … 17
    OpenAI API 사용을 위한 등록 … 19
    OpenAI API 키 준비 … 21

2.5 _ Chat Completions API 실습 … 24
    OpenAI 라이브러리 … 24

	Chat Completions API 호출	24
	대화 이력을 고려한 응답 얻기	26
	스트리밍으로 응답 얻기	27
	기본 파라미터	28
	JSON 모드	28
	Vision(이미지 입력)	29
2.6	**Function calling**	**32**
	Function calling 개요	32
	Function calling 샘플 코드	33
	tool_choice 파라미터	39
2.7	**요약**	**41**

03 프롬프트 엔지니어링

3.1	**프롬프트 엔지니어링의 필요성**	**44**
3.2	**프롬프트 엔지니어링이란**	**45**
3.3	**프롬프트의 기본 구성 요소**	**47**
	주제: 레시피 생성 AI 앱	47
	프롬프트의 템플릿화	48
	명령과 입력 데이터 분리	49
	문맥 제공	50
	출력 형식 지정	51
	프롬프트 구성 요소 요약	52
3.4	**프롬프트 엔지니어링의 대표적인 기법**	**53**
	Zero-shot 프롬프팅	53
	Few-shot 프롬프팅	54
	Zero-shot Chain of Thought 프롬프팅	57
3.5	**요약**	**58**

04 LangChain 기초

4.1 LangChain 개요 ... 62
   왜 LangChain을 배워야 하는가 ... 62
   LangChain 전체 구조 ... 63
   LangChain의 다양한 컴포넌트를 제공하는 패키지 그룹 ... 64
   LangChain 설치 ... 65
   LangSmith 설정 ... 66
   LangChain의 주요 컴포넌트 ... 68

4.2 LLM/Chat model ... 69
   LLM ... 69
   Chat model ... 69
   스트리밍 ... 71
   LLM과 Chat model의 상속 관계 ... 71
   LLM/Chat model 요약 ... 73

4.3 Prompt template ... 73
   PromptTemplate ... 73
   ChatPromptTemplate ... 74
   MessagesPlaceholder ... 75
   LangSmith의 Prompts ... 76
   Prompt template 요약 ... 78

4.4 Output parser ... 79
   Output parser 개요 ... 79
   PydanticOutputParser를 사용한 Python 객체 변환 ... 79
   StrOutputParser ... 84
   Output parser 요약 ... 85

4.5 Chain—LangChain Expression Language(LCEL) 개요 ... 85
   LangChain Expression Language(LCEL)란 ... 86
   prompt와 model 연결 ... 86
   StrOutputParser를 연결에 추가 ... 87
   PydanticOutputParser를 사용한 연결 ... 88
   Chain 요약 ... 89

4.6 _ LangChain의 RAG 관련 컴포넌트   91

    RAG(Retrieval-Augmented Generation)   91

    LangChain의 RAG 관련 컴포넌트 개요   93

    Document loader   93

    Document transformer   95

    Embedding model   96

    Vector store   97

    LCEL을 사용한 RAG Chain 구현   101

    LangChain의 RAG 관련 컴포넌트 요약   103

4.7 _ 요약   103

05

LangChain Expression Language(LCEL) 심층 해설

5.1 _ Runnable과 RunnableSequence—LCEL의 가장 기본적인 구성 요소   106

    Runnable의 실행 방법—invoke · stream · batch   107

    LCEL의 '|'로 다양한 Runnable 연결하기   110

    LangSmith에서 Chain의 내부 작동 확인   112

5.2 _ RunnableLambda—임의의 함수를 Runnable로 만들기   113

    chain 데코레이터를 사용한 RunnableLamda 구현   115

    RunnableLambda 자동 변환   115

    Runnable의 입력 타입과 출력 타입에 주의   116

5.3 _ RunnableParallel—여러 Runnable을 병렬로 연결하기   117

    RunnableParallel의 출력을 Runnable의 입력으로 연결하기   120

    RunnableParallel 자동 변환   121

    RunnableLambda와의 조합—itemgetter를 사용한 예시   122

5.4 _ RunnablePassthrough – 입력을 그대로 출력하기   123

    assign—RunnableParallel의 출력에 값 추가하기   126

5.5 _ 요약   129

06 Advanced RAG

6.1 _ Advanced RAG 개요	134
6.2 _ 실습 준비	136
6.3 _ 검색 쿼리 기법	138
HyDE(Hypothetical Document Embeddings)	138
복수 검색 쿼리 생성	140
검색 쿼리 기법의 요약	143
6.4 _ 검색 후 기법	143
RAG-Fusion	143
리랭크 모델 개요	146
Cohere 리랭크 모델 사용 준비	147
Cohere 리랭크 모델 도입	147
검색 후 기법의 요약	149
6.5 _ 복수 Retriever를 활용하는 기법	149
LLM에 의한 라우팅	149
하이브리드 검색 예시	153
하이브리드 검색 구현	154
복수 Retriever를 활용하는 기법의 요약	156
6.6 _ 요약	157

07 LangSmith를 활용한 RAG 애플리케이션 평가

7.1 _ 7장에서 다룰 평가 개요	160
오프라인 평가와 온라인 평가	160
7.2 _ LangSmith 개요	160
LangSmith 요금 플랜	161
LangSmith 기능 전체 구조	161

7.3 _ LangSmith와 Ragas를 활용한 오프라인 평가 구성 예시   161
    Ragas란   162
    이 장에서 구축할 오프라인 평가 구성   162

7.4 _ Ragas를 활용한 합성 테스트 데이터 생성   163
    Ragas의 합성 테스트 데이터 생성 기능 개요   163
    패키지 설치   163
    검색 대상 문서 로드   164
    Ragas를 활용한 합성 테스트 데이터 생성 구현   164
    LangSmith의 Dataset 생성   167
    합성 테스트 데이터 저장   168

7.5 _ LangSmith와 Ragas를 활용한 오프라인 평가 구현   170
    LangSmith의 오프라인 평가 개요   170
    사용 가능한 Evaluator(평가기)   171
    Ragas의 평가 메트릭   172
    커스텀 Evaluator 구현   174
    추론 함수 구현   176
    오프라인 평가 구현 · 실행   178
    오프라인 평가 주의사항   180

7.6 _ LangSmith를 활용한 피드백 수집   181
    이 절에서 구현할 피드백 기능 개요   181
    피드백 버튼을 표시하는 함수 구현   181
    피드백 버튼 표시   183

7.7 _ 피드백 활용을 위한 자동 처리   185
    Automation rule을 활용한 처리   185
    좋은 평가의 트레이스를 자동으로 Dataset에 추가하기   186

7.8 _ 요약   188

08 AI 에이전트란

8.1 _ AI 에이전트를 위한 LLM 활용의 기대 … 190

8.2 _ AI 에이전트의 기원과 LLM을 활용한 AI 에이전트의 변천 … 191
　LLM 기반 AI 에이전트 … 192
　WebGPT … 192
　Chain-of-Thought 프롬프팅 … 193
　LLM과 외부 전문 모듈을 조합한 MRKL Systems … 195
　Reasoning and Acting(ReAct) … 196
　Plan-and-Solve 프롬프팅 … 198

8.3 _ 범용 LLM 에이전트 프레임워크 … 200
　AutoGPT … 200
　BabyAGI … 201
　AutoGen … 202
　crewAI … 204
　crewAI의 유스케이스 … 206

8.4 _ 멀티 에이전트 접근법 … 206
　멀티 에이전트의 정의 … 207
　멀티 에이전트로 Text-to-SQL의 정확도 향상하기 … 208
　멀티 에이전트로 소프트웨어 개발 자동화하기 … 219
　Self-Organized Agents: 초대규모 코드 생성 및 최적화를 위한
　LLM 기반 다중 에이전트 프레임워크 … 229

8.5 _ AI 에이전트가 안전하게 보급되기 위해 … 230

8.6 _ 요약 … 234

09

LangGraph로 만드는 AI 에이전트 실전 입문

9.1 _ LangGraph 개요	236
LangGraph란 무엇인가	236
LangGraph 그래프 구조 접근법	237
9.2 _ LangGraph의 주요 컴포넌트	239
스테이트: 그래프의 상태 표현	239
노드: 그래프를 구성하는 처리 단위	241
에지: 노드 간의 연결	243
컴파일된 그래프	245
9.3 _ 실습: Q&A 애플리케이션	246
LangChain과 LangGraph 설치	246
OpenAI API 키 설정	247
역할 정의	247
스테이트 정의	248
Chat model 초기화	248
노드 정의	248
그래프 생성	251
노드 추가	251
에지 정의	251
조건부 에지 정의	252
그래프 컴파일	252
그래프 실행	252
결과 표시	253
9.4 _ 체크포인트 기능: 스테이트의 영속화와 재개	257
체크포인트의 데이터 구조	257
실습: 체크포인트 작동 확인하기	261
9.5 _ 요약	270

10 요구사항 정의서 생성 AI 에이전트 개발

10.1 _ 요구사항 정의서 생성 AI 에이전트 개요   272
    요구사항 정의란 무엇인가   272
    선행 연구의 접근법 참고하기   273
    LangGraph의 워크플로로 설계하기   273

10.2 _ 환경 설정   275

10.3 _ 데이터 구조 정의   276

10.4 _ 주요 컴포넌트 구현   277
    PersonaGenerator   277
    InterviewConductor   278
    InformationEvaluator   281
    RequirementsDocumentGenerator   282

10.5 _ 워크플로 구축   283

10.6 _ 에이전트 실행과 결과 확인   285

10.7 _ 전체 소스 코드   287

10.8 _ 요약   297

11 에이전트 디자인 패턴

11.1 _ 에이전트 디자인 패턴의 개요   300
    디자인 패턴이란   300
    에이전트 디자인 패턴이 해결하는 과제 영역   300
    에이전트 디자인 패턴의 위치 정의   304
    에이전트 디자인 패턴의 전체도   305

11.2 _ 18가지 에이전트 디자인 패턴   305
    1. 패시브 골 크리에이터(Passive Goal Creator)   307
    2. 프로액티브 골 크리에이터(Proactive Goal Creator)   309

3. 프롬프트/응답 옵티마이저(Prompt/Response Optimizer) 311
4. 검색 증강 생성(Retrieval-Augmented Generation: RAG) 313
5. 싱글 패스 플랜 제너레이터(Single-Path Plan Generator) 315
6. 멀티 패스 플랜 제너레이터(Multi-Path Plan Generator) 317
7. 셀프 리플렉션(Self-Reflection) 320
8. 크로스 리플렉션(Cross-Reflection) 322
9. 휴먼 리플렉션(Human-Reflection) 325
10. 원샷 모델 쿼리(One-Shot Model Querying) 329
11. 인크리멘탈 모델 쿼리(Incremental Model Querying) 330
12. 투표 기반 협력(Voting-Based Cooperation) 334
13. 역할 기반 협력(Role-Based Cooperation) 336
14. 토론 기반 협력(Debate-Based Cooperation) 339
15. 멀티모달 가드레일(Multimodal Guardrails) 341
16. 툴/에이전트 레지스트리(Tool/Agent Registry) 344
17. 에이전트 어댑터(Agent Adapter) 348
18. 에이전트 평가기(Agent Evaluator) 352

11.3_요약 355

12 LangChain/LangGraph로 구현하는 에이전트 디자인 패턴

12.1 _ 이 장에서 다룰 에이전트 디자인 패턴 ... 358

12.2 _ 환경 설정 ... 358
　각 패턴의 구현 코드에 관해 ... 360

12.3 _ 패시브 골 크리에이터(Passive Goal Creator) ... 360
　구현 내용 해설 ... 360
　실행 결과 ... 363

12.4 _ 프롬프트/응답 최적화(Prompt/Response Optimizer) ... 363
　구현 내용 해설 ... 363
　프롬프트 최적화 ... 364
　응답 최적화 ... 366

12.5 _ 싱글 패스 플랜 제너레이터 ... 369
　구현 내용 해설 ... 369
　실행 결과 ... 379

12.6 _ 멀티 패스 플랜 제너레이터 ... 382
　구현 내용 해설 ... 382
　실행 결과 ... 391

12.7 _ 셀프 리플렉션(Self-Reflection) ... 395
　구현 내용 해설 ... 395
　실행 결과 ... 411

12.8 _ 크로스 리플렉션(Cross-Reflection) ... 413
　구현 내용 해설 ... 413
　실행 결과 ... 414

12.9 _ 역할 기반 협력(Role-Based Cooperation) ... 418
　구현 내용 해설 ... 418
　실행 결과 ... 426

12.10 _ 요약 ... 430

부록 A
각종 서비스 가입과 각 패턴의 구현 코드

A.1 _ 각종 서비스 가입 434
LangSmith 가입 434
Cohere 가입 436
Anthropic 가입 437

A.2 _ 각 패턴의 구현 코드 440
1. 패시브 골 크리에이터(Passive Goal Creator) 440
2. 프롬프트/응답 최적화(Prompt/Response Optimizer) 442
3. 싱글 패스 플랜 제너레이터(Single-Path Plan Generator) 446
4. 멀티 패스 플랜 제너레이터(Multi-Path Plan Generator) 451
5. 셀프 리플렉션(Self-Reflection) 459
6. 크로스 리플렉션(Cross-Reflection) 472
7. 역할 기반 협력(Role-Based Cooperation) 473

랭체인과 랭그래프로 구현하는
RAG·AI 에이전트
실전 입문

01장

LLM 애플리케이션 개발의 기초

대규모 언어 모델(LLM)을 시스템에 활용하는 경우가 앞으로 비약적으로 증가할 것입니다. 그 활용 방법은 단순한 챗 시스템뿐만 아니라 복잡한 업무 워크플로 전체를 자동화하는 형태가 될 것입니다.

이 책과 함께 다가오는 LLM을 활용한 AI 에이전트 시대를 준비해 봅시다.

요시다 신고

1.1 활용되기 시작한 생성형 AI

1.2 Copilot vs AI 에이전트

1.3 모든 것이 AI 에이전트가 된다

1.4 AI 에이전트의 지식 지도

1.5 요약

1.1 활용되기 시작한 생성형 AI

ChatGPT를 비롯한 LLM(대규모 언어 모델) 서비스의 등장은 비즈니스 세계에 혁명을 가져왔습니다. 그리고 OpenAI, Google, Anthropic 등 주요 기술 기업들이 애플리케이션 개발자를 위해 이러한 LLM 서비스를 API로 제공하기 시작하면서, 기업 내 업무 효율화와 자사 서비스에 LLM 통합이 급속도로 진행되고 있습니다.

특히 현재 주목할 만한 것은 기업 내 문서 관리와 검색의 혁신입니다. 이미 많은 기업들이 기존 엔터프라이즈 검색 시스템의 대안으로 RAG(Retrieval-Augmented Generation) 시스템을 구축하여 활용하고 있습니다. 이 시스템은 기업 내 문서를 벡터 데이터베이스에 저장하고, 자연어 질문에 대해 적절한 답변을 생성합니다. 예를 들어, 사내 기술 문서나 과거 프로젝트 보고서를 즉시 검색하고 관련 정보를 통합하여 답변하는 것이 가능해졌습니다. 이를 통해 직원들의 정보 접근성이 극적으로 향상되고, 의사 결정 속도가 빨라지고 있습니다.

또한 사내 문서 검색뿐만 아니라 다음과 같은 분야에서도 새로운 활용 사례가 주목받고 있습니다.

1. **외부 소스 통합형 Q&A 서비스(데스크톱 리서치)**
   퍼플렉시티(Perplexity) 같은 서비스는 다수의 인터넷 외부 정보원에서 답변을 생성하는 서비스로 인기를 얻고 있습니다. 이를 통해 사용자는 방대한 정보를 즉시 정리하고 신뢰성 높은 답변을 얻을 수 있습니다.

2. **메타데이터 활용 분석(Text-to-SQL)**
   기업 내 메타데이터를 활용해 자연어에서 내부적으로 복잡한 분석 쿼리를 생성하는 시스템이 등장하고 있습니다. 예를 들어, "지난 3년간 분기별 매출 상위 10개 제품과 그 지역별 내역을 알려줘"라는 질문에 사용자는 SQL이나 다른 전문적인 방법 없이 답변을 얻을 수 있게 됐습니다.

3. **고객 지원 강화**
   LLM을 활용한 고급 챗봇이 24시간 체제로 고객 문의에 대응하고, 인간 운영자가 처리하기 어려운 복잡한 질문에도 적절히 답변함으로써 비용 절감은 물론, 방대한 매뉴얼 활용과 고객 괴롭힘으로부터의 직원 보호 시스템으로도 도움이 되고 있습니다.

4. **콘텐츠 생성 자동화**
   마케팅 부서에서는 LLM을 사용해 블로그 글, 소셜 미디어 게시물, 제품 설명문이나 섬네일 이미지 등의 콘텐츠를 자동 생성하고, 인간의 검토와 편집을 거쳐 게시하는 워크플로를 확립하여 업무 효율을 향상시키고 있습니다.

5. **코드 생성과 최적화**

    개발자용 LLM 도구가 발전하면서 자연어 설명에서 코드를 생성하거나 기존 코드를 최적화하는 능력이 향상되고 있습니다. 이로 인해 프로그래밍 생산성이 크게 향상되고 있습니다.

이처럼 LLM의 활용은 급속히 확대되고 다양화되고 있습니다. 기업들은 이러한 기술을 도입함으로써 업무 프로세스 효율화, 고객 경험 향상, 혁신 가속화를 실현하고 있습니다. 앞으로는 범용 LLM이나 특정 도메인에 특화된 모델, 더 나아가 멀티모달(텍스트, 이미지, 음성 등을 통합적으로 다루는) 모델의 고도화된 활용이 진행될 것입니다. 그리고 그다음 단계에는 이들을 통합하여 복잡한 워크플로를 자동화하는 AI 에이전트의 보급이 현실화될 것입니다.

기업들은 이러한 기술 동향을 주시하고 역량을 확장해 나가면서, 동시에 LLM을 활용하여 자사의 경쟁력을 강화하기 위한 비즈니스 변혁과 업무 프로세스 최적화를 추진해 나가야 할 것입니다. 또한 데이터 보안이나 개인정보 보호, 윤리적 사용에 관한 문제 의식도 날이 갈수록 커지고 있어, 비즈니스 현장에서의 정착, 나아가 사회가 LLM을 비롯한 AI를 수용하기 위해서는 충분히 안전한 AI 시스템을 구축하는 것이 매우 중요합니다.

1.2 Copilot vs AI 에이전트

현재 많은 시스템에서 사용자가 도구 사용법을 오랫동안 연마해야 실현할 수 있었던 태스크를 GitHub Copilot이나 Microsoft Copilot과 같은 AI 컴패니언의 도움을 받아 빠르게 실행할 수 있게 하는 도구가 등장하고 사용되기 시작했습니다.

이러한 'Copilot형' LLM 애플리케이션을 업무에 효율적으로 활용하기 위해서는 사용 사례에 따라 출력 품질이 가장 높고, 비용 효율이나 생성 속도의 균형이 잘 맞는 모델을 선택하고, 효과적인 프롬프트를 작성하여 출력 내용을 검토하거나 콘텍스트로 전달되는 데이터를 조정하면서 원하는 품질의 출력을 찾는 작업이 필요합니다. 즉, LLM의 능력은 전반적으로 상당히 높지만, 업무에 활용할 수 있는지 여부는 사용자의 활용 기술에 의존하고 있는 상황입니다.

실제로 일본에서는 총무성이 발표한 2024년판 정보통신백서[1]에서 생성형 AI(인공지능)를 이용하는 개인이 9.1%에 그치고 있어, 생각보다 보급이 진행되지 않고 있는 현실이 보고됐습니다.[2]

---

1 https://www.soumu.go.jp/johotsusintokei/whitepaper/r06.html
2 (옮긴이) 한국IDC에서 2024년 10월에 발표한 〈국내 생성형 AI 업무 적용 사례 연구〉 보고서에 따르면, 한국 조직의 72%가 생성형 AI를 '현재 사용 중'입니다. https://www.idc.com/getdoc.jsp?containerId=prAP52633124

더 많은 사용자가 LLM의 능력을 활용하게 하기 위해서는 LLM이 사용자의 지시에 대해 지금까지의 대화를 효율적으로 기억하고, 무엇을 원하는지 정확히 인식하며, 선호하는 방식으로 응답하고, 복잡한 지시에도 충분히 유용한 아티팩트(생성물)가 생성될 수 있는 구조로 발전해야 합니다.

여기서 주목받고 있는 것이 'AI 에이전트'입니다. AI 에이전트는 주어진 환경을 인식하고 복잡한 목표에 대해 자율적으로 작동하는 AI 시스템을 말합니다.

AI 에이전트는 Copilot형 AI 시스템처럼 인간의 지시에 의해 작동하고 환경 정보나 제약, 기억을 매번 인간으로부터 제공받는 것이 아니라, 자율적으로 태스크를 수행함으로써 사용자의 수고를 크게 줄여줍니다.

1.3 모든 것이 AI 에이전트가 된다

2023년은 사내 문서 등을 검색하여 자연어 질문에 대한 답변을 생성하는 RAG(Retrieval-Augmented Generation)가 많은 기업에 도입·구축된 해였습니다. 문서를 적절한 청크로 분할하고, 문서를 벡터화함으로써 사용자 질문과의 유사도를 통해 문서를 검색하는 벡터 검색이나 전문 검색과 결합한 하이브리드 검색 등으로 참조 문서를 추출하고, 사용자 질문의 의미에 맞는 답변을 생성하여 응답하는 기능으로 업무 효율화를 실현하고 있습니다.

청크나 오버랩, 임베딩에 사용할 모델 선정 등의 벡터 데이터화 방법, 리랭커나 하이브리드 검색에 사용할 데이터베이스 선정 지식, 프롬프트 최적화, 테스트 데이터셋 등의 평가 방법, 사용자 경험을 높이는 방법 등에 관한 지식이 많이 공유되기 시작했습니다.

또한 앞으로는 멀티모달리티를 활용한 환경 인식, 태스크 플래닝 성능을 활용한 자율성·에이전트성(agenticness)의 응용 등에 주목하고 있습니다.

1.1절에서 소개한 5가지 사용 사례에서, 예를 들어 데스크톱 리서치 에이전트라면 구체적인 조사 계획 설정이나 검색 대상 선정을 위해 사용자 지시 내용을 고도화하거나 최적화하는 기능, 생성한 리포트를 내부에서 반복적으로 검토한 후 품질 높은 자료로 출력하는 능력 등이 필요합니다. 독자적 지식을 사용해 품질 높은 자료를 작성하는 경우, 고도의 RAG 기능도 그 일부 공정에서 필요할 수 있습니다.

아직까지는 환각 현상에 대한 인간의 검토 필요성이나 사용자와의 기억을 관리하는 기능의 부족함 등을 보완하기 위해 Copilot형 AI로서 사용자의 지시에 의존하는 비중이 높은 것이 현실입니다. 하지만 정말로 인간에게 도움이 되는 AI 시스템을 만들기 위해서는 이러한 태스크 하나하나에서 인간의 개입(Human-in-the-Loop)을 최대한 줄이고, 더 많은 일을 고도로 자율적으로 AI만으로 수행할 수 있어야 합니다. Copilot형 AI 자체도 이러한 에이전트다운 기능을 획득해 가면서 AI 에이전트에 가까워질 것으로 예상됩니다.

LangChain은 v0.1부터 LangGraph라는 워크플로를 쉽게 설계하고 실행할 수 있는 라이브러리를 출시했습니다. LangGraph를 사용하면 일련의 처리를 워크플로로 정의하고, 스테이트 머신의 상태에 따라 처리를 제어하거나 루프 처리 등을 쉽게 구현할 수 있어, 목표 달성을 위한 다단계의 복잡한 처리를 자율적으로 수행하는 에이전트다운 기능을 구현할 수 있습니다.

1.4 AI 에이전트의 지식 지도

지금까지 모든 LLM 애플리케이션이 AI 에이전트에 가까워진다는 이야기를 했지만, 구체적으로 무엇이 AI 에이전트이고 무엇이 아닌지, AI 에이전트가 가져야 할 능력이나 기능은 무엇인지가 아직 모호할 것입니다. 이 책에서는 전반부에서 AI 에이전트를 만들기 위해 필요한 기술로 OpenAI의 챗 API와 LangChain의 기초를 학습하고, 실제로 문서 검색과 생성을 결합하는 시스템을 구축하며, 그 평가 방법에 대해 배웁니다. 그리고 후반부에서는 AI 에이전트에 대한 설명과 실제 패턴별 구현을 통해 AI 에이전트의 디자인 패턴, 처리별 아키텍처의 실례 등을 포괄적으로 학습할 수 있습니다.

이러한 처리 패턴이나 사용된 기능을 참고함으로써 모든 것이 완전히 자율적이지 않더라도 보다 에이전트다운 구현을 진행할 수 있게 됩니다.

또한 향후 AI 에이전트가 보편화된 사회에서 의사 결정 등 중요한 태스크를 맡길 때 무엇을 의사 결정의 근거로 삼아야 하는지 등의 더 고도화된 연구가 필요해질 것입니다. 이 책에서는 8장 마지막에 OpenAI 사의 논문을 참고하여 향후 AI 에이전트의 과제에 관해서도 다룹니다.

1.5 요약

1장에서는 LLM 애플리케이션이 더 넓은 범위의 많은 사람들에게 활용되려면 보다 자율적으로 복잡한 태스크를 수행할 수 있는 기능을 확보해 AI 에이전트로 발전해야 함을 설명했습니다. 또한 이후 장에서 소개할 설명과 실습을 통해 AI 에이전트에 관한 지식 지도가 머릿속에 형성될 것이라는 점을 설명했습니다.

이제 2장부터 AI 에이전트를 만들기 위한 기술을 본격적으로 습득해 나가겠습니다.

02장

OpenAI 챗 API의 기초

이 장에서는 OpenAI 챗 API의 기본적인 사용법을 설명합니다. OpenAI 챗 모델의 개요부터 시작해, API를 사용할 때 알아둬야 할 토큰 수와 요금, JSON 모드와 Function calling 같은 기능에 대해서도 설명합니다. 이 장을 통해 OpenAI 챗 API의 기초 지식을 전반적으로 이해할 수 있을 것입니다. 이 장의 후반부에서는 Google Colab을 사용해 실제로 코드를 실행하면서 학습할 수 있습니다. 직접 실행해 보기 바랍니다.

이 책의 2장부터 4장까지는 《챗GPT와 랭체인을 활용한 LLM 기반 AI 앱 개발》(위키북스, 2024)의 2장부터 5장까지의 내용을 바탕으로 최신 정보를 반영해 업데이트한 내용입니다.

오시마 유키

2.1 OpenAI의 챗 모델

2.2 OpenAI의 챗 API 기본

2.3 입출력 길이 제한과 요금에 영향을 미치는 '토큰'

2.4 Chat Completions API 테스트 환경 준비

2.5 Chat Completions API 실습

2.6 Function calling

2.7 요약

2.1 OpenAI의 챗 모델

이 장에서는 OpenAI 챗 API의 기본적인 사용법을 설명합니다. 먼저 OpenAI 챗 모델의 개요부터 설명하겠습니다.

ChatGPT의 '모델'

이 책의 집필 시점(2024년 8월)에 ChatGPT의 유료 플랜인 'ChatGPT Plus'에 가입하면, GPT-4o(복잡한 태스크에 최적화), GPT-4o mini(일상 업무의 가속화), GPT-4(레거시 모델) 등의 모델을 선택할 수 있습니다[1]. 무료 플랜에서는 GPT-4o mini 모델이 사용됩니다.

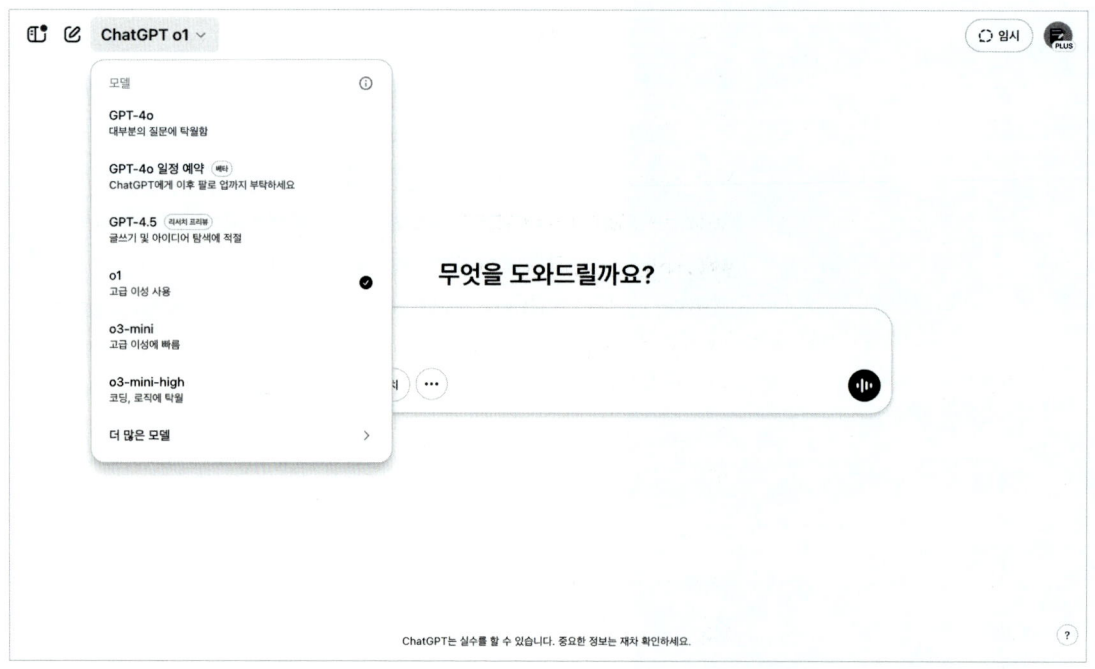

그림 2.1 ChatGPT

이러한 모델들은 ChatGPT UI를 통해 사용할 수도 있고, API를 통해 사용할 수도 있습니다. 애플리케이션에 통합해 사용할 경우에는 ChatGPT UI가 아닌 API를 사용하게 됩니다. 이 책에서는 GPT-4o와 GPT-4o mini를 사용합니다. GPT-4에 대해서는 나중에 칼럼에서 보충 설명하겠습니다.

---

1 (옮긴이) 2025년 3월 현재 ChatGPT Plus 플랜 사용자는 GPT-4.5, o1, o3-mini, o3-mini-high 등 새로운 모델도 사용할 수 있습니다.

OpenAI API에서 사용 가능한 챗 모델

GPT-4o나 GPT-4o-mini라는 명칭은 실제로는 모델의 집합(모델 패밀리)을 가리킵니다. 실제로 API를 사용할 때는 gpt-4o나 gpt-4o-mini와 같은 이름으로 모델을 지정합니다.

표 2.1 OpenAI의 챗 모델[2]

모델 패밀리	모델	최대 입력 토큰 수	최대 출력 토큰 수
GPT-4o	gpt-4o(gpt-4o-2024-05-13)	128,000(120K)	4,096(4K)
	gpt-4o-2024-08-06	128,000(120K)	16,384(16K)
GPT-4o mini	gpt-4o-mini(gpt-4o-mini-2024-07-18)	128,000(120K)	16,384(16K)

GPT-4o는 OpenAI사가 제공하는 가장 고급 모델로, 광범위한 태스크에서 우수한 성능을 발휘합니다. 반면, 더 단순한 태스크에는 GPT-4o mini를 사용해 빠르고 저렴하게 응답을 얻을 수 있습니다.

GPT-4o의 'o'는 'omni'의 약자로, 텍스트 입출력뿐만 아니라 이미지, 동영상, 음성과 같은 멀티모달 입출력을 포함함을 의미합니다. 다만, 이 책의 집필 시점에 GPT-4o는 텍스트 입출력과 이미지 입력 기능만 공개돼 있습니다.

표 2.1에 기재한 것처럼, 모델에 따라 최대 입력 토큰 수(입력 텍스트의 최대 길이)와 최대 출력 토큰 수(출력 텍스트의 최대 길이)가 다릅니다. 토큰 수에 대해서는 나중에 설명하겠습니다. 우선은 단어 수나 문자 수에 가까운 값이라고 생각하면 됩니다. 요금에 대한 자세한 내용은 뒤에서 설명하겠지만, 모델마다 다른 요금이 설정돼 있습니다.

모델 스냅숏

gpt-4o나 gpt-4o-mini와 같은 모델은 공개 후에도 지속적으로 업그레이드되고 있습니다. 모델의 특정 버전은 gpt-4o-2024-05-13이나 gpt-4o-2024-08-06과 같이 날짜를 포함한 스냅숏으로 제공됩니다.

API 사용 시 gpt-4o와 같이 지정한 경우, 집필 시점에는 gpt-4o-2024-05-13을 지정하는 것과 동일한 모델을 가리킵니다. 2024년 8월에는 gpt-4o의 새로운 스냅숏으로 gpt-4o-2024-08-06이 출시됐습니다. 출시되고 나서 얼마 지나면 gpt-4o는 gpt-4o-2024-08-06을 가리키게 됩니다[3].

---

[2] 2024년 9월에는 o1-preview(o1-preview-2024-09-12)와 o1-mini(o1-mini-2024-09-12)라는 모델도 출시됐습니다. 출시 직후부터 이 모델들의 API는 기능과 사용자가 제한돼 있어 이 책에서는 사용하지 않습니다.
[3] 2024년 10월 2일부터 gpt-4o는 gpt-4o-2024-08-06을 가리킵니다.

2.2 OpenAI의 챗 API 기본

OpenAI의 텍스트 생성 API에는 'Completions API'와 'Chat Completions API'의 두 가지가 있습니다. Completions API는 이미 Legacy로 간주되며, 일반적으로는 Chat Completions API를 사용합니다. 이 책에서는 Completions API는 나중에 칼럼에서 간략히 언급하는 정도로 하고, Chat Completions API를 중심으로 설명하겠습니다.

Chat Completions API

Chat Completions API의 자세한 사용법은 나중에 설명하고, 여기서는 개요를 설명하겠습니다. 매우 간단히 말하자면, ChatGPT UI를 사용할 때와 마찬가지로 '입력 텍스트를 제공해 응답 텍스트를 얻는' 방식으로 사용합니다.

예를 들어, Chat Completions API로의 요청 예시는 다음과 같습니다[4].

```
{
  "model": "gpt-4o-mini",
  "messages": [
    {"role": "system", "content": "You are a helpful assistant."},
    {"role": "user", "content": "안녕하세요! 저는 존이라고 합니다!"}
  ]
}
```

Chat Completions API에서는 `messages`라는 배열의 각 요소에 역할별 콘텐츠를 넣는 형식으로 구성됩니다. 예를 들어 위 예시의 경우, `"role": "system"`으로 LLM의 작동에 대한 지시를 제공하고, 추가로 `"role": "user"`로 대화를 위한 입력 메시지를 제공합니다.

또한, `"role": "assistant"`도 사용하여 다음과 같이 user와 assistant(LLM) 간의 대화 이력을 포함한 요청을 보내는 경우도 많습니다.

```
{
  "model": "gpt-4o-mini",
```

---

[4] 이 책에서는 독자가 쉽게 이해할 수 있도록 기본적으로 한국어로 프롬프트를 작성합니다. 다만, "You are a helpful assistant."는 OpenAI 공식 문서 등에서도 자주 사용되는 표현이므로 영어 그대로 표기했습니다.

```
  "messages": [
    {"role": "system", "content": "You are a helpful assistant."},
    {"role": "user", "content": "안녕하세요! 저는 존이라고 합니다!"},
    {"role": "assistant", "content": "안녕하세요, 존님! 만나서 반갑습니다. 오늘은 어떤 이야기를 나눌까요?"},
    {"role": "user", "content": "제 이름을 알고 계신가요?"}
  ]
}
```

실제로 Chat Completions API 자체는 스테이트를 저장하지 않으며, 브라우저에서 사용할 수 있는 ChatGPT와 달리 과거 대화 이력을 고려해 응답하는 기능은 없습니다. 대화 이력을 고려해 응답받고 싶은 경우에는 이처럼 과거의 모든 대화를 요청에 포함해야 합니다.

위 요청에 대해 다음과 같은 응답을 받을 수 있습니다.

```
{
  "id": "chatcmpl-A54pySfmjXHTkqrsM1t5tGm1VADBw",
  "choices": [
    {
      "finish_reason": "stop",
      "index": 0,
      "logprobs": null,
      "message": {
        "content": "네, 당신의 이름은 존님입니다. 특별히 이야기하고 싶은 것이 있으신가요?",
        "refusal": null,
        "role": "assistant"
      }
    }
  ],
  "created": 1725773598,
  "model": "gpt-4o-mini-2024-07-18",
  "object": "chat.completion",
  "system_fingerprint": "fp_483d39d857",
  "usage": {
    "completion_tokens": 27,
    "prompt_tokens": 69,
    "total_tokens": 96
  }
}
```

이 응답 예시에서는 choices라는 배열의 요소 중 message의 content인 "네, 당신의 이름은 존님입니다. 특별히 이야기하고 싶은 것이 있으신가요?"가 LLM이 생성한 텍스트입니다. 응답 마지막 부분의 usage 항목에는 completion_tokens(출력 토큰 수)와 prompt_tokens(입력 토큰 수), total_tokens(총 토큰 수)가 포함돼 있습니다. 이 입출력 토큰 수에 따라 요금이 발생합니다.

Chat Completions API 요금

이 책의 집필 시점(2024년 8월)에 Chat Completions API의 요금은 표 2.2와 같습니다.

표 2.2 Chat Completions API의 요금

모델 패밀리	모델	최대 입력 토큰 수	최대 출력 토큰 수	요금($/1M tokens)[5]
GPT-4o	gpt-4o(gpt-4o-2024-05-13)	128,000(120K)	4,096(4K)	Input: 5 Output: 15
	gpt-4o-2024-08-06	128,000(120K)	16,384(16K)	Input: 2.5 Output: 10
GPT-4o mini	gpt-4o-mini(gpt-4o-mini-2024-07-18)	128,000(120K)	16,384(16K)	Input: 0.15 Output: 0.6

GPT-4o mini(gpt-4o-mini-2024-07-18)는 입력 1M 토큰당 0.15달러, 출력 1M 토큰당 0.6달러입니다. 최신 GPT-4o(gpt-4o-2024-08-06)는 입력 1M 토큰당 2.5달러, 출력 1M 토큰당 10달러입니다. 이 모델들 간에 15배 이상 요금 차이가 있다는 의미입니다.

발생한 요금 확인

실제로 발생한 요금은 OpenAI 웹사이트에 로그인해 [Dashboard]의 [Usage] 화면(https://platform.openai.com/usage)에 접속해 확인할 수 있습니다.

---

[5] 이 표에 기재된 요금은 Chat Completions API를 사용해 텍스트를 입출력한 경우만을 대상으로 합니다. GPT-4o나 GPT-4o mini의 이미지 입력에 대해서는 이미지 크기에 따른 추가 요금이 발생합니다. 또한, Chat Completions API가 아닌 Batch API를 사용할 경우 요금은 절반이 됩니다. 자세한 내용은 OpenAI 공식 요금 페이지(https://openai.com/api/pricing/)를 참조해 주세요.

그림 2.2 Usage

또한, [Settings]의 [Limits] 화면에서 이후 요청이 거부되는 하드 리밋과 알림 이메일이 발송되는 소프트 리밋을 설정할 수 있습니다. 필요에 따라 설정하기 바랍니다.

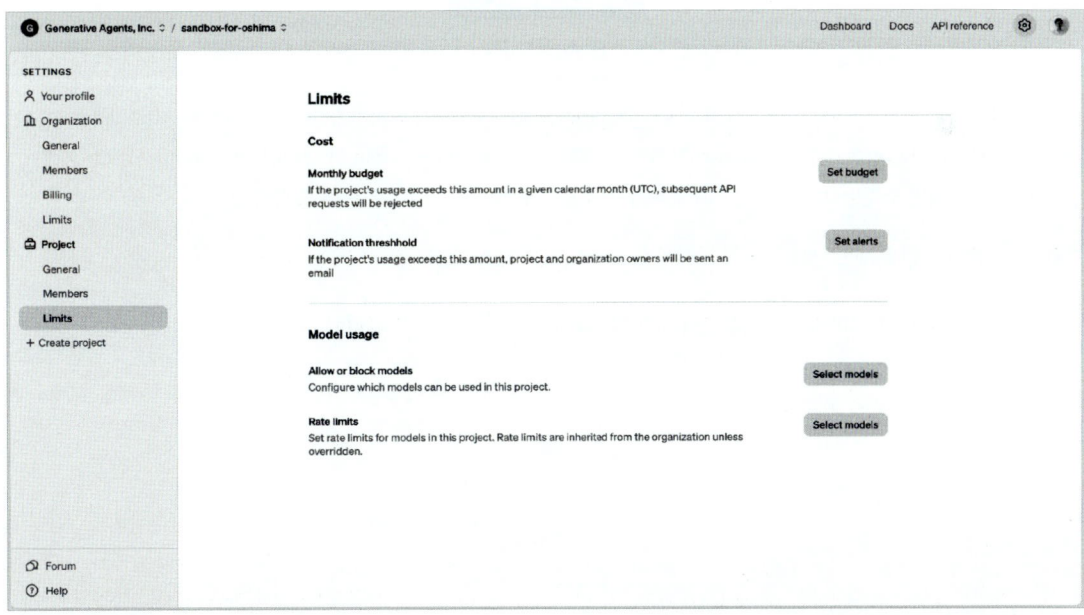

그림 2.3 Limits

COLUMN
GPT-4와 GPT-4 Turbo

2023년 3월에 GPT-4가 출시됐을 때는 너무나 고성능이어서 많은 사람에게 충격을 주었습니다. 그후, 2023년 11월에 GPT-4 Turbo가 출시되어 GPT-4에 비해 빠르고, 입력 토큰당 1/3, 출력 토큰당 1/2의 요금으로 이용할 수 있게 됐습니다.

2024년 5월에 출시된 GPT-4o(gpt-4o-2024-05-13)는 GPT-4 Turbo에 비해 입출력 모두 1/2의 요금, 같은 해 8월에 출시된 GPT-4o(gpt-4o-2024-08-06)는 입력이 1/2, 출력이 2/3의 요금이 됩니다. 즉, 초기 GPT-4와 최신 GPT-4o(gpt-4o-2024-08-06)를 비교하면, 최신 GPT-4o의 경우 입력은 1/12, 출력은 1/6의 요금으로 이용할 수 있게 됐습니다. 게다가 GPT-4o에서는 한국어 토큰 수가 적어졌으므로, 한국어를 사용하는 경우에는 더욱 요금이 저렴해진 셈입니다.

이처럼 이 책을 쓰는 지금은 매우 고성능인 모델을 이전보다 낮은 비용으로 이용할 수 있게 됐습니다. GPT-4와 GPT-4 Turbo는 이 책 집필 시점에 OpenAI 공식 Pricing 페이지[6]에서 구형 모델로 분류돼 있습니다. 요금 측면에서도 유리하기 때문에, GPT-4, GPT-4 Turbo, GPT-4o 중에서 현재는 GPT-4o가 첫 번째 선택지가 됩니다.

다만, GPT-4나 GPT-4 Turbo에 비해 GPT-4o의 성능이 항상 더 우수하다고 보장할 수는 없습니다. 유스케이스나 프롬프트에 따라서는 GPT-4나 GPT-4 Turbo가 더 성능이 좋은 경우도 있습니다.

COLUMN
Batch API

GPT-4o나 GPT-4o mini를 사용하기 위해 Chat Completions API 외에 Batch API를 사용할 수도 있습니다. Batch API는 Chat Completions API와 달리, 비동기적으로 GPT-4o나 GPT-4o mini의 출력이 생성됩니다. Batch API는 즉시 응답을 얻을 수 없는 대신, Chat Completions API의 절반 가격으로 이용할 수 있습니다.

Batch API에 대한 자세한 내용은 공식 문서의 다음 페이지를 참조하십시오.

- **Batch API** _ https://platform.openai.com/docs/guides/batch

---

[6] https://openai.com/api/pricing/

2.3 입출력 길이 제한과 요금에 영향을 미치는 '토큰'

토큰

GPT-4o나 GPT-4o mini와 같은 모델은 텍스트를 '토큰'이라는 단위로 분할해 처리합니다. 토큰은 반드시 단어와 일치하는 것은 아닙니다. 뒤에서 설명할 tiktoken으로 확인하면, GPT-4o에서는 'ChatGPT'라는 텍스트가 'Chat', 'GPT'라는 두 개의 토큰으로 분할됩니다. OpenAI의 공식 문서에서는 대략적인 기준으로, 영어 텍스트의 경우 1토큰은 4글자 또는 약 0.75단어 정도라고 설명합니다[7].

Tokenizer와 tiktoken 소개

Chat Completions API의 응답을 보면 입력과 출력의 토큰 수가 실제로 몇 개였는지 확인할 수 있습니다. 하지만 Chat Completions API를 호출하지 않고도 토큰 수를 파악하고 싶은 경우가 많습니다. 그럴 때 사용할 수 있는 것이 OpenAI의 Tokenizer와 tiktoken입니다.

OpenAI가 웹사이트에서 제공하는 Tokenizer(https://platform.openai.com/tokenizer)를 사용하면, 입력한 텍스트가 토큰으로 어떻게 분할되고, 토큰 수는 몇 개인지 확인할 수 있습니다.

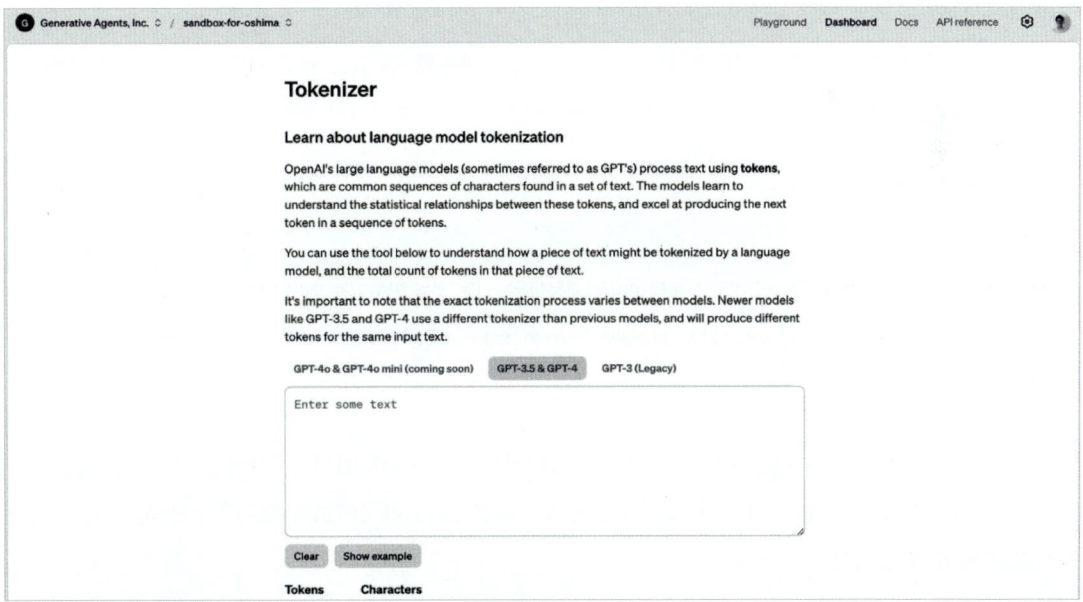

그림 2.4 Tokenizer

---

[7] "Tokens"(https://platform.openai.com/docs/concepts/tokens)

OpenAI가 공개한 Python 패키지인 tiktoken(https://github.com/openai/tiktoken)을 사용하면 Python 프로그램에서 토큰 수를 확인할 수 있습니다.

tiktoken 패키지를 설치하고 다음과 같은 코드를 작성하면 토큰 수를 확인할 수 있습니다.[8]

```
import tiktoken

text = "LLM을 사용해 멋진 것을 만들기는 쉽지만, 프로덕션에서 사용할 수 있는 것을 만들기는 매우 어렵다."

encoding = tiktoken.encoding_for_model("gpt-4o")
tokens = encoding.encode(text)
print(len(tokens))
```

이 예제에서는 토큰 수가 '28'로 표시됩니다.

한국어의 토큰 수에 대해

앞서 언급했듯이, 영어 텍스트의 경우 경험적으로 1토큰은 4글자에서 약 0.75단어 정도입니다. 다시 말해, 단어 하나당 1~몇 개 정도의 토큰이라는 의미입니다.

반면, 한국어의 경우는 같은 내용의 텍스트라도 토큰 수가 많아지기 쉽다고 알려져 있습니다. 예를 들어, "LLM을 사용해 멋진 것을 만들기는 쉽지만, 프로덕션에서 사용할 수 있는 것을 만들기는 매우 어렵다."라는 텍스트의 GPT-4에서의 토큰 수를 한국어와 영어로 비교하면 표 2.3과 같습니다.

표 2.3 한국어와 영어의 토큰 수 비교(GPT-4)

텍스트	토큰 수
LLM을 사용해 멋진 것을 만들기는 쉽지만, 프로덕션에서 사용할 수 있는 것을 만들기는 매우 어렵다.	45
It's easy to make something cool with LLMs, but very hard to make something production-ready with them.	23

이 예에서 한국어 텍스트는 43글자에 45토큰으로, 1글자당 1토큰 정도입니다. 이처럼 한국어는 영어보다 토큰 수가 많아지기 쉽습니다. 따라서 토큰 수를 줄일 목적으로는 한국어보다 영어를 사용하는 것이 바람직하다고 할 수 있습니다.

---

8 text의 내용은 https://huyenchip.com/2023/04/11/llm-engineering.html에서 인용해 번역.

GPT-4o에서는 이전 모델과 비교해 한국어도 토큰 수가 줄어들도록 개선됐습니다. GPT-4o에서 앞의 예와 같은 한국어와 영어 텍스트의 토큰 수는 표 2.4와 같습니다.

표 2.4 한국어와 영어의 토큰 수 비교(GPT-4o)

텍스트	토큰 수
LLM을 사용해 멋진 것을 만들기는 쉽지만, 프로덕션에서 사용할 수 있는 것을 만들기는 매우 어렵다.	28
It's easy to make something cool with LLMs, but very hard to make something production-ready with them.	23

GPT-4에서 45토큰이었던 한국어 텍스트가 GPT-4o에서는 28토큰으로 줄었습니다.

2.4 Chat Completions API 테스트 환경 준비

Chat Completions API의 개요와 요금에 대해 이해했으니, 이제부터 실제로 Chat Completions API를 시험해 보겠습니다. 먼저 API를 테스트하기 위한 환경을 준비합니다.

Google Colab이란

Google Colab(정식 명칭: Google Colaboratory)은 브라우저에서 Python 등의 코드를 입력하고 바로 실행할 수 있는 서비스입니다. 행의 맨 앞에 '!'를 붙이면 Linux 셸 명령어를 실행할 수도 있습니다. Google Colab은 Google 계정이 있으면 쉽게 시작할 수 있습니다. 따라서 이 책의 실습에서는 Google Colab을 사용해 코드를 작성해 보겠습니다.

Google Colab 노트북 생성

Google Drive의 적당한 폴더에서 마우스 오른쪽 버튼을 클릭하고, [더보기]에서 [Google Colaboratory]를 선택합니다. [더보기]에서 찾을 수 없는 경우, [연결할 앱 더보기]에서 'Google Colaboratory'를 검색해 추가하세요.

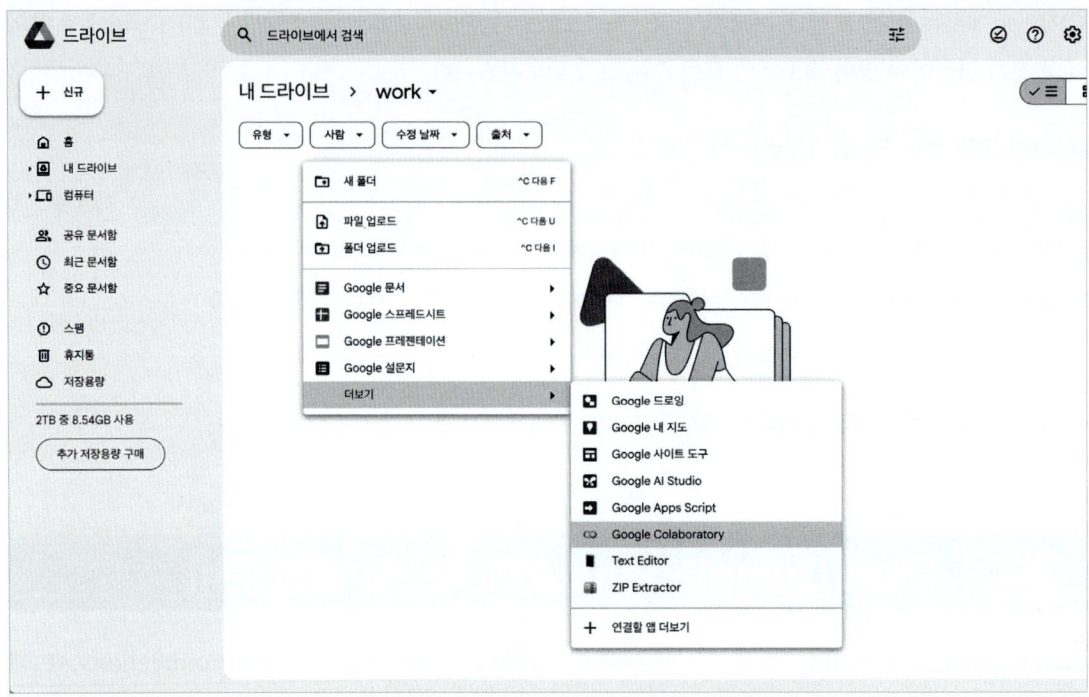

그림 2.5 Google Drive에서 Google Colaboratory 선택

선택하면 다음과 같은 화면이 열립니다.

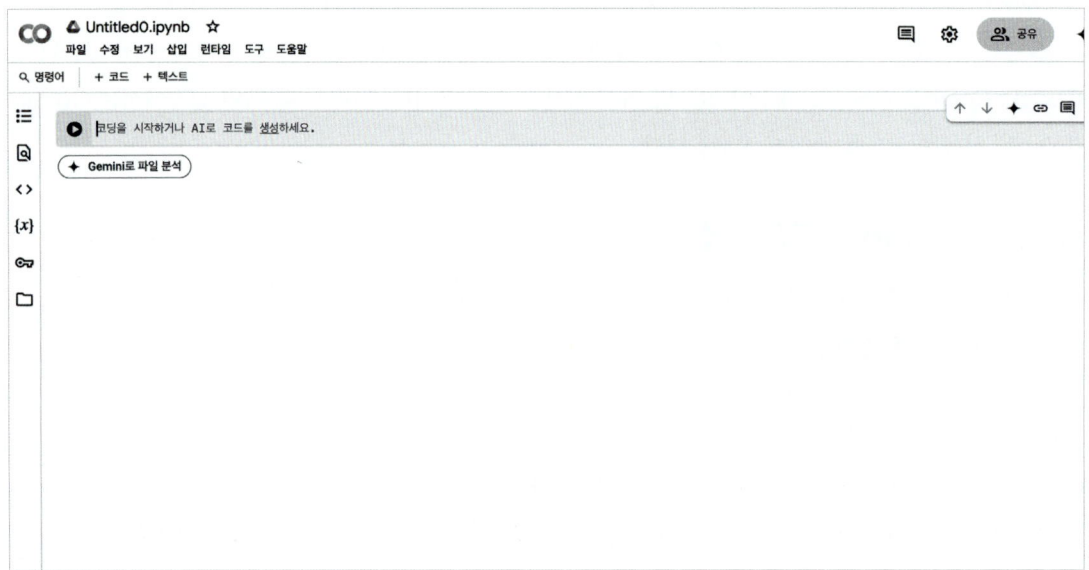

그림 2.6 Google Colab

이것이 Google Colab입니다. 여기에 Python 코드를 작성하고 실행할 수 있습니다. 작성한 내용은 Google Drive에 저장됩니다.

먼저 Python 코드가 작동하는지 확인하기 위해 "Hello World"를 실행해 봅시다.

```
print("Hello World")
```

코드를 작성한 후, 실행하려는 코드에 커서를 놓은 상태에서 Shift+Enter를 입력하거나 코드 영역 왼쪽에 표시된 ●를 클릭해 실행합니다. 잠시 후 런타임이 시작되고 "Hello World"가 표시됩니다.

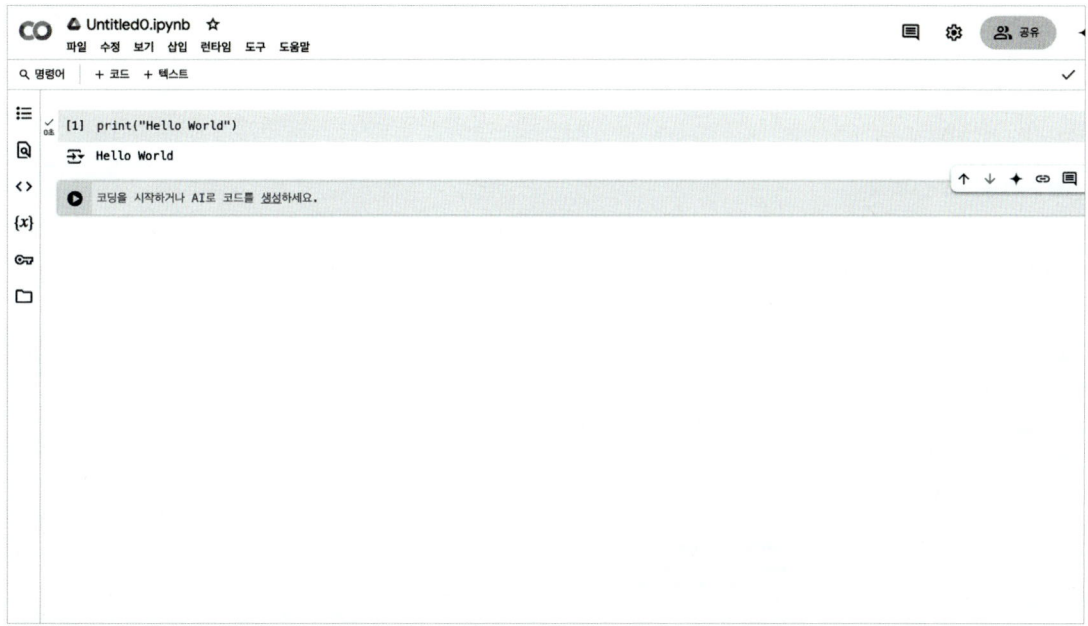

그림 2.7 Python의 Hello World

이처럼 Google Colab을 사용하면 간단한 Python 코드를 작성할 수 있는 환경을 매우 쉽게 준비할 수 있습니다.

OpenAI API 사용을 위한 등록

Chat Completions API를 사용하려면 OpenAI 웹사이트에서 등록하고 OpenAI API 키를 취득해야 합니다. 먼저 OpenAI 웹사이트(https://openai.com/)에 접속해 화면 상단의 [Products]의 [API login]에서 계정을 생성하거나 로그인하세요.

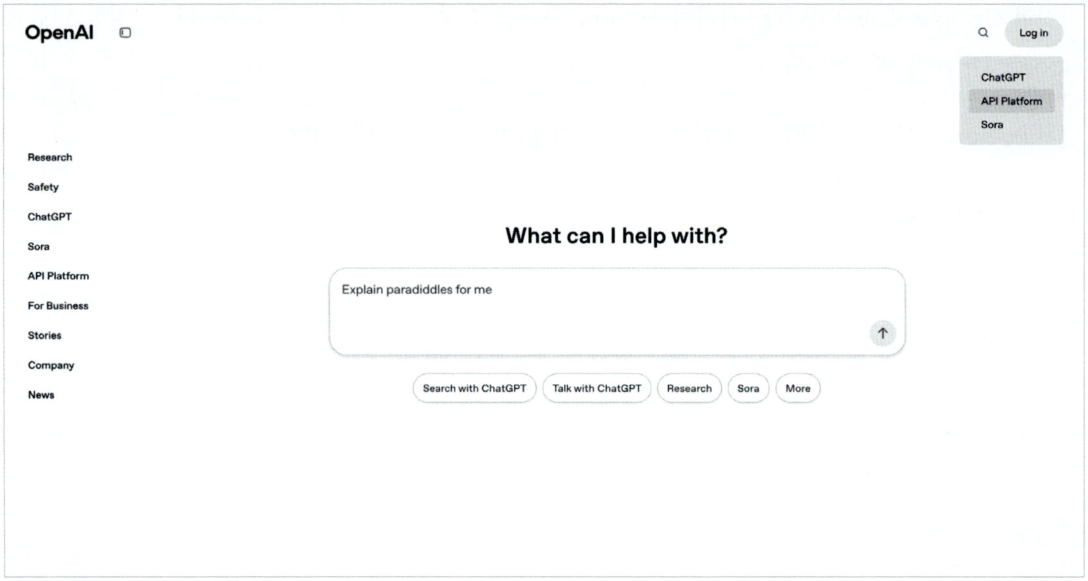

그림 2.8 OpenAI 웹사이트

API Platform에 로그인합니다.

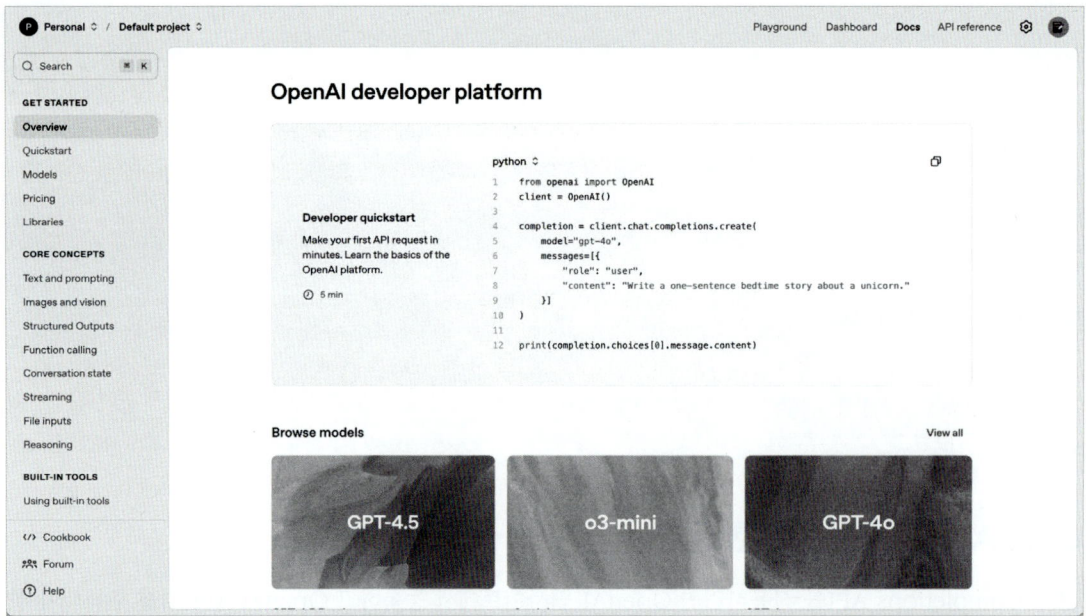

그림 2.9 OpenAI 개발자 플랫폼

화면 오른쪽 상단의 ⚙ 아이콘을 클릭해 [Settings] 화면으로 이동한 다음, [Billing]을 엽니다.

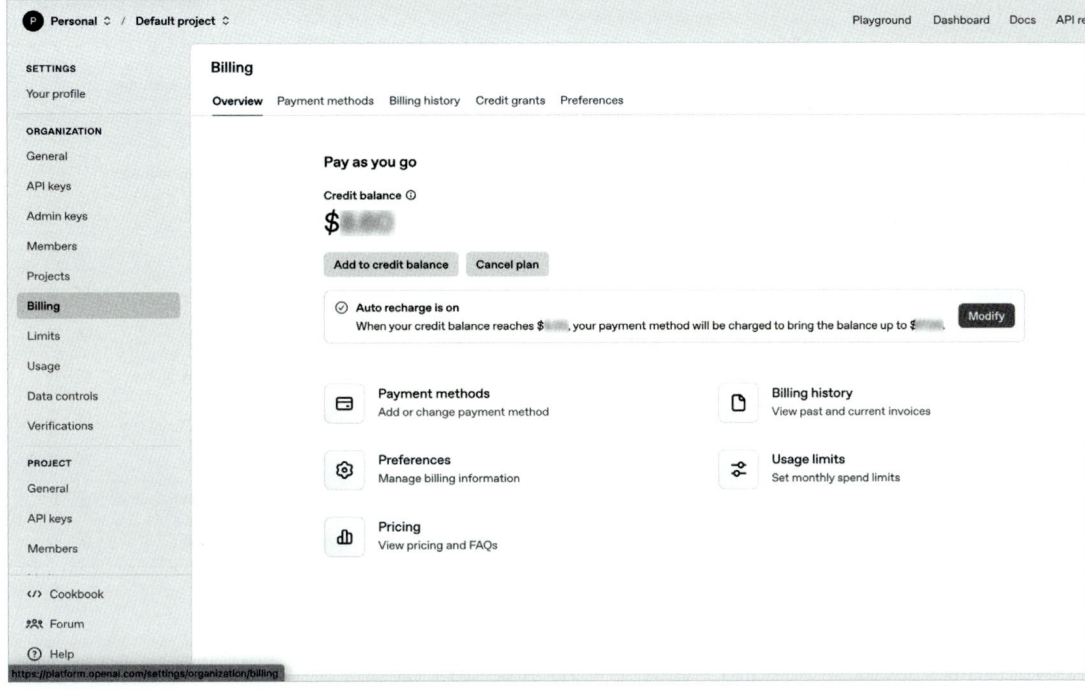

그림 2.10 Billing

이 책의 집필 시점에 OpenAI API는 선불로 크레딧을 구매하는 방식입니다. 신용카드를 등록하고 크레딧을 구매하세요. 이 책의 내용을 진행하기 위한 목적으로 크레딧을 구매할 경우, 10달러 정도의 크레딧이면 충분합니다.

OpenAI API 키 준비

크레딧을 구매했다면 API 키를 생성합니다. 화면 오른쪽 상단의 [Dashboard]를 클릭하고, 왼쪽 메뉴에서 [API keys]를 선택하면 API 키 목록 화면으로 이동합니다.

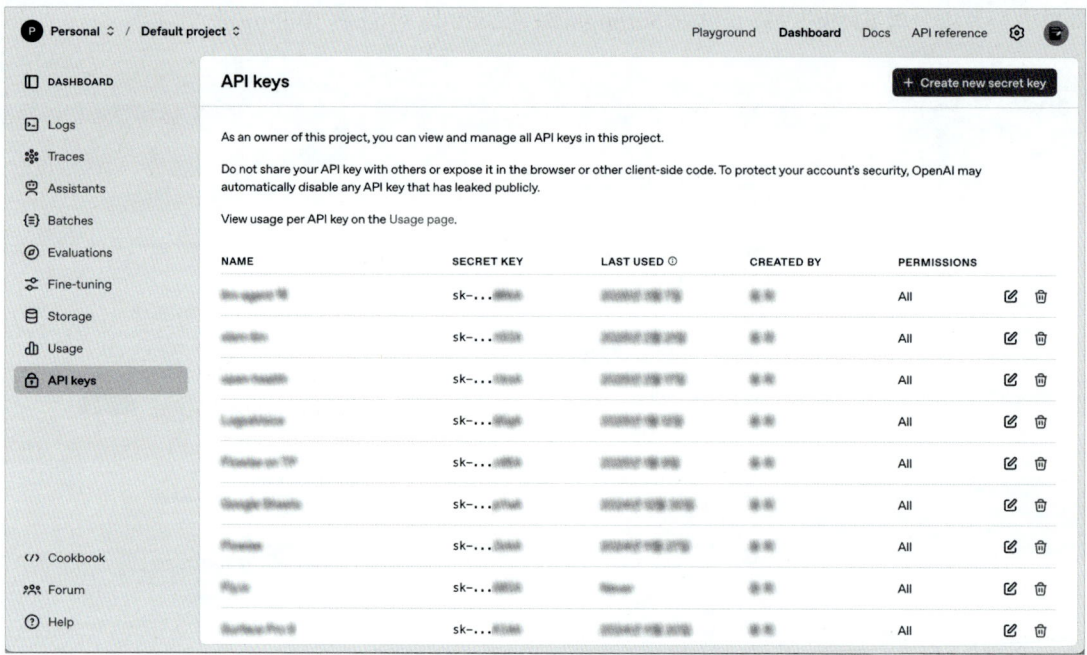

그림 2.11 API Keys

이 화면에서 [Create new secret key]를 클릭해 OpenAI API 키를 생성할 수 있습니다.

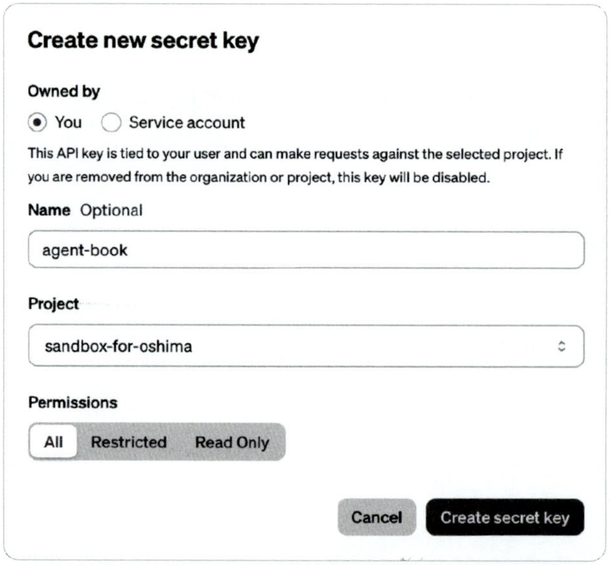

그림 2.12 Create new secret key

적당한 이름을 지정해 API 키를 생성하세요. 여기서는 'agent-book'으로 했습니다.

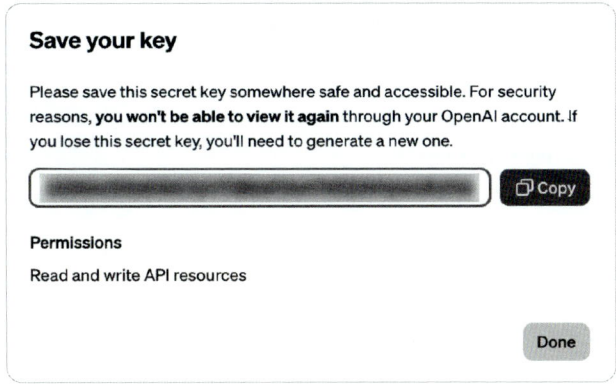

그림 2.13 발행한 API 키 확인

이 API 키는 충분히 주의하여 취급하세요. API 키가 생성되면 복사해 Google Colab을 열어보세요.

Google Colab 화면 왼쪽의 🗝 아이콘을 클릭하면 '보안 비밀'을 저장할 수 있습니다. `OPENAI_API_KEY`라는 이름으로 방금 복사한 API 키를 저장하세요.

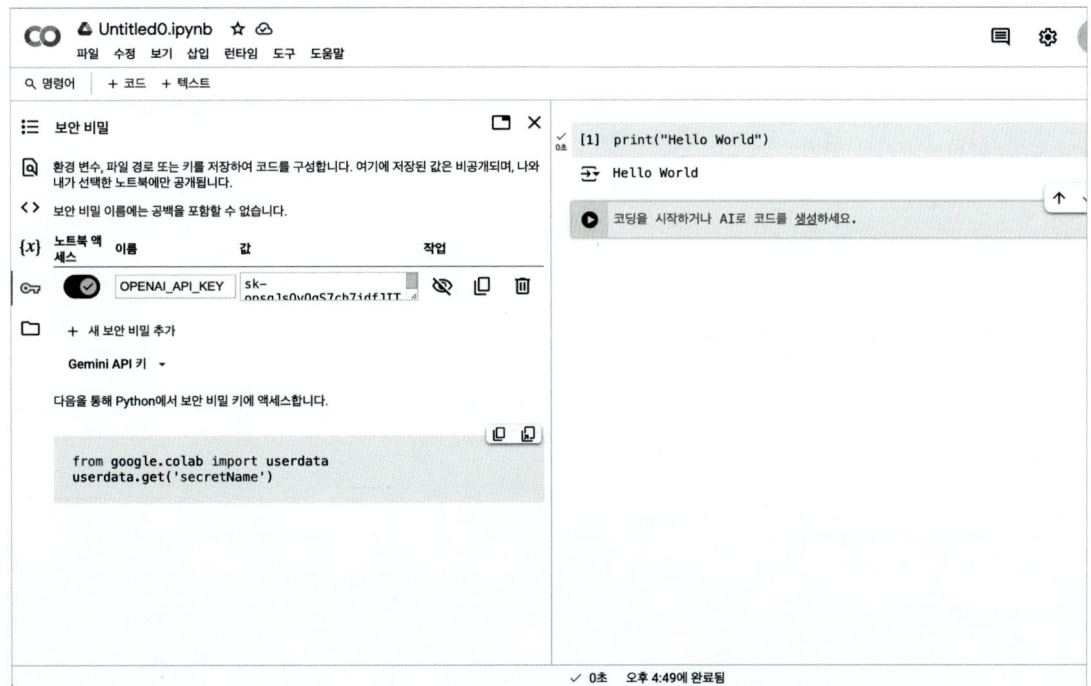

그림 2.14 API 키 저장

02 _ OpenAI 챗 API의 기초

OpenAI 라이브러리나 4장부터 설명할 LangChain은 OpenAI API 키로 `OPENAI_API_KEY`라는 이름의 환경 변수를 사용하도록 돼 있습니다. 따라서 Google Colab의 보안 비밀에 저장한 API 키를 `OPENAI_API_KEY`라는 이름의 환경 변수로 설정하는 코드를 작성합니다.

```
import os
from google.colab import userdata
os.environ["OPENAI_API_KEY"] = userdata.get("OPENAI_API_KEY")
```

이 코드를 실행하면 API 키는 준비가 완료됩니다.

2.5 Chat Completions API 실습

OpenAI 라이브러리

Chat Completions API를 사용하기 위해 대부분 OpenAI 라이브러리를 사용합니다. OpenAI에서 Python과 TypeScript/JavaScript, .NET 공식 라이브러리가 제공되며, 그 외에도 커뮤니티에서 다양한 언어의 라이브러리가 제공됩니다.

이 장에서는 OpenAI 공식 Python 라이브러리[9]를 사용합니다. Google Colab에서 다음 명령을 실행해 OpenAI 라이브러리를 설치할 수 있습니다.

```
!pip install openai==1.40.6
```

Chat Completions API 호출

먼저 매우 간단한 예로, gpt-4o-mini에서 응답을 얻어보겠습니다. Google Colab에 다음 코드를 작성하세요.

```
from openai import OpenAI

client = OpenAI()
```

---

[9] "Python library"(https://platform.openai.com/docs/libraries)

```
response = client.chat.completions.create(
    model="gpt-4o-mini",
    messages=[
        {"role": "system", "content": "You are a helpful assistant."},
        {"role": "user", "content": "안녕하세요! 저는 존이라고 합니다!"},
    ],
)
print(response.to_json(indent=2))
```

OpenAI 라이브러리는 환경 변수 `OPENAI_API_KEY`에서 가져온 API 키를 사용해 요청을 보냅니다. 요청에는 최소한 `model`과 `messages`가 포함됩니다. `model`에는 `gpt-4o`나 `gpt-4o-mini`와 같은 모델 이름을 지정합니다. `messages`라는 리스트의 각 요소에는 역할별 콘텐츠(텍스트)를 넣습니다. 예를 들어 위 예의 경우, `"role": "system"`으로 LLM의 작동에 관한 지시를 주고, 그 위에 `"role": "user"`로 대화를 위한 입력 텍스트를 제공합니다.

위 코드를 실행하면 다음과 같은 응답을 얻을 수 있습니다(응답 내용은 실행할 때마다 다를 수 있습니다).

```
{
  "id": "chatcmpl-A54mz3JczypjaTrjpggxRtGCaDmVT",
  "choices": [
    {
      "finish_reason": "stop",
      "index": 0,
      "logprobs": null,
      "message": {
        "content": "안녕하세요, 존님! 만나서 반갑습니다. 오늘은 어떤 이야기를 나눌까요?",
        "refusal": null,
        "role": "assistant"
      }
    }
  ],
  "created": 1725773413,
  "model": "gpt-4o-mini-2024-07-18",
  "object": "chat.completion",
  "system_fingerprint": "fp_483d39d857",
  "usage": {
    "completion_tokens": 27,
```

```
    "prompt_tokens": 25,
    "total_tokens": 52
  }
}
```

응답 중 choices라는 배열 요소의 message의 content를 참조하면, LLM이 생성한 텍스트 "안녕하세요, 존님! 만나서 반갑습니다. 오늘은 어떤 이야기를 나눌까요?"가 포함돼 있습니다. 이처럼 모델을 지정해 입력 텍스트에 대해 응답 텍스트를 얻는다는 점에서는 ChatGPT와 같습니다.

대화 이력을 고려한 응답 얻기

앞서 언급했듯이 Chat Completions API는 스테이트를 저장하지 않으며, 과거 요청의 대화 기록을 고려해 응답하는 기능은 없습니다. 대화 기록을 고려해 응답하도록 하려면 과거의 대화를 요청에 포함해야 합니다.

사람의 입력을 "role": "user", AI의 입력을 "role": "assistant"로 하여, 예를 들어 다음과 같은 요청을 보냅니다.

```
response = client.chat.completions.create(
    model="gpt-4o-mini",
    messages=[
        {"role": "system", "content": "You are a helpful assistant."},
        {"role": "user", "content": "안녕하세요! 저는 존이라고 합니다!"},
        {"role": "assistant", "content": "안녕하세요, 존님! 만나서 반갑습니다. 오늘은 어떤 이야기를 나눌까요?"},
        {"role": "user", "content": "제 이름을 아시나요?"},
    ],
)
print(response.to_json(indent=2))
```

"안녕하세요! 저는 존이라고 합니다!"라고 자기소개를 한 후, 다시 "제 이름을 아시나요?"라고 묻는 흐름입니다. 이 내용으로 실행해 봅시다.

```
{
  "id": "chatcmpl-A54pySfmjXHTkqrsM1t5tGm1VADBw",
  "choices": [
    {
```

```
      "finish_reason": "stop",
      "index": 0,
      "logprobs": null,
      "message": {
        "content": "네, 당신의 이름은 존님입니다. 특별히 이야기하고 싶은 것이 있으신가요?",
        "refusal": null,
        "role": "assistant"
      }
    }
  ],
  "created": 1725773598,
  "model": "gpt-4o-mini-2024-07-18",
  "object": "chat.completion",
  "system_fingerprint": "fp_483d39d857",
  "usage": {
    "completion_tokens": 27,
    "prompt_tokens": 69,
    "total_tokens": 96
  }
}
```

그러면 응답 텍스트는 "네, 당신의 이름은 존님입니다. 특별히 이야기하고 싶은 것이 있으신가요?"가 되어, 대화 기록을 고려해 답변합니다.

스트리밍으로 응답 얻기

ChatGPT에서는 GPT-4o나 GPT-4o mini의 응답이 점진적으로 표시됩니다. 마찬가지로, Chat Completions API에서도 스트리밍으로 응답을 얻을 수 있습니다.

스트리밍으로 응답을 얻을 때는 요청에 stream=True라는 파라미터를 추가합니다. 샘플 코드는 다음과 같습니다.

```
response = client.chat.completions.create(
    model="gpt-4o-mini",
    messages=[
        {"role": "system", "content": "You are a helpful assistant."},
        {"role": "user", "content": "안녕하세요! 저는 존이라고 합니다!"},
    ],
```

```
    stream=True,
)

for chunk in response:
    content = chunk.choices[0].delta.content
    if content is not None:
        print(content, end="", flush=True)
```

이 코드를 실행하면 다음 내용이 조금씩 표시됩니다.

안녕하세요, 존님! 만나서 반갑습니다. 오늘은 어떤 이야기를 나눌까요?

기본 파라미터

여기서 Chat Completions API에서 model, messages, stream 외에 지정할 수 있는 파라미터를 몇 가지 소개합니다.

표 2.5 Chat Completions API의 파라미터 일부

파라미터명	개요	기본값
temperature	0~2 사이의 값으로, 클수록 출력이 무작위해지고, 작을수록 결정적이 됨	1
n	생성되는 텍스트 후보의 수(응답의 choices 요소의 수)	1
stop	등장한 시점에 생성을 중지하는 문자열(또는 그 배열)	null
max_tokens	생성할 최대 토큰 수[10]	null
logprobs	출력 토큰의 로그 확률을 반환할지 여부	false

Chat Completions API에는 다른 파라미터도 존재합니다. 자세한 내용은 공식 API 레퍼런스(https://platform.openai.com/docs/api-reference/chat/create)를 참조하세요.

JSON 모드

LLM을 애플리케이션에 통합해 사용할 때 JSON 형식의 출력을 얻고 싶은 경우가 많습니다. Chat Completions API의 'JSON 모드'를 사용하면 확실하게 JSON 형식의 문자열이 출력되도록 할 수 있습니다.

---

[10] max_tokens 외에도 모델의 최대 출력 토큰 수에 의한 제한도 있습니다.

JSON 모드를 사용하려면 프롬프트에 'JSON'이라는 문자열을 포함시키고, `response_format` 파라미터에 `{"type": "json_object"}`라는 값을 지정합니다. 구현 예는 다음과 같습니다.

```python
from openai import OpenAI

client = OpenAI()

response = client.chat.completions.create(
    model="gpt-4o-mini",
    messages=[
        {
            "role": "system",
            "content": '인물 목록을 다음 JSON 형식으로 출력해 주세요.\n{"people": ["aaa", "bbb"]}',
        },
        {
            "role": "user",
            "content": "옛날 옛적에 할아버지와 할머니가 살고 있었습니다",
        },
    ],
    response_format={"type": "json_object"},
)
print(response.choices[0].message.content)
```

이 코드를 실행하면 다음과 같이 JSON 형식의 응답을 얻을 수 있습니다.

```
{"people": ["할아버지", "할머니"]}
```

Vision(이미지 입력)

GPT-4o와 GPT-4o mini는 이미지 입력도 지원합니다. Chat Completions API에 대한 요청에 이미지 URL이나 Base64로 인코딩된 이미지를 포함시키면 이미지 내용을 고려한 응답을 얻을 수 있습니다.

GPT-4o에 이미지 URL을 제공하는 예는 다음과 같습니다[11].

```python
from openai import OpenAI

client = OpenAI()
```

---

[11] (옮긴이) 이 책의 저자가 이전에 쓴 일본어 책의 표지 이미지를 번역서 표지 이미지로 바꿨습니다.

```python
image_url = "https://raw.githubusercontent.com/ychoi-kr/langchain-book/main/cover.jpg"

response = client.chat.completions.create(
    model="gpt-4o-mini",
    messages=[
        {
            "role": "user",
            "content": [
                {"type": "text", "text": "이미지를 설명해 주세요."},
                {"type": "image_url", "image_url": {"url": image_url}},
            ],
        }
    ],
)

print(response.choices[0].message.content)
```

이 코드를 실행하면 다음과 같이 표시됩니다.

> 이미지는 책 표지로 보이며, 제목은 "챗GPT와 랭체인을 활용한 LLM 기반 AI 앱 개발"입니다. ...<생략>

이미지 입력에 관해서는 이미지 크기와 요청의 detail이라는 파라미터 설정에 따른 요금이 발생합니다. 이 책에서는 이미지 입력은 거의 사용하지 않으므로 자세한 내용은 생략하지만, 필요한 경우 다음 공식 문서를 참조하세요.

- Vision _ https://platform.openai.com/docs/guides/vision
- Pricing _ https://openai.com/api/pricing/

COLUMN

Completions API

Chat Completions API가 출시되기 전의 모델에서는 'Completions API'가 사용됐습니다. Completions API는 이 책을 쓰는 시점에 이미 Legacy가 됐지만, 여기서 개요만 소개하겠습니다.

Completions API에 대응하는 모델인 gpt-3.5-turbo-instruct를 사용하는 예는 다음과 같습니다.

```python
from openai import OpenAI
```

```
client = OpenAI()

response = client.completions.create(
    model="gpt-3.5-turbo-instruct",
    prompt="안녕하세요! 저는 존이라고 합니다!",
)
print(response.to_json(indent=2))
```

이 코드를 실행하면 다음과 같은 응답을 얻을 수 있습니다.

```
{
  "id": "cmpl-9icUvhGn879H7gv8d5nSEsuOJxsJB",
  "choices": [
    {
      "finish_reason": "length",
      "index": 0,
      "logprobs": null,
      "text": "\n반가워요, 저도 처음 만나서"
    }
  ],
  "created": 1720421445,
  "model": "gpt-3.5-turbo-instruct",
  "object": "text_completion",
  "usage": {
    "completion_tokens": 16,
    "prompt_tokens": 11,
    "total_tokens": 27
  }
}
```

Chat Completions API와 달리, Completions API에서 입력은 하나의 프롬프트뿐입니다. Completions API도 스테이트를 저장하지 않으며, 과거 요청의 대화 기록을 고려해 응답하는 기능은 없습니다. 따라서 대화 기록을 고려한 응답을 얻고 싶은 경우에는 다음과 같이 하나의 프롬프트에 대화 기록을 포함하게 됩니다.

> Human: 안녕하세요! 저는 존이라고 합니다!
> AI: 안녕하세요, 존님! 어떻게 도와드릴까요?
> Human: 제 이름을 아시나요?
> AI:

Completions API 자체는 앞으로 사용하지 않을 수도 있지만, OpenAI 외의 LLM에서는 이처럼 입력이 단 하나의 프롬프트인 경우도 있습니다. 그런 경우, 위와 같이 하나의 입력 프롬프트에 대화 기록을 포함하는 등의 방법을 사용하게 됩니다.

2.6 Function calling

Function calling 개요

Function calling은 2023년 6월에 Chat Completions API에 추가된 기능입니다. 간단히 말하면, 사용 가능한 함수를 LLM에 알려주고, LLM에게 '함수를 사용하고 싶다'는 판단을 하게 하는 기능입니다(LLM이 함수를 실행하는 것이 아니라, LLM은 '함수를 사용하고 싶다'는 응답만 반환합니다).

LLM을 애플리케이션에 통합해 활용할 때는 LLM에게 JSON 등의 형식으로 출력하게 하고, 그 내용을 바탕으로 프로그램 내의 함수를 실행하는 처리를 구현하고 싶은 경우가 많습니다. 그런 경우에 LLM이 잘 응답하도록 API를 구현하고 모델을 파인튜닝한 것이 Function calling입니다.

> **Tool calling·Tool use**
>
> Function calling과 유사한 기능이 LangChain에서는 Tool calling입니다. Anthropic의 API에서는 Tool use로 불립니다.

Function calling을 사용해 함수 실행을 포함한 LLM과의 대화를 그림으로 나타내면 다음과 같습니다.

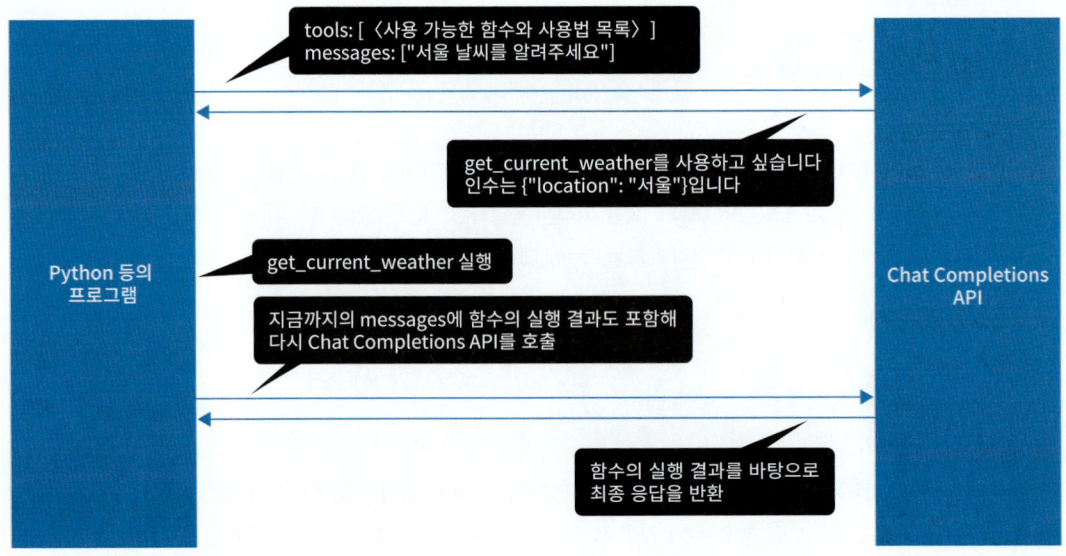

그림 2.15 Function calling의 흐름

처리 흐름은 다음과 같습니다. 먼저 사용 가능한 함수 목록과 함께 질문 등의 텍스트를 전송합니다. 그에 대해 LLM이 "함수를 사용하고 싶다"는 응답을 하면, Python 등의 프로그램에서 해당 함수를 실행합니다. 그 실행 결과를 포함한 요청을 다시 LLM에 보내면 최종 답변을 얻을 수 있습니다.

기억할 점은 LLM은 어떤 함수를 어떻게 사용하고 싶은지 반환할 뿐이며, 함수의 실행은 Python 등을 사용해 Chat Completions API 사용자 측에서 해야 한다는 점입니다.

Function calling 샘플 코드

Function calling에 관해서는 OpenAI 공식 문서[12]에 샘플 코드가 있습니다. 여기서는 OpenAI 공식 문서의 샘플 코드를 바탕으로 일부 변경한 코드를 조금씩 실행해 보겠습니다.

먼저, `get_current_weather`라는 지역을 지정해 날씨를 얻을 수 있는 Python 함수를 정의합니다[13].

```python
import json

def get_current_weather(location, unit="fahrenheit"):
    if "seoul" in location.lower():
        return json.dumps({"location": "Seoul", "temperature": "10", "unit": unit})
    elif "san francisco" in location.lower():
        return json.dumps(
            {"location": "San Francisco", "temperature": "72", "unit": unit}
        )
    elif "paris" in location.lower():
        return json.dumps({"location": "Paris", "temperature": "22", "unit": unit})
    else:
        return json.dumps({"location": location, "temperature": "unknown"})
```

다음으로, LLM이 사용할 수 있는 함수 목록을 정의합니다. 예를 들어, `get_current_weather`라는 이름의 함수에 대해 설명이나 파라미터를 정의합니다.

```python
tools = [
    {
        "type": "function",
        "function": {
```

---

[12] https://platform.openai.com/docs/guides/function-calling
[13] 실제로 이러한 함수를 구현할 경우, API에 접속해 현재 날씨 정보를 가져오는 방식으로 구현될 것입니다. 그러나 여기서는 샘플로서 함수 내에 작성된 날씨나 온도 값을 반환합니다.

```
            "name": "get_current_weather",
            "description": "Get the current weather in a given location",
            "parameters": {
                "type": "object",
                "properties": {
                    "location": {
                        "type": "string",
                        "description": "The city and state, e.g. San Francisco, CA",
                    },
                    "unit": {"type": "string", "enum": ["celsius", "fahrenheit"]},
                },
                "required": ["location"],
            },
        },
    }
]
```

다음으로, "서울 날씨는 어떤가요?"라는 질문으로 Chat Completions API를 호출합니다. 이때, 사용 가능한 함수 목록을 tools라는 인수로 전달합니다.

```
from openai import OpenAI

client = OpenAI()

messages = [
    {"role": "user", "content": "서울 날씨는 어떤가요?"},
]

response = client.chat.completions.create(
    model="gpt-4o",
    messages=messages,
    tools=tools,
)
print(response.to_json(indent=2))
```

functions 파라미터의 비권장화

Function calling 기능 출시 초기에는 'tools'가 아니라 'functions'라는 파라미터가 사용됐습니다. 이 책의 집필 시점에 'functions' 파라미터는 비권장이며, 대신 'tools' 파라미터를 사용합니다.

이 요청에 대해 다음과 같은 응답을 얻을 수 있습니다.

```
{
  "id": "chatcmpl-9jj2vw14w0fYHr6CUAhfeoMW2ZlnI",
  "choices": [
    {
      "finish_reason": "tool_calls",
      "index": 0,
      "logprobs": null,
      "message": {
        "content": null,          ← 지금까지 실행 예에서 LLM이 생성한
        "role": "assistant",         텍스트는 여기에 포함
        "tool_calls": [
          {
            "id": "call_if3ni88ahchW2egXXtZXnXA7",
            "function": {
              "arguments": "{\"location\":\"Seoul\"}",   ← 'get_current_weather를 이런
              "name": "get_current_weather"                인자로 실행하고 싶다'고 쓰여 있음
            },
            "type": "function"
          }
        ]
      }
    }
  ],
  "created": 1720684945,
  "model": "gpt-4o-2024-05-13",
  "object": "chat.completion",
  "system_fingerprint": "fp_298125635f",
  "usage": {
    "completion_tokens": 15,
    "prompt_tokens": 81,
    "total_tokens": 96
  }
}
```

지금까지 실행 예에서 LLM이 생성한 텍스트는 choices 요소의 message 내 content에 포함돼 있었지만, 그 부분이 null이 됐습니다. 대신, tool_calls라는 요소가 있으며, 'get_current_weather를 이런 인수로 실행하고 싶다'는 내용이 작성돼 있습니다.

02 _ OpenAI 챗 API의 기초 | 35

제공된 함수 목록과 입력 텍스트에서 LLM이 '이 질문에 답하기 위해서는 get_current_weather를 {"location":"Seoul"} 인수로 실행해야 한다'고 판단했다는 것입니다.

이 응답을 얻었음을 대화 기록으로 messages에 추가해 둡니다.

```
response_message = response.choices[0].message
messages.append(response_message.to_dict())
```

LLM에는 Python 등의 함수를 실행하는 능력이 없습니다. 따라서 LLM이 사용하고 싶어 하는 get_current_weather 함수는 우리가 실행해 줘야 합니다. LLM이 지정한 인수를 해석해 해당 함수를 호출합니다.

```
available_functions = {
    "get_current_weather": get_current_weather,
}

# 사용하고 싶은 함수는 여러 개일 수 있으므로 반복문 사용
for tool_call in response_message.tool_calls:
    # 함수를 실행
    function_name = tool_call.function.name
    function_to_call = available_functions[function_name]
    function_args = json.loads(tool_call.function.arguments)
    function_response = function_to_call(
        location=function_args.get("location"),
        unit=function_args.get("unit"),
    )
    print(function_response)

    # 함수 실행 결과를 대화 이력으로 messages에 추가
    messages.append(
        {
            "tool_call_id": tool_call.id,
            "role": "tool",
            "name": function_name,
            "content": function_response,
        }
    )
```

이 코드를 실행하면 다음 결과를 얻습니다.

```
{"location": "Seoul", "temperature": "10", "unit": null}
```

서울의 기온은 10도입니다. 다시 말하지만, 이것은 단순히 Python에서 함수를 실행한 결과입니다. LLM은 함수를 실행할 수 없으므로, LLM이 사용하고 싶다고 판단한 함수를 LLM 사용자 측에서 Python으로 실행한 것입니다.

위 코드에서는 for 루프의 마지막 처리로, 함수의 실행 결과를 "role": "tool"로 하여 대화 기록을 유지하는 messages에 추가했습니다. 이 시점의 messages를 표시해 봅시다.

```
print(json.dumps(messages, ensure_ascii=False, indent=2))
```

이 코드를 실행하면 messages의 값이 다음과 같이 표시됩니다.

```
[
  {
    "role": "user",
    "content": "서울 날씨는 어떤가요?"
  },
  {
    "content": null,
    "role": "assistant",
    "tool_calls": [
      {
        "id": "call_if3ni88ahchW2egXXtZXnXA7",
        "function": {
          "arguments": "{\"location\":\"Seoul\"}",
          "name": "get_current_weather"
        },
        "type": "function"
      }
    ]
  },
  {
    "tool_call_id": "call_if3ni88ahchW2egXXtZXnXA7",
    "role": "tool",
```

```
    "name": "get_current_weather",
    "content": "{\"location\": \"Seoul\", \"temperature\": \"10\", \"unit\": null}"
  }
]
```

이 `messages`를 사용해 다시 한번 Chat Completions API에 요청을 보냅니다.

```
second_response = client.chat.completions.create(
    model="gpt-4o",
    messages=messages,
)
print(second_response.to_json(indent=2))
```

그러면 최종 답변으로 앞서 실행한 함수의 결과도 고려하여 서울의 날씨를 답변해 줍니다.

```
{
  "id": "chatcmpl-9jj2yLlOLH58g9s38EvgJO42CyefD",
  "choices": [
    {
      "finish_reason": "stop",
      "index": 0,
      "logprobs": null,
      "message": {
        "content": "서울의 현재 기온은 10도입니다. 날씨의 자세한 정보를 알고 싶으시면, 구체적인 정보를 제공할 수 있는 날씨 예보 사이트나 앱을 참조해 주세요.",
        "role": "assistant"
      }
    }
  ],
  "created": 1720684948,
  "model": "gpt-4o-2024-05-13",
  "object": "chat.completion",
  "system_fingerprint": "fp_dd932ca5d1",
  "usage": {
    "completion_tokens": 43,
    "prompt_tokens": 64,
    "total_tokens": 107
  }
}
```

이처럼 Function calling을 사용하면 LLM이 필요에 따라 '함수를 사용하고 싶다'고 판단하고, 그 인수까지 생각해 줍니다. 그 내용을 바탕으로 이쪽에서 함수를 실행하고, 실행 결과를 포함해 다시 LLM을 호출하면 LLM이 최종 답변을 반환해 주는 것입니다.

tool_choice 파라미터

Function calling과 관련해, Chat Completions API의 요청에는 `tool_choice`라는 파라미터도 있습니다.

`tool_choice` 파라미터에 'none'을 지정하면 LLM은 함수를 호출하는 응답을 하지 않고 일반 텍스트를 반환합니다. `tool_choice`를 "auto"로 설정하면 LLM은 입력에 따라 지정된 함수를 사용해야 한다고 판단한 경우 함수명과 인수를 반환합니다.

파라미터 'tool_choice'의 기본 작동은 tools를 제공하지 않은 경우는 "none", tools를 제공한 경우는 "auto"입니다.

또한, 파라미터 'tool_choice'에는 {"type": "function", "function": {"name": "<함수명>"}}이라는 값을 지정할 수 있습니다. 이렇게 함수명을 지정하면 LLM에게 지정한 함수를 호출하도록 강제할 수 있습니다.

COLUMN

Function calling을 응용한 JSON 생성

Function calling은 LLM에게 함수를 실행할지 판단하게 하는 것 외에도, 단순히 JSON 형식의 데이터를 생성하는 데 사용할 수도 있습니다. LLM에게 함수를 호출할 의도로 JSON 형식의 데이터를 생성하게 하고, 실제로는 그 함수를 호출하지 않고 인숫값을 다른 용도로 사용하는 것입니다.

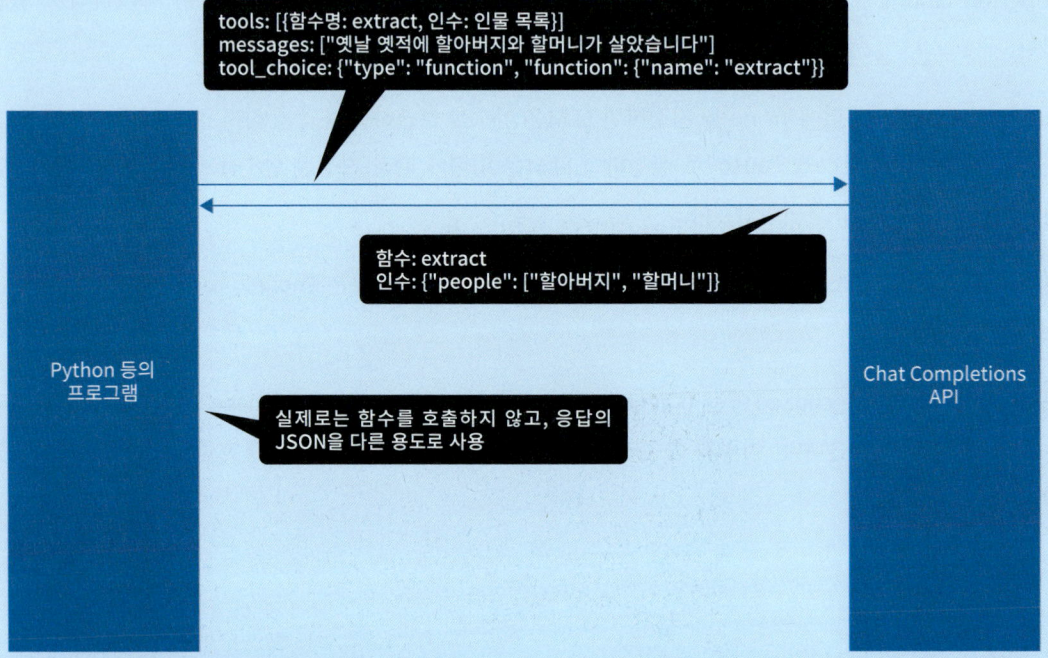

그림 2.16 Function calling의 응용 이미지

Chat Completions API에서 JSON 형식의 데이터를 안정적으로 출력하고 싶은 경우에 이처럼 Function calling을 응용하는 경우도 많습니다.

참고로, OpenAI 공식 문서에 따르면 Function calling에서 모델이 함수의 인수를 JSON 형식으로 출력할 때는 자동으로 JSON 모드가 활성화됩니다[14].

---

[14] https://platform.openai.com/docs/guides/text-generation/json-mode

> **COLUMN**
>
> **Structured Outputs**
>
> 단순히 Function calling이나 JSON 모드를 사용하는 것만으로는 출력이 JSON으로 유효하다는 것은 보장되지만, 지정한 스키마와 일치하는 것은 보장되지 않습니다. 2024년 8월에 릴리스된 Structured Outputs 기능을 사용하면 지정한 JSON Schema로의 출력을 보장할 수 있습니다. 자세한 내용은 OpenAI 공식 블로그[15]와 공식 문서[16]를 참조하세요.
>
> 이 책에서 Structured Outputs 기능은 이 칼럼에서만 소개하고, JSON 형식의 데이터를 출력하게 하는 데는 Function calling이나 단순한 JSON 모드를 사용합니다.

2.7 요약

이 장에서는 OpenAI 챗 API의 기본을 설명했습니다. GPT-4o나 GPT-4o mini를 API로 사용하려면 다음 형식의 Chat Completions API를 사용합니다.

```
{
  "model": "gpt-4o-mini",
  "messages": [
    {"role": "system", "content": "You are a helpful assistant."},
    {"role": "user", "content": "안녕하세요! 저는 존이라고 합니다!"},
    {"role": "assistant", "content": "안녕하세요, 존님! 만나서 반갑습니다. 오늘은 어떤 이야기를 나눌까요?"},
    {"role": "user", "content": "제 이름을 아시나요?"}
  ]
}
```

Chat Completions API는 스테이트를 저장하지 않으며, 대화 기록을 고려해 응답하도록 하려면 대화 기록을 모두 요청에 포함해야 합니다. 요금은 주로 모델 종류와 입출력 토큰 수로 결정됩니다. 실제로 사용된 토큰 수는 응답에 포함돼 있으며, OpenAI가 공개한 Tokenizer나 tiktoken 패키지를 사용해서도 확인할 수 있습니다.

---

15 https://openai.com/index/introducing-structured-outputs-in-the-api/
16 https://platform.openai.com/docs/guides/structured-outputs/examples

Chat Completions API의 Function calling 기능을 사용하면 LLM에게 함수를 사용하고 싶다고 판단하게 할 수 있습니다. 이 기능은 이 책의 8장 이후에서 설명할 AI 에이전트의 구현 등에서 자주 사용됩니다.

> **COLUMN**
>
> **Assistants API**
>
> GPT-4o나 GPT-4o mini를 사용할 수 있는 API로는 Chat Completions API와 Batch API 외에도 Assistants API(Beta)가 있습니다. Assistants API에서는 Chat Completions API의 기능을 기반으로 대화 기록 관리, 파일 검색, Code Interpreter와 같은 기능이 제공됩니다.
>
> GPT-4o나 GPT-4o mini를 단순한 대화 기록 관리나 파일 검색과 결합해 사용하고 싶을 때는 Assistants API가 유용할 수 있습니다. 다만, Assistants API는 아직 Beta 기능이며, 제공되는 대화 기록 관리나 파일 검색을 유연하게 설정하는 데 제약이 많으므로 사용할 때 주의해야 합니다.

03장

프롬프트 엔지니어링

이 장에서는 LLM에 입력하는 프롬프트를 창의적으로 활용하는 '프롬프트 엔지니어링'의 기초 지식을 설명합니다. Chat Completions API를 사용하여 실제로 프롬프트 엔지니어링 기법을 시도하는 과정도 살펴보겠습니다.

이 책의 4장 이후를 이해하려면 프롬프트 엔지니어링의 기본 지식이 필요합니다. 이 장에서 확실히 지식을 습득하겠습니다.

오시마 유키

3.1 프롬프트 엔지니어링의 필요성

3.2 프롬프트 엔지니어링이란

3.3 프롬프트의 기본 구성 요소

3.4 프롬프트 엔지니어링의 대표적인 기법

3.5 요약

3.1 프롬프트 엔지니어링의 필요성

이 책의 주제는 LLM 애플리케이션 개발입니다. LLM 애플리케이션 개발에서는 LLM에 다음과 같은 작동을 지정하고 싶은 경우가 많습니다.

- LLM의 출력을 프로그램에서 다루기 쉽도록 지정된 JSON 형식으로 출력하게 하기
- 회사 업무 전문가의 지식을 참고하면서 사용자 질문에 답변하게 하기

실제로 해보면 알겠지만, 이것이 의외로 어렵습니다. 일반적인 프로그래밍과 달리 LLM은 우리의 지시를 잘 따르지 않는 경우가 많습니다. 프롬프트를 나름대로 창의적으로 만들어도 다음과 같은 일이 자주 발생합니다.

- 무시당하는 비율이 낮지 않음
- 프롬프트를 조금만 바꿔도 지시를 무시함

아무리 공을 들여도 LLM이 100% 지시를 따르게 할 수는 없습니다. 하지만 실용적인 비율로 지시를 따르게 할 필요는 있습니다. 이때 활용할 수 있는 기술이 '프롬프트 엔지니어링'입니다.

프롬프트 엔지니어링 지식을 습득하면 LLM의 가능성을 최대로 끌어낼 수 있습니다. LLM 애플리케이션을 개발하는 과정에서 출력을 안정시키기 위해서도 프롬프트 엔지니어링 지식은 중요합니다.

이 책의 4장부터는 LLM 애플리케이션 개발 프레임워크인 LangChain을 사용합니다. LangChain의 많은 기능은 LLM에 입력하는 프롬프트 구성과 연결됩니다. 따라서 프롬프트 엔지니어링의 기초 지식을 익히면 LangChain도 더 쉽게 배울 수 있습니다.

> **COLUMN**
>
> **프롬프트 엔지니어링과 파인튜닝**
>
> OpenAI API에서는 GPT-4o와 GPT-4o mini의 파인튜닝 기능도 제공합니다. 그래서 GPT-4o와 GPT-4o mini의 출력 조정을 위해 프롬프트 엔지니어링을 사용해야 할지, 파인튜닝을 사용해야 할지에 대한 논의가 있습니다.
>
> 전통적으로 머신러닝(Machine Learning) 모델을 특정 용도로 사용할 때는 전용 모델을 처음부터 만들거나 기존 모델에 추가 학습을 시키는 '파인튜닝' 방법을 사용해야 한다고 생각했습니다. 특히 전용 모델을 처음부터 만드는 것보다 시간적, 금전적 비용이 덜 들기 때문에 파인튜닝이 주목받았습니다.

그러나 LLM은 파인튜닝 없이도 프롬프트 조정(프롬프트 엔지니어링)만으로 다양한 용도로 활용할 수 있습니다. 프롬프트 엔지니어링은 자연어로 문장만 작성할 수 있으면 접근할 수 있어 진입 장벽이 낮습니다. 시행착오도 빠르게 겪을 수 있으며, 파인튜닝보다 시작하는 비용도 낮습니다. 따라서 먼저 프롬프트 엔지니어링부터 시작하는 것을 권장합니다.

실제로 OpenAI 공식 문서에도 먼저 프롬프트 엔지니어링, 복잡한 태스크를 여러 프롬프트로 분할하기, Function calling 활용부터 시작해야 하며, 파인튜닝에 시간과 노력을 투자하는 것에는 신중해야 한다고 명시돼 있습니다.

- When to use fine-tuning _
  https://platform.openai.com/docs/guides/fine-tuning/when-to-use-fine-tuning

3.2 프롬프트 엔지니어링이란

지금까지 프롬프트 엔지니어링이라는 용어를 막연히 사용했는데, 그렇다면 프롬프트 엔지니어링이란 정확히 무엇일까요?

Chat Completions API를 사용하여 GPT-4o mini에 "프롬프트 엔지니어링이란"이라고 물어보겠습니다.

```python
from openai import OpenAI

client = OpenAI()

response = client.chat.completions.create(
    model="gpt-4o-mini",
    messages=[
        {"role": "user", "content": "프롬프트 엔지니어링이란"},
    ],
)
print(response.choices[0].message.content)
```

GPT-4o는 다음과 같이 답변했습니다.

> 프롬프트 엔지니어링이란 AI 모델, 특히 자연어 처리(NLP) 모델에 대한 입력(프롬프트)을 창의적으로 설계하여 모델의 출력을 최적화하는 기술이나 프로세스를 말합니다. 구체적으로는, AI에 어떤 질문이나 지시를 할지, 어떤 형식으로 정보를 제공할지를 고려함으로써 더 정확하고 원하는 출력을 얻는 것을 목표로 합니다.

> 프롬프트 엔지니어링은 다음과 같은 요소를 포함할 수 있습니다:
> 1. **프롬프트 설계**: 모델에 적절한 지시를 제공하기 위한 문구나 구조를 고려합니다.
> 2. **지시의 명확화**: 모델에 요구하는 정보나 태스크 내용을 최대한 명확하게 전달하는 방법을 모색합니다.
> 3. **피드백 루프**: 출력 결과를 평가하고, 이를 바탕으로 프롬프트를 개선하는 과정을 반복합니다.
>
> 이 기술은 챗봇, 텍스트 생성, 번역, 질의응답 등 다양한 애플리케이션에서 더 나은 결과를 얻기 위해 중요합니다. 프롬프트 엔지니어링은 특히 대규모 언어 모델(LLM)의 활용이 확대됨에 따라 주목받는 분야가 되고 있습니다.

GPT-4o나 GPT-4o mini에 질문에 간결하게 답변해 달라고 해도, 이처럼 필요 이상으로 긴 답변을 출력하는 경우가 많습니다. 그래서 짧게 답변하도록 프롬프트를 개선해 보겠습니다.

```
response = client.chat.completions.create(
    model="gpt-4o-mini",
    messages=[
        {"role": "system", "content": "질문에 100자 정도로 답변해 주세요."},
        {"role": "user", "content": "프롬프트 엔지니어링이란"},
    ],
)
print(response.choices[0].message.content)
```

GPT-4o mini는 다음과 같이 답변했습니다.

> 프롬프트 엔지니어링이란 AI 모델에서 원하는 출력을 얻기 위해 입력하는 프롬프트(지시나 질문)의 설계나 최적화를 수행하는 기술입니다. 정확한 결과나 창의적인 응답을 얻기 위해 단어 선택이나 구조에 공을 들입니다.

프롬프트를 개선함으로써 의도한 길이의 답변을 얻을 수 있었습니다. 이것이 바로 프롬프트 엔지니어링의 예입니다.

프롬프트 엔지니어링에 관해 정리되어 있는 유명한 웹사이트인 "Prompt Engineering Guide"에는 다음과 같이 적혀 있습니다.

- 프롬프트 엔지니어링은 다양한 애플리케이션과 연구 분야에서 효율적으로 언어 모델을 활용하기 위해 프롬프트를 개발하고 최적화하는 비교적 새로운 분야입니다[1].

---

1 Prompt Engineering Guide, https://www.promptingguide.ai/

3.3 프롬프트의 기본 구성 요소

프롬프트 엔지니어링에는 다양한 기법이 있지만, 우선 프롬프트의 기본 구성 요소를 파악하는 것이 좋습니다. 이 절에서는 GPT-4o나 GPT-4o mini를 활용한 애플리케이션 개발 예를 살펴보면서 프롬프트의 기본 구성 요소를 설명하겠습니다.

주제: 레시피 생성 AI 앱

예를 들어 "레시피 생성 AI 앱"(웹 애플리케이션이나 모바일 애플리케이션)에 대해 생각해 보겠습니다. 이 애플리케이션에서는 요리명을 입력하면 그 요리의 재료 목록과 조리 방법을 AI가 생성해 줍니다.

그림 3.1 레시피 생성 AI 앱

이러한 애플리케이션을 만들 경우, 전형적인 구성은 그림 3.2와 같습니다.

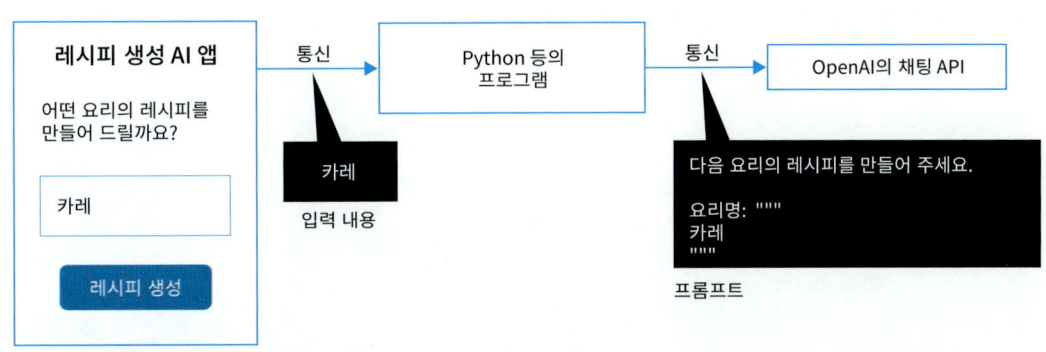

그림 3.2 LLM 애플리케이션의 전형적인 구성

웹 애플리케이션이나 모바일 애플리케이션 화면이 있고, 사용자는 '카레' 등의 요리명을 입력합니다. 사용자의 입력 내용은 Python 등의 프로그램으로 전송됩니다. Python 등의 프로그램은 사용자의 입력 내용을 바탕으로 프롬프트를 작성하여 OpenAI의 채팅 API에 요청을 보냅니다. 이러한 애플리케이션을 개발할 때의 프롬프트에 대해 살펴보겠습니다.

프롬프트의 템플릿화

레시피 생성 AI 앱을 개발할 경우, 간단한 프롬프트의 예는 다음과 같습니다.

```
다음 요리의 레시피를 만들어 주세요.

요리명: """
카레
"""
```

이 프롬프트 전체를 사용자가 입력하는 것은 아닙니다. 사용자가 입력하는 것은 '카레' 같은 요리명뿐입니다. 애플리케이션에서는 사용자가 입력하는 부분을 템플릿화한 다음과 같은 문자열을 미리 준비해 둡니다.

```
다음 요리의 레시피를 만들어 주세요.

요리명: """
{dish}
"""
```

사용자의 입력을 받으면, 그 내용으로 {dish} 부분을 채워 넣은 후 OpenAI의 채팅 API(Chat Completions API)에 요청을 보냅니다. 이러한 코드를 실제로 작성하면 다음과 같습니다.

```
prompt = '''\
다음 요리의 레시피를 생각해 주세요.

요리명: """
{dish}
"""
'''
```

```python
def generate_recipe(dish: str) -> str:
    response = client.chat.completions.create(
        model="gpt-4o-mini",
        messages=[
            {"role": "user", "content": prompt.format(dish=dish)},
        ],
    )
    return response.choices[0].message.content

recipe = generate_recipe("카레")
print(recipe)
```

generate_recipe라는 함수 안에서는 프롬프트의 {dish} 부분을 문자열(str)의 format 메서드로 치환한 후 Chat Completions API를 호출합니다.

비슷한 프롬프트를 "role": "system"을 사용하여 다음과 같이 구현할 수도 있습니다.

```python
def generate_recipe(dish: str) -> str:
    response = client.chat.completions.create(
        model="gpt-4o-mini",
        messages=[
            {"role": "system", "content": "사용자가 입력한 요리의 레시피를 생각해 주세요."},
            {"role": "user", "content": f"{dish}"},
        ],
    )
    return response.choices[0].message.content

recipe = generate_recipe("카레")
print(recipe)
```

명령과 입력 데이터 분리

이처럼 프롬프트를 템플릿화하면 많은 프롬프트에서 명령과 입력 데이터를 분리하게 됩니다.

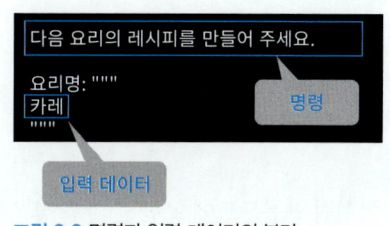

그림 3.3 명령과 입력 데이터의 분리

LLM에 실행해 주기를 바라는 태스크를 명령으로 기술하고, 사용자의 입력 데이터와는 독립시킵니다. 그리고 입력 데이터는 알아보기 쉽게 """ 또는 ### 같은 기호로 구분하는 경우가 많습니다.

문맥 제공

전제 조건이나 외부 정보 등을 문맥(context)으로 제공하면 그에 맞는 답변을 얻을 수 있습니다. 애플리케이션에 따라 다양한 정보를 문맥으로 제공할 수 있습니다. 예를 들어 레시피 생성 AI 앱이라면 '양은 1인분', '맛 선호도는 매운맛' 같은 정보를 제공할 수 있습니다. 사용자 정보로 이러한 전제 조건을 등록해 두고 그 내용을 프롬프트에 포함시키면 사용자에게 적합한 레시피를 만들기가 쉬워집니다.

```
전제 조건을 고려하여 다음 요리의 레시피를 만들어 주세요.

전제 조건: """
양: 1인분
맛 선호도: 매운맛
"""

요리명: """
카레
"""
```

다른 방법으로는 다양한 요리 레시피 목록을 데이터베이스에 준비해 두고, 현재 입력된 내용과 유사한 레시피를 프롬프트에 포함시켜 참고하도록 하는 방법도 있습니다.

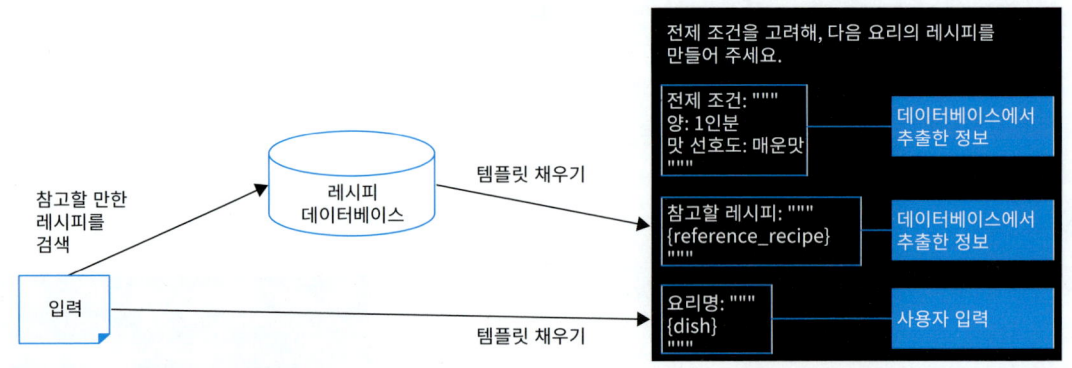

그림 3.4 데이터베이스에 기반한 답변

이처럼 프롬프트에 포함된 외부 정보를 고려하여 응답하도록 하는 것도 LLM 애플리케이션에서 자주 사용되는 기법입니다.

출력 형식 지정

또한 프롬프트에서 출력 형식을 지정하는 경우도 많습니다. LLM의 응답을 그대로 사용자에게 보여주기도 하지만, 일부만 추출하거나 가공하여 표시하고 싶은 경우도 있습니다. 예를 들어 다음과 같이 프롬프트에서 출력 형식을 지정할 수 있습니다.

```
system_prompt = """\
사용자가 입력한 요리의 레시피를 만들어 주세요.

출력은 다음 JSON 형식으로 해주세요.
```
{
  "재료": ["재료1", "재료2"],
  "순서": ["순서1", "순서2"]
}
```
"""

response = client.chat.completions.create(
    model="gpt-4o-mini",
    messages=[
        {"role": "system", "content": system_prompt},
        {"role": "user", "content": "카레"},
    ],
)
print(response.choices[0].message.content)
```

이 프롬프트에 대해 GPT-4o mini는 다음과 같은 결과를 반환했습니다.

```
{
  "재료": ["쌀", "카레 가루", "닭고기", "양파", "당근", "감자", "물", "소금"],
  "순서": [
    "냄비에 기름을 두르고 양파를 투명해질 때까지 볶습니다.",
    "한 입 크기로 자른 닭고기를 넣고 겉면이 하얗게 될 때까지 볶습니다.",
    "작게 자른 당근과 감자를 넣고 전체를 가볍게 섞어줍니다.",
    "카레 가루를 넣고 추가로 1~2분 더 볶아 향을 끌어냅니다.",
    "물을 넣고 끓으면 약불로 줄여 뚜껑을 덮고 약 30분간 끓입니다.",
```

```
    "소금으로 간을 맞추고 밥과 함께 담아냅니다."
  ]
}
```

이와 같이 JSON 형식으로 출력하도록 하면 프로그램에서 처리하기가 쉬워집니다. 실제로는 더 확실하게 JSON 형식으로 출력하기 위해 JSON 모드나 Function calling 등을 사용하는 경우가 많습니다.

프롬프트 구성 요소 요약

지금까지 프롬프트의 구성 요소로 다음 네 가지를 소개했습니다.

- 명령
- 입력 데이터
- 문맥(context)
- 출력 형식 지정

프롬프트가 이러한 요소로 구성되기 쉽다는 점은 "Prompt Engineering Guide"[2]에도 기술돼 있습니다. "Prompt Engineering Guide"는 DAIR.AI가 오픈소스로 공개하고 있습니다. "Prompt Engineering Guide"처럼 프롬프트 엔지니어링 기법을 정리한 정보 소스는 많이 있습니다. 이러한 정보를 참고하면 LLM의 가능성을 끌어내는 프롬프트 작성 방법을 알 수 있습니다.

LLM을 제공하는 업체의 가이드

OpenAI, Google, Anthropic 등 LLM을 제공하는 업체들도 프롬프트 엔지니어링 가이드를 공개하고 있습니다.

- OpenAI _ https://platform.openai.com/docs/guides/prompt-engineering
- Google _ https://ai.google.dev/gemini-api/docs/prompting-strategies?hl=ko
- Anthropic _ https://docs.anthropic.com/ko/docs/prompt-engineering

---

2 https://www.promptingguide.ai

3.4 프롬프트 엔지니어링의 대표적인 기법

프롬프트 엔지니어링에는 디자인 패턴[3]처럼 이름이 붙은 기법들이 있습니다. 이 절에서는 프롬프트 엔지니어링 기법 중 가장 먼저 확실히 알아둬야 할 것들을 소개합니다.

Zero-shot 프롬프팅

먼저 'Zero-shot 프롬프팅'을 소개합니다. LLM은 특정 태스크[4]를 위해 파인튜닝을 하지 않아도 프롬프트로 지시한 태스크를 수행할 수 있는 경우가 적지 않습니다. 예를 들어, 입력 텍스트가 긍정적인지 부정적인지 판단하는 일명 감정 분석을 위한 프롬프트의 예는 다음과 같습니다.

```
response = client.chat.completions.create(
    model="gpt-4o-mini",
    messages=[
        {
            "role": "system",
            "content": "입력을 긍정적, 부정적, 중립 중 하나로 분류해 주세요.",
        },
        {
            "role": "user",
            "content": "ChatGPT는 프로그래밍 고민을 많이 해결해 줍니다",
        },
    ],
)
print(response.choices[0].message.content)
```

이 코드를 실행하면 GPT-4o mini는 다음과 같이 응답합니다.

> 긍정적

다음에 소개할 Few-shot 프롬프팅과 달리, 이처럼 프롬프트에 예시를 제공하지 않고 태스크를 처리하도록 하는 것을 Zero-shot 프롬프팅이라고 합니다.

---

[3] 프로그래밍 등에서 사용되는 설계 패턴
[4] 분류나 번역, 요약 등 머신러닝 모델에 수행시키는 작업을 '태스크(task)'라고 부릅니다.

Few-shot 프롬프팅

이번에는 입력이 AI와 관련이 있는지 GPT-4o mini에게 답변해 달라고 해보겠습니다. 먼저 Zero-shot 프롬프팅으로 "입력이 AI와 관련이 있는지 답변해 주세요."라고 지시해 보겠습니다.

```
response = client.chat.completions.create(
    model="gpt-4o-mini",
    messages=[
        {"role": "system", "content": "입력이 AI와 관련이 있는지 답변해 주세요."},
        {"role": "user", "content": "ChatGPT는 매우 편리하다"},
    ],
)
print(response.choices[0].message.content)
```

이 입력에 대해 GPT-4o mini는 다음과 같이 응답했습니다.

> 네, ChatGPT는 다양한 작업에 유용한 도구입니다. 질문에 답변하거나, 정보를 제공하거나, 아이디어를 생각하는 데 도움을 줄 수 있습니다. 특별히 알고 싶은 것이 있으신가요?

이 판단 결과에 따라 프로그램의 처리를 분기하고자 하는 경우에는 단순히 'true' 또는 'false'만 출력하게 하고 싶을 것입니다. "true나 false로만 출력해 주세요"라고 프롬프트에서 지시할 수도 있지만, 대신 몇 가지 시연 예시를 제공함으로써 출력 형식을 전달할 수도 있습니다.

답변을 원하는 텍스트 앞에 몇 가지 시연 예시를 포함한 프롬프트를 작성합니다.

```
response = client.chat.completions.create(
    model="gpt-4o-mini",
    messages=[
        {"role": "system", "content": "입력이 AI와 관련이 있는지 답변해 주세요."},
        {"role": "user", "content": "AI의 진화는 놀랍다"},
        {"role": "assistant", "content": "true"},
        {"role": "user", "content": "오늘은 날씨가 좋다"},
        {"role": "assistant", "content": "false"},
        {"role": "user", "content": "ChatGPT는 매우 편리하다"},
    ],
)
print(response.choices[0].message.content)
```

이 코드를 실행하면 GPT-4o mini는 다음과 같이 응답합니다.

```
true
```

의도한 대로 간단히 'true'라고 답변했습니다. 이처럼 프롬프트에 몇 가지 시연 예시를 제공하면 원하는 답변을 얻기가 더 쉬워집니다. 이러한 기법을 Few-shot 프롬프팅이라고 합니다.

LLM 애플리케이션에서는 LLM이 특정 형식으로 응답하기를 원하는 경우가 매우 많으며, 이러한 상황에서 Few-shot 프롬프팅이 크게 도움이 됩니다.

Few-shot 프롬프팅처럼 프롬프트 내에 몇 가지 예시를 제시해 언어 모델에게 태스크를 학습시키는 것을 In-context Learning(ICL)[5]이라고도 합니다. 또한 Few-shot 프롬프팅과 같은 형식으로, 예시가 하나인 경우에는 One-shot 프롬프팅이라고 부르기도 합니다.

COLUMN

Few-shot 프롬프팅의 다른 형식

Completions API를 사용할 경우, Few-shot 프롬프팅은 다음과 같이 하나의 프롬프트에 시연 예시를 포함합니다.

```python
prompt = """\
입력이 AI와 관련이 있는지 답변해 주세요.

Q: AI의 진화는 놀랍다
A: true
Q: 오늘은 날씨가 좋다
A: false
Q: ChatGPT는 매우 편리하다
A:
"""

response = client.completions.create(
    model="gpt-3.5-turbo-instruct",
    prompt=prompt,
)
print(response.choices[0].text)
```

---

[5] 이 In-context Learning의 정의는 Dong et al.(2023) "A Survey on In-context Learning" https://arxiv.org/abs/2301.00234를 참고했습니다.

반면에 Chat Completions API에서 Few-shot 프롬프팅을 사용할 때는 예시처럼 "role": "user"와 "role": "assistant"를 사용해 각 예시를 메시지 형식으로 나열할 수 있습니다.

```python
response = client.chat.completions.create(
    model="gpt-4o-mini",
    messages=[
        {"role": "system", "content": "입력이 AI와 관련이 있는지 답변해 주세요."},
        {"role": "user", "content": "AI의 진화는 놀랍다"},
        {"role": "assistant", "content": "true"},
        {"role": "user", "content": "오늘은 날씨가 좋다"},
        {"role": "assistant", "content": "false"},
        {"role": "user", "content": "ChatGPT는 매우 편리하다"},
    ],
)
print(response.choices[0].message.content)
```

이 형식은 OpenAI 공식 쿡북[6]과 LangChain에서도 채택하고 있습니다.

Few-shot 예시가 대화 이력이 아님을 강조하고 싶다면, 다음과 같이 system 메시지의 "name"을 "example_user"나 "example_assistant"로 설정하면 됩니다.

```python
response = client.chat.completions.create(
    model="gpt-4o-mini",
    messages=[
        {"role": "system", "content": "입력이 AI와 관련이 있는지 답변해 주세요."},
        {"role": "system", "name": "example_user", "content": "AI의 진화는 놀랍다"},
        {"role": "system", "name": "example_assistant", "content": "true"},
        {"role": "system", "name": "example_user", "content": "오늘은 날씨가 좋다"},
        {"role": "system", "name": "example_assistant", "content": "false"},
        {"role": "user", "content": "ChatGPT는 매우 편리하다"},
    ],
)
print(response.choices[0].message.content)
```

이 방법도 OpenAI 공식 쿡북에서 소개하고 있습니다.

---

6 https://github.com/openai/openai-cookbook/blob/main/examples/How_to_format_inputs_to_ChatGPT_models.ipynb

Zero-shot Chain of Thought 프롬프팅

마지막 프롬프트 엔지니어링 기법으로 Zero-shot Chain-of-Thought(줄여서 Zero-shot CoT) 프롬프팅[7]을 소개합니다. Zero-shot CoT 프롬프팅은 프롬프트에 "단계별로 생각해 보세요."라는 한 마디를 추가하는 기법입니다.

Zero-shot CoT 프롬프팅의 유용성을 설명하기 위해, 먼저 GPT-4o mini로 10+2×3-4×2를 계산한 답만 출력하는 코드를 준비했습니다.

```
response = client.chat.completions.create(
    model="gpt-4o-mini",
    messages=[
        {"role": "system", "content": "답변만 한 마디로 출력해 주세요."},
        {"role": "user", "content": "10 + 2 * 3 - 4 * 2"},
    ],
)
print(response.choices[0].message.content)
```

이 코드를 실행하면 GPT-4o mini는 다음과 같이 답변합니다.

```
10
```

실제로는 '8'이 정답이므로 GPT-4o-mini의 답변은 틀렸습니다. 이번에는 프롬프트에 "단계별로 생각해 보세요."라는 지시를 추가하여 같은 문제에 도전해 보겠습니다.

```
response = client.chat.completions.create(
    model="gpt-4o-mini",
    messages=[
        {"role": "system", "content": "단계별로 생각해 보세요."},
        {"role": "user", "content": "10 + 2 * 3 - 4 * 2"},
    ],
)
print(response.choices[0].message.content)
```

이 코드를 실행하면 GPT-4o mini의 응답은 다음과 같습니다.

---

[7] Kojima et al. (2022) "Large Language Models are Zero-Shot Reasoners" https://arxiv.org/abs/2205.11916

> 수식을 풀기 위해 연산의 우선순위에 따라 계산을 수행합니다. 먼저 곱셈을 먼저 계산합니다.
> 1. 2 * 3 = 6
> 2. 4 * 2 = 8
>
> 다음으로, 얻은 값을 사용하여 덧셈과 뺄셈을 수행합니다.
> 3. 10 + 6 - 8
>
> 이 식을 왼쪽에서 오른쪽으로 계산합니다.
> 4. 10 + 6 = 16
> 5. 16 - 8 = 8
>
> 따라서 최종 답은 **8**입니다.

프롬프트에서 지시한 대로 단계별로 생각하여 최종적으로 정답을 구했습니다[8]. 이처럼 "단계별로 생각해 보세요."라는 한 마디를 추가함으로써 쉽게 정확한 응답을 얻는 기법을 'Zero-shot Chain-of-Thought(Zero-shot CoT) 프롬프팅'이라고 합니다.

Zero-shot CoT 프롬프팅은 매우 간단한 기법이지만, 많은 태스크에 효과적이라고 알려져 있습니다[9]. 참고로 Zero-shot CoT 프롬프팅이라고 부르는 이유는, 이전에 고안된 'Chain-of-Thought(CoT) 프롬프팅'에서는 Few-shot 프롬프팅을 사용하여 단계별로 생각하는 예시를 몇 가지 포함했기 때문입니다.

3.5 요약

이 장에서는 이 책을 계속 읽어 나가는 데 필요한 프롬프트 엔지니어링의 기본을 설명했습니다. 프롬프트 엔지니어링 영역에서는 이 외에도 다양한 기법들이 있습니다. 관심을 가지고 조사해 보면 흥미로운 발견을 많이 할 수 있을 것입니다.

프롬프트 엔지니어링은 사람에게 정중하게 지시를 내리는 것과 비슷하다고도 합니다. LLM에게 정중하게 지시를 내리는 방법을 고민해 보면 자신만의 기법을 발견할 수도 있을 것입니다.

아무리 프롬프트를 공들여 작성해도 GPT-4o mini가 지시를 따르지 않는데, GPT-4o로 바꾸면 훌륭하게 지시대로 작동하는 경우도 적지 않습니다. GPT-4o mini가 프롬프트를 잘 따르지 않는다면, GPT-4o로 같은 프롬프트를 시도해 보면 그 성능 차이를 쉽게 경험할 수 있습니다.

---

[8] 물론 단계별로 생각하게 해도 항상 정답이 나오는 것은 아닙니다. 그러나 답변만 요구하는 것보다는 정답률이 높아집니다.

[9] 2024년 9월 출시된 o1-preview와 o1-mini는 내부적으로 CoT와 유사하게 작동하므로 CoT 프롬프팅은 피해야 한다고 합니다. https://platform.openai.com/docs/guides/reasoning/advice-on-prompting

COLUMN

멀티모달 모델의 프롬프트 엔지니어링

GPT-4o 같은 멀티모달 모델을 위한 프롬프트도 연구 중입니다. 여기서는 유명한 기법인 Set-of-Mark(SoM) 프롬프팅[10]을 소개합니다.

Set-of-Mark 프롬프팅에서는 이미지를 영역으로 나누고 각 영역에 숫자나 알파벳 마크를 배치합니다. 이렇게 편집한 이미지를 제공함으로써 멀티모달 모델이 더 적절한 응답을 하게 하는 기법입니다.

그림 3.5 Set-of Mark 프롬프팅[11]

향후 멀티모달 모델에 이미지 외의 미디어가 입력 가능해질 때도 Set-of-Mark 프롬프팅과 비슷한 기법이 유용할 수 있습니다.

---

10 Yang et al.(2023) "Set-of-Mark Prompting Unleashes Extraordinary Visual Grounding in GPT-4V" https://arxiv.org/abs/2310.11441
11 〈Set-of-Mark Prompting Unleashes Extraordinary Visual Grounding in GPT-4V〉에서 인용

랭체인과 랭그래프로 구현하는
RAG·AI 에이전트
실전 입문

04장

LangChain 기초

이 장에서는 LLM 애플리케이션 개발 프레임워크인 'LangChain'의 기초를 설명합니다. LangChain은 LLM 애플리케이션 개발을 위한 광범위한 기능을 제공합니다. 따라서 LangChain을 배우는 것은 LLM 애플리케이션 개발을 배우는 것이라고 해도 과언이 아닙니다. 이러한 LangChain의 기본을 확실히 이해하는 것을 목표로, LangChain의 개요부터 각종 컴포넌트의 개념과 사용법을 자세히 설명하겠습니다.

오시마 유키

4.1 LangChain 개요

4.2 LLM/Chat model

4.3 Prompt template

4.4 Output parser

4.5 Chain—LangChain Expression Language(LCEL) 개요

4.6 LangChain의 RAG 관련 컴포넌트

4.7 요약

4.1 LangChain 개요

LangChain은 LLM 애플리케이션 개발 프레임워크입니다. LLM을 통합한 다양한 종류의 애플리케이션에서 사용할 수 있습니다. LangChain을 사용한 애플리케이션으로는 다음과 같은 예가 있습니다.

- ChatGPT처럼 대화할 수 있는 챗봇
- 문장 요약 도구
- 사내 문서나 PDF 파일에 대한 Q&A 앱
- 8장 이후에서 설명할 AI 에이전트

LangChain의 공식 구현으로는 Python과 JavaScript/TypeScript 두 가지가 제공됩니다[1]. 머신러닝 관련 분야에서 흔한 일이지만, Python 구현 쪽 개발이 더 활발합니다. 이 책에서도 Python 구현을 사용합니다. 이후 이 책에서 단순히 LangChain이라고 할 때는 Python 구현을 의미하는 것으로 하겠습니다. Python에서는 구현돼 있지만 JavaScript/TypeScript에서는 구현되지 않은 기능도 많으므로, JavaScript/TypeScript 구현을 사용할 때는 주의하세요.

왜 LangChain을 배워야 하는가

LLM을 사용한 애플리케이션 개발에 사용할 수 있는 프레임워크·라이브러리는 LangChain 외에도 많이 있습니다. 예를 들어, LlamaIndex[2]나 Semantic Kernel[3]이 유명합니다. 이러한 LLM 애플리케이션 개발 프레임워크·라이브러리 중에서도 LangChain은 특히 광범위한 분야를 다루고 있으며, 활용 사례도 많습니다. 따라서 LLM 애플리케이션 개발을 배우는 첫 단계로 LangChain을 배우는 것은 추천할 만한 선택입니다.

LangChain을 습득함으로써 LLM 애플리케이션 개발에 관한 폭넓은 지식을 얻을 수 있습니다. LLM 애플리케이션의 개발 자체가 아직까지 새로운 분야이며, 논문 등에서도 계속해서 새로운 기법이 제안되고 있습니다. LangChain의 공식 문서나 쿡북에는 논문 등에서 제안된 기법의 구현 예시가 다수 게재돼 있습니다. 따라서 LangChain의 지식을 기반으로 LLM 애플리케이션의 보다 발전적인 기법도 배울 수 있습니다.

---

[1] 공식 구현으로 제공되는 Python과 JavaScript/TypeScript 외에도, 비공식으로 Go, Java, Ruby, Elixir, PHP 등 다양한 프로그래밍 언어로 LangChain의 OSS가 있습니다.
[2] https://github.com/run-llama/llama_index
[3] https://github.com/microsoft/semantic-kernel

LangChain의 공식 문서나 쿡북에서 소개하는 발전적인 기법의 일부는 6장에서 소개합니다.

LangChain은 그 공식 X 계정[4]에서도 거의 매일 정보를 공유하고 있습니다. LangChain의 업데이트나 LLM 애플리케이션 개발 트렌드를 따라잡고 싶다면, 이 계정을 팔로우해 두는 것도 좋습니다.

LangChain 전체 구조

이 책의 집필 시점(2024년 8월)의 LangChain 전체 구조는 그림 4.1과 같습니다.

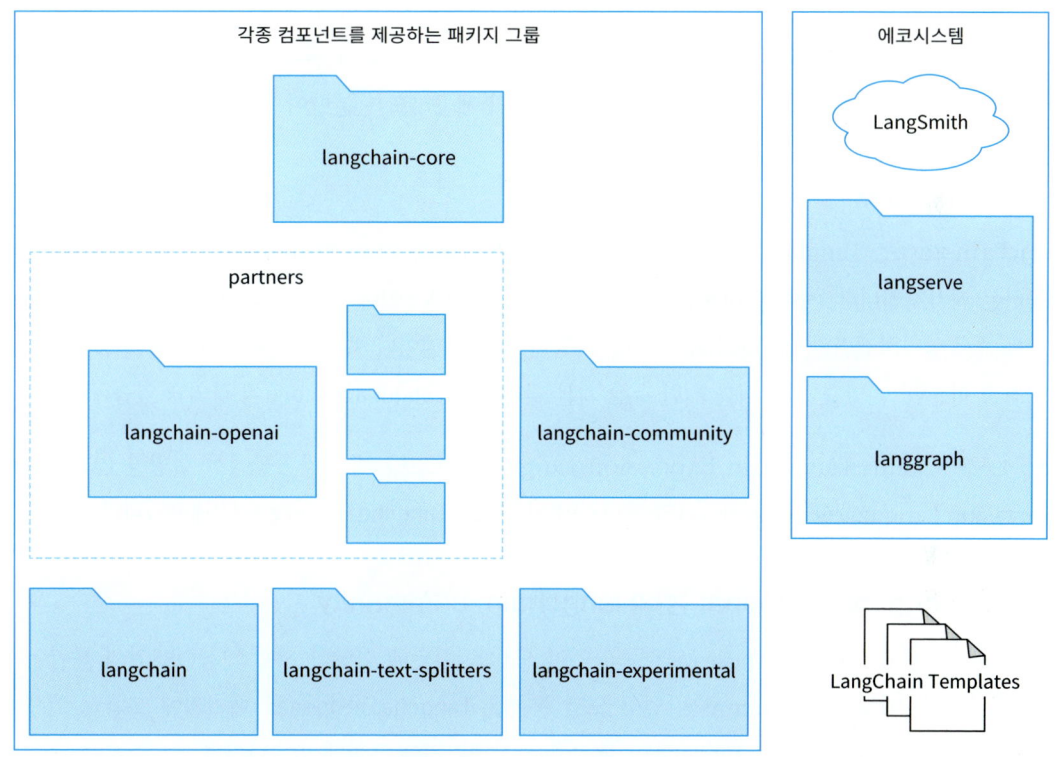

그림 4.1 LangChain의 전체 구조

LangChain의 구성 요소로는 우선 LangChain의 각종 컴포넌트를 제공하는 패키지 그룹(langchain-core나 langchain-openai 등의 Python 패키지)이 있습니다. 또한 공식적으로 제공되는 에코시스템으로 LangSmith, LangServe, LangGraph가 있습니다. 그리고 LangChain을 사용한 구현 템플릿이 LangChain Templates로 제공됩니다.

---

[4] https://x.com/LangChainAI

이 장에서는 LangChain의 각종 컴포넌트를 제공하는 패키지 그룹을 주로 설명합니다. LangSmith는 이 장부터 7장까지 적절히 설명하고, LangServe는 5장의 칼럼에서 다룹니다. LangGraph에 대한 설명은 9장을 참조하세요.

LangChain의 다양한 컴포넌트를 제공하는 패키지 그룹

지금부터 LangChain의 각종 컴포넌트를 제공하는 패키지 그룹에 대해 설명하겠습니다. LangChain 개발 초기에는 'langchain'이라는 하나의 패키지에 모든 기능이 포함돼 있었습니다. 그러나 각종 LLM과 데이터베이스 등의 통합이 증가함에 따라 langchain이라는 한 패키지에 대한 의존 관계가 매우 많아지는 등의 문제가 발생했습니다. 그래서 LangChain v0.1로 업데이트하기 전후로 코어 기능은 langchain-core라는 패키지가 제공하고, 주변 기능은 별도 패키지가 제공하도록 분할이 진행됐습니다.

langchain-core

langchain-core는 LangChain의 기반이 되는 추상화와 LangChain Expression Language(LCEL)를 제공하는 패키지입니다. 자세한 내용은 4.2절 'LLM/Chat model'이나 4.6절 'LangChain의 RAG 관련 컴포넌트'에서 설명하겠지만, LangChain에서는 다양한 언어 모델이나 벡터 데이터베이스 등을 통일된 인터페이스로 이용할 수 있습니다. 이를 위한 추상 기본 클래스는 langchain-core에 정의돼 있습니다.

또한 4.5절 'Chain—LangChain Expression Language(LCEL) 개요'와 5장에서 설명할 LangChain Expression Language도 LangChain의 핵심적인 기능으로 langchain-core에서 제공됩니다.

partners(langchain-openai 등)와 langchain-community

LangChain에는 OpenAI나 Anthropic 등의 언어 모델을 비롯해 다양한 서비스나 OSS와의 통합이 구현돼 있습니다. 예를 들어 OpenAI의 언어 모델 통합은 langchain-openai 패키지에 포함돼 있으며, Anthropic의 언어 모델 통합은 langchain-anthropic 패키지에 포함돼 있습니다.

이처럼 langchain-core가 제공하는 추상 기본 클래스에 대한 구현 클래스로는 langchain-openai나 langchain-anthropic 등의 partners라고 불리는 패키지를 설치해서 사용합니다. partners 패키지는 이 외에도 langchain-google-genai, langchain-aws, langchain-pinecone 등 매우 많이 제공됩니다.

또한 partners 패키지로 독립되지 않은 각종 통합에 대해서는 langchain-community라는 패키지에서 함께 제공됩니다.

langchain · langchain-text-splitters · langchain-experimental

LangChain에는 `langchain-core`가 제공하는 각종 추상화와 LCEL, partners 패키지나 `langchain-community`가 제공하는 통합 외에도 유스케이스에 특화된 기능 제공이라는 측면이 있습니다. `langchain` 패키지는 그러한 LLM 애플리케이션의 특정 유스케이스에 특화된 기능을 제공합니다.

또한 LangChain의 기능 중 텍스트를 '청크'라고 불리는 단위로 분할하는 Text splitter라는 기능은 `langchain-text-splitters`라는 별도의 패키지로 제공됩니다.

그리고 연구·실험 목적의 코드나 알려진 취약점(CVE)을 포함하는 코드는 `langchain-experimental` 이라는 패키지로 분리돼 있습니다. 예를 들어, LLM의 출력에 따라 임의의 Python 프로그램이나 임의의 SQL을 실행할 수 있는 기능의 일부는 `langchain-experimental`에 포함됩니다.

LangChain 설치

앞 항목에서 LangChain의 컴포넌트가 다양한 패키지로 분할돼 있다고 설명했는데, 결국 어떤 것을 설치해서 사용하면 좋을지 혼란스러울 수 있습니다.

기본적인 관점으로는 `langchain-core`에 더해 필요한 최소한의 패키지를 설치해서 사용하면 됩니다. 예를 들어, LangChain에서 OpenAI의 Chat Completions API(GPT-4o나 GPT-4o mini)를 사용하는 경우에는 `langchain-core`와 `langchain-openai`를 설치합니다.

이 장의 LangChain 컴포넌트 설명은 Google Colab에서 코드를 실행하면서 읽어 나갈 수 있게 돼 있습니다. Google Colab에서 다음 명령을 실행해 `langchain-core`와 `langchain-openai`를 설치할 수 있습니다[5].

```
!pip install langchain-core==0.3.0 langchain-openai==0.2.0 pydantic==2.9.2
```

`langchain-core`와 `langchain-openai` 이외의 패키지는 어떤 기능을 제공하는지 알기 쉽게 해당 패키지가 필요한 시점에 설치하겠습니다.

---

5 pip로 langchain-openai를 설치하면 langchain-core도 자동으로 설치됩니다. 여기서는 버전을 명확히 지정하기 위해 langchain-core도 명시적으로 설치하고 있습니다. (옮긴이: 최근 Colab에 기본 설치된 pydantic 패키지 버전이 너무 높아 PydanticUserError가 발생하는 것을 피하기 위해 pydantic 버전도 지정했습니다.)

MEMO

패키지 버전에 주의

이 책에 게재된 소스 코드는 LangChain 등의 패키지 특정 버전에서만 작동을 확인했습니다. 이 책에서 소개하는 그대로 소스 코드가 작동하기를 기대한다면, 'pip install'을 실행할 때 버전까지 지정하는 것을 권장합니다. 버전을 지정해서 설치해도 이 책의 소스 코드가 잘 작동하지 않는 경우에는 이 책의 지원 사이트(GitHub)를 확인해 주세요.

COLUMN

LangChain v0.1부터의 안정성 방침

LangChain에는 v0.0.354까지 오랫동안 v0.0대의 버전 번호가 붙어 있었지만, 2023년 12월에 v0.1.0이 릴리스됐습니다. LangChain v0.1부터는 안정성을 중시한다는 점이 명시됐고, 베타 기능을 제외한 파괴적 변경이 있을 경우에는 마이너 버전(두 번째 자리 숫자)이 업데이트됩니다. 또한 deprecated된 기능은 그 시점과 다음 마이너 버전까지는 유지되고, 그 이후에 삭제됩니다.

이와 같이 LangChain v0.1부터는 이전보다 안정성을 중시합니다. 앞으로도 v0.4, v0.5처럼 어느 정도 빈번하게 마이너 버전업되고 파괴적 변경이 들어갈 것으로 예상되지만, 이전보다는 안정적으로 사용할 수 있게 됐다고 말할 수 있습니다.

한편, LangChain의 버전 관리나 안정성 방침에 대해서는 공식 문서의 다음 페이지에 정리돼 있습니다.

- LangChain releases _ https://python.langchain.com/v0.3/docs/versions/release_policy/

LangSmith 설정

LangChain을 사용해 애플리케이션을 개발할 때는 LangSmith가 매우 편리합니다. LangSmith는 LangChain에서 공식적으로 제공하는 프로덕션[6] 등급의 LLM 애플리케이션을 위한 플랫폼(웹 서비스)입니다.

---

[6] 여기서 말하는 프로덕션은 최종 사용자가 사용하는 실제 환경이라는 의미입니다.

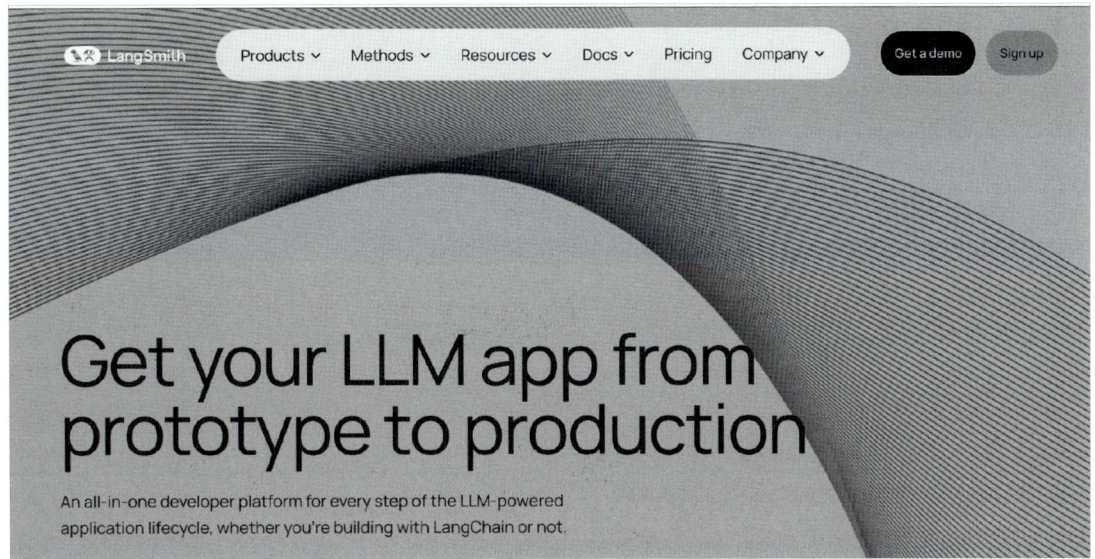

그림 4.2 LangSmith(https://www.langchain.com/langsmith)

LangSmith를 사용하면 LangChain의 작동 트레이스를 쉽게 수집할 수 있어 개발 중 디버깅에도 도움이 됩니다. 자세한 내용은 나중에 설명하기로 하고, 여기서는 설정만 해두겠습니다.

부록의 A.1 '각종 서비스 가입' 중 'LangSmith 가입'을 참조해 LangSmith에 등록하고 API 키를 발급받아 Google Colab의 보안 비밀에 저장하세요. 그런 후 다음 코드를 실행하면 Google Colab에서 LangChain의 트레이스를 LangSmith에 연동할 준비가 완료됩니다.

```python
import os
from google.colab import userdata

os.environ["LANGCHAIN_TRACING_V2"] = "true"
os.environ["LANGCHAIN_ENDPOINT"] = "https://api.smith.langchain.com"
os.environ["LANGCHAIN_API_KEY"] = userdata.get("LANGCHAIN_API_KEY")
os.environ["LANGCHAIN_PROJECT"] = "agent-book"
```

LangChain을 사용하는 경우 LangSmith의 설정은 이것으로 완료입니다.

LangChain의 주요 컴포넌트

다음 절부터 LangChain의 주요 컴포넌트를 설명하겠습니다. 그 전에 LangChain 컴포넌트의 개요를 설명하겠습니다. LangChain을 습득할 때는 우선 어떤 컴포넌트가 존재하는지 파악하는 것부터 시작하는 것이 좋습니다.

이 책의 집필 시점에 LangChain에는 다음과 같은 컴포넌트가 있습니다.

- **LLM/Chat model**: 다양한 언어 모델과의 통합
- **Prompt template**: 프롬프트의 템플릿
- **Example selector**: Few-shot 프롬프팅의 예시를 동적으로 선택
- **Output parser**: 언어 모델의 출력을 지정한 형식으로 변환
- **Chain**: 각종 컴포넌트를 사용한 처리의 연쇄
- **Document loader**: 데이터 소스에서 문서를 읽어 들임
- **Document transformer**: 문서에 어떤 변환을 가함
- **Embedding model**: 문서를 벡터화함
- **Vector store**: 벡터화한 문서의 저장소
- **Retriever**: 입력 텍스트와 관련된 문서를 검색
- **Tool**: Function calling 등에서 모델이 사용하는 함수를 추상화
- **Toolkit**: 함께 사용하는 것을 가정한 Tool의 컬렉션
- **Chat history**: 대화 이력의 저장소로서의 각종 데이터베이스와의 통합

이처럼 LangChain은 많은 컴포넌트를 제공합니다. 이 장에서는 이러한 컴포넌트 중에서 LangChain의 기본을 파악하는 데 특히 중요한 요소를 다음 순서로 설명해 나가겠습니다.

- LLM/Chat model
- Prompt template
- Output parser
- Chain
- RAG 관련 컴포넌트

4.2 LLM/Chat model

LangChain 설명의 첫 단계로, LangChain의 'LLM'과 'Chat model'을 설명하겠습니다. 'LLM'과 'Chat model'은 LangChain에서 언어 모델 사용 방법을 제공하는 모듈입니다. 이를 통해 다양한 언어 모델을 공통된 인터페이스로 사용할 수 있습니다. 간단히 말하자면, 언어 모델을 LangChain 방식으로 사용할 수 있게 하는 래퍼입니다.

LLM

LangChain의 'LLM'은 하나의 텍스트 입력에 대해 하나의 텍스트 출력을 반환하는, 채팅 형식이 아닌 언어 모델을 다루는 컴포넌트입니다. 예를 들어 OpenAI의 Completions API(gpt-3.5-turbo-instruct)를 LangChain에서 사용하려면 'OpenAI'라는 클래스를 사용합니다. 샘플 코드는 다음과 같습니다.

```
from langchain_openai import OpenAI

model = OpenAI(model="gpt-3.5-turbo-instruct", temperature=0)
output = model.invoke("안녕하세요. ")
print(output)
```

이 코드에서는 모델로 `gpt-3.5-turbo-instruct`를 설정하고, `temperature`로 0을 설정했습니다. `temperature`는 값이 클수록 출력이 무작위해지고, 작을수록 결정적이 되는 매개변수입니다. 이 장에서는 가능한 한 동일한 출력을 얻을 수 있도록 `temperature`를 최솟값인 0으로 설정합니다.

앞서 언급한 코드의 실행 결과는 예를 들어 다음과 같습니다.

> 안녕하세요. 반가워요. 저는 인공지능 언어모델 GPT-3입니다. 무엇을 도와드릴까요?

`gpt-3.5-turbo-instruct`가 생성한 텍스트가 표시되고 있습니다. 참고로, 2장에서 설명한 대로 OpenAI의 Completions API는 이미 레거시(Legacy)로 간주됩니다. 여기서는 그것을 어디까지나 하나의 텍스트 입력에 대해 하나의 텍스트 출력을 반환하는, 채팅 형식이 아닌 언어 모델의 예시로 사용합니다.

Chat model

OpenAI의 Chat Completions API(`gpt-4o`나 `gpt-4o-mini`)는 단순히 하나의 텍스트를 입력으로 하는 것이 아니라, 채팅 형식의 대화를 입력하여 응답을 얻는 형태로 돼 있습니다. 이러한 채팅 형식의 언어 모델을 LangChain에서 다루기 위한 컴포넌트가 'Chat model'입니다.

LangChain에서 OpenAI의 Chat Completions API를 사용할 때는 'ChatOpenAI' 클래스를 사용합니다. 샘플 코드는 다음과 같습니다.

```python
from langchain_core.messages import AIMessage, HumanMessage, SystemMessage
from langchain_openai import ChatOpenAI

model = ChatOpenAI(model="gpt-4o-mini", temperature=0)

messages = [
    SystemMessage("You are a helpful assistant."),
    HumanMessage("안녕하세요! 저는 존이라고 합니다!"),
    AIMessage(content="안녕하세요, 존님! 어떤 도움이 필요하신가요?"),
    HumanMessage(content="제 이름을 아시나요?"),
]

ai_message = model.invoke(messages)
print(ai_message.content)
```

이 코드를 실행하면 예를 들어 다음과 같이 표시됩니다.

```
네, 존님이라고 말씀하셨습니다! 어떻게 도와드릴까요?
```

LangChain에서의 'SystemMessage', 'HumanMessage', 'AIMessage'는 각각 Chat Completions API의 "role": "system", "role": "user", "role": "assistant"에 대응합니다. 따라서 위 코드에서는 내부적으로 다음과 같은 요청을 보내고 있습니다.

```
{
  "model": "gpt-4o-mini",
  "messages": [
    {"role": "system", "content": "You are a helpful assistant."},
    {"role": "user", "content": "안녕하세요! 저는 존이라고 합니다!"},
    {"role": "assistant", "content": "안녕하세요, 존님! 어떤 도움이 필요하신가요?"},
    {"role": "user", "content": "제 이름을 아시나요?"}
  ],
  <일부 생략>
}
```

이 책에서는 언어 모델로 OpenAI의 Chat Completions API를 사용하기 때문에, 앞서 언급한 `ChatOpenAI` 클래스를 자주 사용하게 될 것입니다.

스트리밍

Chat Completions API는 스트리밍으로 응답을 얻을 수 있습니다. LLM을 활용한 애플리케이션을 구현할 때 UX 향상을 목적으로 스트리밍 응답을 얻고 싶은 경우가 많습니다. LangChain에서는 기본적인 사용법으로 스트리밍도 지원합니다.

ChatOpenAI를 스트리밍으로 호출하는 샘플 코드는 다음과 같습니다.

```python
from langchain_core.messages import SystemMessage, HumanMessage
from langchain_openai import ChatOpenAI

model = ChatOpenAI(model="gpt-4o-mini", temperature=0)

messages = [
    SystemMessage("You are a helpful assistant."),
    HumanMessage("안녕하세요!"),
]

for chunk in model.stream(messages):
    print(chunk.content, end="", flush=True)
```

이 코드를 실행하면 다음과 같은 내용이 점진적으로 표시됩니다.

> 안녕하세요! 어떻게 도와드릴까요?

참고로, LangChain에서는 Callback 기능을 사용하여 스트리밍을 구현할 수도 있습니다. Callback 기능을 사용하면 LLM 처리 시작(on_llm_start), 새로운 토큰 생성(on_llm_new_token), LLM 처리 종료(on_llm_end) 등의 시점에서 임의의 처리를 실행할 수 있습니다.

LLM과 Chat model의 상속 관계

LangChain의 LLM이나 Chat model을 잘 활용하기 위해서는 이들의 상속 관계를 이해하는 것이 도움이 됩니다. LLM과 Chat model의 상속 관계는 그림 4.3과 같습니다.

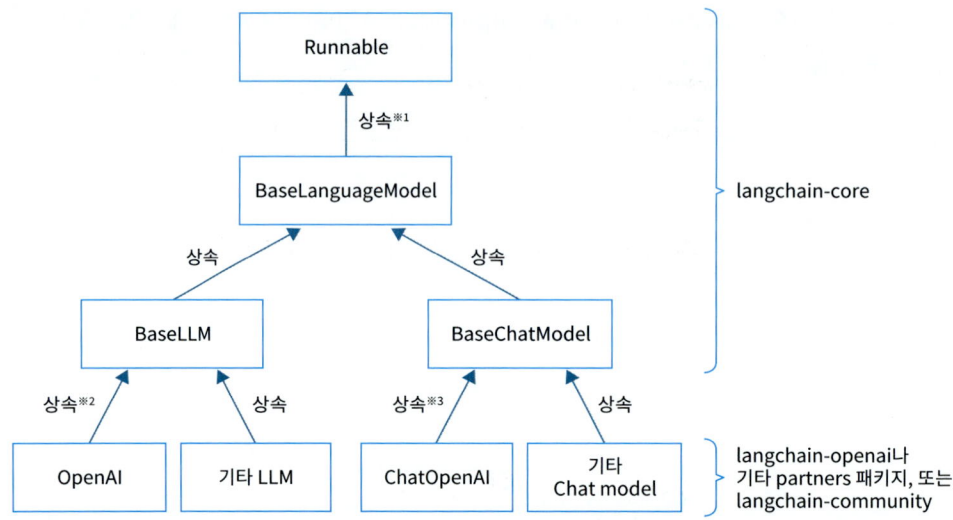

※1: 실제로는 BaseLanguageModel이 RunnableSerializable을 상속하며, RunnableSerializable이 Runnable을 상속합니다.
※2: 실제로는 OpenAI가 BaseOpenAI를 상속하며, BaseOpenAI가 BaseLLM을 상속합니다.
※3: 실제로는 ChatOpenAI가 BaseChatOpenAI를 상속하며, BaseChatOpenAI가 BaseChatModel을 상속합니다.

그림 4.3 LLM과 Chat model의 상속 관계

우선, 5장에서 설명할 `Runnable`을 상속한 `BaseLanguageModel`이라는 클래스가 있습니다. `BaseLanguageModel`은 LangChain에서 언어 모델을 다루는 데 쓰이는 가장 상위 클래스입니다. 그리고 `BaseLanguageModel`을 상속한 `BaseLLM`과 `BaseChatModel`이 존재합니다.

`OpenAI` 클래스나 기타 LLM 클래스는 `BaseLLM`을 상속하며, `ChatOpenAI` 클래스나 기타 Chat model 클래스는 `BaseChatModel`을 상속합니다.

`Runnable`이나 `BaseLanguageModel`, `BaseLLM`, `BaseChatModel`과 같은 기초가 되는 추상 기본 클래스는 `langchain-core`에서 제공됩니다. 반면, 구체적 구현인 `OpenAI` 클래스나 `ChatOpenAI` 클래스는 `langchain-openai` 패키지에서 제공됩니다.

LangChain은 이러한 관계로 LLM이나 Chat model을 제공하기 때문에 필요에 따라 모델을 교체하는 것도 가능합니다. 예를 들어 Anthropic의 Claude를 사용하는 경우, `langchain-openai` 패키지의 `ChatOpenAI` 클래스 대신 `langchain-anthropic` 패키지의 `ChatAnthropic`이라는 클래스를 사용할 수 있습니다.

또한, `BaseLLM`이나 `BaseChatModel`을 테스트 더블로 교체하기 위한 `Fake`를 사용하는 것도 가능합니다.

Fake를 사용한 모델 교체에 관심이 있다면 다음 YouTube 동영상을 참조해 주세요.

- LangChain의 테스트 관련 기능 사용하기 _ https://youtube.com/live/BX9AgTxLLHY

LLM/Chat model 요약

지금까지 LangChain의 LLM과 Chat model에 대해 설명했습니다. LangChain의 LLM과 Chat model을 사용하면 다양한 언어 모델을 통일된 인터페이스로 다룰 수 있습니다. 이 책에서는 주로 OpenAI의 GPT-4o와 GPT-4o mini를 사용하지만, LangChain 자체는 이 외에도 다양한 언어 모델에 대응하고 있습니다. 예를 들어 Anthropic의 Claude나 Google의 Gemini, 오픈 모델인 Llama 등을 사용하는 것도 가능합니다. 또한, LangChain이 공식적으로 지원하지 않는 모델도 Custom LLM으로 사용할 수 있습니다.

4.3 Prompt template

LLM 애플리케이션 개발에서 매우 중요한 요소가 언어 모델에 입력하는 프롬프트입니다. 지금부터 LangChain에서 프롬프트 처리를 추상화한 컴포넌트를 설명하겠습니다.

PromptTemplate

먼저 소개할 것은 `PromptTemplate`입니다. 이름 그대로 `PromptTemplate`을 사용하면 프롬프트를 템플릿화할 수 있습니다.

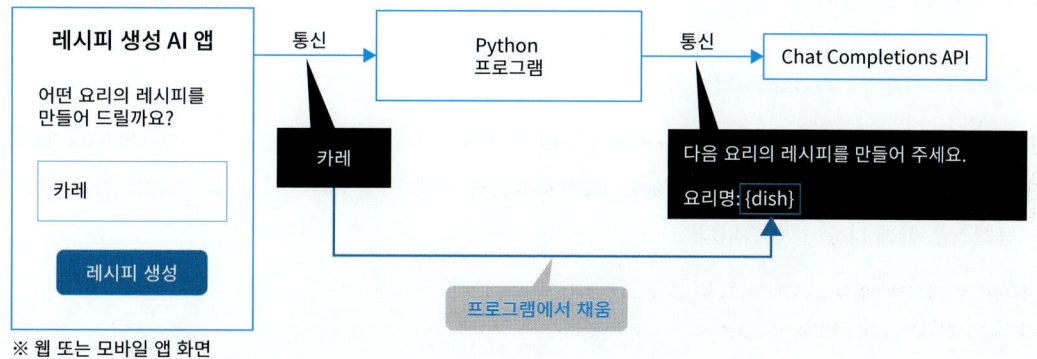

그림 4.4 PromptTemplate의 이미지

PromptTemplate을 사용하는 간단한 예는 다음과 같습니다.

```
rom langchain_core.prompts import PromptTemplate

prompt = PromptTemplate.from_template("""다음 요리의 레시피를 생각해 주세요.

요리명: {dish}""")

prompt_value = prompt.invoke({"dish": "카레"})
print(prompt_value.text)
```

실행 결과는 다음과 같습니다.

```
다음 요리의 레시피를 생각해 주세요.

요리명: 카레
```

PromptTemplate의 invoke 메서드를 통해 템플릿의 "{dish}" 부분이 '카레'로 대체됐습니다. 참고로, PromptTemplate은 프로그램에서 문자열의 일부를 대체하는 것뿐이며, 내부에서 LLM을 호출하는 것은 아닙니다.

프롬프트 변수가 하나인 경우
위 예시처럼 프롬프트의 변수가 하나인 경우에는 prompt.invoke("카레")와 같이 사전(dict) 대신 단일 문자열로 호출할 수도 있습니다.

ChatPromptTemplate

PromptTemplate을 Chat Completions API 등의 채팅 형식 모델에 대응시킨 것이 ChatPromptTemplate 입니다. SystemMessage, HumanMessage, AIMessage를 각각 템플릿화하여 ChatPromptTemplate이라는 클래스로 함께 다룰 수 있습니다.

```python
from langchain_core.prompts import ChatPromptTemplate

prompt = ChatPromptTemplate.from_messages(
    [
        ("system", "사용자가 입력한 요리의 레시피를 생각해 주세요."),
        ("human", "{dish}"),
    ]
)

prompt_value = prompt.invoke({"dish": "카레"})
print(prompt_value)
```

"human"이라고 쓰면 "role": "user"에 대응
"ai"라고 쓰면 "role": "assistant"에 대응

이 코드의 실행 결과는 다음과 같습니다.

```
messages=[SystemMessage(content='사용자가 입력한 요리의 레시피를 생각해 주세요.'),
HumanMessage(content='카레')]
```

MessagesPlaceholder

채팅 형식의 프롬프트에는 대화 이력처럼 여러 메시지가 들어가는 플레이스홀더를 두고 싶은 경우가 많습니다. 이럴 때 사용할 수 있는 것이 `MessagesPlaceholder`입니다.

`MessagesPlaceholder`를 사용하는 예는 다음과 같습니다.

```python
from langchain_core.messages import AIMessage, HumanMessage
from langchain_core.prompts import ChatPromptTemplate, MessagesPlaceholder

prompt = ChatPromptTemplate.from_messages(
    [
        ("system", "You are a helpful assistant."),
        MessagesPlaceholder("chat_history", optional=True),
        ("human", "{input}"),
    ]
)

prompt_value = prompt.invoke(
    {
        "chat_history": [
            HumanMessage(content="안녕하세요! 저는 존이라고 합니다!"),
```

```
                AIMessage("안녕하세요, 존님! 어떻게 도와드릴까요?"),
            ],
            "input": "제 이름을 아시나요?",
        }
)
print(prompt_value)
```

실행 결과는 다음과 같습니다.

```
messages=[SystemMessage(content='You are a helpful assistant.'), HumanMessage(content=
'안녕하세요! 저는 존이라고 합니다!'), AIMessage(content='안녕하세요, 존님! 어떻게 도와드릴까요?'),
HumanMessage(content='제 이름을 아시나요?')]
```

이와 같이 채팅 형식 모델의 프롬프트에 대화 이력을 포함하는 경우 `MessagesPlaceholder`를 사용합니다.

LangSmith의 Prompts

본격적으로 LLM 애플리케이션을 개발하다 보면 프롬프트를 소스 코드와 별도로 관리하고 싶은 경우가 많습니다. LangSmith의 'Prompts'를 사용하면 프롬프트의 공유와 버전 관리를 할 수 있습니다.

그림 4.5의 화면 캡처는 저자가 LangSmith상에서 작성하여 공개한 프롬프트의 예입니다.

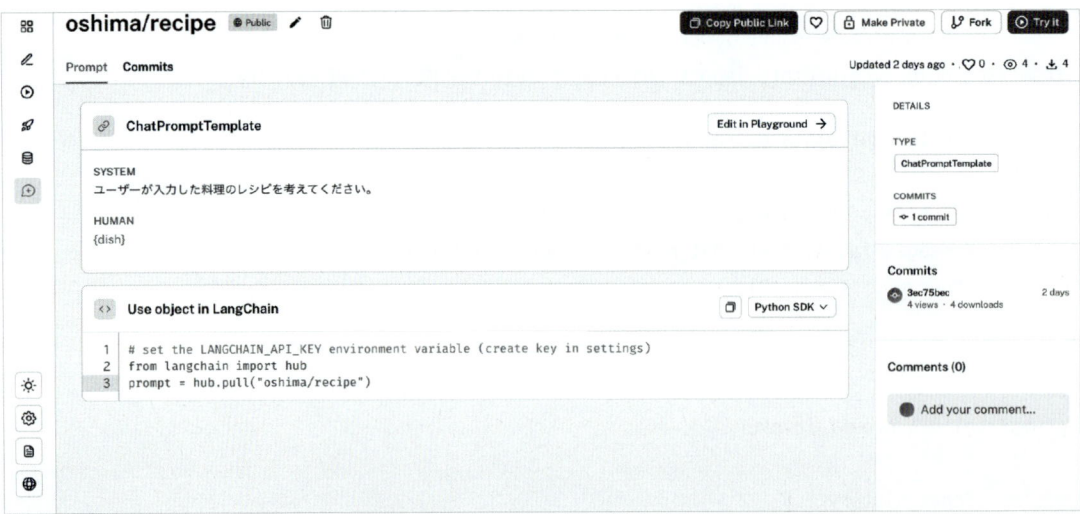

그림 4.5 LangSmith상에서 작성해 공개한 프롬프트의 예

LangSmith의 Prompts에서는 프롬프트를 LangSmith 화면상에서 편집하거나 공유할 수 있습니다. 또한 프롬프트를 편집할 때 Git처럼 버전 관리가 됩니다.

다음은 그림 4.5의 프롬프트를 옮긴이가 fork해 한글화한 것을 가져와서 사용하는 코드입니다.

```python
from langsmith import Client

client = Client()
prompt = client.pull_prompt("ychoi/recipe")
prompt_value = prompt.invoke({"dish": "카레"})
print(prompt_value)
```

LangSmith의 Prompts에는 이 외에도 LangSmith상에서 프롬프트를 테스트할 수 있는 Playground 같은 기능도 있습니다. 이처럼 프롬프트를 관리할 수 있는 웹 서비스로는 'PromptLayer'[7]도 유명합니다.

COLUMN

멀티모달 모델의 입력 처리

LangChain에서는 GPT-4o나 GPT-4o mini 같은 멀티모달 모델도 사용할 수 있습니다. LangChain의 ChatPromptTemplate에서 이미지 입력을 다루는 예는 다음과 같습니다.

```python
from langchain_core.prompts import ChatPromptTemplate
from langchain_openai import ChatOpenAI

prompt = ChatPromptTemplate.from_messages(
    [
        (
            "user",
            [
                {"type": "text", "text": "이미지를 설명해 주세요."},
                {"type": "image_url", "image_url": {"url": "{image_url}"}},
            ],
        ),
    ]
)
image_url = "https://raw.githubusercontent.com/ychoi-kr/langchain-book/main/cover.jpg"

prompt_value = prompt.invoke({"image_url": image_url})
```

---

[7] https://promptlayer.com/

이 프롬프트를 채운 값을 사용하여 GPT-4o를 호출하는 코드는 다음과 같습니다.

```
model = ChatOpenAI(model="gpt-4o", temperature=0)
ai_message = model.invoke(prompt_value)
print(ai_message.content)
```

위 코드를 실행하면 다음과 같이 이미지 내용을 설명해 줍니다.

> 이 이미지는 책 표지입니다. 제목은 "챗GPT와 랭체인을 활용한 LLM 기반 AI 앱 개발"입니다. 표지에는 별 모양의 종이접기 도안이 그려져 있으며, 노란색과 파란색 줄무늬가 특징입니다. 책은 랭체인과 LLM 애플리케이션 구축에 관한 내용을 다루고 있는 것으로 보입니다.

멀티모달 모델은 OpenAI나 Anthropic, Google 등 각 회사에서 제공하고 있지만, 아직 입출력 형식이 정립됐다고 보기 어려운 상황입니다. 따라서 현시점에서 LangChain도 위 코드와 같은 경량화된 추상화만을 제공하는 것을 방침으로 하고 있습니다.

Prompt template 요약

지금까지 LangChain에서 프롬프트 처리를 추상화한 모듈에 대해 설명했습니다. `PromptTemplate`이나 `ChatPromptTemplate`을 통해 프롬프트를 템플릿화하여 다룰 수 있습니다.

Prompt template에 대해 배우다 보면 '이건 단순한 문자열 대체일 뿐인데, Python이 기본으로 제공하는 f-문자열이나 `format` 메서드로 충분하지 않을까?'라는 생각이 들 수도 있습니다. 실제로 단순한 프롬프트 채우기는 Python이 기본으로 제공하는 기능으로 충분한 경우도 있습니다.

반면에 LangChain의 Prompt template은 채팅 형식 모델의 프롬프트에도 대응한다는 점과 뒤에서 설명할 LCEL의 구성 요소로 사용할 수 있다는 점이 큰 특징입니다. 또한 LLM 애플리케이션에서는 Few-shot 프롬프팅의 예시를 동적으로 선택하여 프롬프트에 포함하고 싶은 경우도 있습니다. LangChain의 Prompt template은 그러한 경우에도 대응합니다.

Few-shot 프롬프팅에서 사용할 예시를 동적으로 선택하는 기능은 LangChain에서 'Example selector'로 제공됩니다. 관심이 있다면 꼭 찾아보세요.

4.4 Output parser

앞 절에서는 LLM의 입력에 관한 컴포넌트인 Prompt template을 설명했습니다. 다음으로 LLM의 출력에 주목하겠습니다. LLM에 특정 형식으로 출력하도록 하고, 그 출력을 프로그램적으로 다루고 싶은 경우가 있습니다. 이때 사용할 수 있는 것이 'Output parser'입니다.

Output parser 개요

Output parser는 JSON 등의 출력 형식을 지정하는 프롬프트 작성과 응답 텍스트의 Python 객체로의 변환 기능을 제공합니다. Output parser를 사용하면 LLM의 응답에서 해당 부분을 추출하여 Python 객체(딕셔너리형이나 직접 만든 클래스)에 매핑하는 전형적인 처리를 쉽게 구현할 수 있습니다.

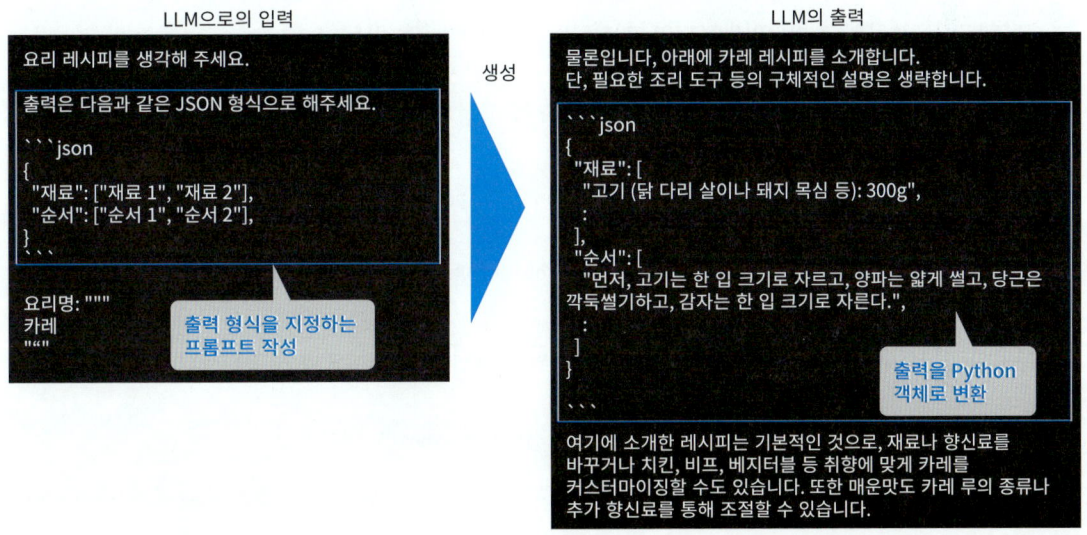

그림 4.6 Output parser의 개요

PydanticOutputParser를 사용한 Python 객체 변환

LangChain의 Output parser 중 하나인 `PydanticOutputParser`를 사용하면 LLM의 출력을 Python 객체로 변환할 수 있습니다. 이제 `PydanticOutputParser`를 사용해 LLM이 출력한 레시피를 `Recipe` 클래스의 인스턴스로 자동 변환하는 예를 살펴보겠습니다.

> **with_structured_output**
> 여기서는 Output parser라는 중요한 컴포넌트의 개념을 이해하기 위해 PydanticOutputParser를 설명합니다. 실제로 LangChain에서 LLM에 구조화된 데이터를 출력하게 할 때는 PydanticOutputParser를 직접 사용하기보다는 나중에 소개할 with_structured_output을 사용하는 것을 권장합니다.

우선 LLM에 출력하게 할 '재료 목록(ingredients)'과 '순서(steps)'를 필드로 하는 Recipe 클래스를 Pydantic[8]의 모델로 정의합니다.

```python
from pydantic import BaseModel, Field

class Recipe(BaseModel):
    ingredients: list[str] = Field(description="ingredients of the dish")
    steps: list[str] = Field(description="steps to make the dish")
```

이 Recipe 클래스를 제공해 PydanticOutputParser를 생성합니다.

```python
from langchain_core.output_parsers import PydanticOutputParser

output_parser = PydanticOutputParser(pydantic_object=Recipe)
```

그리고 PydanticOutputParser에서 프롬프트에 포함할 출력 형식 설명문을 작성합니다.

```python
format_instructions = output_parser.get_format_instructions()
print(format_instructions)
```

여기서 작성한 `format_instructions`는 Recipe 클래스에 대응하는 출력 형식 지정 문자열입니다. `format_instructions`를 `print`로 표시하면 다음과 같습니다.

```
The output should be formatted as a JSON instance that conforms to the JSON schema below.

As an example, for the schema {"properties": {"foo": {"title": "Foo", "description": "a list of strings", "type": "array", "items": {"type": "string"}}}, "required": ["foo"]}
```

---

8 Pydantic은 Python에서 데이터의 저장소로 사용하는 클래스를 쉽게 작성할 수 있는 유명한 패키지입니다. Python 표준의 dataclass와 달리, Pydantic은 실행 시 데이터 타입을 검증하는 기능 등을 갖습니다.

```
the object {"foo": ["bar", "baz"]} is a well-formatted instance of the schema. The object
{"properties": {"foo": ["bar", "baz"]}} is not well-formatted.

Here is the output schema:
```
{"properties": {"ingredients": {"description": "ingredients of the dish", "items": {"type":
"string"}, "title": "Ingredients", "type": "array"}, "steps": {"description": "steps
to make the dish", "items": {"type": "string"}, "title": "Steps", "type": "array"}},
"required": ["ingredients", "steps"]}
```
```

"출력은 이런 JSON 형식으로 해주세요"라는 내용입니다. 이 format_instructions를 프롬프트에 포함시킴으로써 LLM이 이 형식에 맞는 응답을 반환하도록 합니다.

이어서 format_instructions를 사용한 ChatPromptTemplate을 생성합니다.

```
from langchain_core.prompts import ChatPromptTemplate

prompt = ChatPromptTemplate.from_messages(
    [
        (
            "system",
            "사용자가 입력한 요리의 레시피를 생각해 주세요.\n\n"
            "{format_instructions}",
        ),
        ("human", "{dish}"),
    ]
)

prompt_with_format_instructions = prompt.partial(
    format_instructions=format_instructions
)
```

prompt.partial이라는 부분에서 프롬프트의 일부를 채우고 있습니다. 이 ChatPromptTemplate에 예시로 입력을 제공해 보겠습니다.

```
prompt_value = prompt_with_format_instructions.invoke({"dish": "카레"})
print("=== role: system ===")
print(prompt_value.messages[0].content)
print("=== role: user ===")
print(prompt_value.messages[1].content)
```

프롬프트를 채운 결과는 다음과 같습니다.

```
=== role: system ===
사용자가 입력한 요리의 레시피를 생각해 주세요.

The output should be formatted as a JSON instance that conforms to the JSON schema below.

As an example, for the schema {"properties": {"foo": {"title": "Foo", "description": "a list of strings", "type": "array", "items": {"type": "string"}}}, "required": ["foo"]}
the object {"foo": ["bar", "baz"]} is a well-formatted instance of the schema. The object {"properties": {"foo": ["bar", "baz"]}} is not well-formatted.

Here is the output schema:
```
{"properties": {"ingredients": {"description": "ingredients of the dish", "items": {"type": "string"}, "title": "Ingredients", "type": "array"}, "steps": {"description": "steps to make the dish", "items": {"type": "string"}, "title": "Steps", "type": "array"}}, "required": ["ingredients", "steps"]}
```
=== role: user ===
카레
```

Recipe 클래스 정의를 바탕으로 출력 형식을 지정하는 프롬프트가 자동으로 포함됐습니다. 이 텍스트를 입력으로 LLM을 실행해 보겠습니다.

```
from langchain_openai import ChatOpenAI

model = ChatOpenAI(model="gpt-4o-mini", temperature=0)

ai_message = model.invoke(prompt_value)
print(ai_message.content)
```

그러면 다음과 같은 응답을 얻을 수 있습니다.

```
{
  "ingredients": [
    "닭고기 500g",
    "양파 1개",
    "감자 2개",
    "당근 1개",
    "카레 가루 3큰술",
    "식용유 2큰술",
    "소금 약간",
    "후추 약간",
    "물 4컵"
  ],
  "steps": [
    "닭고기를 한 입 크기로 자르고, 소금과 후추로 간을 한다.",
    "양파는 다지고, 감자와 당근은 깍둑썰기로 준비한다.",
    "팬에 식용유를 두르고 양파를 볶아 투명해질 때까지 볶는다.",
    "닭고기를 넣고 겉면이 노릇해질 때까지 볶는다.",
    "감자와 당근을 넣고 함께 볶는다.",
    "물 4컵을 붓고 끓인다.",
    "끓기 시작하면 불을 줄이고, 카레 가루를 넣고 잘 섞는다.",
    "약한 불에서 20분 정도 끓여서 재료가 부드러워질 때까지 조리한다.",
    "완성된 카레를 밥과 함께 서빙한다."
  ]
}
```

이 응답을 Pydantic 모델의 인스턴스로 변환해서 사용하고 싶은 경우가 많습니다. 그 변환 처리도 **PydanticOutputParser**를 사용하면 간단합니다.

```
recipe = output_parser.invoke(ai_message)
print(type(recipe))
print(recipe)
```

이렇게 구현하면 Pydantic 모델의 인스턴스를 얻을 수 있습니다. 이 코드를 실행하면 다음과 같이 표시됩니다.

```
<class '__main__.Recipe'>
ingredients=['닭고기 500g', '양파 1개', '감자 2개', '당근 1개', '카레 가루 3큰술', '식용유 2큰술',
'소금 약간', '후추 약간', '물 4컵'] steps=['닭고기를 한 입 크기로 자르고, 소금과 후추로 간을 한다.',
'양파는 다지고, 감자와 당근은 깍둑썰기로 준비한다.', '팬에 식용유를 두르고 양파를 볶아 투명해질 때까지
볶는다.', '닭고기를 넣고 겉면이 노릇해질 때까지 볶는다.', '감자와 당근을 넣고 함께 볶는다.', '물 4컵을
붓고 끓인다.', '끓기 시작하면 불을 줄이고, 카레 가루를 넣고 잘 섞는다.', '약한 불에서 20분 정도 끓여서
재료가 부드러워질 때까지 조리한다.', '완성된 카레를 밥과 함께 서빙한다.']
```

지금까지 Output parser를 사용하는 예를 살펴봤습니다. 핵심은 다음 두 가지입니다.

- Recipe 클래스 정의를 바탕으로, 출력 형식을 지정하는 문자열이 자동으로 만들어졌다.
- LLM의 출력을 쉽게 Recipe 클래스의 인스턴스로 변환할 수 있었다.

이처럼 매우 편리한 Output parser지만, LLM이 불완전한 JSON을 반환하면 오류가 발생할 수 있습니다. JSON 등의 구조화된 데이터를 LLM에 안정적으로 출력하게 하려면 Chat Completions API의 JSON 모드 같은 기능을 사용하거나 Function calling을 응용하는 것이 유용합니다. LangChain에서 Function calling을 응용해 구조화된 데이터를 출력하는 방법은 나중에 `with_structured_output` 칼럼에서 소개하겠습니다.

StrOutputParser

Output parser의 개념을 이해했으니, 앞으로 매우 자주 사용하게 될 `StrOutputParser`를 소개하겠습니다. `StrOutputParser`는 LLM의 출력을 텍스트로 변환하는 데 사용합니다. 예를 들어, ChatOpenAI를 `invoke`하면 `AIMessage`가 반환됩니다. `AIMessage`에 `StrOutputParser`를 `invoke`하면 텍스트를 추출할 수 있습니다.

샘플 코드는 다음과 같습니다.

```python
from langchain_core.messages import AIMessage
from langchain_core.output_parsers import StrOutputParser

output_parser = StrOutputParser()

ai_message = AIMessage(content="안녕하세요. 저는 AI 어시스턴트입니다.")
ai_message = output_parser.invoke(ai_message)
print(type(ai_message))
print(ai_message)
```

이 코드의 실행 결과는 다음과 같습니다.

```
<class 'str'>
안녕하세요. 저는 AI 어시스턴트입니다.
```

이 샘플 코드만 보면 '굳이 StrOutputParser를 사용하지 않고, ai_message.content라고 작성해서 텍스트를 추출하면 되지 않을까'라고 생각할 수도 있습니다. 하지만 StrOutputParser는 다음 절에서 설명할 LangChain Expression Language(LCEL)의 구성 요소로서 중요한 역할을 합니다. LangChain Expression Language(LCEL)를 배우면 StrOutputParser가 왜 존재하는지 이해할 수 있을 것입니다.

Output parser 요약

이 절에서는 LLM의 출력을 변환하는 Output parser를 설명했습니다. LangChain에서는 이 절에서 소개한 PydanticOutputParser나 StrOutputParser 외에도 XML이나 CSV 등의 형식에 대응하는 Output Parser도 제공합니다.

지금까지 소개한 LLM과 Chat model, Prompt template, Output parser는 LangChain 작동의 근간이 되는 컴포넌트입니다. 이들을 사용해 'Chain'을 구축하는 것이 LangChain의 묘미입니다.

4.5 Chain—LangChain Expression Language(LCEL) 개요

LLM 애플리케이션에서는 단순히 LLM에 입력하고 출력을 얻는 것으로 끝나지 않고, 처리를 연쇄적으로 연결하고 싶은 경우가 많습니다. 예를 들어, 다음과 같은 연쇄를 생각할 수 있습니다.

- Prompt template을 채우고, 그 결과를 Chat model에 제공한 후, 그 결과를 Python 객체로 변환하고 싶다.
- 2장에서 소개한 Zero-shot CoT 프롬프팅으로 단계별로 생각하게 하고, 그 결과를 요약하게 하고 싶다.
- LLM의 출력을 얻은 후에, 그 내용이 서비스 정책에 위반되지 않는지(예: 차별적 표현이 아닌지) 확인하고 싶다.
- LLM의 출력 결과를 바탕으로 SQL을 실행하여 데이터를 분석하게 하고 싶다.

이러한 처리의 연쇄를 구현하는 것이 LangChain의 'Chain'입니다.

LangChain Expression Language(LCEL)란

LangChain Expression Language(LCEL)는 LangChain에서 Chain을 기술하는 방법입니다. LCEL에서는 프롬프트나 LLM을 '|'로 연결하여 작성하고 처리의 연쇄(Chain)를 구현합니다. 2023년 10월경부터 LangChain에서는 LCEL을 사용하는 구현이 표준이 됐습니다.

이 절에서는 Chain의 기본적인 개념을 이해할 수 있도록 LCEL의 개요를 소개합니다. LCEL 활용에 관한 자세한 내용은 다음 5장에서 설명하겠습니다.

그럼 LCEL의 기본적인 예를 몇 가지 살펴보겠습니다.

prompt와 model 연결

먼저 LCEL을 사용하는 가장 단순한 예로, prompt와 model을 연결해 보겠습니다. 우선 prompt(ChatPromptTemplate)와 model(ChatOpenAI)을 준비합니다.

```python
from langchain_core.prompts import ChatPromptTemplate
from langchain_openai import ChatOpenAI

prompt = ChatPromptTemplate.from_messages(
    [
        ("system", "사용자가 입력한 요리의 레시피를 생각해 주세요."),
        ("human", "{dish}"),
    ]
)

model = ChatOpenAI(model_name="gpt-4o-mini", temperature=0)
```

그리고 이들을 연결한 chain을 생성합니다.

```python
chain = prompt | model
```

이 chain을 실행합니다.

```python
ai_message = chain.invoke({"dish": "카레"})
print(ai_message.content)
```

그러면 다음과 같이 LLM이 생성한 응답이 표시됩니다.

> 카레는 다양한 재료와 향신료를 사용하여 만드는 맛있는 요리입니다. 아래는 기본적인 카레 레시피입니다.
>
> ### 재료
> - 고기 (닭고기, 소고기, 양고기 등) 300g
> - 양파 1개
> <이하 생략>

`prompt`(PromptTemplate)의 채우기와 `model`(ChatOpenAI)의 호출이 연쇄적으로 실행된 것입니다. LCEL에서는 위의 `chain = prompt | model`처럼 프롬프트나 LLM을 '|'로 연결하여 작성하고 처리의 연쇄(Chain)를 구현합니다.

StrOutputParser를 연결에 추가

앞서 예에서는 `chain`을 `invoke`한 결과가 `AIMessage`이므로 `ai_message.content`와 같이 작성하여 텍스트를 추출했습니다. `StrOutputParser`를 `chain`에 추가하면 `ChatOpenAI` 등의 Chat model의 출력인 `AIMessage`를 문자열로 변환할 수 있습니다.

샘플 코드는 다음과 같습니다.

```python
from langchain_core.output_parsers import StrOutputParser

chain = prompt | model | StrOutputParser()
output = chain.invoke({"dish": "카레"})
print(output)
```

이 코드의 실행 결과는 다음과 같습니다.

> 카레는 다양한 재료와 향신료를 사용하여 만드는 맛있는 요리입니다. 아래는 기본적인 카레 레시피입니다.
>
> ### 재료
> - 고기 (닭고기, 소고기, 양고기 등) 300g
> - 양파 1개
> <이하 생략>

`prompt`와 `model`, `StrOutputParser`를 연결하는 이 코드는 LCEL의 가장 기본적인 형태라고 할 수 있습니다.

PydanticOutputParser를 사용한 연결

LCEL의 두 번째 예로, prompt와 model에 PydanticOutputParser를 연결해 보겠습니다. LLM에 요리 레시피를 생성하게 하고, 그 결과를 Recipe 클래스의 인스턴스로 변환하는 처리의 연쇄를 구현해 보겠습니다.

먼저 Recipe 클래스를 정의하고, output_parser(PydanticOutputParser)를 준비합니다.

```
from langchain_core.output_parsers import PydanticOutputParser
from pydantic import BaseModel, Field

class Recipe(BaseModel):
    ingredients: list[str] = Field(description="ingredients of the dish")
    steps: list[str] = Field(description="steps to make the dish")

output_parser = PydanticOutputParser(pydantic_object=Recipe)
```

이어서 prompt(PromptTemplate)와 model(ChatOpenAI)을 준비합니다.

```
from langchain_core.prompts import ChatPromptTemplate
from langchain_openai import ChatOpenAI

prompt = ChatPromptTemplate.from_messages(
    [
        (
            "system",
            "사용자가 입력한 요리의 레시피를 생각해 주세요.\n\n{format_instructions}"
        ),
        ("human", "{dish}"),
    ]
)

prompt_with_format_instructions = prompt.partial(
    format_instructions=output_parser.get_format_instructions()
)

model = ChatOpenAI(model="gpt-4o-mini", temperature=0).bind(
    response_format={"type": "json_object"}
)
```

prompt의 {format_instructions} 부분에는 Recipe 클래스 정의를 바탕으로 '이런 형식의 JSON을 반환'하라는 텍스트가 포함됩니다. 또한 model 설정으로 Chat Completions API의 JSON 모드를 사용합니다.

LCEL 표기법으로 prompt와 model, output_parser를 연결한 chain을 생성합니다.

```
chain = prompt_with_format_instructions | model | output_parser
```

chain을 실행해 보겠습니다.

```
recipe = chain.invoke({"dish": "카레"})
print(type(recipe))
print(recipe)
```

이 코드의 실행 결과는 다음과 같습니다.

```
<class '__main__.Recipe'>
ingredients=['닭고기 500g', '양파 1개', '감자 2개', '당근 1개', '카레 가루 3큰술', '식용유 2큰술', '소금 약간', '후추 약간', '물 4컵'] steps=['닭고기를 한 입 크기로 자르고, 소금과 후추로 간을 한다.', '양파는 다지고, 감자와 당근은 깍둑썰기로 준비한다.', '냄비에 식용유를 두르고 다진 양파를 넣어 볶는다.', '양파가 투명해지면 닭고기를 넣고 겉면이 익을 때까지 볶는다.', '감자와 당근을 넣고 함께 볶는다.', '카레 가루를 넣고 잘 섞은 후 물을 부어 끓인다.', '끓기 시작하면 중약불로 줄이고 20분 정도 끓인다.', '재료가 부드러워지면 불을 끄고, 필요에 따라 간을 맞춘다.', '밥과 함께 따뜻하게 서빙한다.']
```

최종 출력으로 Recipe 클래스의 인스턴스를 얻을 수 있었습니다. chain.invoke라는 호출로 프롬프트 채우기, LLM 호출, 출력 변환이 연쇄적으로 실행된 것입니다.

Chain 요약

LangChain의 중요한 개념인 'Chain'과 자유자재로 Chain을 구현하기 위한 'LangChain Expression Language(LCEL)'의 개요를 설명했습니다.

LangChain에서는 Prompt template, LLM/Chat model, Output parser를 연결하여 Chain으로서 일련의 처리를 실행하는 것이 기본입니다.

LCEL은 더 복잡한 처리의 연쇄도 구현할 수 있습니다. 예를 들어 사용자 정의 함수를 Chain에 삽입하거나, 여러 Chain을 병렬로 연결하여 실행하는 것도 가능합니다. 이러한 LCEL의 더 실용적인 사용법은 5장에서 설명하겠습니다.

COLUMN

with_structured_output

이 장에서는 Output parser나 Chain의 개념을 설명하기 위해 PydanticOutputParser를 사용하는 예를 설명했습니다. 실제로 LangChain에서 LLM에 구조화된 데이터를 출력하게 할 때는 PydanticOutputParser를 직접 사용하는 것보다 간단하기 때문에 with_structured_output을 사용하는 것이 좋습니다.

with_structured_output으로 유사한 처리를 수행하는 코드는 다음과 같습니다.

```python
from langchain_core.prompts import ChatPromptTemplate
from langchain_openai import ChatOpenAI
from pydantic import BaseModel, Field

class Recipe(BaseModel):
    ingredients: list[str] = Field(description="ingredients of the dish")
    steps: list[str] = Field(description="steps to make the dish")

prompt = ChatPromptTemplate.from_messages(
    [
        ("system", "사용자가 입력한 요리의 레시피를 생각해 주세요."),
        ("human", "{dish}"),
    ]
)

model = ChatOpenAI(model="gpt-4o-mini")

chain = prompt | model.with_structured_output(Recipe)

recipe = chain.invoke({"dish": "카레"})
print(type(recipe))
print(recipe)
```

with_structured_output은 모든 모델에서 사용할 수 있는 것은 아니며, ChatOpenAI와 같은 일부 Chat model에서만 지원됩니다. with_structured_output을 지원하는 모델은 공식 문서의 다음 페이지에서 확인할 수 있습니다.

- Chat models _ https://python.langchain.com/v0.3/docs/integrations/chat/

ChatOpenAI의 with_structured_output은 기본적으로 Function calling을 사용하여 JSON 형식의 데이터를 출력합니다. Function calling은 실제로 함수를 호출하지 않고, JSON 형식의 데이터를 확실하게 출력하는 목적으로 자주 사용됩니다.

4.6 LangChain의 RAG 관련 컴포넌트

LangChain 컴포넌트 설명의 마지막으로 'RAG'에 관한 컴포넌트를 설명하겠습니다.

RAG(Retrieval-Augmented Generation)

우선 RAG(Retrieval-Augmented Generation)에 대해 설명합니다. GPT-4o나 GPT-4o mini는 이 책의 집필 시점에 2023년 10월까지의 데이터로 학습했기 때문에 그 시점까지 공개된 정보만 알고 있습니다. 하지만 더 새로운 정보나 비공개 정보를 바탕으로 LLM에게 답변하게 하고 싶은 경우가 많습니다. 이때 프롬프트에 문맥(context)을 추가하는 방법을 고려할 수 있습니다.

예를 들어, LangChain의 에코시스템 중 하나인 'LangGraph'는 2024년에 등장했기 때문에 GPT-4o는 LangGraph에 대해 정확히 답변할 수 없습니다. 그래서 LangGraph의 개요가 적힌 LangChain README[9]의 내용을 문맥으로 프롬프트에 포함시켜 질문해 보겠습니다.

```
문맥을 바탕으로 질문에 한 문장으로 답변해 주세요.

문맥: """
<LangChain README 내용>
"""

질문: LangGraph란 무엇인가요?
```

그러면 context를 바탕으로 LangGraph에 대해 답변해 줍니다.

> LangGraph는 LangChain의 저수준(low-level) 에이전트 오케스트레이션 프레임워크로, 복잡한 작업을 신뢰성 있게 처리할 수 있도록 설계된 도구입니다. LangGraph는 맞춤형 아키텍처, 장기 메모리(long-term memory), 인간 개입(human-in-the-loop) 워크플로우를 제공하며, LinkedIn, Uber, Klarna, GitLab과 같은 기업에서 프로덕션 환경에서 사용됩니다.

그림 4.7 프롬프트에 LangGraph의 정보를 포함한 경우의 응답

---

[9] https://github.com/langchain-ai/langchain/blob/master/README.md

이와 같이 질문과 관련된 문서를 context에 포함시킴으로써 LLM이 본래 알지 못하는 내용에 대해서도 답변을 얻을 수 있습니다. 다만, LLM에는 토큰 수의 최댓값 제한이 있어 모든 데이터를 context에 넣을 수는 없습니다.

따라서 입력을 바탕으로 문서를 검색하고, 검색 결과를 context에 포함하여 LLM에게 답변하게 하는 기법이 있습니다. 이러한 기법을 RAG(Retrieval-Augmented Generation)[10]라고 합니다.

RAG의 전형적인 구성은 벡터 데이터베이스를 사용하여 문서를 벡터화하여 저장해 두고, 입력 텍스트와 벡터가 가까운 문서를 검색하여 context에 포함시키는 것입니다. 문서의 벡터화에는 OpenAI의 Embeddings API 등을 사용합니다.

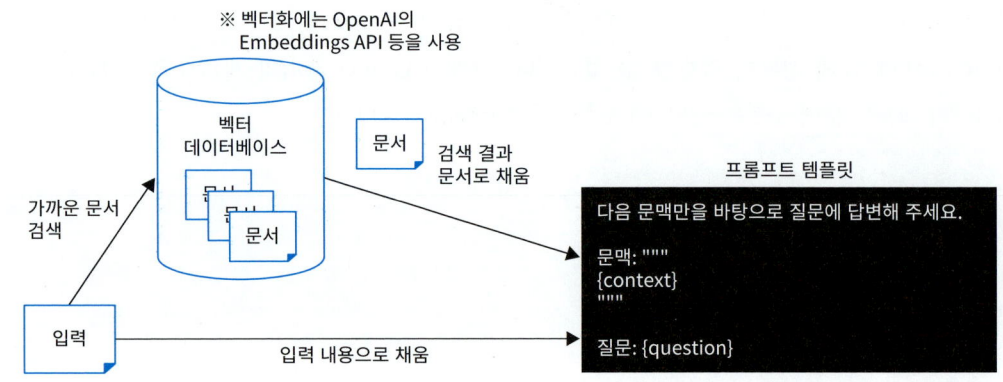

그림 4.8 RAG(Retrieval-Augmented Generation)의 전형적인 구성

참고로, 텍스트의 벡터화란 텍스트를 숫자 배열로 변환하는 것입니다. 텍스트 벡터화에는 다양한 기법이 있지만, 일반적으로 등장하는 키워드나 의미가 비슷한 텍스트가 벡터로도 거리가 가깝게 되도록 변환합니다. 텍스트 벡터화는 최근 등장한 기술이 아니라 자연어 처리 분야에서 이전부터 자주 사용되어 왔습니다. 나중에 구체적으로 어떤 벡터가 되는지 예를 통해 살펴보겠습니다.

---

[10] 실제로 RAG가 제안된 Lewis et al. (2020) 〈Retrieval-Augmented Generation for Knowledge-Intensive NLP Tasks〉 https://arxiv.org/abs/2005.11401에서는 이 책의 설명과는 조금 다른 방법이 사용됩니다. 그러나 이 책의 집필 시점에는 사실상 벡터 검색한 문서를 프롬프트에 포함해 응답을 생성하는 방법이나, 더 넓게는 각종 데이터베이스나 Google 등의 웹 검색 엔진 등으로 검색한 데이터를 프롬프트에 포함해 응답을 생성하는 방법도 RAG라고 부릅니다.

LangChain의 RAG 관련 컴포넌트 개요

LangChain에서는 RAG에 사용하기 위한 다양한 컴포넌트가 제공됩니다. 우선 알아둘 주요 컴포넌트로는 다음 5가지가 있습니다.

- Document loader: 데이터 소스에서 문서를 읽어 들임
- Document transformer: 문서에 어떤 변환을 가함
- Embedding model: 문서를 벡터화함
- Vector store: 벡터화한 문서의 저장소
- Retriever: 입력 텍스트와 관련 있는 문서를 검색함

이들 컴포넌트는 정보원(소스)이 되는 데이터부터 Retriever를 통한 검색까지 그림 4.9와 같이 연결됩니다.

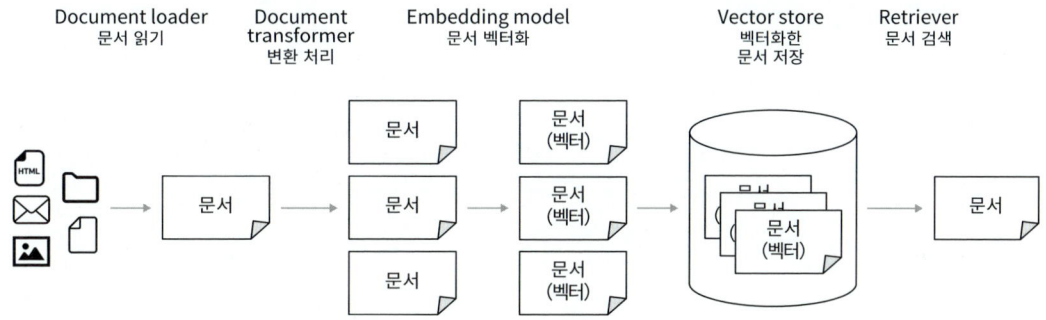

그림 4.9 RAG를 구현하는 컴포넌트의 연결

LangChain의 공식 문서를 읽어 들여 gpt-4o-mini에게 질문하는 예로, 실제로 이 흐름을 실행해 보겠습니다.

Document loader

먼저 LangChain의 공식 문서를 읽어 들일 필요가 있습니다. 데이터 읽기에 사용하는 것이 'Document loader'입니다. 여기서는 GitHub 저장소에 공개된 LangChain 공식 문서의 일부를 읽어 들이겠습니다.

우선 `langchain-community`와 `GitPython` 패키지를 설치합니다.

```
!pip install langchain-community==0.3.0 GitPython==3.1.43
```

이어서 Document loader의 한 종류인 `GitLoader`를 사용해 LangChain 저장소에서 `.mdx`라는 확장자의 파일을 읽어 들입니다[11] [12].

```
from langchain_community.document_loaders import GitLoader

def file_filter(file_path: str) -> bool:
    return file_path.endswith(".mdx")

loader = GitLoader(
    clone_url="https://github.com/langchain-ai/langchain",
    repo_path="./langchain",
    branch="master",
    file_filter=file_filter,
)

raw_docs = loader.load()
print(len(raw_docs))
```

이 코드를 실행하면 읽어 들인 데이터의 건수가 다음과 같이 표시됩니다[13].

```
277
```

LangChain에서는 매우 많은 Document loader가 제공됩니다. 그중 일부를 표 4.1에 정리했습니다.

---

[11] 이 책을 집필하는 시점에 LangChain 문서는 .md나 .mdx, .ipynb 등의 형식으로 작성돼 있습니다. 여기서는 .mdx로 작성된 문서만 읽어 들입니다. 또한, 본래 문서를 빌드한 후 읽어 들이도록 하면 더 적절한 작동을 할 가능성이 있지만, 문서의 빌드 처리에는 다소 시간이 걸리므로 이 책에서는 생략합니다.

[12] LangChain 문서가 많아져서 gpt-4o-mini를 사용하더라도 Tier 1에서는 오류가 발생한다는 보고가 있습니다. 이런 경우에는 GitHub에서 문서를 로드하는 부분에서 다음과 같이 작동이 확인된 버전인 langchain==0.2.13을 지정하세요.

```
loader = GitLoader(
    clone_url="https://github.com/langchain-ai/langchain",
    repo_path="./langchain",
    branch="langchain==0.2.13",
    file_filter=file_filter,
)
```

[13] 표시되는 값은 LangChain의 업데이트로 변할 가능성이 있습니다. 이 절의 나머지 실행 결과도, LangChain의 업데이트 등으로 변할 가능성이 있습니다.

표 4.1 LangChain이 제공하는 Document loader(일부)

Document loader	개요
UnstructuredLoader	텍스트 파일, 파워포인트, HTML, PDF, 이미지 등의 파일을 읽어 들임
DirectoryLoader	디렉터리 내의 파일을 UnstructuredLoader 등으로 읽어 들임
SitemapLoader	사이트맵에 따라 웹사이트의 각 페이지를 읽어 들임
S3DirectoryLoader	Amazon S3의 버킷을 지정하여 객체를 읽어 들임
GitLoader	저장소에서 파일을 읽어 들임
BigQueryLoader	Google BigQuery에 SQL을 실행하고, 행마다 문서로 읽어 들임
GoogleDriveLoader	Google Drive에서 파일을 읽어 들임
ConfluenceLoader	Confluence 페이지를 읽어 들임
NotionDirectoryLoader	Notion에서 export한 파일을 읽어 들임
SlackDirectoryLoader	Slack에서 export한 파일을 읽어 들임
HuggingFaceDatasetLoader	Hugging Face Hub에서 데이터셋을 읽어 들임

LangChain에는 이 책의 집필 시점에도 150개 이상의 Document loader가 있습니다. LangChain의 각종 통합은 공식 문서[14]에 정리돼 있습니다.

Document transformer

Document loader로 읽어 들인 데이터는 '문서'라고 부릅니다. 읽어 들인 문서에 어떤 변환을 가하는 경우도 많습니다. 문서에 변환을 가하는 것이 'Document transformer'입니다.

예를 들어, 문서를 어느 정도 길이의 청크[15]로 분할하고 싶은 경우가 있습니다. 문서를 적절한 크기의 청크로 분할함으로써 LLM에 입력하는 토큰 수를 줄이거나 더 정확한 답변을 얻기 쉬워지는 경우가 있습니다.

LangChain에서 문서를 청크화하는 기능군을 'Text splitter'라고 부르며, `langchain-text-splitters`라는 패키지로 분리돼 있습니다. 그래서 먼저 `langchain-text-splitters`를 설치해야 합니다.

```
!pip install langchain-text-splitters==0.3.0
```

---

14 https://python.langchain.com/v0.3/docs/integrations/document_loaders/
15 분할한 텍스트 하나하나를 '청크'라고 부릅니다.

langchain-text-splitters가 제공하는 CharacterTextSplitter라는 클래스를 사용하여 문서를 청크로 분할하는 예는 다음과 같습니다.

```python
from langchain_text_splitters import CharacterTextSplitter

text_splitter = CharacterTextSplitter(chunk_size=1000, chunk_overlap=0)

docs = text_splitter.split_documents(raw_docs)
print(len(docs))
```

이 코드를 실행하면 다음과 같이 표시됩니다.

```
925
```

원래 277개였던 문서가 925개로 분할됐습니다. 이 예에서는 문자 수로 청크를 분할했습니다. LangChain에서는 이 외에도 tiktoken으로 측정한 토큰 수로 분할하거나, Python 등의 소스 코드를 가능한 한 클래스나 함수와 같은 단위로 분할하는 기능도 제공합니다.

또한 문서를 청크로 분할하는 것 외에도 몇 가지 변환 처리가 지원됩니다.

표 4.2 LangChain이 제공하는 Document transformer(일부)

Document transformer	개요
Html2TextTransformer	HTML을 일반 텍스트로 변환
OpenAIMetadataTagger	메타데이터 추출
GoogleTranslateTransformer	문서 번역
DoctranQATransformer	사용자 질문과의 관련성을 높이기 위해 문서에서 Q&A 생성

Embedding model

문서의 변환 처리를 마치면 텍스트를 벡터화합니다. 이 책에서는 OpenAI의 Embeddings API를 사용하여 text-embedding-3-small이라는 모델로 텍스트를 벡터화합니다. LangChain에는 OpenAI의 Embeddings API를 래핑한 OpenAIEmbeddings라는 클래스가 있습니다. OpenAIEmbeddings처럼 텍스트 벡터화에 사용할 수 있는 것이 'Embedding model'입니다.

먼저 OpenAIEmbeddings의 인스턴스를 생성합니다.

```
from langchain_openai import OpenAIEmbeddings

embeddings = OpenAIEmbeddings(model="text-embedding-3-small")
```

문서의 벡터화 처리는 다음에 설명할 Vector store 클래스에 데이터를 저장할 때 내부적으로 실행됩니다. 하지만 그것만으로는 벡터화의 이미지가 잘 안 그려질 수 있으므로, 여기서 벡터화를 시도해 보겠습니다.

OpenAIEmbeddings를 사용해 텍스트를 벡터화해 보겠습니다.

```
query = "AWS의 S3에서 데이터를 읽어 들이기 위한 Document loader가 있나요?"

vector = embeddings.embed_query(query)
print(len(vector))
print(vector)
```

이 코드를 실행하면 다음과 같이 표시됩니다.

```
1536
[0.006401920225471258, 0.008395073004066944, <생략>, 0.017830051481723785]
```

"AWS의 S3에서 데이터를 읽어 들이기 위한 Document loader가 있나요?"라는 문자열이 1536차원의 벡터(숫자 리스트)로 변환됐습니다.

Vector store

다음으로 저장소인 Vector store를 준비하고, 문서를 벡터화하여 저장합니다. 이 장에서는 'Chroma'[16]라는 로컬에서 사용 가능한 Vector store를 사용하겠습니다.

먼저 Chroma를 사용하는 데 필요한 패키지를 설치합니다.

```
!pip install langchain-chroma==0.1.4
```

---
16 https://www.trychroma.com/

청크로 분할한 문서와 Embedding model을 바탕으로 Vector store를 초기화합니다.

```
from langchain_chroma import Chroma

db = Chroma.from_documents(docs, embeddings)
```

이제 준비한 문서를 벡터화하여 Vector store에 저장할 수 있습니다.

참고로 LangChain에서는 Chroma 외에도 Faiss[17], Elasticsearch[18], Redis[19] 등 Vector store로 사용할 수 있는 많은 통합이 제공됩니다.

Vector store에 대해서는 사용자 입력과 관련된 문서를 가져오는 조작을 수행합니다. LangChain에서 텍스트와 관련된 문서를 가져오는 인터페이스를 'Retriever'라고 합니다.

Vector store의 인스턴스에서 Retriever를 생성합니다.

```
retriever = db.as_retriever()
```

Retriever를 사용해 시험 삼아 'AWS의 S3에서 데이터를 읽어 들이기 위한 Document loader가 있나요?' 라는 질문과 가까운, 즉 관련성이 높은 문서를 검색해 보겠습니다.

```
query = "AWS의 S3에서 데이터를 읽어 들이기 위한 Document loader가 있나요?"

context_docs = retriever.invoke(query)
print(f"len = {len(context_docs)}")

first_doc = context_docs[0]
print(f"metadata = {first_doc.metadata}")
print(first_doc.page_content)
```

이 코드를 실행하면 다음과 같이 표시됩니다.

---

[17] https://faiss.ai/index.html
[18] https://www.elastic.co/kr/elasticsearch
[19] https://redis.io/

```
len = 4
metadata = {'file_name': 'aws.mdx', 'file_path': 'docs/docs/integrations/providers/
aws.mdx', 'file_type': '.mdx', 'source': 'docs/docs/integrations/providers/aws.mdx'}
### AWS S3 Directory and File

>[Amazon Simple Storage Service (Amazon S3)](https://docs.aws.amazon.com/AmazonS3/latest/
userguide/using-folders.html)
> is an object storage service.
>[AWS S3 Directory](https://docs.aws.amazon.com/AmazonS3/latest/userguide/using-
folders.html)
>[AWS S3 Buckets](https://docs.aws.amazon.com/AmazonS3/latest/userguide/UsingBucket.html)

See a [usage example for S3DirectoryLoader](/docs/integrations/document_loaders/
aws_s3_directory).

See a [usage example for S3FileLoader](/docs/integrations/document_loaders/aws_s3_file).

```python
from langchain_community.document_loaders import S3DirectoryLoader, S3FileLoader
```

Amazon Textract

>[Amazon Textract](https://docs.aws.amazon.com/managedservices/latest/userguide/
textract.html) is a machine
> learning (ML) service that automatically extracts text, handwriting, and data from
scanned documents.

See a [usage example](/docs/integrations/document_loaders/amazon_textract).
```

4개의 문서가 검색됐고, 그중 첫 번째는 'docs/extras/integrations/providers/aws_s3.mdx'로, AWS의 S3를 대상으로 한 Document loader에 대해 작성돼 있습니다. Retriever에 제공한 텍스트와 관련성이 높은 문서를 얻을 수 있었습니다.

Retriever 내부에서는 제공된 텍스트(**query**)를 벡터화해 Vector store에 저장된 문서 중에서 벡터 거리가 가까운 것을 찾습니다.

COLUMN

4차원 이상 벡터의 거리

이 절에서는 유사한 문서 검색을 위해 1,536차원의 벡터 거리라는 개념을 사용했습니다. 4차원 이상의 벡터 거리는 상상하기 어렵다고 말하는 경우가 있습니다. 이 칼럼에서는 4차원 이상의 벡터 거리를 이해하기 위한 예로, [2, 3, -1, 0]과 [4, -2, 1, 1]이라는 두 벡터의 거리를 계산해 보겠습니다.

사실 벡터 거리에는 여러 종류가 있습니다. 여기서는 특히 단순한 '맨해튼 거리'를 계산해 보겠습니다. 맨해튼 거리는 두 벡터의 '각 요소의 차의 절댓값'을 '합산'한 값입니다.

[2, 3, -1, 0]과 [4, -2, 1, 1]의 각 요소 차의 절댓값은 [2, 5, 2, 1]입니다. [2, 5, 2, 1]을 합산하면 맨해튼 거리는 10이 됩니다.

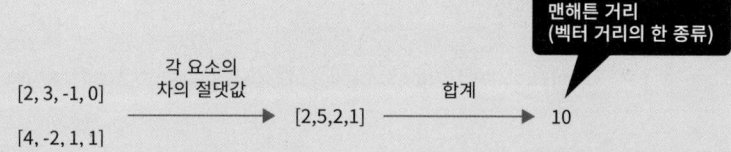

그림 4.10 맨해튼 거리

각 요소의 차의 절댓값을 합산하므로, 각 요소가 가까울수록 맨해튼 거리는 작아집니다. 또한 예로 4차원 벡터의 맨해튼 거리를 계산해 봤지만, 차원(요소 수)이 몇 개든 동일한 방식으로 계산할 수 있습니다. 예를 들어, 1,536차원 벡터와 1,536차원 벡터의 맨해튼 거리도 같은 절차로 계산할 수 있습니다.

프로그래밍에서는 요소 수가 2개나 3개인 배열을 이해할 수 있다면, 요소 수가 4개, 5개, …, 1536개인 배열도 그 연장선이라고 생각할 수 있습니다. 마찬가지로 4차원 이상의 벡터 거리도 2차원, 3차원 벡터 거리의 연장선에서 계산하면 됩니다.

4차원 이상의 벡터를 이해하기 위해 도형을 상상하려고 노력하면서 어려움을 겪는 분들도 많을 것입니다. 하지만 벡터 거리를 이해하는 데 있어서 반드시 도형을 상상할 필요는 없습니다.

참고로 이 칼럼에서는 설명이 간단한 '맨해튼 거리'를 소개했지만, 실제로 가장 유명한 거리는 '유클리드 거리'입니다. 또한 실제 벡터 유사도 검색에서는 특정 조건에서 유클리드 거리와 같은 대소 관계를 유지하는 '코사인 유사도'를 자주 사용합니다.

LCEL을 사용한 RAG Chain 구현

지금까지 문서를 벡터화하여 저장해 두고, 사용자 입력과 가까운 문서를 검색(Retrieve)하는 처리를 구현해 봤습니다. 챗봇 등의 애플리케이션에서는 입력과 관련된 문서를 검색하는 것 외에도, 검색 결과를 PromptTemplate에 context로 포함하여 LLM에 질문하고 답변(QA)을 받고 싶은 경우가 많습니다.

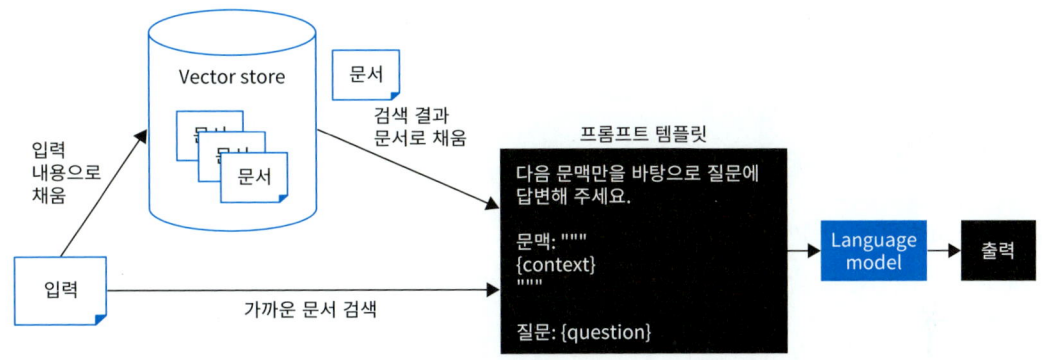

그림 4.11 RAG의 처리 연쇄

이 일련의 처리를 LCEL에서 Chain으로 구현해 보겠습니다.

먼저 prompt(ChatPromptTemplate)와 model(ChatOpenAI)을 준비합니다.

```
from langchain_core.prompts import ChatPromptTemplate
from langchain_openai import ChatOpenAI

prompt = ChatPromptTemplate.from_template('''\
다음 문맥만을 바탕으로 질문에 답변해 주세요.

문맥: """
{context}
"""

질문: {question}
''')

model = ChatOpenAI(model_name="gpt-4o-mini", temperature=0)
이어서 LCEL로 RAG Chain을 구현하고 실행합니다.
from langchain_core.output_parsers import StrOutputParser
```

```
from langchain_core.runnables import RunnablePassthrough

chain = (
    {"context": retriever, "question": RunnablePassthrough()}
    | prompt
    | model
    | StrOutputParser()
)

output = chain.invoke(query)
print(output)
```

이 LCEL chain에서는 처음에 {"context": retriever, "question": RunnablePassthrough()}라고 작성돼 있습니다. 이는 입력이 retriever에 전달되면서 prompt에도 전달된다는 이미지입니다. 이 표기법에 관한 자세한 내용은 5장에서 설명하겠습니다.

이 코드를 실행했을 때 LLM의 답변은 다음과 같습니다.

> 네, AWS S3에서 데이터를 읽어 들이기 위한 Document loader가 있습니다. `S3DirectoryLoader`와 `S3FileLoader`를 사용할 수 있습니다.

Retriever로 검색한 텍스트를 바탕으로 답변해 주고 있음을 알 수 있습니다. LangChain을 사용해 RAG의 기본적인 처리를 구현할 수 있었습니다.

Chain 클래스의 비권장화

LangChain에서는 LCEL이 구현됨에 따라 이전보다 자유롭게 Chain을 구성할 수 있게 됐습니다. LCEL이 구현되기 전에는 특정 처리 연쇄가 이미 구현된 LLMChain이나 RetrievalQA와 같은 클래스를 사용했습니다. 그러나 이러한 클래스는 이미 비권장(deprecated)됐으며, v0.3 이후 어느 시점에는 폐지될 예정입니다.

LangChain에서 처리 연쇄를 구현하고 싶은 경우에는 LLMChain이나 RetrievalQA 등의 클래스를 사용하지 말고, LCEL을 사용하여 구현하세요. RetrievalQA처럼 LangChain이 제공하는 기성품 Chain을 사용하고 싶다면 create_retrieval_chain 등 create_xxx_chain과 같은 이름의 함수를 사용하세요. 참고로 create_xxx_chain과 같은 함수로 제공되는 기성 Chain은 커스터마이징하기가 어려운 경우가 많아, 직접 LCEL을 작성하는 것이 바람직한 경우가 많습니다.

LangChain의 RAG 관련 컴포넌트 요약

이 절에서는 LangChain의 RAG에 관한 컴포넌트의 기본을 설명했습니다. 이러한 컴포넌트를 사용하면 예를 들어 사내 문서에 대해 Q&A가 가능한 챗봇을 구현할 수 있습니다.

RAG는 LLM 애플리케이션에서 매우 자주 채택되며, 다양한 기법들이 고안되고 있습니다. 이 책의 6장에서는 좀 더 고급 RAG 기법을 다룹니다.

> **COLUMN**
> **Indexing API**
>
> 이 절에서는 LangChain을 사용한 RAG 구현의 기본을 설명했습니다. 실제로 RAG 기능을 운용할 때는 문서를 한 번만 Vector store에 저장하면 되는 것이 아니라, 문서가 업데이트될 때 Vector store와 동기화하는 처리가 필요한 경우가 많습니다.
>
> 이러한 동기화 처리를 잘 구현하기 위해 LangChain에서는 Indexing API라고 불리는 기능을 제공합니다. 관심 있는 분은 공식 문서의 다음 페이지를 참조해 주세요.
>
> - How to use the LangChain indexing API _
>   https://python.langchain.com/v0.3/docs/how_to/indexing/

4.7 요약

이 장에서는 LangChain에 등장하는 기본적인 개념을 정리했습니다. LangChain을 배우는 것은 단순히 하나의 프레임워크를 습득하는 데 그치지 않고, LLM 애플리케이션 개발에 관한 다양한 아이디어를 배우는 것입니다. LangChain의 공식 문서를 읽거나 업데이트를 따라가 보는 것은 LLM 활용 방법의 예시를 배우는 목적으로도 매우 추천합니다.

COLUMN
Agent

LangChain에는 원래 AI 에이전트를 구현하기 위한 'Agent'라고 불리는 기능이 있었지만, 이미 Legacy 기능으로 간주되어 비권장화 방향으로 움직이고 있습니다. 대안으로 LangChain의 Agent 기능보다 제어나 커스터마이징이 쉬운 'LangGraph'를 사용하는 것이 권장됩니다. AI 에이전트나 LangGraph에 관한 자세한 내용은 8장 이후의 설명을 참조하세요.

05장

LangChain Expression Language(LCEL) 심층 해설

이전 장에서는 LangChain의 개요와 각종 컴포넌트의 기본을 설명했습니다. LangChain을 능숙하게 사용하기 위해서는 LangChain Expression Language(LCEL)를 이해하는 것이 필수입니다. 이 장에서는 LCEL을 심층적으로 알아보겠습니다.

오시마 유키

5.1 Runnable과 RunnableSequence—LCEL의 가장 기본적인 구성 요소

5.2 RunnableLambda—임의의 함수를 Runnable로 만들기

5.3 RunnableParallel—여러 Runnable을 병렬로 연결하기

5.4 RunnablePassthrough – 입력을 그대로 출력하기

5.5 요약

5.1 Runnable과 RunnableSequence—LCEL의 가장 기본적인 구성 요소

이 장에서는 LangChain을 능숙하게 다루고 싶은 분들을 위해 LangChain Expression Language(LCEL)에 관해 자세히 설명합니다.

> **이 장의 대상 독자에 관해**
>
> 이 장의 내용은 LLM 애플리케이션 개발에 폭넓게 사용될 수 있는 기본이 아니라, LangChain에 특화된 내용입니다. LangChain을 능숙하게 사용하고 싶은 분은 이 장을 읽으면서 실제로 코드도 직접 실행해 보기 바랍니다. LangChain에 구애받지 않고 RAG나 AI 에이전트의 핵심만 배우고 싶은 분은 이 장을 건너뛰고 다음 장을 진행해도 됩니다. 다만, 다음 장 이후의 샘플 코드에서는 이 장에서 설명하는 내용을 사용하므로 참고하기 바랍니다.

LCEL의 가장 기본적인 구현은 Prompt template, Chat model, Output parser의 세 가지를 연결하는 것입니다. 이전 장에서 설명했듯이, Prompt template, Chat model, Output parser는 모두 **invoke** 메서드로 실행할 수 있습니다. LCEL을 잘 이해할 수 있도록 먼저 이들을 순서대로 **invoke**해 보겠습니다.

먼저, prompt(ChatPromptTemplate), model(ChatOpenAI), output_parser(StrOutputParser)를 준비합니다.

```
from langchain_core.output_parsers import StrOutputParser
from langchain_core.prompts import ChatPromptTemplate
from langchain_openai import ChatOpenAI

prompt = ChatPromptTemplate.from_messages(
    [
        ("system", "사용자가 입력한 요리의 레시피를 생각해 주세요."),
        ("human", "{dish}"),
    ]
)

model = ChatOpenAI(model="gpt-4o-mini", temperature=0)

output_parser = StrOutputParser()
```

prompt, model, output_parser를 순서대로 invoke하는 코드는 다음과 같습니다.

```
prompt_value = prompt.invoke({"dish": "카레"})
ai_message = model.invoke(prompt_value)
output = output_parser.invoke(ai_message)

print(output)
```

이런 코드로도 Prompt template, Chat model, Output parser를 순서대로 실행할 수 있지만, LCEL에서는 이들을 '|'로 연결한 후 실행합니다. 사실, `ChatPromptTemplate`, `ChatOpenAI`, `StrOutputParser`는 모두 LangChain의 'Runnable'이라는 추상 기본 클래스를 상속받고 있습니다. Runnable을 '|'로 연결하면 'RunnableSequence'가 됩니다. RunnableSequence도 Runnable의 일종입니다.

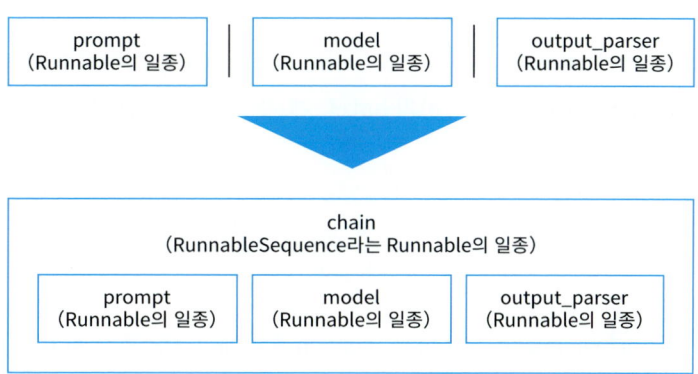

그림 5.1 Runnable의 연결

RunnableSequence를 invoke하면 연결된 Runnable이 순서대로 invoke됩니다.

```
chain = prompt | model | output_parser
output = chain.invoke({"dish": "카레"})
```
내부에서 prompt·model·output_parser가 순서대로 invoke됨

이처럼 Runnable을 '|'로 연결해 새로운 Runnable을 만들고, 그것을 invoke했을 때 내부의 Runnable이 순서대로 invoke되는 것이 LCEL의 기본입니다.

Runnable의 실행 방법—invoke · stream · batch

먼저 알아둬야 할 Runnable의 실행 방법으로, invoke 외에도 stream과 batch가 있습니다. 각각을 간단히 살펴보겠습니다.

먼저, Runnable을 스트리밍으로 실행하려면 다음과 같이 stream 메서드를 사용합니다.

```
chain = prompt | model | output_parser

for chunk in chain.stream({"dish": "카레"}):
    print(chunk, end="", flush=True)
```

또한, batch 메서드를 사용하면 여러 입력을 한꺼번에 처리할 수 있습니다.

```
chain = prompt | model | output_parser

outputs = chain.batch([{"dish": "카레"}, {"dish": "우동"}])
print(outputs)
```

chain(RunnableSequence)의 stream 메서드를 호출하면 내부 Runnable의 stream 메서드가 순서대로 호출됩니다. 또한, chain(RunnableSequence)의 batch 메서드를 호출하면 내부 Runnable의 batch 메서드가 순서대로 호출됩니다.

이처럼 Runnable 클래스를 상속한 클래스는 invoke, stream, batch와 같은 통일된 인터페이스로 호출할 수 있습니다.

또한, 이들을 비동기 처리하는 ainvoke, astream, abatch라는 메서드도 제공됩니다.

COLUMN

LCEL은 어떻게 구현됐는가

여기서 LCEL의 '|' 표기법이 어떻게 구현돼 있는지 간단히 설명하겠습니다. LCEL은 LangChain의 각종 모듈이 상속받는 Runnable 클래스를 통해 구현됩니다. LangChain(langchain-core)의 소스 코드에서 Runnable은 추상 기본 클래스(ABC)로 정의돼 있습니다[1].

```
class Runnable(Generic[Input, Output], ABC):
```

---

1 인용: https://github.com/langchain-ai/langchain/blob/langchain-core%3D%3D0.3.0/libs/core/langchain_core/runnables/base.py#L108

Runnable에서는 __or__와 __ror__ 메서드가 다음과 같이 구현돼 있습니다[2].

```
def __or__(self,
    other: Union[Runnable[Any, Other],
              Callable[[Any], Other],
              Callable[[Iterator[Any]], Iterator[Other]],
              Mapping[str, Union[Runnable[Any, Other], Callable[[Any], Other], Any]],
          ],
) -> RunnableSerializable[Input, Other]:
    """Compose this runnable with another object to create a RunnableSequence."""
    return RunnableSequence(first=self, last=coerce_to_runnable(other))
def __ror__(self,
    other: Union[Runnable[Other, Any],
              Callable[[Other], Any],
              Callable[[Iterator[Other]], Iterator[Any]],
              Mapping[str, Union[Runnable[Other, Any], Callable[[Other], Any], Any]],
          ],
) -> RunnableSerializable[Other, Output]:
    """Compose this runnable with another object to create a RunnableSequence."""
    return RunnableSequence(first=coerce_to_runnable(other), last=self)
```

Python에서는 __or__나 __ror__를 통해 "|" 연산자를 오버로드할 수 있습니다. 그래서 "chain = prompt | model"과 같은 표기법이 가능한 것입니다.

JavaScript/TypeScript 버전의 LCEL

JavaScript/TypeScript 버전의 LangChain에서는 LCEL을 사용하는 코드가 다음과 같습니다.

```
const chain = prompt.pipe(model);
```

JavaScript/TypeScript에서는 연산자 오버로드를 일반적으로 구현할 수 없기 때문에 이러한 인터페이스가 된 것으로 생각됩니다.

---

[2] 인용: https://github.com/langchain-ai/langchain/blob/langchain-core%3D%3D0.3.0/libs/core/langchain_core/runnables/base.py#L557

LCEL의 '|'로 다양한 Runnable 연결하기

'|'를 사용한 처리의 연쇄에 대해 좀 더 자세히 알아보겠습니다.

'|'를 사용하면 Runnable과 Runnable을 연결할 수 있습니다. Runnable을 연결한 chain도 Runnable이므로, chain과 chain도 '|'로 연결할 수 있습니다. 예를 들어, Zero-shot CoT로 단계적으로 생각하게 한 다음, 그 결과에서 결론만 추출하는 코드를 작성해 보겠습니다.

먼저, model(ChatOpenAI)과 output_parser(StrOutputParser)를 준비합니다.

```
from langchain_core.output_parsers import StrOutputParser
from langchain_core.prompts import ChatPromptTemplate
from langchain_openai import ChatOpenAI

model = ChatOpenAI(model="gpt-4o-mini", temperature=0)

output_parser = StrOutputParser()
```

첫 번째로, Zero-shot CoT로 단계적으로 생각하게 하는 Chain을 만듭니다.

```
cot_prompt = ChatPromptTemplate.from_messages(
    [
        ("system", "사용자의 질문에 단계적으로 답변하세요."),
        ("human", "{question}"),
    ]
)

cot_chain = cot_prompt | model | output_parser
```

두 번째로, 단계적으로 생각한 답변에서 결론을 추출하는 Chain을 만듭니다.

```
summarize_prompt = ChatPromptTemplate.from_messages(
    [
        ("system", "단계적으로 생각한 답변에서 결론만 추출하세요."),
        ("human", "{text}"),
    ]
)

summarize_chain = summarize_prompt | model | output_parser
```

두 개의 Chain을 연결한 Chain을 만들고 실행해 봅니다.

```
cot_summarize_chain = cot_chain | summarize_chain
output = cot_summarize_chain.invoke({"question": "10 + 2 * 3"})
print(output)
```

그러면 최종적인 실행 결과로 다음과 같은 출력이 나옵니다.

16

최종적으로 요약된 간결한 답변이 나왔습니다. 이때 `cot_summarize_chain` 내부에서는 먼저 `cot_chain`이 실행되어 단계적으로 생각한 상세한 답변을 얻습니다. 그 답변을 입력으로 하여 `summarize_chain`을 실행하고, 요약된 간결한 답변을 얻는 것입니다.

LLM을 2번 호출함으로써 Zero-shot CoT를 사용해 답변의 정확도를 높이면서도 최종적으로는 간결한 출력을 얻을 수 있었습니다.

LLM 애플리케이션에서는 복잡한 태스크를 한 번의 LLM 호출로 해결하려고 하면 프롬프트 작성이나 개선이 어려워지는 경우가 많습니다. 여러 프롬프트로 여러 번 LLM을 호출하는 방식을 취하면 태스크를 쉽게 해결할 수 있는 경우가 많습니다.

참고로, `cot_chain`과 `summarize_chain`을 '|'로 연결하여 실행할 수 있는 것은 `cot_chain`의 출력 타입과 `summarize_chain`의 입력 타입의 일관성이 유지되기 때문입니다.

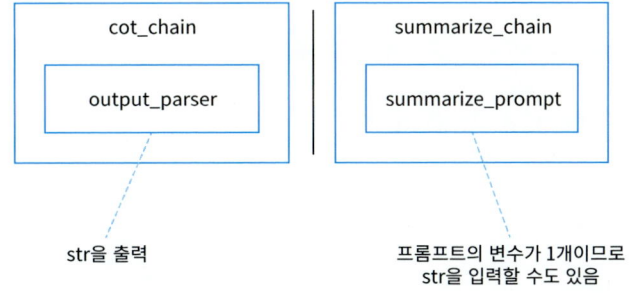

그림 5.2 cot_chain과 summarize_chain의 연결

Runnable을 '|'로 연결할 때는 출력 타입과 입력 타입의 일관성에 주의해야 합니다.

LangSmith에서 Chain의 내부 작동 확인

LCEL로 작성한 Chain 내부에서는 앞의 예처럼 여러 번 LLM을 호출하거나, 나중에 소개할 것처럼 검색 처리를 실행하는 경우가 많습니다. 처리의 연쇄가 복잡해지면 처리 중간 상황을 확인하고 싶어질 수 있습니다. 이때 도움이 되는 것이 LangSmith입니다.

4.1절 'LangChain 개요'의 'LangSmith 설정'에서 설명한 절차로 LangSmith를 설정해 두었다면, LangSmith 화면에서 다음과 같이 Chain의 내부 작동을 확인할 수 있습니다.

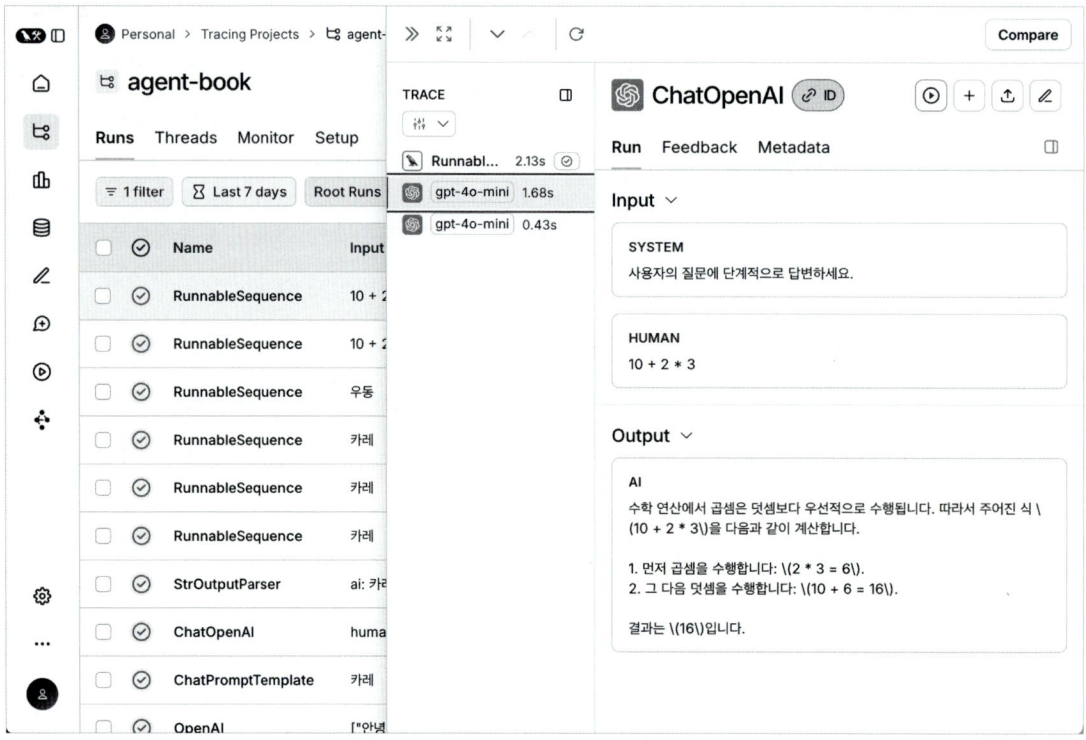

그림 5.3 LangSmith에서 Chain의 내부 작동을 확인하는 모습

> **COLUMN**
>
> ### 왜 LCEL이 제공되는가
>
> 여기서 LCEL이 왜 제공되는지 이해할 수 있도록 LCEL의 특징을 두 가지 소개하겠습니다.
>
> 첫 번째로, LCEL에서는 Prompt template, Chat model, Output parser와 같은 다양한 컴포넌트에 invoke, stream, batch(및 이들의 비동기 버전)와 같은 통일된 인터페이스가 제공됩니다. LangChain은 처음에 `PromptTemplate`은 `format` 메서드로 호출하고, `ChatOpenAI`는 `run` 메서드로 호출하고, `OutputParser`는 `parse` 메서드로 호출하는 등 컴포넌트마다 호출 방법이 달랐습니다. 컴포넌트마다 호출 방법이 다르다는 것은 컴포넌트를 연결하는 처리를 개별적으로 구현해야 한다는 의미입니다. 반면, LCEL에서는 Runnable의 통일된 인터페이스를 기반으로 Chain을 구성할 수 있게 됐습니다. 따라서 컴포넌트를 자유롭게 연결할 수 있게 됐습니다. 예를 들어, 사용자 정의 컴포넌트를 구현할 때도 Runnable을 따르면 다양한 Chain의 부품으로 사용할 수 있습니다.
>
> LCEL의 두 번째 특징은 LangSmith에서의 트레이스가 보기 쉽다는 것입니다. LCEL을 사용하지 않더라도 Runnable을 다음과 같이 순서대로 호출하는 것은 가능합니다.
>
> ```
> prompt_value = prompt.invoke({"dish": "카레"})
> ai_message = model.invoke(prompt_value)
> output = output_parser.invoke(ai_message)
> ```
>
> 하지만 이 코드에서는 프롬프트 채우기, LLM 호출, 출력 변환이라는 일련의 처리가 서로 무관한 트레이스로 기록됩니다. 'chain = prompt | model | output_parser'와 같이 Chain이라는 하나의 객체로 묶은 후 호출하면 일련의 처리 트레이스가 자동으로 연결됩니다.
>
> 이처럼 처리 연쇄의 각 트레이스 연결을 위해서도 LCEL은 효과적으로 설계돼 있습니다.

5.2 RunnableLambda—임의의 함수를 Runnable로 만들기

LCEL에서는 Runnable끼리 '|'로 연결하는 것 외에도 다양한 사용자 정의 방법이 제공됩니다. 여기서는 임의의 함수를 Runnable로 만드는 'RunnableLambda'를 설명합니다.

LLM 애플리케이션에서는 LLM의 응답에 대해 규칙 기반으로 추가 처리를 하거나 어떤 변환을 적용하고 싶은 경우가 많습니다. RunnableLambda를 사용하면 LCEL의 Chain에 임의의 처리(함수)를 연결할 수 있습니다.

예를 들어, LLM이 생성한 텍스트에 대해 소문자를 대문자로 변환하는 처리를 연결하는 Chain을 구현해 보겠습니다.

먼저, prompt(ChatPromptTemplate), model(ChatOpenAI), output_parser(StrOutputParser)를 준비합니다.

```python
from langchain_core.output_parsers import StrOutputParser
from langchain_core.prompts import ChatPromptTemplate
from langchain_openai import ChatOpenAI

prompt = ChatPromptTemplate.from_messages(
    [
        ("system", "You are a helpful assistant."),
        ("human", "{input}"),
    ]
)

model = ChatOpenAI(model="gpt-4o-mini", temperature=0)

output_parser = StrOutputParser()
```

다음으로, 소문자를 대문자로 변환하는 함수를 구현하고, 이들을 Chain으로 연결하여 실행합니다.

```python
from langchain_core.runnables import RunnableLambda

def upper(text: str) -> str:
    return text.upper()

chain = prompt | model | output_parser | RunnableLambda(upper)

ai_message = chain.invoke({"input": "Hello!"})
print(ai_message)
```

실행 결과는 다음과 같습니다.

```
HELLO! HOW CAN I ASSIST YOU TODAY?
```

확실히 출력이 모두 대문자로 변환됐습니다. RunnableLambda를 사용하면 임의의 함수를 Runnable로 변환할 수 있습니다. LLM 호출과 사용자 정의 처리를 연결하고 싶은 경우가 많으므로 RunnableLambda를 자주 사용하게 될 것입니다.

chain 데코레이터를 사용한 RunnableLamda 구현

RunnableLambda를 생성하기 위해 chain 데코레이터(@chain)를 사용할 수도 있습니다. chain 데코레이터를 사용한 샘플 코드는 다음과 같습니다.

```
from langchain_core.runnables import chain

@chain
def upper(text: str) -> str:
    return text.upper()

chain = prompt | model | output_parser | upper

ai_message = chain.invoke({"input": "Hello!"})
print(ai_message)
```

chain 데코레이터(@chain)로 인해 upper 함수가 RunnableLambda로 변환됐습니다.

RunnableLambda 자동 변환

지금까지는 명시적으로 RunnableLambda를 생성하여 Runnable과 연결하는 예를 살펴봤습니다. 실제로는 명시적으로 RunnableLambda를 생성하지 않아도 Runnable과 임의의 함수를 '|'로 연결할 수 있습니다.

다음 샘플 코드를 먼저 살펴보겠습니다.

```
def upper(text: str) -> str:
    return text.upper()

chain = prompt | model | output_parser | upper
```

이 코드에서는 Runnable과 upper라는 함수가 '|'로 연결돼 있습니다. 이때 upper는 자동으로 RunnableLambda로 변환됩니다.

실제로 '|'의 좌우 중 하나가 Runnable인 경우, 다른 하나가 함수라면 자동으로 RunnableLambda로 변환되도록 설계돼 있습니다.

LangChain의 공식 문서나 쿡북에서도 RunnableLambda로의 자동 변환이 자주 사용됩니다. 이 책의 이후 예제에서도 RunnableLambda로의 자동 변환을 적절히 사용하겠습니다.

Runnable의 입력 타입과 출력 타입에 주의

지금까지 '|'를 사용해 다양한 Runnable을 연결했지만, 아무 Runnable끼리라도 연결하기만 하면 잘 작동하는 것은 아닙니다. 예를 들어, 다음 코드는 오류가 발생합니다.

```
def upper(text: str) -> str:
    return text.upper()

chain = prompt | model | upper

output = chain.invoke({"input": "Hello!"})
```

이 코드에서는 model과 upper 함수를 직접 연결하고 있습니다. 실행하면 다음과 같은 오류가 발생합니다.

```
AttributeError: 'AIMessage' object has no attribute 'upper'
```

이 오류는 upper 함수 내의 text.upper() 부분에서 발생합니다. model이 AIMessage를 출력하는데 반해, 사용자 정의 upper 함수는 입력으로 str을 기대하기 때문입니다.

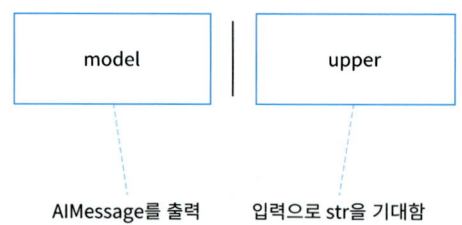

그림 5.4 model의 출력과 upper 함수의 입력이 일관성이 맞지 않는 모습

앞서 말했듯이, Runnable을 '|'로 연결할 때는 출력 타입과 입력 타입의 일관성에 주의해야 합니다. 위 오류 예제는 다음과 같이 StrOutputParser를 사용하여 model의 출력을 str로 변환한 후 upper 함수에 전달하면 해결됩니다.

```
chain = prompt | model | StrOutputParser() | upper
```

> **COLUMN**
>
> **사용자 함수를 stream에 대응시키는 방법**
>
> 위의 chain을 stream 메서드로 호출하면 chain의 실행 결과는 점진적으로 출력되지 않고 처리가 완전히 끝난 시점에 한꺼번에 출력됩니다. 그 이유는 upper 함수가 입력을 한꺼번에 처리해 한 번에 값을 반환하기 때문입니다.
>
> Python에서는 제너레이터 함수를 통해 입력을 점진적으로 처리하여 단계별로 값을 반환하는 함수를 구현할 수 있습니다. LCEL은 이러한 제너레이터 함수의 연결을 지원하며, 연결된 Chain 전체를 스트리밍 작동에 대응시킬 수 있습니다.
>
> 샘플 코드는 다음과 같습니다.
>
> ```python
> from typing import Iterator
>
> def upper(input_stream: Iterator[str]) -> Iterator[str]:   # 제너레이터 함수
>     for text in input_stream:
>         yield text.upper()
>
> chain = prompt | model | StrOutputParser() | upper
> for chunk in chain.stream({"input": "Hello!"}):
>     print(chunk, end="", flush=True)
> ```
>
> 제너레이터 함수에 익숙하지 않은 경우 이러한 코드를 구현하는 것이 어렵게 느껴질 수 있습니다. 그러나 스트리밍에 대응하기 위해 제너레이터 함수를 구현하는 것은 LangChain만의 특별한 설계가 아닙니다. Python에서 스트리밍과 같은 작동에 대응하는 함수를 부품으로 만들고 싶을 때 제너레이터 함수를 구현하는 것은 자연스러운 선택 중 하나입니다.

5.3 RunnableParallel—여러 Runnable을 병렬로 연결하기

LCEL을 구현하다 보면 Runnable을 병렬로 연결하고 싶을 때가 있습니다. 예를 들어, 사용자가 입력한 주제에 대해 LLM에게 낙관적인 의견과 비관적인 의견을 생성하게 해 보겠습니다.

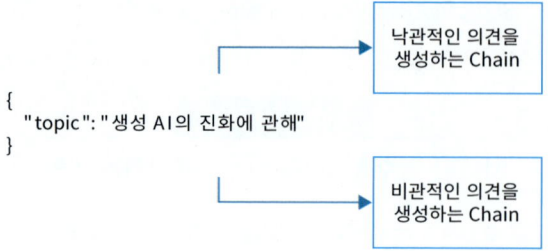

그림 5.5 낙관적인 의견과 비관적인 의견을 생성

먼저, model(ChatOpenAI)과 output_parser(StrOutputParser)를 준비합니다.

```
from langchain_core.output_parsers import StrOutputParser
from langchain_core.prompts import ChatPromptTemplate
from langchain_openai import ChatOpenAI

model = ChatOpenAI(model="gpt-4o-mini", temperature=0)
output_parser = StrOutputParser()
```

다음으로, 낙관적인 의견을 생성하는 Chain을 구현합니다.

```
optimistic_prompt = ChatPromptTemplate.from_messages(
    [
        ("system", "당신은 낙관주의자입니다. 사용자의 입력에 대해 낙관적인 의견을 제공하세요."),
        ("human", "{topic}"),
    ]
)
optimistic_chain = optimistic_prompt | model | output_parser
```

또, 비관적인 의견을 생성하는 Chain을 구현합니다.

```
pessimistic_prompt = ChatPromptTemplate.from_messages(
    [
        ("system", "당신은 비관주의자입니다. 사용자의 입력에 대해 비관적인 의견을 제공하세요."),
        ("human", "{topic}"),
    ]
)
pessimistic_chain = pessimistic_prompt | model | output_parser
```

'RunnableParallel'을 사용하여 낙관적인 의견을 생성하는 Chain(optimistic_chain)과 비관적인 의견을 생성하는 Chain(pessimistic_chain)을 병렬로 연결한 Chain을 만들고 실행합니다.

```
import pprint
from langchain_core.runnables import RunnableParallel

parallel_chain = RunnableParallel(
    {
        "optimistic_opinion": optimistic_chain,
        "pessimistic_opinion": pessimistic_chain,
    }
)

output = parallel_chain.invoke({"topic": "생성 AI의 진화에 관해"})
pprint.pprint(output)
```

실행 결과는 다음과 같습니다.

```
{'optimistic_opinion': '생성 AI의 진화는 정말 흥미로운 주제입니다! 기술이 발전함에 따라 우리는 더욱 창의적이고 혁신적인 도구를 얻게 될 것입니다. AI가 예술, 음악, 글쓰기 등 다양한 분야에서 사람들과 협력하여 새로운 형태의 창작물을 만들어내는 모습을 상상해보세요.<생략>',
 'pessimistic_opinion': '생성 AI의 진화는 분명 흥미로운 주제이지만, 그 이면에는 많은 우려가 존재합니다. 기술이 발전함에 따라 우리는 더욱 정교한 AI를 경험하게 될 것이지만, 이는 동시에 인간의 창의성과 직업을 위협할 가능성이 큽니다.<생략>'}
```

낙관적인 의견과 비관적인 의견이 dict 형태로 출력됐습니다. 이처럼 여러 Runnable을 병렬로 연결하여 실행할 수 있는 것이 'RunnableParallel'입니다.

실제로 위 예제의 optimistic_chain과 pessimistic_chain은 동시에 실행되므로 순차적으로 실행하는 것보다 짧은 시간에 전체 처리가 완료됩니다.

RunnableParallel은 본질적으로 키가 str이고 값이 Runnable(또는 Runnable로 자동 변환할 수 있는 함수 등)인 dict입니다.

RunnableParallel의 출력을 Runnable의 입력으로 연결하기

RunnableParallel도 Runnable의 일종이므로 Runnable과 '|'로 연결할 수 있습니다. Runnable Parallel과 Runnable을 '|'로 연결하는 예로, 낙관적 의견과 비관적 의견을 제시한 후 객관적으로 요약하는 Chain을 구성해 보겠습니다.

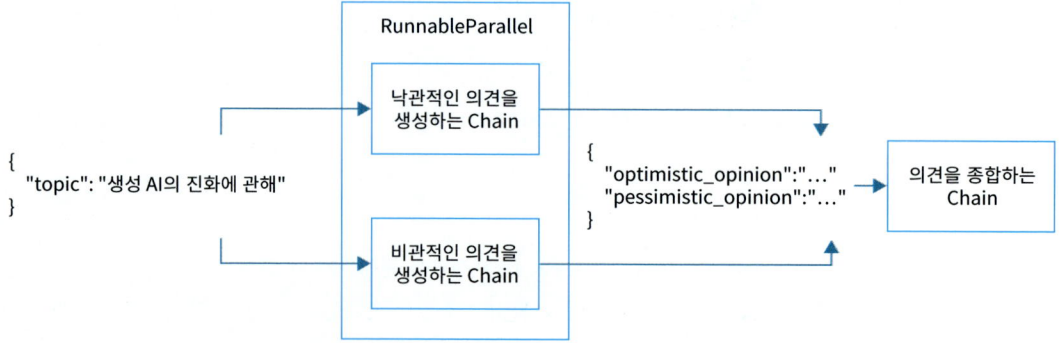

그림 5.6 RunnableParallel의 출력을 Runnable의 입력으로 연결

먼저, 낙관적인 의견과 비관적인 의견을 요약하는 프롬프트(synthesize_prompt)를 준비합니다.

```
synthesize_prompt = ChatPromptTemplate.from_messages(
    [
        ("system", "당신은 객관적 AI입니다. 두 가지 의견을 종합하세요."),
        ("human", "낙관적 의견: {optimistic_opinion}\n비관적 의견: {pessimistic_opinion}"),
    ]
)
```

낙관적인 의견을 생성하는 Chain(optimistic_chain)과 비관적인 의견을 생성하는 Chain(pessimistic_chain)을 병렬로 연결한 RunnableParallel을 synthesize_prompt, model, output_parser에 연결해 실행합니다.

```
synthesize_chain = (
    RunnableParallel(
        {
            "optimistic_opinion": optimistic_chain,
            "pessimistic_opinion": pessimistic_chain,
        }
    )
```

```
    | synthesize_prompt
    | model
    | output_parser
)

output = synthesize_chain.invoke({"topic": "생성 AI의 진화에 관해"})
print(output)
```

이 코드의 실행 결과는 다음과 같습니다.

> 생성 AI의 진화에 대한 두 가지 의견은 서로 상반된 시각을 제시하고 있습니다. 낙관적인 시각에서는 AI 기술의 발전이 창의성, 문제 해결, 그리고 인간의 삶을 풍요롭게 만드는 데 기여할 것이라고 강조합니다. <생략>
> 반면, 비관적인 시각에서는 AI의 발전이 인간의 창의성과 고유한 사고 능력을 무시할 위험이 있다고 경고합니다. <생략>
> 결론적으로, 생성 AI의 진화는 기술적 진보를 가져오지만, 그 과정에서 인간성의 일부를 잃고 복잡한 사회적 문제에 직면할 가능성도 존재합니다. 따라서 이러한 기술의 발전을 긍정적으로 활용하기 위해서는 윤리적 고려와 인간의 창의성을 존중하는 방향으로 나아가야 할 필요성이 있습니다.

RunnableParallel의 두 Chain으로 생성한 의견을 요약하는 데 성공했습니다.

RunnableParallel 자동 변환

앞에서 Runnable과 함수를 '|'로 연결하면 함수가 자동으로 RunnableLambda로 변환됐습니다. 마찬가지로, 키가 str이고 값이 Runnable(또는 Runnable로 자동 변환할 수 있는 함수 등)인 dict는 RunnableParallel로 자동 변환됩니다.

예를 들어, 이전 코드는 다음과 같이 작성할 수도 있습니다.

```
synthesize_chain = (
    {
        "optimistic_opinion": optimistic_chain,
        "pessimistic_opinion": pessimistic_chain,
    }                                             ── RunnableParallel로 자동 변환됨
    | synthesize_prompt
    | model
    | output_parser
)
```

RunnableParallel을 사용할 때는 이 형식으로 코드를 작성하는 경우도 많습니다.

> **Chain의 라우팅**
>
> RunnableParallel에서는 병렬로 연결된 Runnable이 모두 실행되지만, 상황에 따라 어느 한쪽의 Chain만 선택하여 실행하고 싶은 경우도 있습니다. LCEL에서는 이러한 Chain의 '라우팅'도 가능합니다. 자세한 내용은 공식 문서의 다음 페이지를 참조하세요.
>
> - How to route between sub-chains _ https://python.langchain.com/v0.3/docs/how_to/routing/

RunnableLambda와의 조합─itemgetter를 사용한 예시

RunnableParallel 설명의 마지막으로 'itemgetter'를 사용하는 예를 소개하겠습니다. itemgetter는 Python 표준 라이브러리에서 제공하는 함수입니다. itemgetter를 사용하면 dict 등에서 값을 추출하는 함수를 쉽게 만들 수 있습니다.

예를 들어, {"topic": "생성 AI의 진화에 관해"}라는 dict에서 itemgetter("topic")을 사용해 topic을 추출하는 예는 다음과 같습니다.

```
from operator import itemgetter

topic_getter = itemgetter("topic")
topic = topic_getter({"topic": "생성 AI의 진화에 관해"})
print(topic)
```

이 코드를 실행하면 결과는 다음과 같습니다.

```
생성 AI의 진화에 관해
```

{"topic": "생성 AI의 진화에 관해"}에서 "생성 AI의 진화에 관해"라는 값이 추출됐습니다.

LCEL에서는 이 itemgetter를 유용하게 사용하는 경우가 많습니다. 예를 들어, 다음 코드는 {"topic": "생성 AI의 진화에 관해"}에서 itemgetter("topic")으로 값을 추출해 ChatPromptTemplate의 {topic} 부분에 채워 넣습니다.

```
from operator import itemgetter

synthesize_prompt = ChatPromptTemplate.from_messages(
```

```
        [
            (
                "system",
                "당신은 객관적 AI입니다. {topic}에 대한 두 가지 의견을 종합하세요.",
            ),
            (
                "human",
                "낙관적 의견: {optimistic_opinion}\n비관적 의견: {pessimistic_opinion}",
            ),
        ]
)

synthesize_chain = (
    {
        "optimistic_opinion": optimistic_chain,
        "pessimistic_opinion": pessimistic_chain,
        "topic": itemgetter("topic"),    ── RunnableLambda(itemgetter("topic"))로
    }                                        자동 변환됨
    | synthesize_prompt
    | model
    | output_parser
)

output = synthesize_chain.invoke({"topic": "생성 AI의 진화에 관해"})
print(output)
```

itemgetter를 이해하는 데는 약간의 적응이 필요할 수 있지만, LCEL에서 자주 등장하므로 꼭 기억해 두기 바랍니다.

5.4 RunnablePassthrough – 입력을 그대로 출력하기

LCEL의 구성 요소 중 마지막으로 소개할 것은 RunnablePassthrough입니다. 앞 절에서 설명한 Runnable Parallel을 사용할 때 그 요소 중 일부에서 입력값을 그대로 출력하고 싶은 경우가 있습니다. 입력을 그대로 출력하기 위해 사용할 수 있는 것이 RunnablePassthrough입니다.

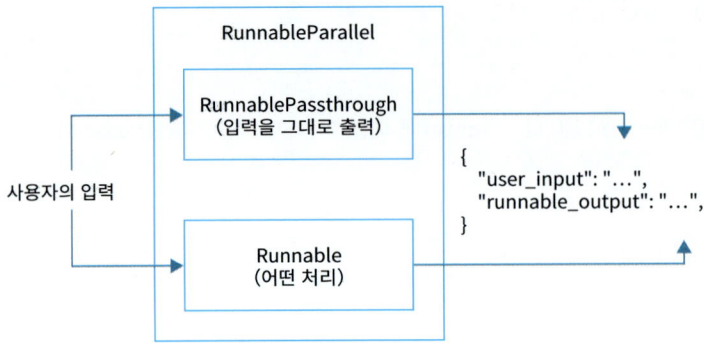

그림 5.7 RunnableParallel의 값 중 하나에 RunnablePassthrough를 사용

RunnablePassthrough를 사용하는 예로 간단한 RAG의 Chain을 구현해 보겠습니다. RAG의 전형적인 구현에서는 문서를 벡터 데이터베이스에 저장해 벡터를 검색하지만, 여기서는 더 간단하게 웹 검색으로 구현하겠습니다.

웹 검색에는 LLM이나 RAG를 위해 최적화된 검색 엔진인 'Tavily'를 사용하겠습니다. Tavily 웹사이트(https://tavily.com/)에서 등록해 API 키를 받습니다. API 키를 Google Colab 보안 비밀에 'TAVILY_API_KEY'라는 이름으로 저장합니다. 그런 다음, 다음 코드를 실행해 TAVILY_API_KEY를 환경 변수로 설정합니다.

```
import os
from google.colab import userdata

os.environ["TAVILY_API_KEY"] = userdata.get("TAVILY_API_KEY")
```

LangChain에서 Tavily를 사용하기 위해 `tavily-python` 패키지를 설치합니다. 다음 명령을 실행하세요.

```
!pip install tavily-python==0.5.0
```

이제 Tavily를 사용한 웹 검색으로 RAG 처리를 구현해 보겠습니다. 먼저, `prompt`(ChatPromptTemplate)와 `model`(ChatOpenAI)을 준비합니다.

```
from langchain_core.prompts import ChatPromptTemplate
from langchain_openai import ChatOpenAI

prompt = ChatPromptTemplate.from_template('''
```

```
다음 문맥만을 고려하여 질문에 답하세요.
문맥: """{context}"""
질문: {question}
''')
model = ChatOpenAI(model_name="gpt-4o-mini", temperature=0)
```

다음으로, Tavily를 LangChain의 Retriever로 사용하기 위한 `TavilySearchAPIRetriever`를 준비합니다.

```
from langchain_community.retrievers import TavilySearchAPIRetriever

retriever = TavilySearchAPIRetriever(k=3)
```

`TavilySearchAPIRetriever`의 k 매개변수에 검색할 결과 수를 지정합니다.

지금까지 준비한 `prompt`, `model`, `retriever`를 사용해 RAG의 Chain을 구현합니다.

```
from langchain_core.runnables import RunnablePassthrough

chain = (
    {"context": retriever, "question": RunnablePassthrough()}   # RunnableParallel로 자동 변환됨
    | prompt
    | model
    | StrOutputParser()
)
output = chain.invoke("서울의 현재 날씨는?")
print(output)
```

이 Chain 중 `prompt` 입력까지를 그림으로 나타내면 그림 5.8과 같습니다.

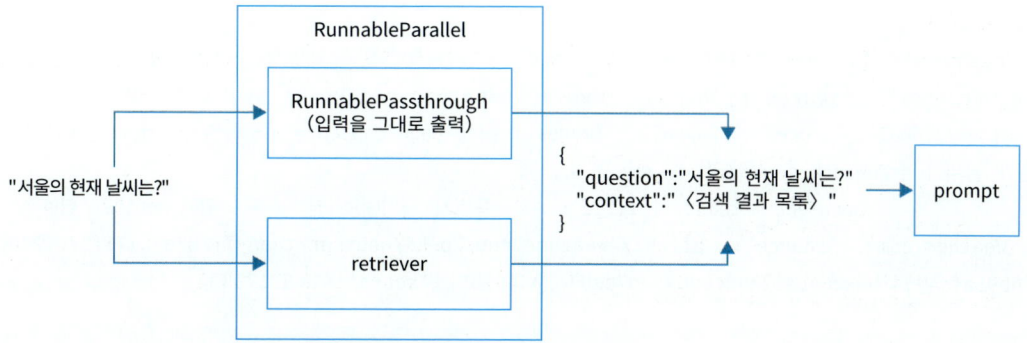

그림 5.8 RunnableParallel과 RunnablePassthrough를 조합한 RAG Chain의 일부

RunnablePassthrough는 입력을 그대로 출력합니다. prompt의 입력 중 "question"에는 "서울의 현재 날씨는?"이라는 문자열이 그대로 들어갑니다. 반면, prompt의 입력 중 "context"에는 retriever의 실행 결과인 검색 결과 목록이 들어갑니다.

이처럼 RunnableParallel의 출력 중 하나로 입력값을 그대로 사용하고 싶을 때 RunnablePassthrough를 사용할 수 있습니다.

assign—RunnableParallel의 출력에 값 추가하기

앞 항목에서 구현한 RAG Chain에서는 LLM이 생성한 최종 답변만 Chain 전체의 출력이 됩니다. 그러나 retriever의 검색 결과도 Chain 전체의 출력에 포함하고 싶은 경우가 많습니다. 이때 사용할 수 있는 것이 RunnablePassthrough의 assign이라는 클래스 메서드입니다.

샘플 코드는 다음과 같습니다.

```
import pprint

chain = {
    "question": RunnablePassthrough(),
    "context": retriever,
} | RunnablePassthrough.assign(
    answer=prompt | model | StrOutputParser()
)
output = chain.invoke("서울의 현재 날씨는?")
pprint.pprint(output)
```

실행 결과는 다음과 같습니다.

```
{'answer': '서울의 현재 날씨는 31°F(약 -0.5°C)이며, 체감 온도는 36°F(약 2.2°C)입니다. 바람은 남남서쪽에서 ...',
 'context': [Document(metadata={'title': '서울특별시, 서울시, 대한민국 현재 날씨 | AccuWeather', 'source': 'https://www.accuweather.com/ko/kr/seoul/226081/current-weather/226081', 'score': 0.8649622, 'images': []}, page_content='서울특별시, 서울시, 대한민국 현재 날씨 | AccuWeather 서울특별시, 서울시 ...'),
             Document(metadata={'title': '서울특별시 일기예보 및 날씨 - The Weather Channel | Weather.com', 'source': 'https://weather.com/ko-KR/weather/today/l/82e46175f97c224ac f6b95afc4934fbae0e4ba123adcee8a52b7be97c303467b', 'score': 0.63179934, 'images': []},
```

```
page_content='서울특별시 일기예보 및 날씨 - The Weather Channel ... ### 18:00 0° 강수확률4% ### 
19:00 -2° 강수확률1% ### 20:00 -3° 강수확률1% ### 21:00 -4° 강수확률2%'), 
            Document(metadata={'title': '현재 날씨 - 기상청 날씨누리', 'source': 'https://
www.weather.go.kr/w/weather/now.do', 'score': 0.24851635, 'images': []}, page_content='날씨 
바다 영상·일기도 태풍 기후 기후변화 지진·화산 테마날씨 황사 관측 소식·지식 ...')], 
 'question': '서울의 현재 날씨는?'}
```

RunnablePassthrough.assign 부분에서 RunnableParallel의 실행 결과를 유지한 채 "answer"를 추가한 dict를 출력한 것입니다.

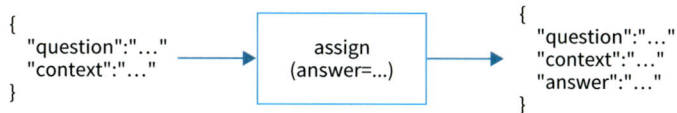

그림 5.9 RunnablePassthrough.assign

참고로, assign은 RunnablePassthrough의 클래스 메서드 외에도 Runnable의 인스턴스 메서드로도 제공됩니다. 그래서 앞의 예와 같은 처리를 다음과 같이 작성할 수도 있습니다.

```
chain = RunnableParallel({
    "question": RunnablePassthrough(),
    "context": retriever,
}).assign(answer=prompt | model | StrOutputParser())
```

이처럼 assign을 사용하면 context와 같은 Chain의 중간 값을 Chain의 최종 출력에 포함할 수 있습니다. 따라서 프롬프트를 채운 결과를 화면에 표시하고 싶은 경우 등 Chain의 중간 값을 UI에 표시하고 싶을 때도 assign이 유용합니다.

> **pick**
>
> Runnable의 pick 메서드를 사용하면 assign과 반대로 dict의 일부만 선택할 수 있습니다. 예를 들어, 앞의 예를 기반으로 question은 출력하지 않고 context와 answer만 출력하는 Chain을 구현하는 예는 다음과 같습니다.
>
> ```
> chain = (
>     RunnableParallel({
>         "question": RunnablePassthrough(),
> ```

```
        "context": retriever,
    }).assign(
        answer=prompt | model | StrOutputParser()
    ).pick(["context", "answer"])
)
```

> **COLUMN**
> **astream_events**

Chain의 중간 값을 출력하기 위해 assign을 사용하는 방법 외에도 astream_events를 사용하는 방법이 있습니다. astream_events를 사용하는 예는 다음과 같습니다.

```
chain = (
    {"context": retriever, "question": RunnablePassthrough()}
    | prompt
    | model
    | StrOutputParser()
)
async for event in chain.astream_events("서울의 현재 날씨는?", version="v2"):
    print(event, flush=True)
```

이 코드를 실행하면 다음과 같이 이벤트가 차례로 표시됩니다.

```
{'event': 'on_chain_start', 'data': ...
{'event': 'on_chain_start', 'data': ...
{'event': 'on_retriever_start', 'data': ...
<중략>
{'event': 'on_chain_end', ...
```

astream_events를 사용하면 Chain, Chat model, Retriever 등의 시작(start), 중간(stream), 종료(end)와 같이 이벤트가 발생하는 시점에 처리할 수 있습니다.

astream_events의 이벤트 종류에 따라 처리를 분기하는 코드를 작성하면 Chain의 중간 값을 출력할 수 있습니다. 예를 들어, 검색 결과와 최종 출력을 표시하는 코드는 다음과 같습니다.

```
async for event in chain.astream_events("서울의 현재 날씨는?", version="v2"):
    event_kind = event["event"]
    if event_kind == "on_retriever_end":
```

```
            print("=== 검색 결과 ===")
            documents = event["data"]["output"]
            for document in documents:
                print(document)
        elif event_kind == "on_parser_start":
            print("=== 최종 출력 ===")
        elif event_kind == "on_parser_stream":
            chunk = event["data"]["chunk"]
            print(chunk, end="", flush=True)
```

이 코드를 실행하면 검색 결과와 최종 출력이 다음과 같이 차례로 표시됩니다.

```
=== 검색 결과 ===
page_content='서울특별시, 서울시, 대한민국 현재 날씨 ...
page_content='서울특별시 일기예보 및 날씨 - The Weather Channel ...
page_content='날씨 바다 영상·일기도 태풍 기후 기후변화 ...
=== 최종 출력 ===
서울의 현재 날씨는 31°F(약 -0.6°C)이며, 체감 온도는 36°F(약 2.2°C)입니다.
```

이와 같이 astream_events를 사용해도 Chain의 중간 값을 다룰 수 있습니다. 이 기능은 LangGraph로 AI 에이전트를 구현할 때도 유용합니다.

다만, astream_events는 이 글 작성 시점에 Beta API로 지정돼 있어 갑자기 호환성이 깨지는 변경이 있을 수 있습니다. 신중하게 검토한 후 사용하기 바랍니다.

참고로, Runnable에는 astream_events보다 분석에 시간이 더 걸리지만 더 자세한 로그를 출력하는 astream_log라는 메서드도 있습니다. astream_log는 Beta API로 지정돼 있지 않으므로 필요에 따라 astream_log를 사용하는 것도 고려해 보세요.

5.5 요약

이 장에서는 LangChain Expression Language(LCEL)에 대해 깊이 있게 설명했습니다. LangChain은 각 컴포넌트를 라이브러리처럼 사용하는 것만으로도 편리합니다. 그러나 LCEL을 능숙하게 사용할 수 있다면 LangSmith의 트레이스와의 연계 등을 더욱 효과적으로 활용할 수 있습니다. LCEL은 부분적으로만 학습했을 경우, 자신만의 방식으로 커스터마이징하여 사용하고자 할 때 어려움을 겪기 쉽습니다. LCEL

을 능숙하게 사용하기 위해서는 단순한 라이브러리가 아닌 프레임워크를 학습한다는 마음가짐으로 체계적으로 배우는 것이 중요합니다. 한편, LCEL은 익숙하지 않을 때는 어렵다는 것도 사실이며, LCEL을 학습하는 비용을 지불하고 싶지 않은 경우도 있을 수 있습니다. LangChain을 사용한다고 해서 모든 처리를 LCEL로 작성해야 하는 것은 아닙니다. LCEL로 구현하기 어렵다고 느껴진다면, 해당 부분은 일반적인 프로그래밍으로 구현하는 선택지도 고려해 보세요.

> **COLUMN**
>
> ## Chat history와 Memory
>
> LangChain을 사용하여 챗봇을 구현하다 보면 대화 이력을 관리하고 싶은 경우가 많습니다. LangChain에는 대화 이력 관리를 위한 Chat history와 Memory라는 기능이 있습니다.
>
> ### Chat history
> Chat history는 LangChain에서 대화 이력의 저장소에 대한 읽기와 쓰기를 담당하는 컴포넌트입니다. LangChain의 Chat history 중 하나인 `SQLChatMessageHistory`를 사용해 SQLite로 대화 이력을 관리하는 함수의 구현 예시는 다음과 같습니다.
>
> ```python
> from langchain_community.chat_message_histories import SQLChatMessageHistory
>
> def respond(session_id: str, human_message: str) -> str:
>     chat_message_history = SQLChatMessageHistory(
>         session_id=session_id, connection="sqlite:///sqlite.db"
>     )
>     messages = chat_message_history.get_messages()
>
>     ai_message = chain.invoke(
>         {
>             "chat_history": messages,
>             "input": human_message,
>         }
>     )
>     chat_message_history.add_user_message(human_message)
>     chat_message_history.add_ai_message(ai_message)
>     return ai_message
> ```

이 함수를 호출하는 예시는 다음과 같습니다.

```
from uuid import uuid4

session_id = uuid4().hex
output1 = respond(
    session_id=session_id,
    human_message="안녕하세요! 저는 존이라고 합니다!",
)
print(output1)

output2 = respond(
    session_id=session_id,
    human_message="제 이름을 알고 계신가요?",
)
print(output2)
```

위 코드에서 사용한 SQLChatMessageHistory처럼 LangChain에서는 대화 이력을 위한 다양한 데이터베이스와의 통합을 제공합니다. 몇 가지 예를 소개합니다.

표 5.1 LangChain의 Chat history 통합 중 일부

클래스명	대화 이력 저장소
InMemoryChatMessageHistory	인메모리
SQLChatMessageHistory	SQLAlchemy가 지원하는 각종 관계형 데이터베이스
RedisChatMessageHistory	Redis
DynamoDBChatMessageHistory	Amazon DynamoDB
CosmosDBChatMessageHistory	Azure Cosmos DB
MomentoChatMessageHistory	Momento

이들은 모두 BaseChatMessageHistory라는 추상 기본 클래스를 상속하고 있기 때문에 동일한 인터페이스로 사용할 수 있습니다.

이러한 통합이 제공하는 형식으로 대화 이력을 관리하는 것으로 충분한 경우, 이런 클래스는 매우 편리합니다. 반면, 독자적으로 정의한 데이터베이스 스키마로 대화 이력을 관리하고 싶은 경우에는 굳이 Chat history 통합을 사용하지 않고 직접 구현하는 것이 더 간단할 수도 있습니다.

Memory

실제로 LLM을 활용한 애플리케이션을 구현하다 보면 대화 이력에 대해 더 고급 처리를 구현하고 싶은 경우가 있습니다. 예를 들어, 최근 K개의 대화 이력만 프롬프트에 포함하거나 LLM을 사용하여 대화 이력을 요약하고 싶은 경우가 있습니다. LangChain은 이러한 처리를 구현한 컴포넌트로 ConversationBufferWindowMemory나 ConversationSummaryMemory 등을 제공합니다.

다만, 이러한 BaseMemory를 상속한 클래스들은 LangChain v0.1 시점에서 Beta 기능으로 분류됐으며, v0.2에서는 공식 문서에서 관련 내용이 삭제됐습니다. 이러한 클래스들은 커스터마이징이 어려운 측면도 있어 적극적으로 사용하지 않는 것이 좋을 수 있습니다.

한편, LangChain의 공식 문서에서는 이러한 클래스를 사용하는 대안으로 유사한 기능을 LCEL로 구현하는 방법을 설명하고 있습니다. 관심이 있다면 다음 페이지를 참조하세요.

- Modifying chat history _
    https://python.langchain.com/v0.3/docs/how_to/chatbots_memory/ #modifying-chathistory

COLUMN

LangServe

LangChain의 Runnable을 간편하게 REST API로 만들기 위한 패키지로 'LangServe'가 제공됩니다. LangServe는 간단히 말해 FastAPI에서 LangChain의 Runnable을 쉽게 다룰 수 있는 라이브러리입니다. TensorFlow에 대한 TensorFlow Serving, PyTorch에 대한 TorchServe와 같은 위치에 있는 패키지라고 볼 수 있습니다.

LangServe에서는 API를 제공하는 서버 측과 API를 호출하는 클라이언트 측이 구현돼 있습니다. 예를 들어, 스트리밍으로 응답하는 API를 직접 구현하는 것은 약간 번거롭지만, LangServe를 사용하면 매우 간단하게 구현할 수 있습니다. LangChain으로 구현한 Chain 등을 웹 API로 호스팅하고 싶은 경우에는 LangServe 사용을 꼭 검토해 보세요.

06장

Advanced RAG

이 장에서는 RAG의 발전적인 기법을 소개합니다. RAG는 LLM 애플리케이션의 대표적인 기법이며, RAG의 출력을 개선하기 위해 다양한 방법이 고안됐습니다. 이 장에서는 LangChain을 사용한 실습 형식으로 RAG의 다양한 기법을 시도해 보겠습니다. 실습에서는 LCEL을 활용하므로, 이전 장에서 설명한 LCEL의 더 실용적인 사용법도 배울 수 있습니다.

오시마 유키

6.1 Advanced RAG 개요

6.2 실습 준비

6.3 검색 쿼리 기법

6.4 검색 후 기법

6.5 복수 Retriever를 활용하는 기법

6.6 요약

6.1 Advanced RAG 개요

RAG의 발전적인 기법은 'Advanced RAG'라고 불리기도 합니다. 먼저 Advanced RAG의 개요를 설명하겠습니다.

4장에서 설명했듯이, 벡터 데이터베이스를 사용한 단순한 RAG 구성은 그림 6.1과 같습니다.

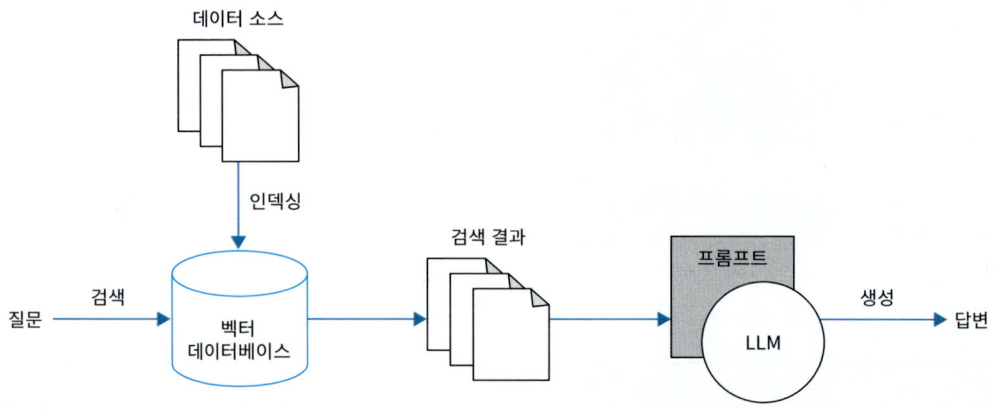

그림 6.1 벡터 데이터베이스를 사용한 단순한 RAG 구성

미리 데이터 소스의 문서를 벡터화해 벡터 데이터베이스에 인덱싱[1]해 둡니다. 사용자의 질문에 대해 질문을 검색 쿼리로 해서 벡터 데이터베이스를 검색하고 검색 결과를 얻습니다. 검색 결과는 프롬프트에 넣어 LLM이 답변을 생성합니다.

Advanced RAG에서는 다음과 같이 위 처리의 각 부분에 기법을 적용하는 것이 기본입니다.

- 인덱싱 기법
- 검색 쿼리 기법
- 검색 후 기법
- 복수 Retriever를 사용하는 기법
- 생성 후 기법

---

[1] 여기서 데이터베이스에 데이터를 저장해 효율적으로 검색 가능하게 하는 과정을 '인덱싱'이라고 부릅니다.

이처럼 RAG 처리의 각 부분 기법을 정리한 예로, LangChain이 공개한 rag-from-scratch 리포지터리에는 그림 6.2와 같은 도식이 소개돼 있습니다.

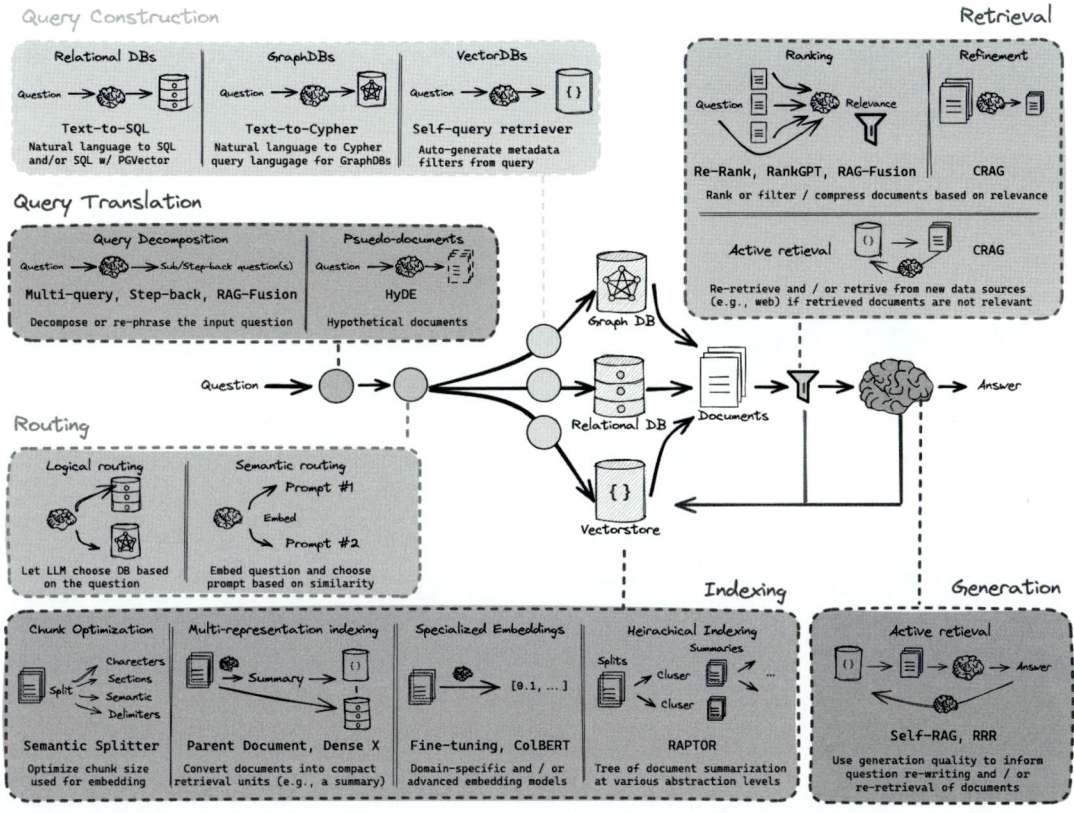

그림 6.2 LangChain의 'rag-from-scratch'의 도식[2]

이 그림에서는 Indexing · Query Translation · Routing · Query Construction · Retrieval · Generation이라는 6개 영역에 각각 다양한 기법이 있음을 보여줍니다. 물론 기법에 따라서는 여러 영역에 걸쳐 적용되는 것도 있습니다. 그러나 이렇게 확장 가능한 지점을 정리함으로써 다양한 기법을 비교하거나 이해하기가 쉬워집니다.

이 외에도 RAG의 확장 지점을 정리한 논문의 예로 다음 두 가지가 있습니다.

- Gao et al.(2023), 〈Retrieval-Augmented Generation for Large Language Models: A Survey〉, https://arxiv.org/abs/2312.10997

---

[2] 출처: https://github.com/langchain-ai/rag-from-scratch

- Akkiraju et al.(2024), 〈FACTS About Building Retrieval Augmented Generation based Chatbots〉, https://arxiv.org/abs/2407.07858

LangChain의 rag-from-scratch나 이러한 논문에서의 RAG 확장 지점 정리 방식이 반드시 1대1로 대응하는 것은 아닙니다. 그러나 RAG의 구성을 요소별로 분해해 어떤 기법이 가능한지 정리한다는 점에서는 유사합니다.

이 장에서는 검색 쿼리 기법, 검색 후 기법, 복수 Retriever를 사용하는 기법의 세 가지에 대해 실제 코드를 통한 실습과 함께 설명하겠습니다.

6.2 실습 준비

먼저 실습 준비로 간단한 RAG를 구현해 보겠습니다. 우선 이 장에서 사용할 패키지를 설치합니다[3].

```
!pip install langchain-core==0.3.0 langchain-openai==0.2.0 \
langchain-community==0.3.0 GitPython==3.1.43 \
langchain-chroma==0.1.4 tavily-python==0.5.0
```

이 장의 실습에서도 검색 대상으로 주로 LangChain의 공식 문서를 사용하겠습니다. LangChain의 **GitLoader**를 사용해 LangChain 공식 문서를 로드합니다.

```
from langchain_community.document_loaders import GitLoader

def file_filter(file_path: str) -> bool:
    return file_path.endswith(".mdx")

loader = GitLoader(
    clone_url="https://github.com/langchain-ai/langchain",
    repo_path="./langchain",
    branch="master",
    file_filter=file_filter,
)
documents = loader.load()
print(len(documents))
```

---

[3] (옮긴이) 패키지 버전 관련 문제를 피하기 위해 pydantic==2.9.1 numpy==1.25.2 langchain-cohere==0.3.0 rank-bm25==0.2.2까지 함께 설치하는 것이 좋습니다.

이 코드를 실행하면 로드된 문서의 수가 표시됩니다.

다음으로 OpenAI의 Embedding 모델을 사용해 문서를 벡터화하고, Chroma에 인덱싱합니다[4].

```
from langchain_chroma import Chroma
from langchain_openai import OpenAIEmbeddings

embeddings = OpenAIEmbeddings(model="text-embedding-3-small")
db = Chroma.from_documents(documents, embeddings)
```

이제 RAG의 다양한 기법을 구현할 준비가 됐습니다. 예를 들어, 단순한 RAG를 구현해 보겠습니다.

```
from langchain_core.output_parsers import StrOutputParser
from langchain_core.prompts import ChatPromptTemplate
from langchain_core.runnables import RunnablePassthrough
from langchain_openai import ChatOpenAI

prompt = ChatPromptTemplate.from_template('''
다음 문맥만을 고려해 질문에 답하세요.

문맥: """
{context}
"""

질문: {question}
''')

model = ChatOpenAI(model="gpt-4o-mini", temperature=0)
retriever = db.as_retriever()

chain = {
    "question": RunnablePassthrough(),
    "context": retriever,
} | prompt | model | StrOutputParser()

chain.invoke("LangChain의 개요를 알려줘")
```

---

[4] (옮긴이) 패키지 버전 관련 문제를 피하기 위해 pydantic==2.9.1 numpy==1.25.2 langchain-cohere==0.3.0 rank-bm25==0.2.2까지 함께 설치하는 것이 좋습니다.

이 코드를 기반으로 RAG의 다양한 기법을 시도해 보겠습니다.

> **COLUMN**
> **인덱싱 기법**
>
> 이 장에서는 벡터 데이터베이스에 문서를 인덱싱하는 부분은 특별한 기법을 적용하지 않았습니다. 실제로는 인덱싱 단계에서도 다양한 기법이 고려될 수 있습니다.
>
> 예를 들어, 큰 문서의 경우는 적절한 크기로 청크화하는 것이 유용할 수 있습니다. 또한 인덱싱할 때 문서의 카테고리 등을 메타데이터로 저장해 두면 검색 시 필터링이 가능해져 검색 정확도를 높일 수 있습니다.
>
> 무엇보다 RAG의 정확도는 검색 대상 문서의 품질에 크게 의존합니다. RAG의 정확도 향상이 어려운 원인이 문서의 품질이라면 그 부분을 개선할 필요가 있습니다. RAG의 정확도 향상에는 문서의 품질, 검색의 정확도, 생성의 정확도 중 어디가 병목인지 주의해 접근하는 것이 중요합니다.

6.3 검색 쿼리 기법

이제 RAG의 다양한 기법을 시도해 보겠습니다. 먼저 검색 쿼리 기법에 대해 살펴보겠습니다.

HyDE(Hypothetical Document Embeddings)

단순한 RAG 구성에서는 사용자의 질문에 대해 임베딩 벡터의 유사도가 높은 문서를 검색합니다. 그러나 실제로 검색하고자 하는 것은 질문과 유사한 문서가 아니라 답변과 유사한 문서입니다. 이를 위해 HyDE(Hypothetical Document Embeddings)[5]라는 기법이 있습니다.

HyDE에서는 사용자의 질문에 대해 LLM에 가상의 답변을 추론하게 하고, 그 출력을 임베딩 벡터의 유사도 검색에 사용합니다.

---

[5] Gao et al.(2022), 〈Precise Zero-Shot Dense Retrieval without Relevance Labels〉, https://arxiv.org/abs/2212.10496

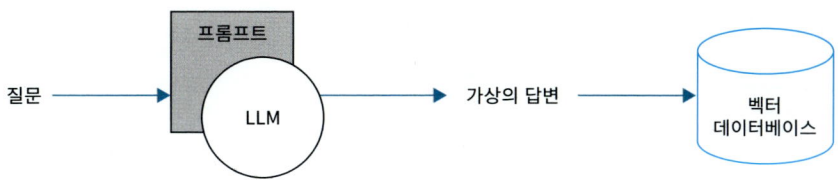

그림 6.3 HyDE의 처리

LangChain에서 HyDE를 사용한 RAG를 구현해 보겠습니다. 먼저 가상의 답변을 생성하는 Chain을 구현합니다.

```
hypothetical_prompt = ChatPromptTemplate.from_template("""
다음 질문에 한 문장으로 답하세요.

질문: {question}
""")

hypothetical_chain = hypothetical_prompt | model | StrOutputParser()
```
→ 가상의 답변을 생성하는 Chain

다음으로 가상의 답변을 생성하는 Chain을 사용한 RAG의 Chain을 구현합니다.

```
hyde_rag_chain = {
    "question": RunnablePassthrough(),
    "context": hypothetical_chain | retriever,
} | prompt | model | StrOutputParser()

hyde_rag_chain.invoke("LangChain의 개요를 알려줘")
```
→ 가상의 답변을 생성하는 Chain의 출력을 retriever에 전달

위 코드를 실행하고 LangSmith에서 트레이스를 확인하면, LLM이 생성한 가상의 답변을 기반으로 검색이 이뤄진 것을 확인할 수 있습니다.

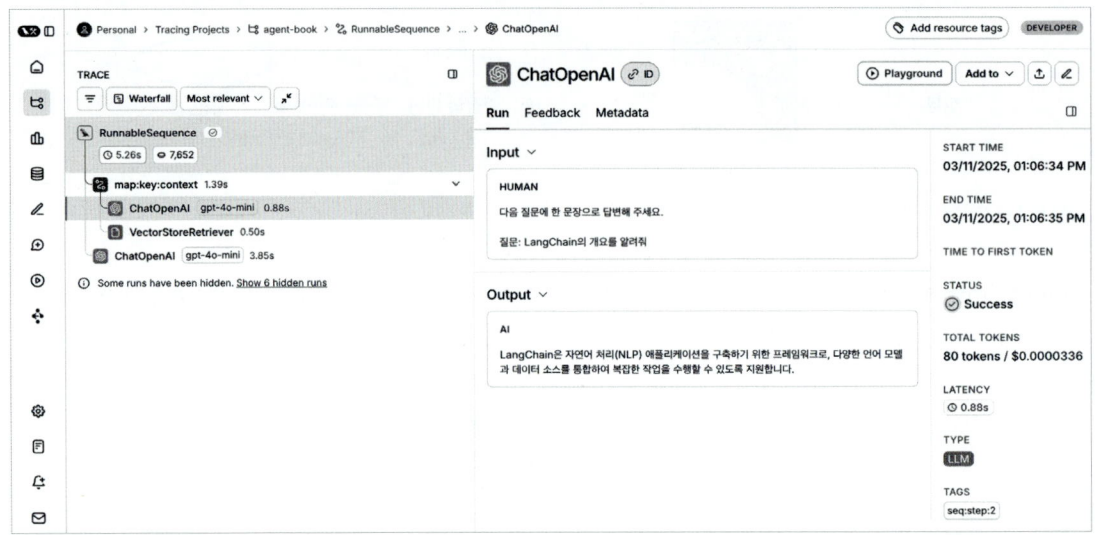

그림 6.4 HyDE를 사용한 RAG의 트레이스

HyDE는 사용자의 질문보다 가상의 답변이 임베딩 벡터의 유사도 검색에 더 적합하다는 가정에 기반한 기법입니다. 따라서 HyDE가 특히 효과적인 것은 LLM이 가상의 답변을 추론하기 쉬운 경우라고 볼 수 있습니다.

> **HypotheticalDocumentEmbedder**
>
> LangChain은 HyDE를 구현한 `HypotheticalDocumentEmbedder`라는 클래스를 제공합니다. 위 코드에서는 상황에 따른 커스터마이징이 쉽도록 `HypotheticalDocumentEmbedder`를 사용하지 않고 직접 HyDE의 처리를 구현했습니다.
>
> https://github.com/langchain-ai/langchain/blob/master/cookbook/hypothetical_document_embeddings.ipynb

복수 검색 쿼리 생성

앞의 예에서는 가상의 답변을 하나만 생성해 검색 쿼리로 사용했습니다. LLM에 여러 검색 쿼리를 생성하게 하는 방법도 있습니다. 복수의 검색 쿼리를 사용하면 적절한 문서가 검색 결과에 포함될 가능성이 높아집니다.

LangChain을 사용해 LLM에 복수의 검색 쿼리를 생성시켜 검색하는 예를 구현해 보겠습니다.

그림 6.5 LLM에 복수의 검색 쿼리를 생성시켜 검색

먼저 쿼리를 생성하는 Chain(`query_generation_chain`)을 구현합니다. LangChain의 'with_structured_output'을 사용해 검색 쿼리의 리스트를 생성하는 예는 다음과 같습니다[6].

```
from pydantic import BaseModel, Field


class QueryGenerationOutput(BaseModel):
    queries: list[str] = Field(..., description="검색 쿼리 목록")


query_generation_prompt = ChatPromptTemplate.from_template("""\
질문에 대해 벡터 데이터베이스에서 관련 문서를 검색하기 위한
3개의 서로 다른 검색 쿼리를 생성하세요.
거리 기반 유사성 검색의 한계를 극복하기 위해
사용자의 질문에 대해 여러 관점을 제공하는 것이 목표입니다.

질문: {question}
""")

query_generation_chain = (
    query_generation_prompt
    | model.with_structured_output(QueryGenerationOutput)
    | (lambda x: x.queries)
)
```

이 `query_generation_chain`은 검색 쿼리 문자열의 리스트를 출력합니다. `query_generation_chain`의 출력을 기반으로 검색하는 RAG의 Chain을 생성해 실행하는 코드는 다음과 같습니다.

---

[6] 프롬프트는 LangChain의 MultiQueryRetriever를 참고해 작성했습니다. https://github.com/langchain-ai/langchain/blob/langchain-core%3D%3D0.2.30/libs/langchain/langchain/retrievers/multi_query.py#L31

```python
multi_query_rag_chain = {
    "question": RunnablePassthrough(),
    "context": query_generation_chain | retriever.map(),
} | prompt | model | StrOutputParser()

multi_query_rag_chain.invoke("LangChain의 개요를 알려줘")
```

위 코드의 `retriever.map()`에서는 일반적으로 `retriever`가 `str`을 받아 `list[Document]`를 반환하는 것과 달리, `list[str]`을 받아 `list[list[Document]]`를 반환하도록 변환합니다. `map`은 LangChain의 `Runnable`이 제공하는 메서드 중 하나로, 원래 `Runnable`의 인자와 반환값을 리스트화하는 메서드입니다.

위 코드를 실행하고 LangSmith에서 트레이스를 확인하면 여러 검색 쿼리로 각각 검색이 이뤄진 것을 확인할 수 있습니다.

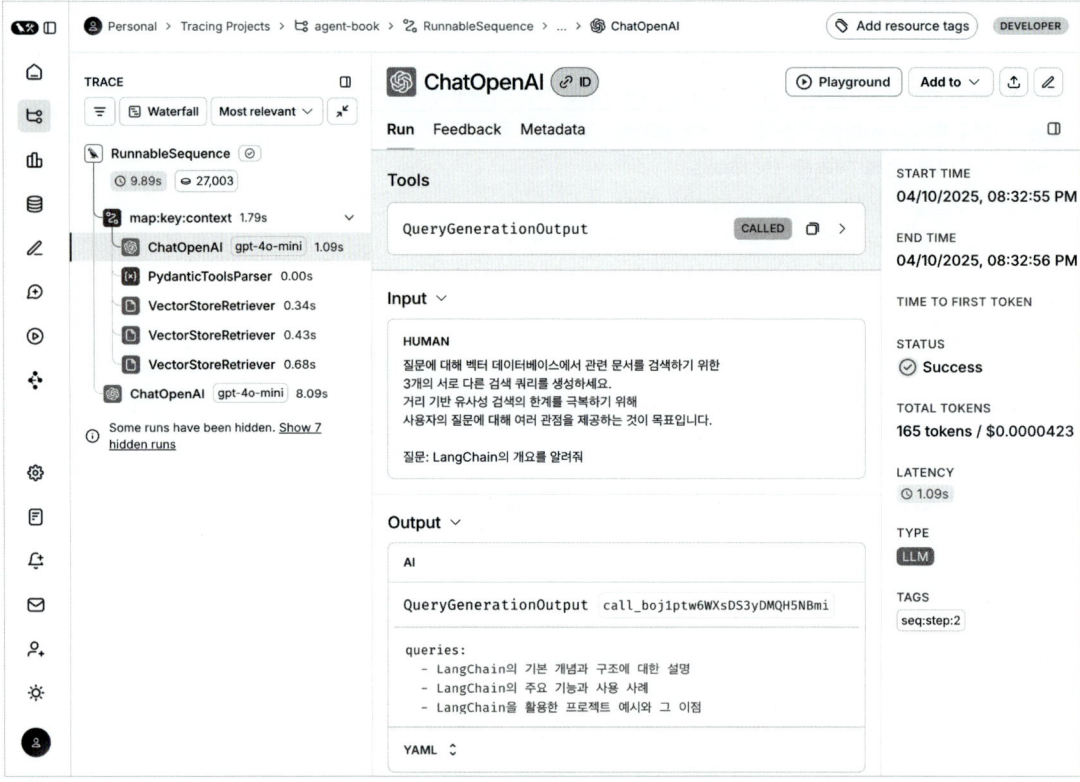

그림 6.6 복수 검색 쿼리를 생성해 사용하는 RAG의 트레이스

> **MultiQueryRetriever**
>
> LangChain은 이처럼 복수의 검색 쿼리를 생성하기 위한 `MultiQueryRetriever`라는 클래스도 제공합니다. 위 코드에서는 상황에 따른 커스터마이징이 쉽도록 직접 유사한 처리를 구현했습니다.
>
> - How to use the MultiQueryRetriever _
>   https://python.langchain.com/v0.3/docs/how_to/MultiQueryRetriever/

검색 쿼리 기법의 요약

지금까지 검색 쿼리 기법으로 사용자의 질문을 기반으로 LLM으로 검색 쿼리를 생성하는 예를 두 가지 구현해 보았습니다. 검색 쿼리를 생성하는 기법으로는 이 외에도 원래 질문을 추상도가 높은 질문으로 바꾸는 Step-Back Prompting[7] 등도 있습니다.

6.4 검색 후 기법

이제 검색 후 기법의 예를 구현해 보겠습니다. 여기서는 검색 결과를 다시 정렬하는 두 가지 예를 소개합니다.

RAG-Fusion

이전 절에서는 검색 쿼리 기법으로 여러 검색 쿼리를 생성하는 예를 구현했습니다. 각 쿼리의 검색 결과를 프롬프트에 넣을 때는 어떤 순서로 정렬할 필요가 있습니다.

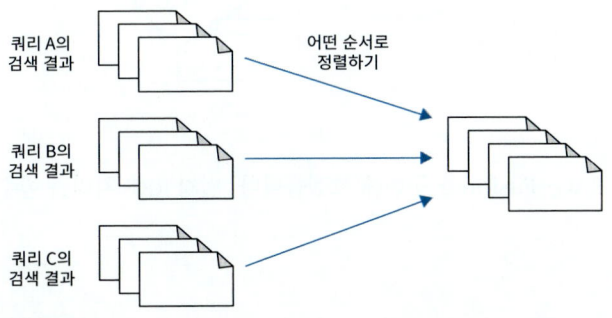

그림 6.7 여러 쿼리의 검색 결과를 정렬하기

---

[7] Zheng et al.(2023), 〈Take a Step Back: Evoking Reasoning via Abstraction in Large Language Models〉, https://arxiv.org/abs/2310.06117

여러 검색 결과의 순위를 융합해 정렬하는 알고리즘으로 RRF(Reciprocal Rank Fusion)가 있습니다. RRF에서는 각 검색 쿼리의 '1 / (순위 + k)'의 합곗값을 점수로 하여 점수의 크기로 검색 결과를 정렬합니다. k는 RRF의 매개변수로, 60 등의 값을 사용합니다.

예를 들어 쿼리 A의 검색 결과에서 1위, 쿼리 B의 검색 결과에서 2위였고, 쿼리 C에서는 검색 결과에 포함되지 않은 문서의 경우 점수를 그림 6.8과 같이 계산합니다.

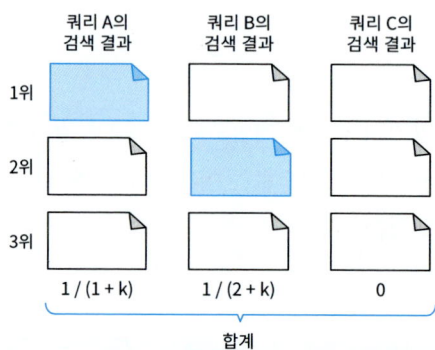

그림 6.8 RRF의 점수 계산

여러 검색 쿼리를 생성하고 그 검색 결과를 RRF로 정렬하는 RAG 기법으로 LangChain 공식 쿡북[8]에서 소개된 'RAG-Fusion'[9]이 있습니다. RAG-Fusion을 도식화하면 그림 6.9와 같습니다.

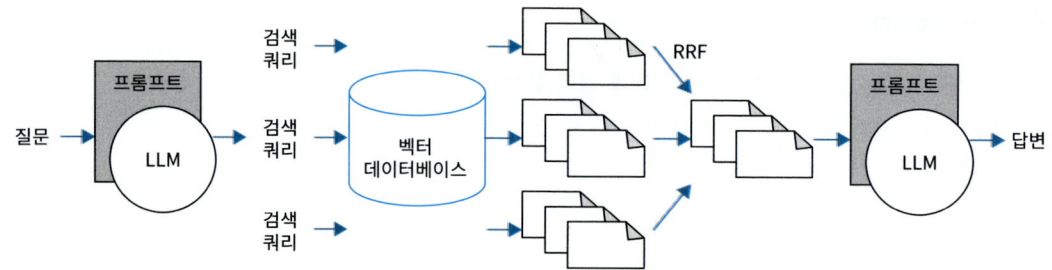

그림 6.9 RAG-Fusion

이제 LangChain으로 RAG-Fusion을 구현해 보겠습니다. 먼저 RRF 처리를 함수로 구현합니다.

---

8 https://github.com/langchain-ai/langchain/blob/master/cookbook/rag_fusion.ipynb
9 https://towardsdatascience.com/forget-rag-the-future-is-rag-fusion-1147298d8ad1
  https://github.com/Raudaschl/rag-fusion

```python
from langchain_core.documents import Document


def reciprocal_rank_fusion(
    retriever_outputs: list[list[Document]],
    k: int = 60,
) -> list[str]:
    # 각 문서의 콘텐츠(문자열)와 그 점수의 매핑을 저장하는 딕셔너리 준비
    content_score_mapping = {}

    # 검색 쿼리마다 반복
    for docs in retriever_outputs:
        # 검색 결과의 문서마다 반복
        for rank, doc in enumerate(docs):
            content = doc.page_content

            # 처음 등장한 콘텐츠인 경우 점수를 0으로 초기화
            if content not in content_score_mapping:
                content_score_mapping[content] = 0

            # (1 / (순위 + k)) 점수를 추가
            content_score_mapping[content] += 1 / (rank + k)

    # 점수가 큰 순서로 정렬
    ranked = sorted(content_score_mapping.items(), key=lambda x: x[1], reverse=True)  # noqa
    return [content for content, _ in ranked]
```

이 함수를 사용해 RAG-Fusion의 Chain 전체를 구현합니다.

```
rag_fusion_chain = {
    "question": RunnablePassthrough(),
    "context": query_generation_chain | retriever.map() | reciprocal_rank_fusion,
} | prompt | model | StrOutputParser()

rag_fusion_chain.invoke("LangChain의 개요를 알려줘")
```

위 코드를 실행하고 LangSmith의 트레이스를 확인하면 검색 결과가 RRF로 정렬된 것을 확인할 수 있습니다.

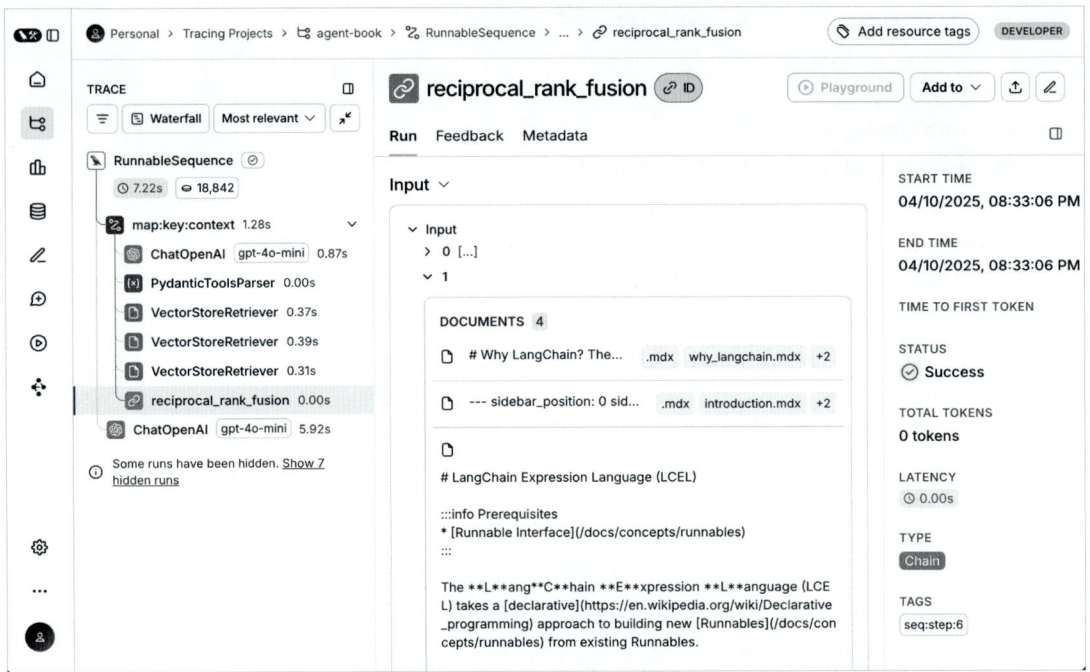

그림 6.10 RAG-Fusion의 트레이스

지금까지의 RAG-Fusion 구현 예에서는 점수를 매겨 정렬한 문서 전체를 점수 순으로 프롬프트에 넣고 있습니다. 추가 기법으로, 정렬한 결과의 상위 몇 개만 프롬프트에 넣는 것도 고려할 수 있습니다. 또한, 검색 결과를 프롬프트에 넣을 때 점수가 더 높은 문서를 프롬프트의 처음과 끝에 번갈아 배치하는 기법도 있습니다[10].

리랭크 모델 개요

RRF에서는 여러 검색 결과의 순위를 융합해 정렬했습니다. 다른 관점으로, 하나의 검색 결과 순위에 대해서도 다시 정렬하는 것(리랭크)이 유용한 경우가 있습니다[11].

검색 결과를 다시 정렬하는 방법 중 하나는 리랭크 모델(리랭크용 머신러닝 모델)을 사용하는 것입니다. 리랭크 모델로는 임베딩 벡터의 유사도 검색보다 계산 비용이 높은 대신 랭킹 정확도가 높은 모델을 사용합니다[12]. 따라서 먼저 계산 비용이 낮은 임베딩 벡터의 유사도 검색을 수행한 후 리랭크 모델을 적용하는 것이 유용한 경우가 있습니다.

---

[10] https://python.langchain.com/v0.3/docs/how_to/long_context_reorder/
[11] RRF 이후 처리로 리랭크를 실시하는 경우도 있습니다.
[12] 임베딩 벡터의 유사도 검색과 별도 모델에서의 리랭크 조합을 설명하는 리소스로는 Sentence Transformers의 공식 문서가 있습니다. https://www.sbert.net/examples/applications/cross-encoder/README.html

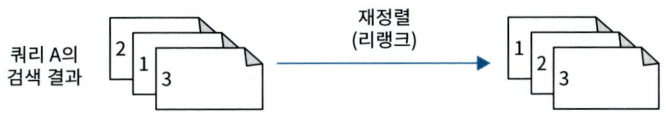

그림 6.11 리랭크

이제 Cohere의 리랭크 모델을 API로 사용해 리랭크 처리를 구현해 보겠습니다. 참고로 Cohere의 리랭크 모델은 이 책의 집필 시점에 무료 플랜으로도 테스트할 수 있습니다.

Cohere 리랭크 모델 사용 준비

Cohere의 리랭크 모델을 API로 사용하기 위한 준비를 시작하겠습니다. 먼저 부록 A.1 'Cohere 가입' 절차에 따라 Cohere에 등록하고 API 키를 Google Colab의 보안 비밀에 저장하세요.

API 키를 Google Colab의 보안 비밀에 저장했다면 다음 코드를 실행해 Cohere의 API 키를 환경 변수로 설정하세요.

```python
os.environ["COHERE_API_KEY"] = userdata.get("COHERE_API_KEY")
```

다음으로 LangChain의 Cohere 통합인 `langchain-cohere`를 설치합니다.

```
!pip install langchain-cohere==0.3.0
```

Cohere 리랭크 모델 도입

여러 검색 쿼리로 검색한 결과를 Cohere의 리랭크 모델로 리랭크하는 코드는 다음과 같이 구현할 수 있습니다.

```python
from typing import Any
from langchain_cohere import CohereRerank
from langchain_core.documents import Document

def rerank(inp: dict[str, Any], top_n: int = 3) -> list[Document]:
    question = inp["question"]
    documents = inp["documents"]

    cohere_reranker = CohereRerank(model="rerank-multilingual-v3.0", top_n=top_n)
```

`top_n=top_n` — 리랭크 결과의 상위 몇 개를 반환할지 설정하는 매개변수

```
    return cohere_reranker.compress_documents(documents=documents, query=question)

rerank_rag_chain = (
    {
        "question": RunnablePassthrough(),
        "documents": retriever,
    }
    | RunnablePassthrough.assign(context=rerank)
    | prompt | model | StrOutputParser()
)

rerank_rag_chain.invoke("LangChain의 개요를 알려줘")
```

RunnablePassthrough.assign을 통해,
{
    "question": RunnablePassthrough(),
    "documents": retriever,
}
의 출력이 rerank 함수의 인자 inp: dict[str, Any]에 전달됨

이 코드에서는 리랭크한 결과의 상위 3개만 RAG의 프롬프트에 넣도록 했습니다. 위 코드를 실행하고 LangSmith의 트레이스를 확인하면 리랭크 과정을 확인할 수 있습니다.

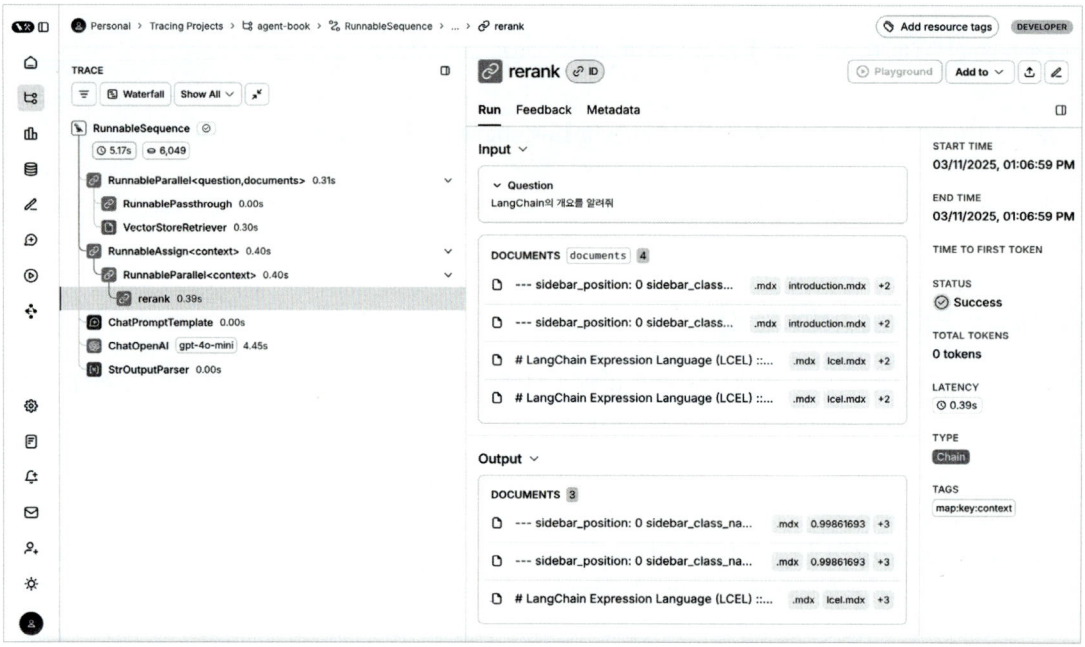

그림 6.12 리랭크를 도입한 RAG의 트레이스

> **ContextualCompressionRetriever**
>
> 리랭크 처리 구현에는 LangChain의 `ContextualCompressionRetriever`라는 클래스를 사용할 수도 있습니다. LangChain의 공식 문서를 보면 Cohere의 리랭크 모델을 설명하는 페이지에 `ContextualCompressionRetriever`를 사용하는 예가 나와 있습니다.
>
> - **Cohere reranker** _ https://python.langchain.com/v0.3/docs/integrations/retrievers/cohere-reranker/

검색 후 기법의 요약

이 절에서는 검색 후 기법으로 여러 검색 결과의 순위를 융합하는 RRF와 Cohere의 리랭크 모델을 통한 리랭크를 소개했습니다. 검색 후 기법으로는 검색 결과 문서가 질문과 관련 있을지 LLM에 필터링하게 하는 기법도 있습니다.

6.5 복수 Retriever를 활용하는 기법

지금까지 설명한 예에서는 임베딩 벡터의 유사도 검색 Retriever만 사용했습니다. 경우에 따라서는 여러 Retriever를 사용하는 것이 유용할 수 있습니다. 이 절에서는 복수 Retriever를 활용하는 기법을 소개합니다.

LLM에 의한 라우팅

애플리케이션에 따라서는 사용자의 질문에 따라 검색 대상 Retriever를 구분해 사용하고 싶을 수 있습니다. 예로, 질문 내용을 고려해 LangChain 공식 문서 검색과 웹 검색을 구분해 사용하는 RAG 구성을 구현해 보겠습니다.

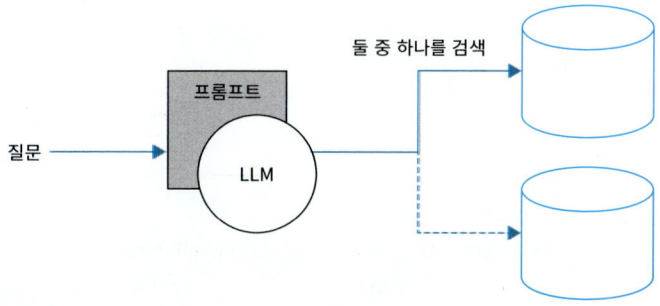

그림 6.13 LLM에 의한 라우팅

먼저 LangChain 공식 문서를 검색하는 Retriever(langchain_document_retriever)와 웹 검색 Retriever(web_retriever)를 준비합니다.

```
from langchain_community.retrievers import TavilySearchAPIRetriever

langchain_document_retriever = retriever.with_config({"run_name": "langchain_document_retriever"})
web_retriever = TavilySearchAPIRetriever(k=3).with_config({"run_name": "web_retriever"})
```

위 코드에서는 LangSmith의 트레이스가 더 명확하게 보이도록 `with_config` 메서드로 `run_name`을 설정했습니다.

다음으로 사용자의 입력을 기반으로 LLM이 Retriever를 선택하는 Chain(`route_chain`)을 구현합니다. LangChain의 `with_structured_output`을 사용해 Retriever를 선택하는 Chain은 다음과 같습니다.

```
from enum import Enum

class Route(str, Enum):
    langchain_document = "langchain_document"
    web = "web"

class RouteOutput(BaseModel):
    route: Route

route_prompt = ChatPromptTemplate.from_template("""\
질문에 답변하기 위해 적절한 Retriever를 선택하세요.

질문: {question}
""")

route_chain = (
    route_prompt
    | model.with_structured_output(RouteOutput)
    | (lambda x: x.route)
)
```

마지막으로 라우팅 결과를 고려해 검색하는 `routed_retriever` 함수와 전체 처리 흐름의 Chain(`route_rag_chain`)을 구현합니다.

```python
def routed_retriever(inp: dict[str, Any]) -> list[Document]:
    question = inp["question"]
    route = inp["route"]

    if route == Route.langchain_document:
        return langchain_document_retriever.invoke(question)
    elif route == Route.web:
        return web_retriever.invoke(question)

    raise ValueError(f"Unknown route: {route}")

route_rag_chain = (
    {
        "question": RunnablePassthrough(),
        "route": route_chain,
    }
    | RunnablePassthrough.assign(context=routed_retriever)
    | prompt | model | StrOutputParser()
)
```

이 Chain을 사용해 "LangChain의 개요를 알려줘"라고 질문해 봅시다.

```python
route_rag_chain.invoke("LangChain의 개요를 알려줘")
```

LangSmith의 트레이스를 확인하면 `langchain_document_retriever`를 사용해 질문에 답변한 것을 알 수 있습니다.

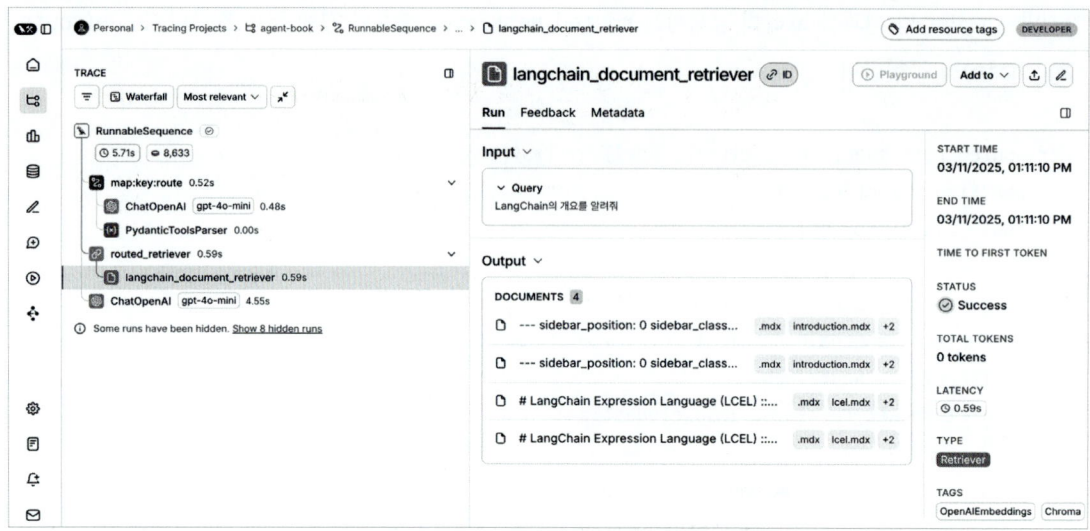

그림 6.14 langchain_document_retriever를 사용해 질문에 답변하는 모습

이번에는 "오늘 서울 날씨는?"이라고 질문해 봅시다.

```
route_rag_chain.invoke("오늘 서울 날씨는?")
```

LangSmith의 트레이스를 확인하면 `web_retriever`를 사용해 질문에 답변한 것을 알 수 있습니다.

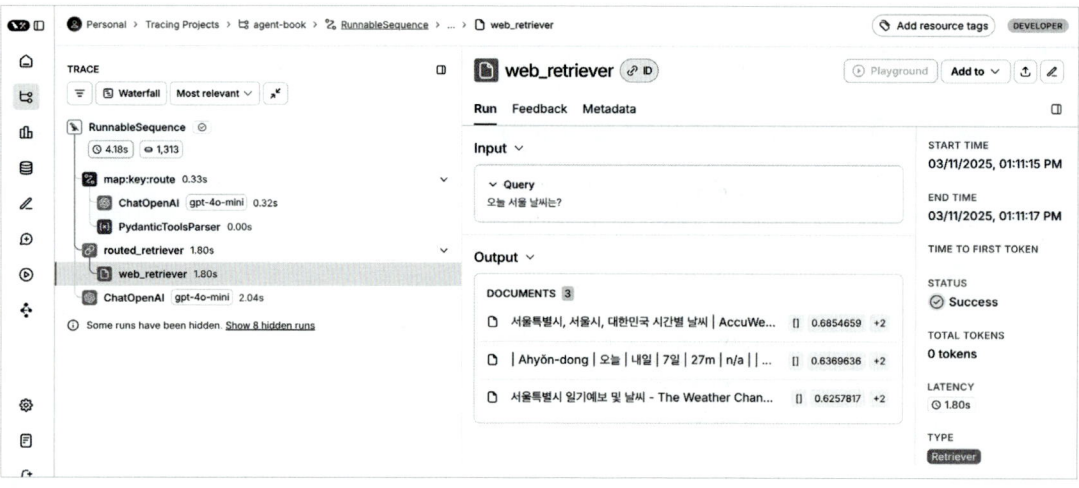

그림 6.15 web_retriever를 사용해 질문에 답변하는 모습

질문 내용에 따라 Retriever를 구분해 사용하는 것을 확인할 수 있었습니다.

하이브리드 검색 예시

검색 대상으로 여러 Retriever를 사용하는 경우, 하나만 선택해 검색하는 방법도 있지만 여러 Retriever의 검색 결과를 조합해 사용하는 방법도 있습니다.

RAG의 전형적인 구현에서는 임베딩 벡터의 유사도 검색을 수행합니다. Embedding 모델로 생성하는 임베딩 벡터는 학습 데이터의 범위 내에서 의미가 유사한 텍스트의 경우 벡터 유사도가 높아지도록 설계돼 있습니다. 그러나 범용적으로 만들어진 Embedding 모델에서는 학습 데이터에 포함되지 않은 고유명사나 전문 용어의 유사도 검색은 어려울 수 있습니다.

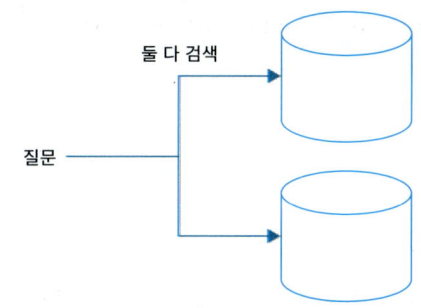

그림 6.16 하이브리드 검색

자연어 처리의 고전적인 기법으로 단어의 등장 빈도를 기반으로 텍스트의 유사도를 계산하는 방법이 있습니다. 유명한 예로 TF-IDF나 TF-IDF를 확장한 BM25(Elasticsearch의 기본 랭킹 알고리즘)가 있습니다. 이러한 알고리즘으로 생성된 벡터의 경우, 공통 단어가 많은 텍스트는 벡터 유사도가 높아지기 쉽습니다. 즉, 고유명사나 전문 용어를 다룰 때는 범용 Embedding 모델의 임베딩 벡터 유사도 검색보다 TF-IDF나 BM25로 생성한 벡터의 유사도 검색이 더 효과적일 수 있습니다.

따라서 이 두 가지를 조합한 하이브리드 검색을 실시하는 것을 고려할 수 있습니다. TF-IDF나 BM25로 생성한 벡터는 많은 요소가 0이 되는[13] 특성으로 인해 '희소 벡터(Sparse Vector)'라고 불립니다. 반면, 임베딩 벡터는 '밀집 벡터(Dense Vector)'라고 불립니다.

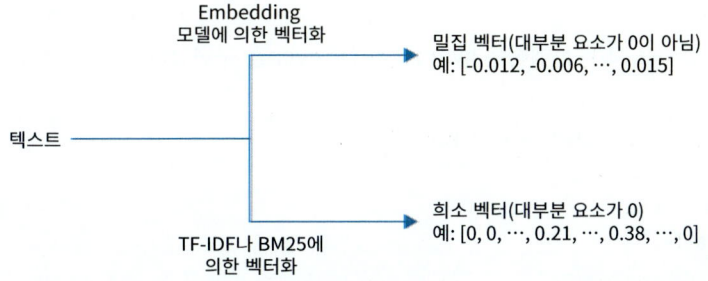

그림 6.17 Embedding 모델에 의한 벡터화와 TF-IDF나 BM25에 의한 벡터화

---

13 단어 목록에 대해 단어의 등장 횟수를 [0, 0, 1, 0, 2, …] 등으로 표현하는 방식을 발전시킨 기법이기 때문에 많은 요소가 0이 됩니다.

벡터 데이터베이스 클라우드 서비스인 'Pinecone'에서도 희소 벡터 검색과 밀집 벡터 검색을 조합한 하이브리드 검색이 제공되고 있습니다.[14] 참고로 '하이브리드 검색'이라는 용어 자체는 여러 검색 기법을 조합하는 것을 의미합니다. 어떤 검색 기법을 어떻게 조합하는지는 하이브리드 검색을 제공하는 서비스에 따라 다릅니다.

하이브리드 검색 구현

이제 하이브리드 검색의 예를 구현해 보겠습니다. LangChain 공식 문서에 대해 임베딩 벡터의 유사도 검색과 BM25를 사용한 검색을 조합하기로 합니다. 검색 결과의 순위 융합에는 앞서 설명한 RRF를 사용하겠습니다.

먼저 LangChain의 BM25Retriever를 사용하는 데 필요한 패키지를 설치합니다.

```
!pip install rank-bm25==0.2.2
```

다음으로 임베딩 벡터의 유사도 검색 Retriever(`chroma_retriever`)와 BM25를 사용한 검색 Retriever(`bm25_retriever`)를 준비합니다.

```
from langchain_community.retrievers import BM25Retriever

chroma_retriever = retriever.with_config({"run_name": "chroma_retriever"})
bm25_retriever = BM25Retriever.from_documents(documents).with_config(
    {"run_name": "bm25_retriever"}
)
```

그리고 이 두 가지 검색을 모두 실행하는 `hybrid_retriever`를 구현합니다.

```
from langchain_core.runnables import RunnableParallel

hybrid_retriever = (
    RunnableParallel(
        {
            "chroma_documents": chroma_retriever,
            "bm25_documents": bm25_retriever,
```

---

[14] https://docs.pinecone.io/guides/data/understanding-hybrid-search
https://www.pinecone.io/learn/hybrid-search-intro/

```
        }
    )
    | (lambda x: [x["chroma_documents"], x["bm25_documents"]])
    | reciprocal_rank_fusion
)
```

이 코드에서는 chroma_retriever와 bm25_retriever의 검색 결과 순위를 RRF로 융합해 정렬하고 있습니다.

마지막으로 hybrid_retriever를 사용한 RAG의 Chain을 구현하고 실행합니다.

```
hybrid_rag_chain = (
    {
        "question": RunnablePassthrough(),
        "context": hybrid_retriever,
    }
    | prompt | model | StrOutputParser()
)

hybrid_rag_chain.invoke("LangChain의 개요를 알려줘")
```

이 코드를 실행하고 LangSmith의 트레이스를 확인하면 chroma_retriever와 bm25_retriever가 실행되고, 그 결과가 RRF로 정렬된 것을 확인할 수 있습니다.

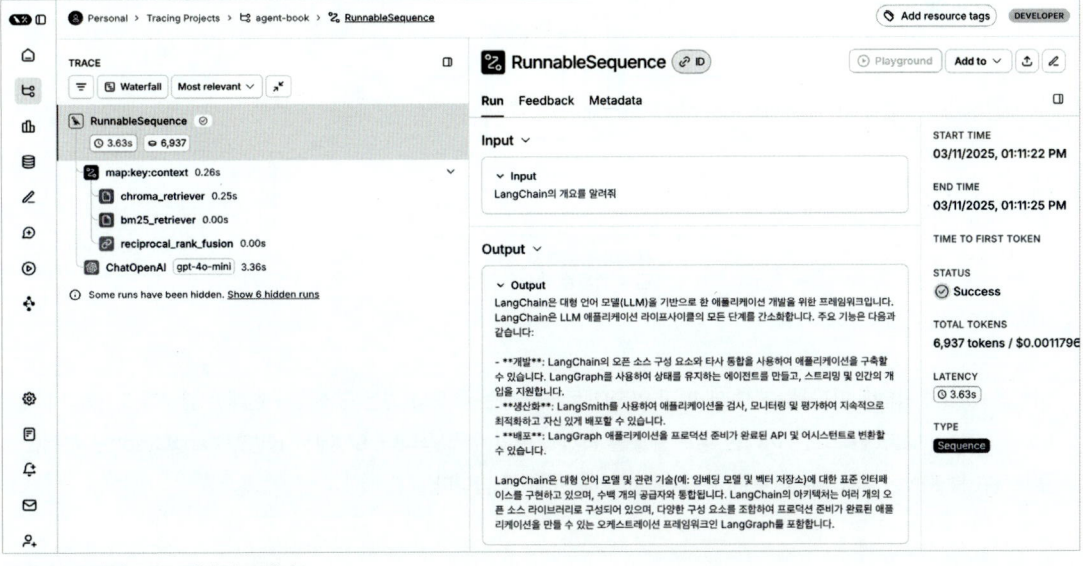

그림 6.18 하이브리드 검색의 트레이스

EnsembleRetriever

LangChain에서는 여러 Retriever의 검색 결과를 조합하는 EnsembleRetriever가 제공됩니다. 위 코드의 처리는 EnsembleRetriever를 사용해 구현할 수도 있습니다.

- How to combine results from multiple retrievers _
  https://python.langchain.com/v0.3/docs/how_to/ensemble_retriever/

복수 Retriever를 활용하는 기법의 요약

이 절에서는 복수 Retriever를 활용하는 기법을 소개했습니다. 이 절에서 다룬 것 외의 검색 대상으로는 관계형 데이터베이스나 그래프 데이터베이스를 사용하는 것도 고려할 수 있습니다. 관계형 데이터베이스를 검색할 때는 LLM에 검색 조건을 출력하게 하거나 SQL 전체를 생성하게 하는 방법(Text-to-SQL)도 고려할 수 있습니다. 또한 최근에는 그래프 데이터베이스를 활용한 지식 그래프도 주목받고 있습니다.

COLUMN

생성 후 기법

이 장의 실습에서는 다루지 않았지만, 생성 후에 처리를 추가하는 기법도 있습니다. 예를 들어 검색이 충분하지 않은 경우, 검색 쿼리를 다시 생성해 재검색하는 방법이 있습니다.

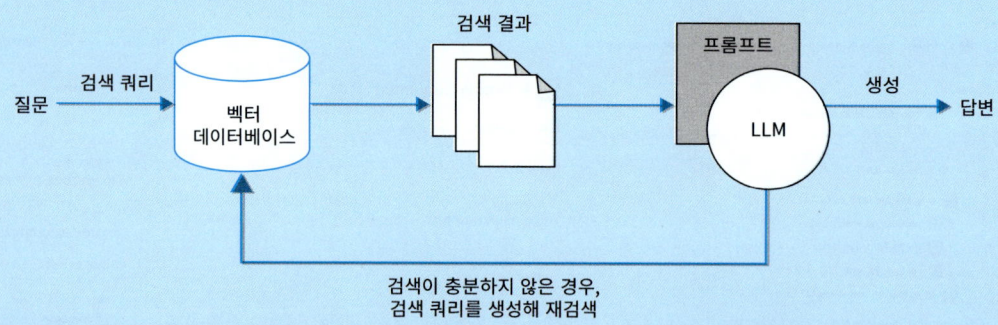

그림 6.19 생성 후 기법의 예

이처럼 RAG의 기법에 따라서는 상황에 따라 앞 단계로 돌아가는 루프와 같은 구조를 구현해야 할 경우도 있습니다. LangChain의 LCEL만으로는 이러한 루프 구조를 쉽게 구현할 수 없습니다. 9장에서 설명할 LangGraph는 이러한 루프 구조를 포함한 워크플로를 구현하는 것을 고려해 만들어졌습니다.

6.6 요약

이 장에서는 RAG의 발전적인 기법을 여러 가지 소개했습니다. RAG의 발전적인 기법을 도입할 때는 다루는 데이터 등의 특성을 고려해 적절한 지점에 기법을 적용하는 것이 중요합니다.

이 장에서는 LangChain이 RAG 기법을 위한 다양한 클래스를 제공한다는 점도 소개했습니다. LangChain의 공식 문서나 쿡북에서는 RAG를 포함한 LLM 애플리케이션의 다양한 기법이 소개돼 있습니다. 구현에 LangChain을 사용하지 않더라도 LangChain이 공개한 기법은 참고할 수 있습니다.

LLM 애플리케이션에서 RAG와 같은 검색 처리의 응용은 광범위합니다. 예를 들어 챗봇의 응답을 캐시하고 싶을 때 임베딩 벡터의 유사도로 캐시를 검색해 응답하는 방법이 유용할 수 있습니다. 이러한 처리는 GPTCache[15]라는 오픈 소스 소프트웨어에서도 제공됩니다.

또한 장기 기억 구현을 위해 대화 기록 등의 기억을 벡터 데이터베이스에 저장해 두고 유사도를 검색하는 기법도 있습니다.

RAG에 다양한 기법을 도입하기 위해서는 평가에 대한 노력도 중요합니다. 다음 장에서는 RAG 애플리케이션의 평가 실습을 실시합니다.

---

[15] https://github.com/zilliztech/GPTCache

COLUMN
멀티모달 RAG

이 책의 집필 시점에 GPT-4o의 입력으로는 텍스트와 이미지를 제공할 수 있습니다. 이러한 멀티모달 모델을 RAG에 적용하는 '멀티모달 RAG'라고 불리는 기법도 있습니다.

LangChain의 Cookbook[16]에는 멀티모달 RAG의 세 가지 기법이 소개돼 있습니다.

1. CLIP[17]과 같은 멀티모달 Embedding 모델로 이미지와 텍스트의 임베딩 벡터를 생성해 유사도 검색을 수행한다. 검색 결과의 이미지와 텍스트를 기반으로 멀티모달 LLM에 답변하게 한다.

2. GPT-4o와 같은 멀티모달 LLM을 사용해 이미지의 요약 텍스트를 생성하고 임베딩 벡터의 유사도 검색을 수행한다. 검색 결과의 텍스트를 기반으로 LLM에 답변하게 한다.

3. GPT-4o와 같은 멀티모달 LLM을 사용해 이미지의 요약 텍스트를 생성하고 임베딩 벡터의 유사도 검색을 수행한다. 검색 결과의 텍스트와 원본 이미지를 기반으로 멀티모달 LLM에 답변하게 한다.

위 기법은 텍스트 외 이미지를 RAG로 다루는 예이지만, 동영상이나 오디오 등의 미디어를 다룰 때도 이 접근 방식을 참고할 수 있습니다.

---

[16] https://github.com/langchain-ai/langchain/blob/master/cookbook/multi_modal_RAG_chroma.ipynb
https://github.com/langchain-ai/langchain/blob/master/cookbook/Semi_structured_and_multi_modal_RAG.ipynb
https://github.com/langchain-ai/langchain/blob/master/cookbook/Multi_modal_RAG.ipynb
[17] https://openai.com/index/clip/

07장

LangSmith를 활용한 RAG 애플리케이션 평가

LLM 애플리케이션 개발이 활발해지면서 최근 프로덕션 레벨의 LLM 애플리케이션에 관한 논의가 증가하고 있습니다. 프로덕션 레벨의 LLM 애플리케이션을 개발하기 위한 플랫폼 중 하나가 'LangSmith'입니다. 이 장에서는 LangSmith를 활용한 RAG 애플리케이션의 평가에 대해 알아보겠습니다.

오시마 유키

7.1 7장에서 다룰 평가 개요

7.2 LangSmith 개요

7.3 LangSmith와 Ragas를 활용한 오프라인 평가 구성 예시

7.4 Ragas를 활용한 합성 테스트 데이터 생성

7.5 LangSmith와 Ragas를 활용한 오프라인 평가 구현

7.6 LangSmith를 활용한 피드백 수집

7.7 피드백 활용을 위한 자동 처리

7.8 요약

7.1 7장에서 다룰 평가 개요

이 장에서는 LangSmith를 사용해 LLM 애플리케이션 평가 실습을 진행합니다. 주제로는 RAG 애플리케이션의 평가를 다룹니다. RAG는 적당히 구현해도 어느 정도 그럴듯한 답변을 제공하는 경우가 적지 않습니다. 하지만 더 나은 답변을 얻기 위해 프롬프트를 개선하거나 6장에서 설명한 다양한 기법을 도입하려면 어떤 방식으로든 평가하는 것이 중요합니다. 또한 새로운 모델이 출시됐을 때 프로덕션 시스템에서 사용하는 모델을 새 모델로 변경해도 문제가 없는지 평가하고 싶은 경우도 많습니다. 이 장에서는 평가 체계를 구축한 후 RAG의 개선과 운영에 도움이 되도록 LangSmith를 활용하는 예시를 설명합니다.

오프라인 평가와 온라인 평가

머신러닝 애플리케이션의 평가에는 오프라인 평가와 온라인 평가 두 가지가 있습니다.

오프라인 평가는 미리 준비한 데이터셋을 사용한 평가입니다. 머신러닝(LLM 포함)을 사용한 처리를 프로덕션 시스템에 반영하기 전에 실시합니다.

온라인 평가는 실제 사용자의 반응 등 실제 트래픽을 활용한 평가입니다. 머신러닝(LLM 포함)을 사용한 처리를 프로덕션 시스템에 반영한 후에 실시합니다.

LangSmith는 오프라인 평가와 온라인 평가 모두를 지원하는 기능을 갖추고 있습니다. 이 책에서는 주로 LangSmith를 활용한 오프라인 평가를 다룹니다.

7.2 LangSmith 개요

여기서 다시 한번 LangSmith의 개요를 설명하겠습니다. LangSmith는 LangChain의 개발사가 제공하는 프로덕션 레벨의 LLM 애플리케이션을 위한 플랫폼(웹 서비스)입니다. 프로토타입 개발부터 베타 테스트, 프로덕션까지 LLM 애플리케이션 개발의 다양한 단계에서 활용할 수 있습니다.

LangSmith는 LangChain과 통합해 트레이스를 수집할 수 있는 기능으로 잘 알려져 있습니다. 하지만 실제로는 LangSmith의 기능이 더 다양합니다. 프롬프트 관리 및 공유 기능, 평가를 위한 기능 등 LLM 애플리케이션 개발 시 다양한 상황에서 활용할 수 있습니다. LangChain을 사용하지 않는 경우에도 LangSmith만 단독으로 활용하는 것도 가능합니다. 그러나 LangChain과 LangSmith를 함께 사용하면 더 큰 이점을 얻을 수 있습니다.

LangSmith 요금 플랜

LangSmith의 요금 플랜은 이 책의 집필 시점(2024년 8월 기준)에 다음과 같습니다.

- **Developer 플랜**: 1명의 사용자만 무료로 시작할 수 있는 플랜입니다.
- **Plus 플랜**: Developer 플랜의 기능에 더해 팀을 위한 기능과 속도 제한 증가가 포함된 플랜입니다. 사용자당 월 39달러로 이용할 수 있습니다.
- **Enterprise 플랜**: Plus 플랜의 모든 기능에 추가로 싱글 사인온, 서비스 레벨 보증, 셀프 호스팅과 같은 기업용 기능이 추가된 플랜입니다.
- **Startups 플랜**: 스타트업을 위한 할인 가격의 플랜입니다.

이러한 플랜 외에 LangSmith는 Azure Marketplace에서도 제공됩니다. 개발자 1명이 시작하는 경우에는 Developer 플랜으로 기본적인 기능을 무료로 시작할 수 있습니다. 이 책의 범위 내에서는 Developer 플랜으로도 충분히 실습이 가능합니다.

LangSmith 기능 전체 구조

LangSmith는 크게 다음 3가지 기능을 제공합니다.

1. Tracing(트레이스 수집 관련 기능)
2. Prompts(프롬프트 관리 관련 기능)
3. Evaluation(평가 관련 기능)

LangSmith의 Tracing 기능과 Prompts 기능의 개요는 4장과 5장에서 소개했습니다. 이 장에서는 주로 Evaluation 기능에 관한 기본 개념과 사용법을 설명하겠습니다.

7.3 LangSmith와 Ragas를 활용한 오프라인 평가 구성 예시

이 책에서는 RAG 애플리케이션 평가의 예시로 'Ragas'를 사용하겠습니다.

Ragas란

Ragas는 유명한 RAG 평가 프레임워크입니다. GitHub에 오픈 소스로 공개돼 있으며[1], arXiv에 논문도 발표됐습니다[2].

Ragas는 RAG 평가를 위한 여러 평가 메트릭을 제공합니다. 이 책에서도 이러한 평가 메트릭을 사용하겠습니다. Ragas의 평가 메트릭에 대한 자세한 내용은 이후에 설명하겠습니다.

Ragas는 RAG 평가를 위한 데이터 생성 기능도 갖추고 있습니다. 다음 절에서는 Ragas를 사용해 오프라인 평가에 사용할 데이터셋을 생성하고 준비하겠습니다.

이 장에서 구축할 오프라인 평가 구성

이 장에서 구축할 오프라인 평가 구성은 다음 그림과 같습니다.

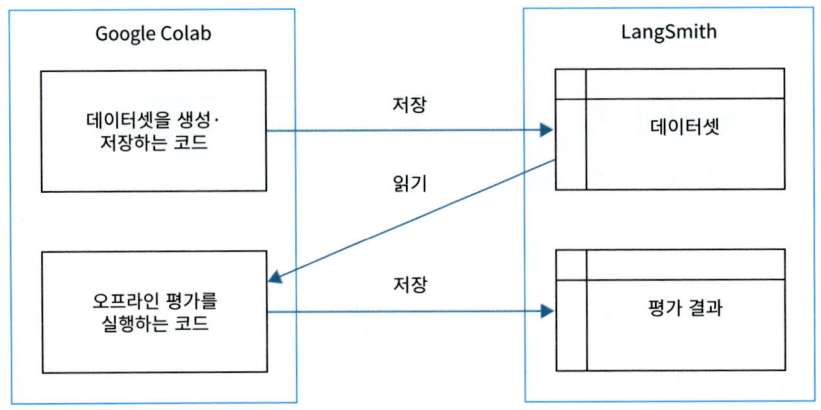

그림 7.1 이 장에서 구축할 오프라인 평가 구성

먼저 Google Colab에서 데이터셋을 생성하고 LangSmith에 저장합니다. 그다음 오프라인 평가를 구현하고, LangSmith에서 데이터셋을 불러와 평가를 실행합니다. 평가 결과는 LangSmith에 저장됩니다.

---

1 https://github.com/explodinggradients/ragas
2 Es et al.(2023), 〈RAGAS: Automated Evaluation of Retrieval Augmented Generation〉, https://arxiv.org/abs/2309.15217

이 장의 실습에서 발생하는 비용

이 장에서는 합성 테스트 데이터 생성과 평가를 위해 gpt-4o를 여러 번 호출합니다. 이 장의 실습만으로도 몇 달러 정도 비용이 발생할 수 있습니다.

7.4 Ragas를 활용한 합성 테스트 데이터 생성

오프라인 평가를 진행하려면 데이터셋을 준비해야 합니다. 이 책에서는 Ragas의 기능을 사용해 RAG 검색 대상 문서에서 테스트 데이터를 생성하겠습니다[3].

Ragas의 합성 테스트 데이터 생성 기능 개요

평가용 테스트 데이터는 수작업으로 만들 수도 있지만, 그렇게 하면 많은 노력이 필요합니다. 따라서 LLM을 사용해 테스트 데이터를 생성하는 경우가 있습니다. LLM 등을 사용해 생성한 데이터를 '합성 데이터(Synthetic data)'라고 합니다. 하지만 단순한 프롬프트로 생성한 합성 테스트 데이터는 생성되는 질문이 단조로워지는 등의 이유로 충분한 평가가 어려울 수 있습니다.

Ragas의 합성 테스트 데이터 생성 기능에는 단순한 프롬프트 생성보다 더 실용적인 데이터를 생성하기 위한 노력이 담겨 있습니다. 구체적으로는 생성된 질문을 변경해 더 복잡한 질문으로 만들거나, 여러 정보를 조합해야만 답변할 수 있는 질문을 생성하도록 설계돼 있습니다.

패키지 설치

이제 실제로 Ragas의 합성 테스트 데이터 생성 기능을 사용해 오프라인 평가를 위한 데이터를 생성해 보겠습니다. 먼저 오프라인 평가에 사용할 다양한 패키지를 설치합니다. 다음 명령어를 실행합니다[4].

---

[3] 2024년 8월에 LangSmith에도 합성 테스트 데이터 생성 기능이 추가됐습니다.
https://docs.smith.langchain.com/how_to_guides/datasets/manage_datasets_in_application#generate-synthetic-examples
https://changelog.langchain.com/announcements/generate-synthetic-examples-to-enhance-a-langsmith-dataset

[4] 이 책의 집필 시점에 Ragas의 최신 버전은 LangChain v0.3에 아직 대응하지 않습니다. 따라서 이 장에서는 LangChain v0.2를 사용합니다. Ragas v0.2 이상에서는 LangChain v0.3이 지원될 예정입니다.
https://github.com/explodinggradients/ragas/issues/1328#issuecomment-2357523697

```
!pip install langchain-core==0.2.30 langchain-openai==0.1.21 \
langchain-community==0.2.12 GitPython==3.1.43 \
langchain-chroma==0.1.2 chromadb==0.5.3 \
ragas==0.1.14 nest-asyncio==1.6.0 pydantic==2.9.2 numpy==1.25.2
```

nest-asyncio

여기서는 Ragas 외에도 nest-asyncio라는 패키지를 설치합니다. Ragas의 합성 테스트 데이터 생성 기능은 내부적으로 asyncio를 사용하기 때문에 Google Colab에서 쉽게 실행하려면 nest-asyncio가 유용합니다.

검색 대상 문서 로드

이 장의 RAG 검색 대상으로는 LangChain의 공식 문서를 사용하겠습니다. LangChain의 Document loader를 사용해 LangChain 공식 문서를 로드하는 코드는 다음과 같습니다.

```python
from langchain_community.document_loaders import GitLoader

def file_filter(file_path: str) -> bool:
    return file_path.endswith(".mdx")

loader = GitLoader(
    clone_url="https://github.com/langchain-ai/langchain",
    repo_path="./langchain",
    branch="master",
    file_filter=file_filter,
)

documents = loader.load()
print(len(documents))
```

이 코드를 실행하면 잠시 후 로드된 문서의 수가 표시됩니다.

Ragas를 활용한 합성 테스트 데이터 생성 구현

다음으로 Ragas로 합성 테스트 데이터를 생성합니다. 먼저 Ragas가 사용하는 메타데이터인 'filename'을 설정합니다.

```
for document in documents:
    document.metadata["filename"] = document.metadata["source"]
```

그리고 Ragas의 기능으로 합성 테스트 데이터를 생성합니다.

```
import nest_asyncio
from ragas.testset.generator import TestsetGenerator
from ragas.testset.evolutions import simple, reasoning, multi_context
from langchain_openai import ChatOpenAI, OpenAIEmbeddings

nest_asyncio.apply()

generator = TestsetGenerator.from_langchain(
    generator_llm=ChatOpenAI(model="gpt-4o"),
    critic_llm=ChatOpenAI(model="gpt-4o"),
    embeddings=OpenAIEmbeddings(),
)

testset = generator.generate_with_langchain_docs(
    documents,
    test_size=4,          ── 생성할 데이터 수를 4개로 설정
    distributions={simple: 0.5, reasoning: 0.25, multi_context: 0.25},
)
```

이 코드를 실행하면 몇 달러 정도의 비용이 발생합니다

이 코드에서는 가능한 한 유용한 데이터를 생성할 수 있도록 모델로 gpt-4o를 사용합니다. Ragas의 합성 테스트 데이터 생성 기능은 LLM을 반복적으로 호출합니다[5]

따라서 위 코드대로 gpt-4o를 사용하면 몇 달러 정도의 비용이 발생합니다. 비용을 최대한 줄이고 싶다면 gpt-4o-mini를 사용하세요. 다만 gpt-4o-mini를 사용하면 생성되는 데이터의 품질이 낮아질 수 있습니다.

---

[5] gpt-4o를 사용할 때 OpenAI API의 Usage tier에 따라 RateLimitError가 발생할 수 있습니다.
OpenAI API의 Usage tier에 관한 자세한 내용은 공식 문서의 다음 페이지를 참조하세요.
https://platform.openai.com/docs/guides/rate-limits/usage-tiers
이 오류가 발생한 경우 다음 두 가지 방법 중 하나로 대응하세요.
1. 같은 Tier에서도 gpt-4o보다 레이트 리밋이 높은 gpt-4o-mini 사용
   - 이 경우 생성되는 합성 테스트 데이터의 품질이 낮아질 수 있습니다.
2. 과금 등을 통해 Tier 업그레이드
   - Tier 2에서는 RateLimitError가 발생하지 않는 것을 확인했습니다(2024년 10월 31일 기준).

위 코드에서는 합성 테스트 데이터 생성에 드는 비용을 최대한 줄이기 위해 생성하는 데이터 수를 4개로 제한했습니다. 그중 1/2은 단순한 질문(simple), 1/4은 답변에 추론이 필요한 질문(reasoning), 1/4은 답변에 여러 정보원이 필요한 질문(multi_context)이 되도록 설정했습니다.

코드를 실행하고 잠시 기다리면 테스트 데이터 생성이 완료됩니다. 다음 코드를 실행하면 생성된 테스트 데이터를 확인할 수 있습니다.

```
testset.to_pandas()
```

이 코드의 실행 결과는 예를 들어 다음과 같습니다.

	question	contexts	ground_truth	evolution_type	metadata	episode_done
0	What are the steps involved in the installatio...	[# RWKV-4\n\nThis page covers how to use the `...	The steps involved in the installation and set...	simple	[{'source': 'docs/docs/integrations/providers/...	True
1	What makes Neo4j an effective open-source data...	[# Neo4j\n\n>What is `Neo4j`?\n\n>-Neo4j is a...	Neo4j is an effective open-source database man...	simple	[{'source': 'docs/docs/integrations/providers/...	True
2	How do `rate_limiter` & `max_retries` help wit...	[perform tasks such as fetching data from a d...	The `rate_limiter` parameter helps control the...	reasoning	[{'source': 'docs/docs/concepts/chat_models.md...	True
3	How do URL formats for high-availability Redis...	[# Redis\n\n>[Redis (Remote Dictionary Server)...	The context provides information on the URL fo...	multi_context	[{'source': 'docs/docs/integrations/providers/...	True

그림 7.2 Ragas로 생성한 데이터

Ragas의 합성 테스트 데이터 생성 기능을 통해 QA 데이터가 생성됐음을 확인할 수 있습니다. 이 책에서는 이 데이터를 사용해 오프라인 평가를 진행하겠습니다.

참고로 Ragas로 생성한 테스트 데이터는 항상 충분한 품질을 보장하지는 않습니다. 실제 평가에 사용할 때는 생성된 데이터의 품질을 확인하는 것이 좋습니다. Ragas의 합성 테스트 데이터 생성 기능으로 충분히 좋은 품질의 데이터를 생성할 수 없는 경우에는 Ragas의 구현이나 프롬프트를 참고하면서 직접 데이터 생성 처리를 구현하는 방법도 고려할 수 있습니다. 또는 생성 이외의 방법으로 데이터셋을 준비하는 것도 검토해 볼 수 있습니다.

LangSmith의 Dataset 생성

오프라인 평가에 사용할 데이터셋은 적절히 저장하고 관리하는 것이 중요합니다. LangSmith에는 평가용 'Dataset'을 관리하는 기능이 있습니다. 먼저 LangSmith에서 데이터셋을 관리하는 'Dataset'이라는 객체를 생성합니다. 다음 코드를 실행하세요.

```
from langsmith import Client

dataset_name = "agent-book"
client = Client()

if client.has_dataset(dataset_name=dataset_name):
    client.delete_dataset(dataset_name=dataset_name)

dataset = client.create_dataset(dataset_name=dataset_name)
```

실행이 완료되면 LangSmith 화면에서 왼쪽 메뉴의 'Datasets & Experiments'를 선택하고 Dataset 목록을 엽니다.

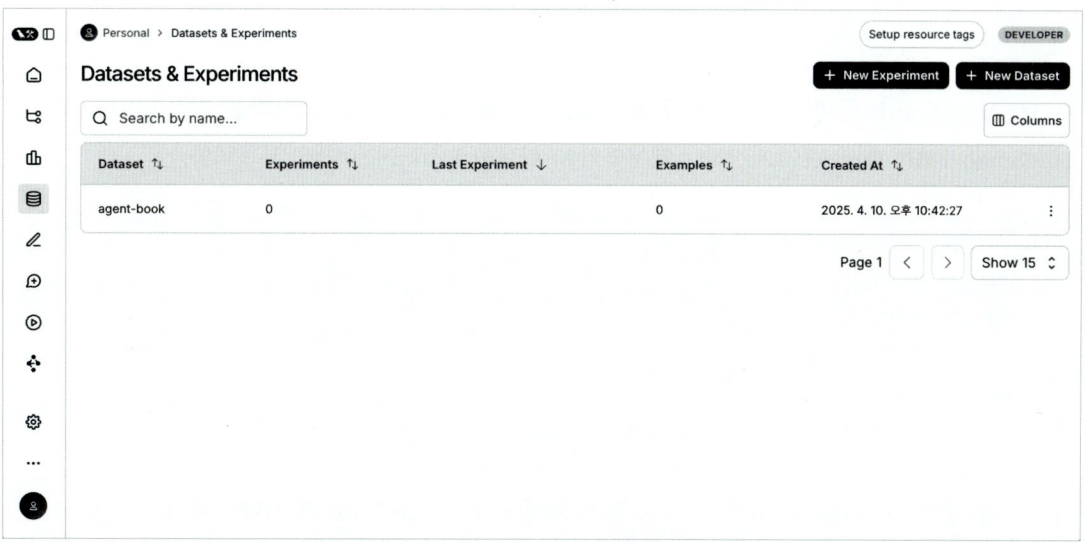

그림 7.3 Dataset 목록 화면

그러면 'agent-book'이라는 이름의 데이터셋이 추가된 것을 확인할 수 있습니다. 여기에 Ragas로 생성한 합성 테스트 데이터를 저장하겠습니다.

합성 테스트 데이터 저장

Ragas로 생성한 데이터를 LangSmith의 Dataset에 저장하는 코드를 작성하고 실행해 봅시다. 먼저 생성한 데이터셋을 LangSmith의 Dataset에 저장하는 형식으로 변환합니다.

```python
inputs = []
outputs = []
metadatas = []

for testset_record in testset.test_data:
    inputs.append({
        "question": testset_record.question,
    })
    outputs.append({
        "contexts": testset_record.contexts,
        "ground_truth": testset_record.ground_truth,
    })
    metadatas.append({
        "source": testset_record.metadata[0]["source"],
        "evolution_type": testset_record.evolution_type,
    })
```

이어서 LangSmith 클라이언트를 사용해 Dataset의 ID를 지정하고 데이터를 저장합니다. 참고로 LangSmith에서는 Dataset에 저장하는 데이터의 각 항목을 'Example'이라고 부릅니다.

```python
client.create_examples(
    inputs=inputs,
    outputs=outputs,
    metadata=metadatas,
    dataset_id=dataset.id,
)
```

이 코드를 실행하고 LangSmith의 Dataset 목록 화면에서 'agent-book'을 선택한 후 'Examples' 탭을 열면 다음과 같이 표시됩니다.

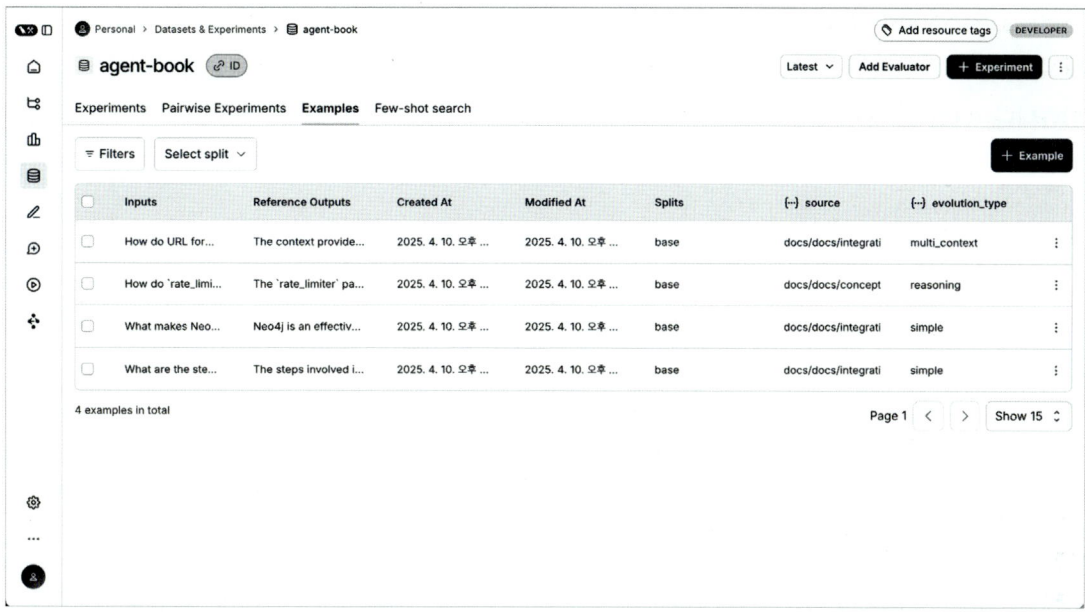

그림 7.4 Example 목록 화면

Ragas로 생성한 합성 테스트 데이터가 LangSmith에 저장된 것을 확인할 수 있습니다. Example 중 하나를 클릭하면 세부 정보를 확인할 수 있습니다.

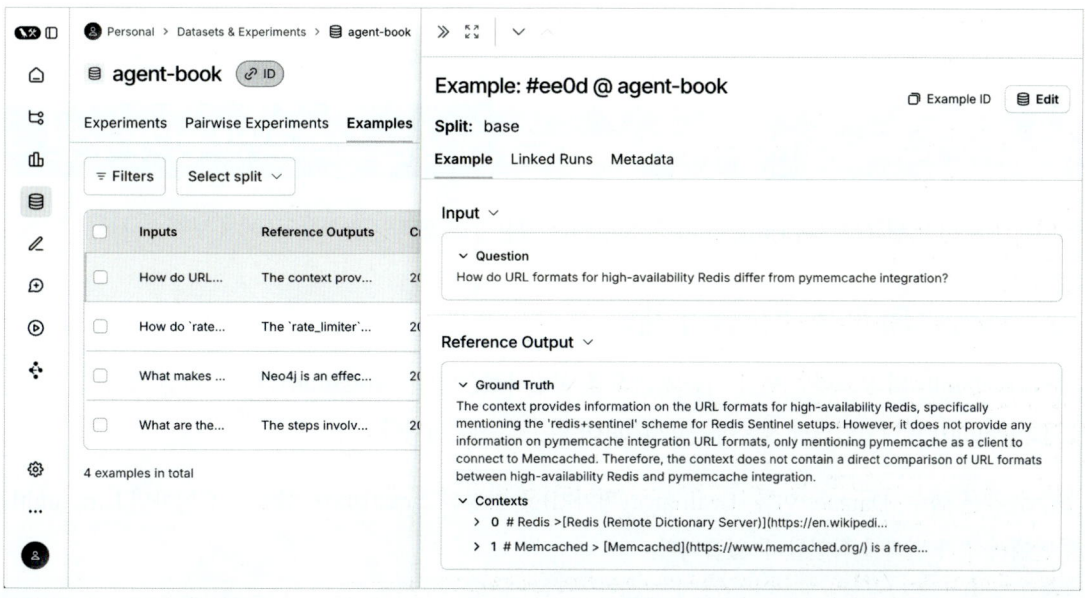

그림 7.5 Example의 세부 정보

이처럼 LangSmith의 Dataset 기능을 사용하면 오프라인 평가를 위한 데이터셋을 LangSmith에서 관리할 수 있습니다. LangSmith의 Dataset 기능으로 관리하는 데이터는 자동으로 버전 관리가 된다는 장점도 있습니다. 이번에는 Python 프로그램에서 LangSmith의 Dataset에 데이터를 저장했지만, LangSmith 화면에서 직접 데이터를 추가하거나 CSV 파일을 가져올 수도 있습니다. 또한 LangSmith의 트레이스를 선택해 데이터셋에 추가할 수도 있습니다.

> **COLUMN**
>
> **평가용 데이터셋의 데이터 수**
>
> 이 책에서는 독자들의 API 비용을 줄이기 위해 평가용 데이터셋의 데이터 수를 최대한 줄였습니다. 실제 평가에서 얼마나 많은 데이터 수가 필요한지는 상황에 따라 다릅니다. 예를 들어, 비교하려는 두 가지 방법에 큰 차이가 예상되는 경우에는 비교적 적은 데이터로도 방법의 우열을 확인하기 쉽습니다. 반면에 두 방법에 작은 차이만 예상되는 경우에는 더 많은 데이터가 필요합니다.
>
> 실제로는 이러한 분석상의 편의 외에도 데이터셋을 준비하는 데 드는 시간적, 금전적 비용도 고려해 얼마나 많은 데이터를 준비할지 검토해야 합니다.
>
> 참고로 LangSmith의 이전 문서[6]에는 데이터셋이 일반적으로 100개에서 1,000개 이상의 데이터로 구성된다고 언급돼 있습니다.

7.5 LangSmith와 Ragas를 활용한 오프라인 평가 구현

데이터셋 준비가 완료됐으니 LangSmith와 Ragas를 활용한 오프라인 평가를 구현해 보겠습니다.

LangSmith의 오프라인 평가 개요

먼저 LangSmith의 오프라인 평가 기능의 개요를 설명하겠습니다. LangSmith의 오프라인 평가 기능에서는 LangSmith 클라이언트가 제공하는 `evaluate` 함수를 사용합니다.

인수로 추론 함수, Dataset 이름, Evaluator(평가기)를 지정하고 `evaluate` 함수를 실행하면 LangSmith 화면에서 평가 결과를 확인할 수 있습니다.

---

[6] https://docs.smith.langchain.com/old/evaluation/recommendations#use-aggregate-evals

```
# 나중에 실행할 코드입니다. 이 시점에는 실행할 수 없습니다.

from langsmith.evaluation import evaluate

evaluate(
    predict,                    ← 추론 함수
    data="agent-book",          ← 데이터셋 이름
    evaluators=evaluators,      ← 평가기
)
```

평가를 실행하면 평가 결과가 LangSmith에 저장되고, LangSmith 화면에서 확인할 수 있습니다.

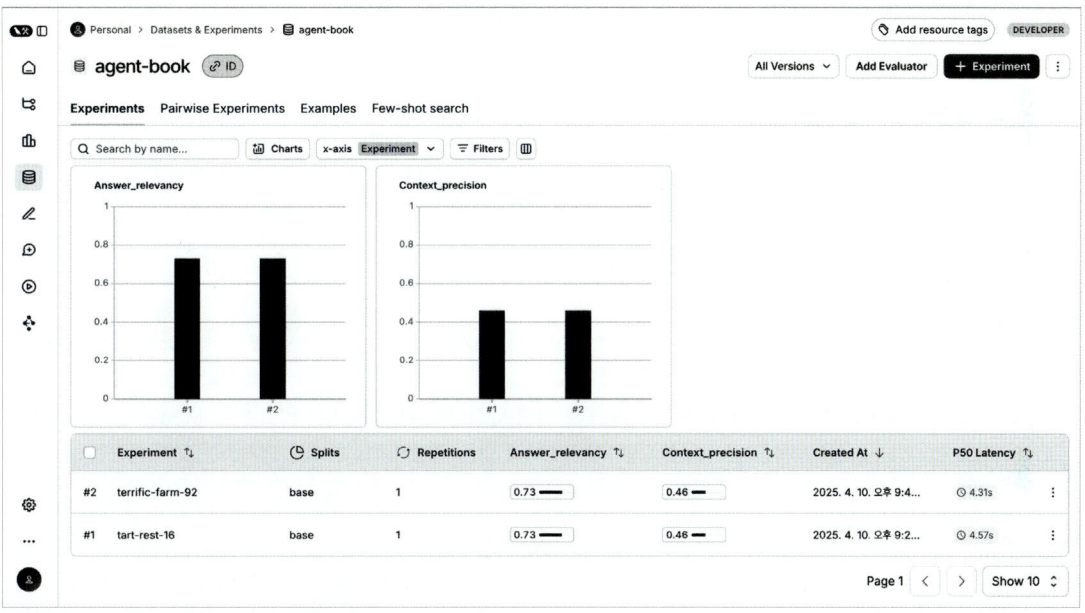

그림 7.6 평가 결과

사용 가능한 Evaluator(평가기)

Evaluator(평가기)로는 LangChain이 제공하는 기능을 사용할 수도 있고, 사용자가 직접 정의한 함수를 사용할 수도 있습니다.

LangChain이 제공하는 Evaluator에는 평가용 프롬프트를 사용한 LLM 기반 평가, 임베딩 벡터의 유사성이나 레벤슈타인 거리를 이용한 평가 등의 기능이 포함돼 있습니다[7].

사용자가 직접 정의한 함수를 사용할 수도 있으므로 Ragas의 평가 메트릭을 사용하는 것도 가능합니다. 이 책에서는 Ragas의 평가 메트릭을 사용하겠습니다.

Ragas의 평가 메트릭

이제 Ragas의 평가 메트릭에 대해 설명하겠습니다. RAG의 평가에는 주로 '검색', '생성', '검색+생성'의 세 가지 관점이 있습니다. Ragas는 이러한 관점에 대해 각각 여러 개의 평가 메트릭을 제공합니다.

- **'검색'의 평가 메트릭**: Context recall, Context precision, Context entity recall
- **'생성'의 평가 메트릭**: Faithfulness, Answer relevancy
- **'검색+생성'의 평가 메트릭**: Answer similarity, Answer correctness

이러한 평가 메트릭은 LLM이나 Embedding을 사용해 구현돼 있습니다.

LLM-as-a-Judge

최근에는 LLM의 출력을 LLM에 평가시키는 방법도 증가하고 있습니다. LLM에 의한 평가는 'LLM-as-a-Judge'라고 불리기도 합니다. LLM을 사용한 평가를 실시할 때는 LLM에 의한 평가가 적절한지도 평가하는 것이 중요합니다.

Ragas의 평가 메트릭 개요를 정리하면 다음 표와 같습니다.

---

7 더 자세한 내용을 확인하고 싶은 경우는 LangSmith 공식 문서의 다음 페이지를 참조하세요.
https://docs.smith.langchain.com/how_to_guides/evaluation/use_langchain_off_the_shelf_evaluators

표 7.1 Ragas의 평가 메트릭 개요

평가 대상	평가 메트릭	개요	LLM 사용	Embedding 사용
검색	Context precision (콘텍스트 정밀도)	질문과 기대하는 답변을 고려해 실제 검색 결과 중 유용하다고 LLM이 추론하는 비율	○	
	Context recall (콘텍스트 재현율)	기대하는 답변을 여러 문장으로 나눴을 때 실제 검색 결과로 설명할 수 있는 비율	○	
	Context entity recall (콘텍스트 엔티티 재현율)	기대하는 답변에 포함된 엔티티(개체) 중 실제 검색 결과에 포함된 비율	○	
생성	Answer relevancy (답변 관련성)	실제 답변이 질문과 얼마나 관련되는지(실제 답변에서 LLM으로 추론한 질문과 원래 질문의 임베딩 벡터 코사인 유사도 평균값)	○	○
	Faithfulness (충실성)	실제 답변에 포함된 주장 중 실제 검색 결과와 일관된 비율	○	
검색+생성	Answer similarity (답변 유사성)	실제 답변과 기대하는 답변의 임베딩 벡터 코사인 유사도		○
	Answer correctness (답변 정확성)	실제 답변과 기대하는 답변의 사실적 유사성[8]과 의미적 유사성(Answer similarity)의 가중 평균	○	○

이 책의 집필 시점에 Ragas에는 위 표에 기재된 것 외에도 Aspect critique이라는 답변의 유해성 등의 측면을 평가하는 메트릭과 Summarization score라는 요약 태스크를 평가하는 메트릭이 있습니다. Ragas의 평가 메트릭에 대한 자세한 내용은 공식 문서[9]를 참조하세요. 또한 Ragas는 오픈 소스이므로 구체적인 구현이나 프롬프트를 확인하고 싶다면 소스 코드[10]를 참조하세요.

이 책에서는 실습에서 발생하는 비용을 줄이기 위해 Ragas의 평가 메트릭 중 Context precision과 Answer relevancy 두 가지만 사용하겠습니다.

---

8 Ragas의 Answer correctness의 사실적 유사성은 실제 답변과 기대 답변에 포함된 사실에서 산출한 F1 점수의 값입니다.
9 https://docs.ragas.io/en/latest/concepts/metrics/index.html
10 https://github.com/explodinggradients/ragas/tree/main/src/ragas/metrics

> **COLUMN**
>
> ### Ragas 외의 검색 평가 메트릭
>
> Ragas의 각 평가 메트릭이 사용하는 데이터를 그림으로 정리하면 다음과 같습니다.
>
>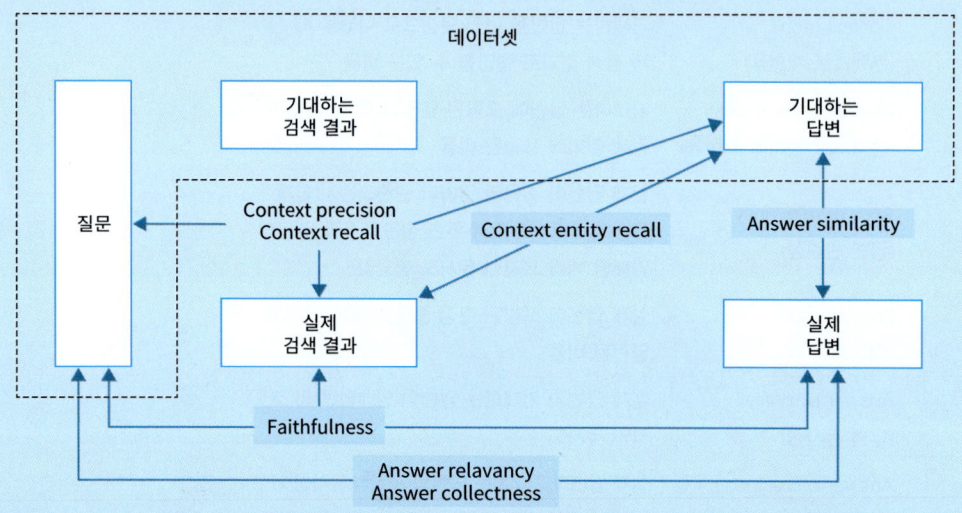
>
> **그림 7.7** Ragas의 평가 메트릭
>
> 이와 같이 Ragas의 각 평가 메트릭은 '기대하는 검색 결과'를 전혀 사용하지 않고 구현돼 있습니다. '기대하는 검색 결과'가 데이터셋에 포함되는 경우에는 다음과 같은 검색 평가 지표를 사용하는 것도 고려할 수 있습니다.
>
> - Recall(재현율): 기대하는 검색 결과 중 실제 검색 결과에 포함된 비율
> - Precision(정밀도): 실제 검색 결과 중 기대하는 검색 결과의 비율[11]
>
> RAG의 평가에서는 평가에 드는 시간이나 비용과 개선했을 때의 효과 크기를 고려해 검색 부분의 평가에 집중하게 되는 경우가 많습니다. LLM을 호출하는 Ragas의 평가 메트릭을 사용하는 것보다 규칙 기반으로 계산할 수 있는 평가 메트릭을 사용하는 것이 평가에 드는 시간과 비용을 줄일 수 있습니다.

커스텀 Evaluator 구현

LangSmith의 평가 기능에서 Ragas의 평가 메트릭을 사용하려면 커스텀 Evaluator를 구현해야 합니다. 커스텀 Evaluator는 실제 실행 결과(Run)와 평가 데이터(Example)를 인수로 받아 평가 점수를 `dict`로 반환하는 함수로 구현할 수 있습니다.

---

[11] Ragas의 평가 지표에도 Context recall과 Context precision이 있지만, 여기서 설명하는 Recall과 Precision과는 정의가 다릅니다.

예를 들어, `sample_metric`이라는 이름으로 점수가 고정적으로 '1'인 커스텀 Evaluator는 다음과 같습니다.

```python
def my_evaluator(run: Run, example: Example) -> dict[str, Any]:
    return {"key": "sample_metric", "score": 1}
```

Ragas의 평가 메트릭을 사용할 때는 사용할 LLM이나 Embedding 모델을 설정해야 합니다. LLM이나 Embedding 모델을 설정하는 처리를 포함해, Ragas의 평가 메트릭을 LangSmith에서 평가에 사용하기 위한 커스텀 Evaluator의 구현 예는 다음과 같습니다.

```python
from typing import Any
from langchain_core.embeddings import Embeddings
from langchain_core.language_models import BaseChatModel
from langsmith.schemas import Example, Run
from ragas.embeddings import LangchainEmbeddingsWrapper
from ragas.llms import LangchainLLMWrapper
from ragas.metrics.base import Metric, MetricWithEmbeddings, MetricWithLLM

class RagasMetricEvaluator:
    def __init__(self, metric: Metric, llm: BaseChatModel, embeddings: Embeddings):
        self.metric = metric

        # LLM과 Embeddings를 Metric에 설정
        if isinstance(self.metric, MetricWithLLM):
            self.metric.llm = LangchainLLMWrapper(llm)
        if isinstance(self.metric, MetricWithEmbeddings):
            self.metric.embeddings = LangchainEmbeddingsWrapper(embeddings)

    def evaluate(self, run: Run, example: Example) -> dict[str, Any]:
        context_strs = [doc.page_content for doc in run.outputs["contexts"]]

        # Ragas의 평가 메트릭의 score 메서드로 점수 계산
        score = self.metric.score(
            {
                "question": example.inputs["question"],           # 질문
                "answer": run.outputs["answer"],                  # 실제 답변
                "contexts": context_strs,                         # 실제 검색 결과
                "ground_truth": example.outputs["ground_truth"],  # 기대하는 답변
            },
```

```
        )
        return {"key": self.metric.name, "score": score}
```

특히 중요한 처리는 Ragas 평가 메트릭의 'score' 메서드를 사용해 평가 점수를 계산하는 부분입니다. score 메서드에는 실제 실행 결과(Run)와 평가 데이터(Example)에서 추출한 질문(question), 실제 답변(answer), 실제 검색 결과(contexts), 기대하는 답변(ground_truth)을 제공해 점수를 계산합니다.

위 코드의 구현은 Ragas 공식 문서에서 설명하는 Langfuse와의 통합을 참고했습니다[12].

위의 RagasMetricEvaluator를 사용해 Ragas의 평가 메트릭을 준비합니다.

```
from langchain_openai import ChatOpenAI, OpenAIEmbeddings
from ragas.metrics import answer_relevancy, context_precision

metrics = [context_precision, answer_relevancy]
llm = ChatOpenAI(model="gpt-4o-mini", temperature=0)
embeddings = OpenAIEmbeddings(model="text-embedding-3-small")

evaluators = [
    RagasMetricEvaluator(metric, llm, embeddings).evaluate
    for metric in metrics
]
```

이제 Evaluator 준비가 완료됐습니다.

추론 함수 구현

오프라인 평가 처리를 구현하기 위한 마지막 준비로 추론 함수를 구현합니다. 먼저 RAG에서 사용할 Vector store로 Chroma를 준비합니다.

```
from langchain_chroma import Chroma
from langchain_openai import OpenAIEmbeddings

embeddings = OpenAIEmbeddings(model="text-embedding-3-small")
db = Chroma.from_documents(documents, embeddings)
```

---

[12] 참고: Langfuse | Ragas
https://docs.ragas.io/en/latest/howtos/integrations/langfuse.html

다음으로 RAG의 간단한 Chain을 구현합니다.

```python
from langchain_core.output_parsers import StrOutputParser
from langchain_core.prompts import ChatPromptTemplate
from langchain_core.runnables import RunnableParallel, RunnablePassthrough
from langchain_openai import ChatOpenAI

prompt = ChatPromptTemplate.from_template('''
다음 문맥만을 고려해 질문에 답하세요.
문맥: """{context}"""
질문: {question}
''')

model = ChatOpenAI(model="gpt-4o-mini", temperature=0)
retriever = db.as_retriever()

chain = RunnableParallel(
    {
        "question": RunnablePassthrough(),
        "context": retriever,
    }
).assign(
    answer=prompt | model | StrOutputParser()
)
```

LangSmith에서 평가에 사용할 추론 함수는 데이터셋에 저장한 형식의 `dict`를 받아 실제 실행 결과(Run)를 `dict`로 반환하는 함수로 구현합니다. 데이터셋의 입력에서 'question'을 추출해 추론(RAG 등의 처리)을 수행하고, 실제 검색 결과나 답변을 반환하는 함수는 다음과 같습니다.

```python
def predict(inputs: dict[str, Any]) -> dict[str, Any]:
    question = inputs["question"]
    output = chain.invoke(question)
    return {
        "contexts": output["context"],
        "answer": output["answer"],
    }
```

이 함수를 사용한 추론 결과를 평가하게 됩니다.

오프라인 평가 구현·실행

LangSmith에서 오프라인 평가를 실행하는 코드를 구현합니다.

```python
from langsmith.evaluation import evaluate

evaluate(
    predict,
    data="agent-book",
    evaluators=evaluators,
)
```

위 코드를 실행하고 잠시 기다리면 LangSmith에 평가 결과가 저장됩니다. LangSmith에서는 평가의 각 인스턴스를 'Experiment'라고 부릅니다. LangSmith에서 'agent-book'이라는 Dataset의 'Experiments' 탭을 열면 Experiment 목록이 표시됩니다.

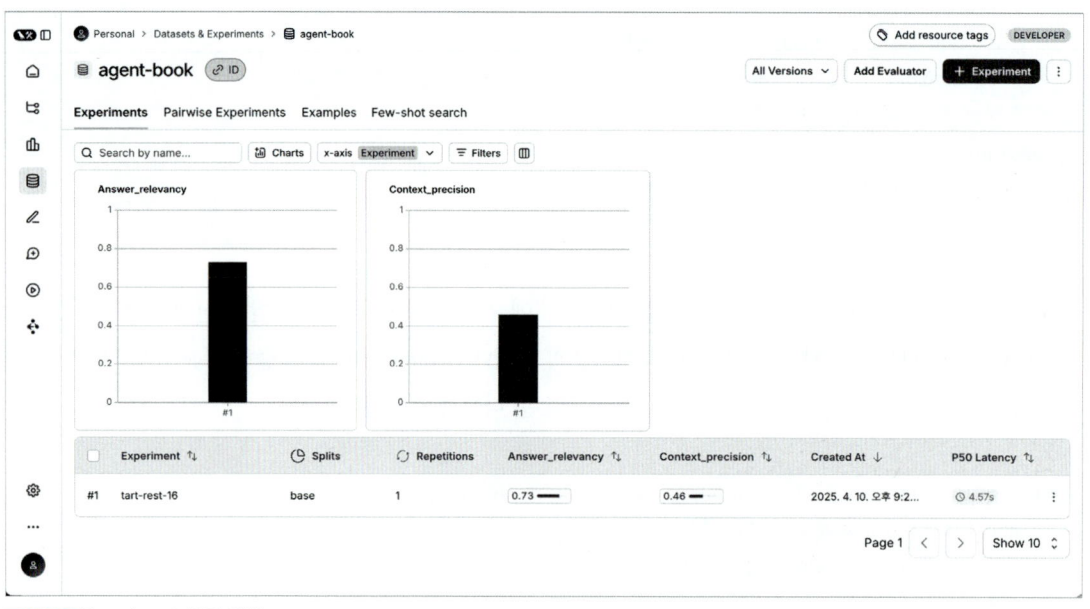

그림 7.8 Experiment 목록 화면

평가 결과가 LangSmith에 저장된 것을 확인할 수 있습니다. Experiment를 선택하면 평가의 세부 사항도 확인할 수 있습니다.

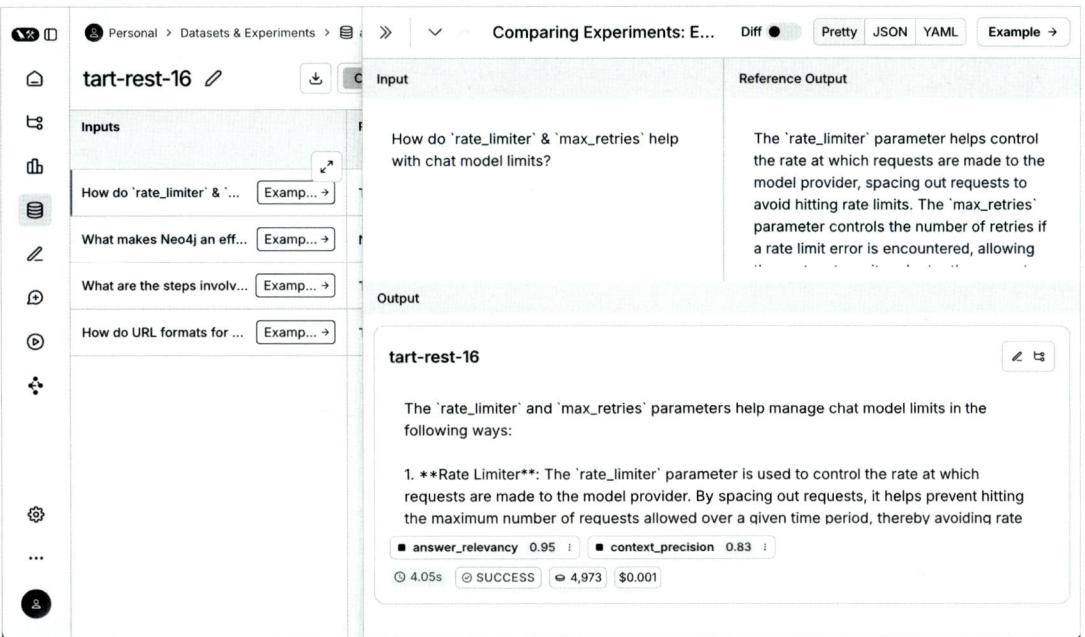

그림 7.9 평가의 세부 사항

평가를 여러 번 실행하면 다음과 같이 평가 메트릭이 그래프로 시각화됩니다.

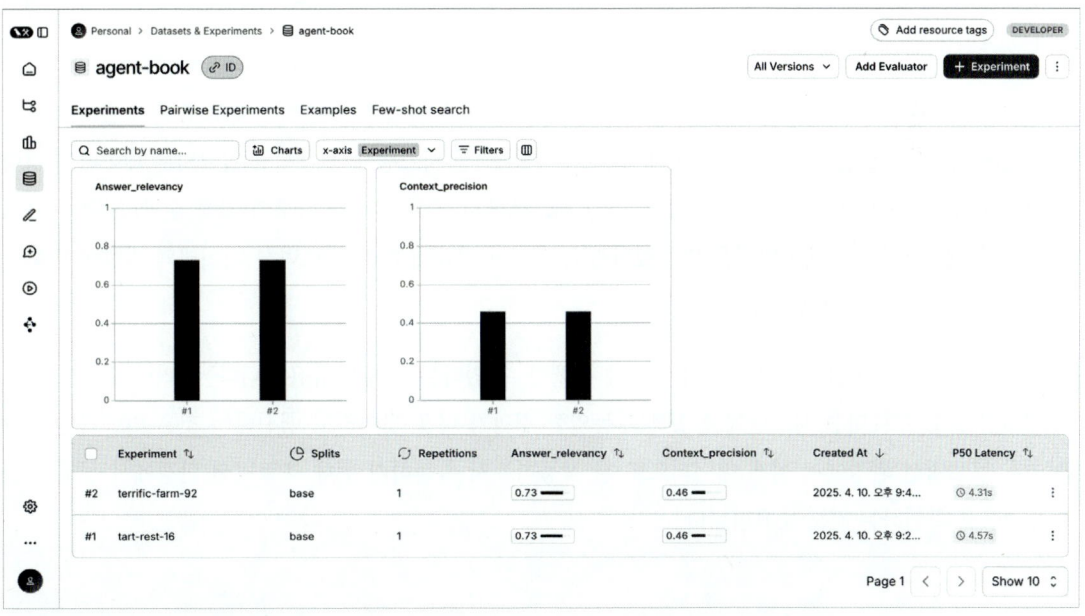

그림 7.10 평가 메트릭 그래프

07 _ LangSmith를 활용한 RAG 애플리케이션 평가　179

이 실습에서는 간단한 RAG Chain을 평가에 사용했습니다. 마찬가지로 6장에서 구현한 다양한 Chain[13]을 평가 대상으로 할 수도 있습니다. 관심 있는 분들은 직접 시도해 보세요.

이 절에서 설명한 평가 방법 외에도 LangSmith에는 '페어와이즈 평가(Pairwise evaluation)'라는 기능도 있습니다. 페어와이즈 평가에서는 LLM에 두 가지 추론 결과를 제시하고 어느 쪽이 더 좋은지 평가하게 할 수 있습니다. 페어와이즈 평가에 대한 자세한 내용은 공식 문서의 'Run pairwise evaluations' 페이지를 참조하세요.

- Run pairwise evaluations _
  https://docs.smith.langchain.com/how_to_guides/evaluation/evaluate_pairwise

오프라인 평가 주의사항

이 책에서는 Ragas의 평가 지표를 사용해 평가 점수를 계산했습니다. 실제 LLM 애플리케이션에서는 일반적으로 사용되는 평가 지표뿐만 아니라 비즈니스 KPI를 고려한 평가 지표를 설정하는 것이 중요합니다.

또한 오프라인 평가 점수가 상승했을 때 비즈니스 KPI에 얼마나 반영되는지는 상황에 따라 다를 수 있다는 점에 주의해야 합니다. 예를 들어, 오프라인 평가 점수가 상승했지만 비즈니스 KPI에는 거의 영향을 미치지 않는 경우도 있습니다. 오프라인 평가 점수는 무조건 높은 점수를 목표로 할 것이 아니라 비용 대비 효과를 고려해 판단해야 합니다.

오프라인 평가에서 좋은 결과를 얻었더라도 프로덕션 시스템에 반영했을 때 예상대로 효과가 있다고 보장할 수 없습니다. 예를 들어, 미리 준비한 데이터셋과 프로덕션 시스템에서 실제로 입력되는 데이터의 경향이 다른 경우, 오프라인 평가 결과만큼 프로덕션 시스템에서 좋은 결과가 나오지 않을 수 있습니다. 프로덕션 데이터를 기반으로 데이터셋을 만들었더라도 시간이 지남에 따라 프로덕션 데이터의 경향이 변화하는 '데이터 드리프트'가 발생할 수도 있습니다.

오프라인 평가는 실제 시스템에 통합하기 전에 수행할 수 있다는 점에서 유용합니다. 그러나 오프라인 평가 결과만 보고 프로덕션 시스템에 통합해도 동일한 결과가 나올 것이라고 맹신하는 것은 바람직하지 않습니다. 프로덕션 환경에서 실제 데이터로도 잘 작동하는지 측정하기 위해 프로덕션 환경에서 실제 사용자의 반응을 확인하는 것도 중요합니다.

---

[13] 6장의 코드 그대로가 아니라 context를 출력하도록 변경해야 합니다.

7.6 LangSmith를 활용한 피드백 수집

오프라인 평가의 주의점에서 언급했듯이, 오프라인 평가 점수만으로 애플리케이션의 진정한 품질을 판단하기는 어렵습니다. 실제 효과를 측정하거나 오프라인 평가의 평가 지표나 데이터셋을 개선하기 위해 프로덕션 환경에 배포한 후 사용자의 반응을 확인하는 것도 중요합니다.

예를 들어 LLM의 출력을 바탕으로 사용자가 문서를 작성하는 경우, LLM의 출력을 얼마나 그대로 사용했는지 측정하는 것을 고려할 수 있습니다. A/B 테스트나 섀도 테스트[14]를 통해 여러 모델이나 방법을 비교하는 것도 생각해 볼 수 있습니다.

이 절에서는 사용자 피드백을 수집하는 간단한 예시로 사용자에게 Good · Bad를 입력하게 하는 기능을 구현합니다.

이 절에서 구현할 피드백 기능 개요

LangSmith의 Feedback 기능을 사용하면 사용자 피드백을 쉽게 수집할 수 있습니다. Google Colab에 'Good'과 'Bad' 버튼을 표시해 사용자로부터 피드백을 받도록 하겠습니다.

그림 7.11 Google Colab에서 피드백을 LangSmith에 저장

피드백 버튼을 표시하는 함수 구현

Google Colab에서 간단하게 버튼을 표시하기 위해 `ipywidgets` 패키지를 사용하겠습니다. `ipywidgets`를 사용해 'Good'과 'Bad' 버튼을 표시하고, 버튼이 클릭됐을 때 LangSmith에 피드백을 저장하는 함수는 다음과 같이 구현할 수 있습니다.

```
from uuid import UUID
import ipywidgets as widgets
```

---

14 실제 트래픽에 대해 사용자에게는 기존 모델 · 방법으로 응답을 반환하면서 새로운 모델 · 방법으로도 추론을 실시해 평가하는 방법을 '섀도 테스트' 또는 '섀도 A/B 테스트'라고 합니다.

```python
from IPython.display import display
from langsmith import Client

def display_feedback_buttons(run_id: UUID) -> None:
    # Good 버튼과 Bad 버튼 준비
    good_button = widgets.Button(
        description="Good",
        button_style="success",
        icon="thumbs-up",
    )
    bad_button = widgets.Button(
        description="Bad",
        button_style="danger",
        icon="thumbs-down",
    )

    # 클릭됐을 때 실행되는 함수 정의
    def on_button_clicked(button: widgets.Button) -> None:
        if button == good_button:
            score = 1
        elif button == bad_button:
            score = 0
        else:
            raise ValueError(f"Unknown button: {button}")

        client = Client()
        client.create_feedback(run_id=run_id, key="thumbs", score=score)  # LangSmith에 피드백 저장
        print("피드백을 전송했습니다")

    # 버튼이 클릭됐을 때 on_button_clicked 함수 실행
    good_button.on_click(on_button_clicked)
    bad_button.on_click(on_button_clicked)

    # 버튼 표시
    display(good_button, bad_button)
```

위 코드에서는 'Good' 버튼이 클릭되면 '1', 'Bad' 버튼이 클릭되면 '0'이라는 값을 LangSmith에 저장합니다. LangSmith의 Feedback 기능에서는 이와 같이 점수 값을 저장하는 것 외에도 코멘트로 문자열을 저장하는 것도 가능합니다.

피드백 버튼 표시

사용자 입력을 바탕으로 RAG Chain을 실행하고 피드백 버튼을 표시하는 코드를 작성합니다.

```python
from langchain_core.tracers.context import collect_runs

# LangSmith의 트레이스 ID(Run ID)를 얻기 위해 collect_runs 함수 사용
with collect_runs() as runs_cb:
    output = chain.invoke("LangChain의 개요를 알려줘")
    print(output["answer"])
    run_id = runs_cb.traced_runs[0].id

display_feedback_buttons(run_id)
```

이 코드를 실행하면 다음과 같이 표시됩니다.

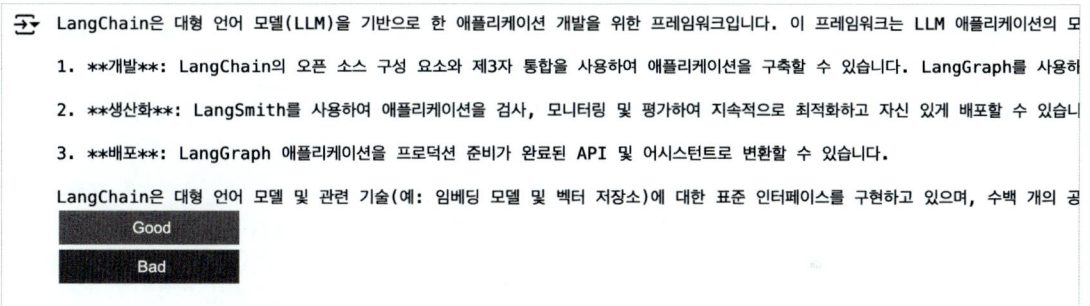

그림 7.12 피드백 버튼

예를 들어 'Good' 버튼을 클릭해 봅시다. LangSmith의 트레이스를 확인하면 해당 트레이스의 'Feedback' 항목에 '1'이라는 값이 저장된 것을 확인할 수 있습니다.

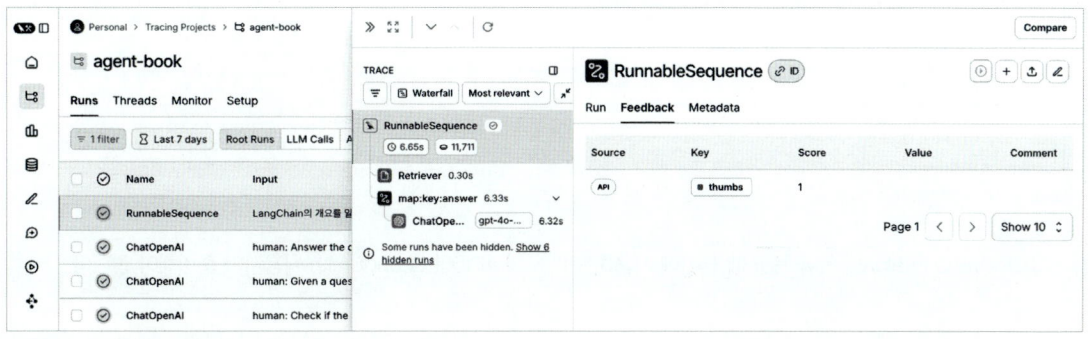

그림 7.13 Feedback 확인

여기서는 사용자 피드백을 수집하는 예시로 Good · Bad 버튼을 구현했습니다. 사용자 피드백을 수집하는 데 있어 Good · Bad와 같은 버튼을 마련하는 구현은 비교적 간단합니다. 그러나 특별한 강제성이 있는 경우를 제외하고는 사용자의 Good · Bad 버튼 입력률은 매우 낮아지기 쉽습니다.

LangSmith의 Feedback 기능에서는 Good · Bad 외에도 임의의 피드백을 저장할 수 있습니다. 예를 들어, 사람에 의한 피드백이 아닌 소프트웨어(LLM 포함)가 출력한 점수를 피드백으로 저장하는 것도 가능합니다.

> **COLUMN**
>
> **Online Evaluator**
>
> LangSmith에는 LangSmith에서 정의한 Evaluator를 LangSmith에서 실행하는 'Online Evaluator'라는 기능이 있습니다. Online Evaluator를 사용하면 프로덕션 환경의 트레이스에 대한 LLM 기반 평가를 빠르게 시작할 수 있습니다. 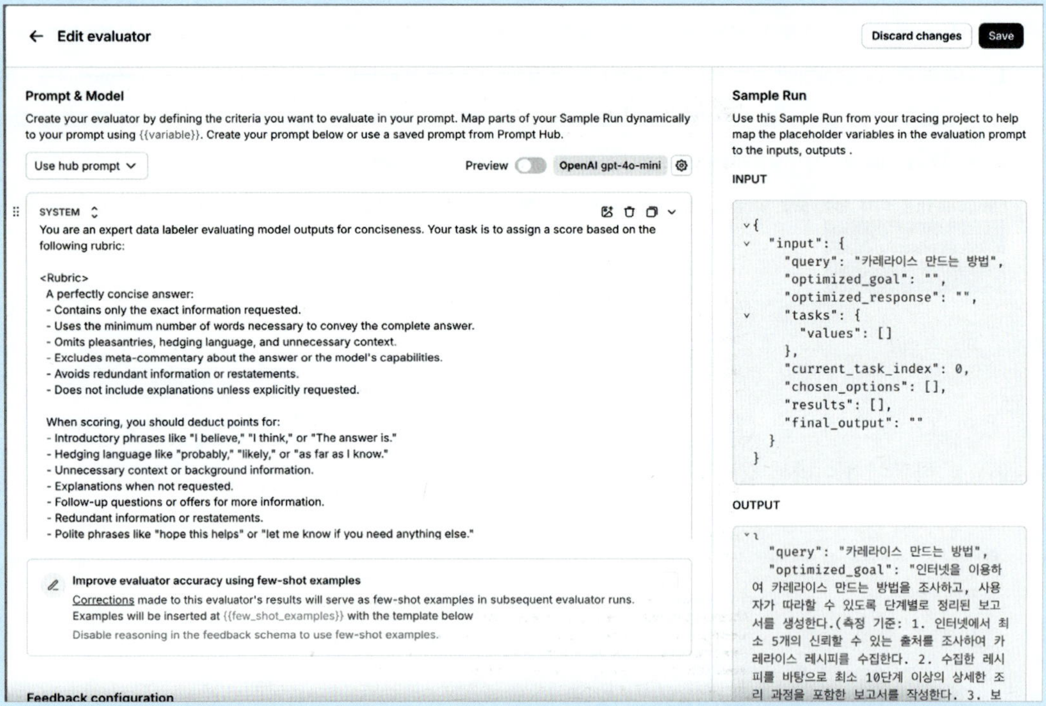
>
> 그림 7.14 Online Evaluator
>
> 참고로 Online Evaluator를 사용할 때 평가에 사용하는 LLM의 API 키는 LangSmith 사용자가 준비해야 합니다.

7.7 피드백 활용을 위한 자동 처리

지금까지 Good · Bad 버튼을 구현해 사용자 피드백을 수집할 수 있도록 했습니다. 사용자 피드백은 수집만 하고 끝내는 것이 아니라 애플리케이션 모니터링과 개선에 활용하는 것이 중요합니다. 이제 LangSmith의 Automation rule 기능을 사용해 Good · Bad 점수에 따라 처리하는 예시를 만들어 보겠습니다.

Automation rule을 활용한 처리

LangSmith의 'Automation rule' 기능을 사용하면 필터 조건에 맞는 트레이스를 샘플링해 자동으로 액션이나 알림을 실행할 수 있습니다. 액션과 알림으로는 이 책의 집필 시점에 다음 표의 처리가 지원됩니다.

표 7.2 LangSmith의 Automation rule에서 지원하는 액션과 알림 목록

카테고리	내용
Action	Annotation Queue에 추가
	Dataset에 추가
	LangSmith에서 Online evaluator 실행
	Webhook 트리거(Beta)
Alerts	PagerDuty에 알림 전송(Beta)

Automation rule은 예를 들어 다음과 같이 활용할 수 있습니다.

- 좋은 평가를 받은 트레이스를 자동으로 Dataset에 추가해 오프라인 평가, Few-shot 프롬프팅, 파인튜닝에 활용
- 나쁜 평가를 받은 트레이스를 자동으로 Annotation Queue(후술)에 추가해 사람이 확인하는 대상으로 설정

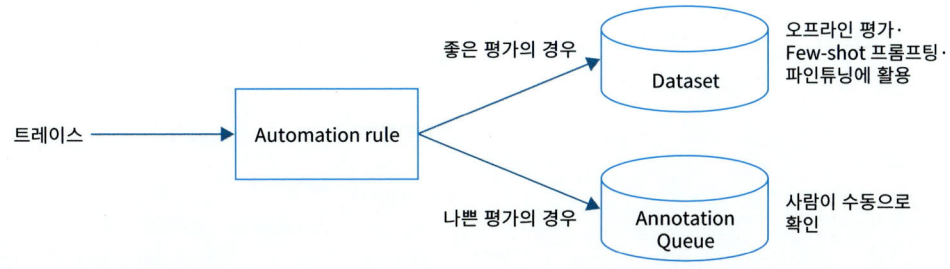

그림 7.15 Automation rule의 활용 예

이 절에서는 좋은 평가를 받은 트레이스를 자동으로 Dataset에 추가하는 처리를 설정하겠습니다.

좋은 평가의 트레이스를 자동으로 Dataset에 추가하기

LangSmith 트레이스 목록 화면에서 필터로 'Feedback Score'의 'thumbs'의 '1'을 선택합니다.

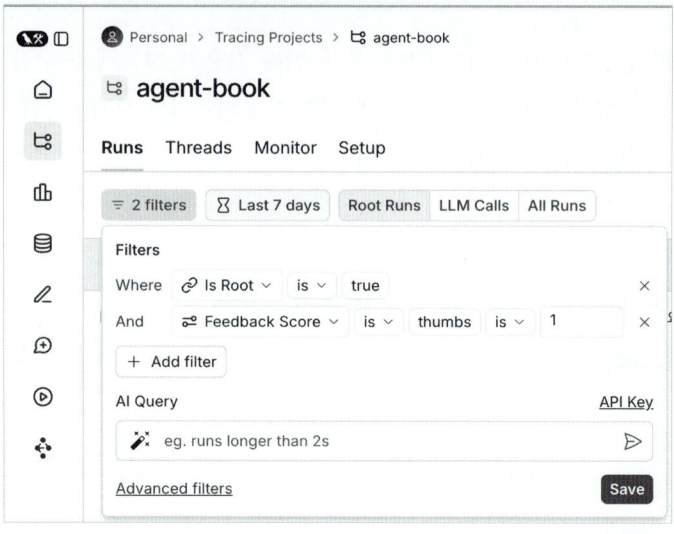

그림 7.16 좋은 평가 트레이스만 필터링

그러면 좋은 평가를 받은 트레이스만 표시됩니다. 여기서 화면 상단의 'Add Rule'을 클릭하면 Rule 설정을 입력할 수 있습니다. Rule 이름(Name)으로 'feedback-good'을 입력하고, Actions로 'Add to dataset'을 선택합니다.

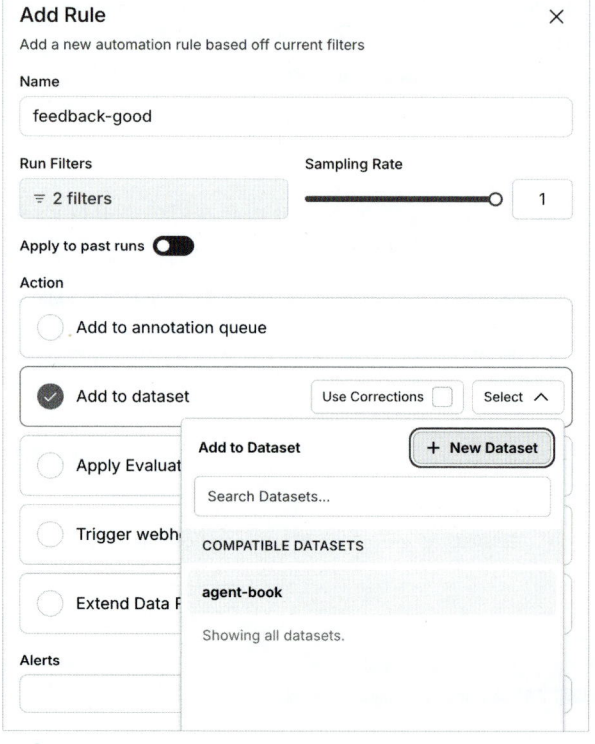

그림 7.17 Add Rule

Dataset은 'New dataset'을 선택해 새로 생성합니다. 생성할 Dataset 이름(Name)을 'agent-book-feedback-good'이라고 입력하고 생성(Create)합니다.

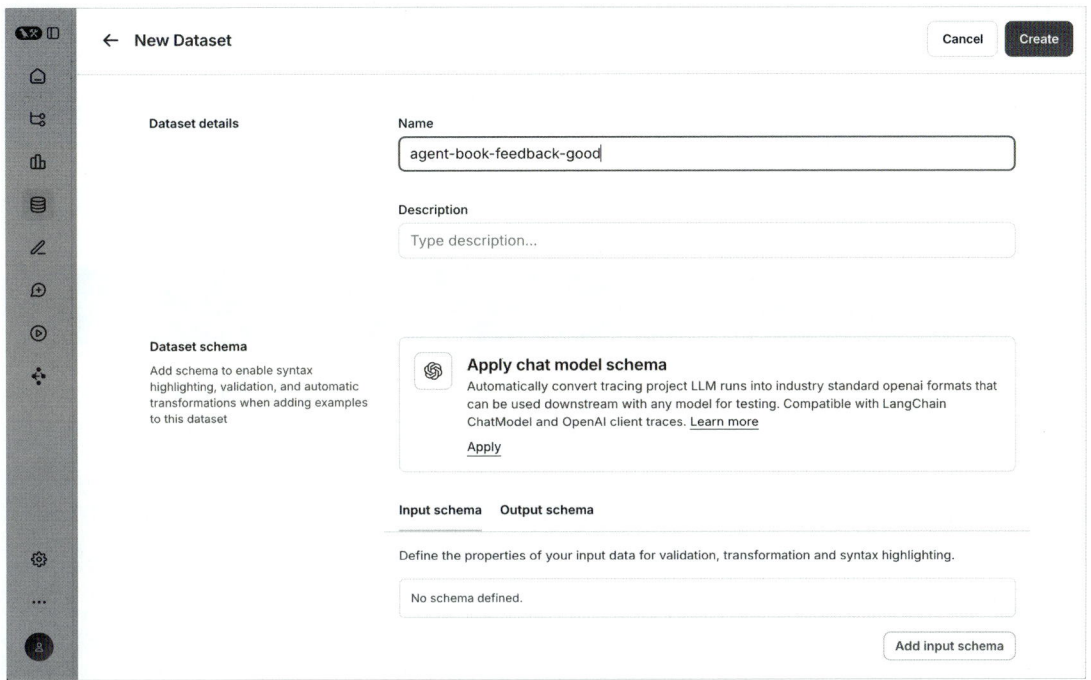

그림 7.18 Dataset 생성

Rule 설정이 완료되면 저장(Save)합니다. 7.6절의 '피드백 버튼 표시' 코드를 다시 실행하고 'Good' 버튼을 클릭합니다. 그러면 잠시 후 그림 7.19와 같이 트레이스가 자동으로 Dataset에 추가됩니다.

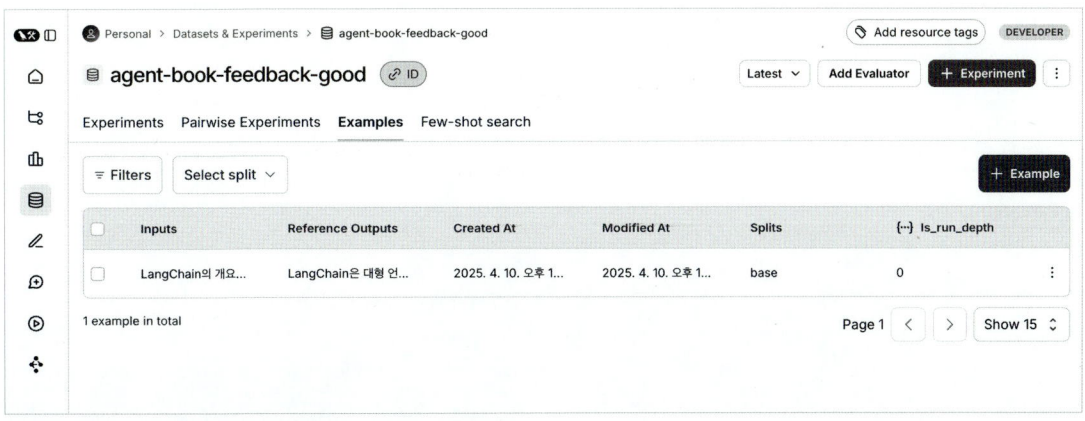

그림 7.19 좋은 평가 트레이스가 자동으로 Dataset에 추가된 모습

이렇게 수집한 데이터는 오프라인 평가나 파인튜닝, 또는 Few-shot 프롬프팅을 위한 예시로 활용할 수 있습니다.

마찬가지 방법으로 나쁜 평가를 받은 트레이스를 Annotation Queue에 자동으로 추가하는 설정도 가능합니다. LangSmith의 'Annotation Queue'는 수동으로 차례대로 평가를 수행하기 위한 기능입니다. Annotation Queue를 사용하면 수작업으로 평가 점수를 매기거나 원하는 답변을 만들어 데이터셋에 포함시키는 작업을 효율화할 수 있습니다.

7.8 요약

이 장에서는 LangSmith를 활용한 평가 실습을 진행했습니다. LangSmith의 평가 기능은 매우 충실하며, 잘 활용하면 빠르게 평가 시스템을 구축할 수 있습니다.

LLM 애플리케이션을 프로덕션 시스템에 통합하고 개선해 나가는 데 있어 평가는 중요합니다. 그리고 평가 시스템은 한 번 구축하고 끝나는 것이 아니라 지속적으로 평가 방법과 데이터셋을 개선해 나가는 것도 중요합니다.

LangSmith 공식 문서에서는 평가 관련 모범 사례도 소개합니다. LLM 애플리케이션 평가를 시작할 때는 꼭 한번 읽어보는 것을 권장합니다.

08장

AI 에이전트란

이 장에서는 AI 에이전트 구축을 위해 LLM을 활용하는 구체적인 기법의 진화에 대해 설명합니다. 또한, AI 에이전트가 안전하게 사회에 받아들여지기 위한 과제들도 다룹니다.

오시마 유키

8.1 AI 에이전트를 위한 LLM 활용의 기대

8.2 AI 에이전트의 기원과 LLM을 활용한 AI 에이전트의 변천

8.3 범용 LLM 에이전트 프레임워크

8.4 멀티 에이전트 접근법

8.5 AI 에이전트가 안전하게 보급되기 위해

8.6 요약

8.1 AI 에이전트를 위한 LLM 활용의 기대

AI 에이전트란 복잡한 목표를 자율적으로 수행할 수 있는 AI 시스템을 말합니다. 기존 AI 시스템이 특정 태스크에 특화돼 있던 것과 달리, LLM을 활용한 AI 에이전트는 주어진 목표를 달성하기 위해 필요한 행동을 스스로 결정하고 실행할 수 있습니다. 이러한 자율성을 통해 더 범용적이고 유연한 LLM 애플리케이션 구현이 가능해집니다.

생성형 AI가 트렌드가 된 지 2년이 지났지만, 현재 대부분의 LLM 애플리케이션은 아직 사람의 일을 대체하는 수준에 이르지 못했습니다. 사람의 의도에 맞는 양질의 출력을 얻으려면 명확한 프롬프트를 제시하고, 출력 결과를 사람이 제대로 평가해야 하기 때문에 생각보다 많은 수고가 필요합니다. 또한, 생성된 출력의 품질 편차에 대한 불만이 있거나 출력 내용이 쓸모 있는지 꼼꼼하게 검토하는 수고에 지쳐 사용이 정착되기 어려운 문제도 있습니다.

점차 사용자에게 완벽한 지시를 요구하기보다는 LLM 애플리케이션 자체가 사람의 의도에 맞는 양질의 출력과 높은 문제 해결 능력을 갖추기를 기대하게 됐습니다. 이상적으로는 사람이 거의 지시하지 않아도 AI가 스스로 할 일을 생각하고, 다양한 도구를 활용해 사람이 원하는 목표를 향해 적극적으로 태스크를 수행하는 것입니다. 이것이 AI 에이전트의 기본 개념입니다.

현재의 LLM 애플리케이션은 아직 '지시를 받아 텍스트나 이미지를 생성하는' 경우가 많으며, 사용자가 일상적으로 수행하는 태스크 자체를 대신할 수 있는 것은 많지 않습니다. 사람처럼 환경을 인식하고 합리적으로 행동하는 에이전트를 구축하려는 노력 자체는 컴퓨터 기술 역사만큼이나 오랜 역사를 가지고 있습니다. 최근에는 LLM의 뛰어난 인지 능력이나 태스크 계획(플래닝) 능력에 주목해, 사람이 원하는 목표를 향해 환경을 인식하고 복잡한 태스크를 수행할 수 있는 AI 에이전트를 구현함으로써 사용자가 적은 노력으로 더 많은 일을 할 수 있게 될 것으로 기대하고 있습니다.

이후 섹션에서는 LLM을 에이전트처럼 활용하기 위한 다양한 특성이 최근 어떻게 발견됐는지, 또한 그 활용 기법이 어떻게 진화해 왔는지를 몇 가지 논문을 기반으로 설명합니다. 또한, 9장 이후에서는 실제로 LangGraph를 사용해 LLM 기반 AI 에이전트를 만들어 볼 것이므로, 이 장에서 기본적인 지식을 폭넓게 설명하겠습니다.

8.2 AI 에이전트의 기원과 LLM을 활용한 AI 에이전트의 변천

LLM이 등장하기 이전부터 AI의 응용으로 주목받아 온 것이 AI 에이전트 연구였습니다. 1995년 《Artificial Intelligence: A Modern Approach》에서 이미 '에이전트란 감지기를 통해 자신의 환경을 지각하고, 작동기를 통해 환경에 대해 어떠한 행위를 수행하는 존재'로 정의됐습니다. 이 책은 '현재 공통의 틀로 간주되는 것들을 조합하고, 과거의 성과를 오늘날 의미 있는 개념과 용어로 다시 설명한다'라고 서문에 적혀 있듯이, 이론과 실제를 균형 있게 결합해 설명하고 있어 많은 대학에서 교과서로 쓰이고 있습니다.

이 책은 또한 2판이 2003년, 3판이 2010년, 4판이 2020년에 출간되면서 매번 크게 개정됐습니다[1]. 영어판으로는 1,000페이지가 넘는 책이지만, 다음 판에서는 분명히 생성형 AI, 그중에서도 특히 AI 에이전트의 발전 요인 중 하나인 LLM을 통한 범용적인 태스크 해결 능력의 획득이 언급될 것으로 생각됩니다.

1990년대에는 '과거 문맥에서 다음 단어를 예측하는' 통계적 언어 모델(Statistical LM)이, 2013년에는 '단어의 의미는 주변 문맥에서 형성된다'라는 분포 가설에 기반해 단어를 분산 표현으로 하는 Word2Vec의 등장으로 신경 언어 모델(Neural LM)이 주류가 됐지만, 이 시기 언어 모델의 태스크 해결 능력은 텍스트 분석이나 감정 분석 등 제한적인 것이었습니다.

2018년에는 BERT나 GPT 등 대규모 말뭉치로 사전 훈련된 트랜스포머 기반 언어 모델(Pre-trained LM)이 등장하면서 현실적인 문제 해결 능력이 향상됐고, 2020년 이후부터는 스케일링 법칙의 발견, 지시 학습, 선호 최적화 등을 통해 LLM이 범용적인 태스크 해결 능력을 획득했다는 것이 현재까지의 대략적인 흐름입니다. GPT-4의 경우, 법률 시험에서 90% 이상의 법과 학생보다 점수가 높았다는 충격적인 사실이 전해지기도 했습니다.

---

1 (옮긴이) 3판과 4판을 우리말로 번역한 《인공지능: 현대적 접근방식》(제이펍)이 2016년, 2021년에 출간됐습니다.

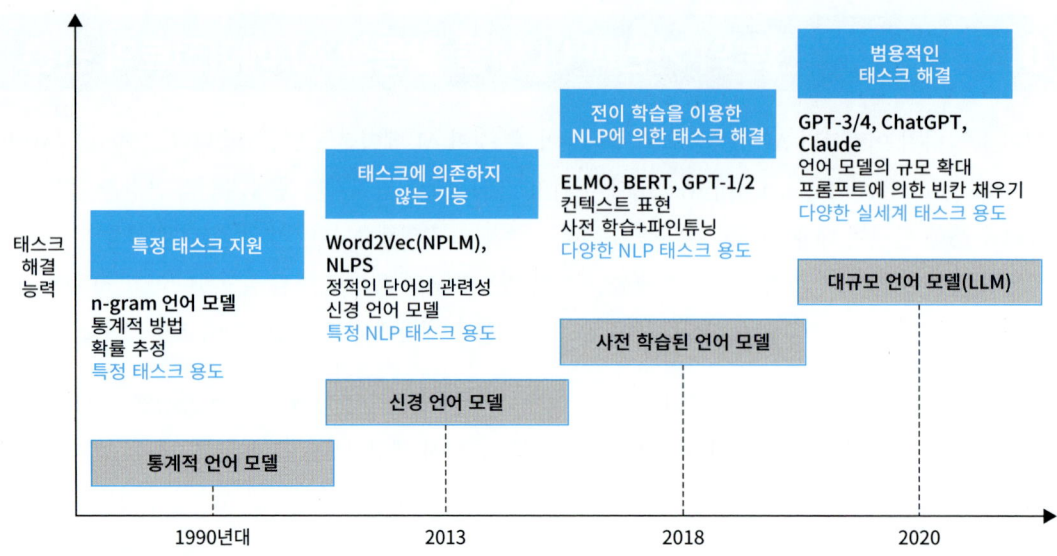

그림 8.1 언어 모델의 변천[2]

LLM 기반 AI 에이전트

트랜스포머 기반 LLM이 등장한 이후, 콘텐츠로서의 언어 생성 능력 이외의 능력에 주목하는 사람들이 나타나기 시작했습니다. 그 능력은 태스크의 '계획 능력'과 '외부 실행 능력'이었습니다. 다음으로 대략적인 흐름을 파악하기 위해 이미 공개된 논문(심사 전 것 포함)에서 LLM 기반 AI 에이전트의 발전 역사를 살펴보겠습니다.

WebGPT

2021년 OpenAI 연구자들이 발표한 'WebGPT'[3]는 LLM이 계획을 세우는 AI 에이전트로 활용될 수 있음을 보여줬습니다. WebGPT는 인간의 웹 검색 시연을 모방하는 방식으로 GPT-3를 파인튜닝한 LLM을 사용합니다. 이 LLM과 Bing API를 통한 웹 검색을 사용해 사람의 질문에 더 정확하게 답변할 수 있게 했습니다. 이에 따르면, WebGPT 답변의 56%가 사람 시연자의 답변보다 더 선호된다고 밝혀졌습니다. Reddit 사용자의 질문 데이터셋인 ELI5 데이터셋으로 훈련한 모델에서는 69%가 Reddit에서 가장 많은 표를 받은 답변보다 선호됐습니다. TruthfulQA라는 데이터셋에 의한 벤치마크에서는 75%의 확률로 올바른 사실을 답변할 수 있고, 56%의 확률로 유익하다고 판단되는 답변을 얻을 수 있었습니다.

---

2 〈A Survey of Large Language Models〉의 Fig. 2를 바탕으로 저자가 작성. Zhao et al. (2023), 〈A Survey of Large Language Models〉, https://arxiv.org/abs/2303.18223

3 Nakano et al. (2021), 〈WebGPT: Browser-assisted question-answering with human feedback〉, https://arxiv.org/abs/2112.09332

표 8.1 WebGPT가 실행할 수 있는 액션 명령

명령	작동
Search <query>	[검색 쿼리 발행] Bing API로 지정된 쿼리를 인터넷 검색
Clicked on link <link ID>	[링크 추적] 지정된 링크로 이동
Find in page: <text>	[페이지 내 검색] 페이지 내에서 일치하는 텍스트를 찾아 거기까지 스크롤
Quote: <text>	[컨텍스트 추출] 일치하는 텍스트를 추출해 참고 정보로 삼음
Scrolled down <1,2,3>	지정된 횟수만큼 아래로 스크롤
Scrolled up <1,2,3>	지정된 횟수만큼 위로 스크롤
Top	페이지 맨 위로 스크롤
Back	이전 페이지로 돌아감
End: Answer	웹 브라우징을 종료하고 답변 단계로 이동
End: <Nonsense, Controversial>	웹 브라우징을 종료하고 답변 단계를 건너뜀

결과적으로는 사람의 답변 정확도에는 미치지 못했지만, GPT-3 단독 생성보다는 평가가 높았습니다. 모방 학습이나 강화 학습을 통해 파인튜닝함으로써 신뢰성의 편차가 있는 소스 그룹(인터넷)에서 진실성이 높은 문헌의 인용이나 유익한 답변을 생성할 수 있다는 유용성이 입증됐습니다.

Chain-of-Thought 프롬프팅

2022년에는 복잡한 추론에 대해 프롬프트에서 중간적인 추론 단계의 실례를 보여줌으로써 추론 능력이 향상되는 'Chain-of-Thought 프롬프팅'[4]이라는 기법이 표준적인 프롬프트보다 복잡한 지시를 잘 해결할 수 있음이 입증됐습니다.

예를 들어, "로저는 테니스공을 5개 가지고 있습니다. 그는 테니스공 캔을 2개 더 샀습니다. 각 캔에는 테니스공이 3개씩 들어있습니다. 현재 그는 몇 개의 테니스공을 가지고 있을까요?"라는 약간 복잡한 질문을 준비합니다.

표준적인 프롬프트에서는 "답은 11개입니다."라고 단순히 답변만 제시한 후 "카페테리아에 사과가 23개 있습니다. 점심을 위해 20개를 사용하고, 6개를 더 구매했을 때, 몇 개의 사과가 있을까요?"라는 질문을 합니다.

---

[4] Wei et al. (2022), ⟨Chain-of-Thought Prompting Elicits Reasoning in Large Language Models⟩, https://arxiv.org/abs/2201.11903

반면, Chain-of-Thought 프롬프팅에서는 "처음에 로저는 공 5개를 가지고 있습니다. 캔 2개에 3개씩 공이 들어있다는 것은 합해서 테니스공 6개라는 뜻입니다. 5+6=11입니다."라는 해법을 보여준 후 같은 질문을 합니다.

그러면, 정답인 사과의 수는 9개인데, 단순히 답만 제시한 표준적인 프롬프트에서는 "답은 27입니다."라고 답하고, Chain-of-Thought 프롬프팅에서는 "카페테리아에는 원래 사과가 23개 있었습니다. 점심을 위해 20개를 사용했으므로 23-20=3개가 됐습니다. 추가로 6개를 구매했으므로 3+6=9개가 됐습니다. 답은 9개입니다."라고 제시된 해법과 유사하게 단계별로 올바른 답을 도출할 수 있었습니다.

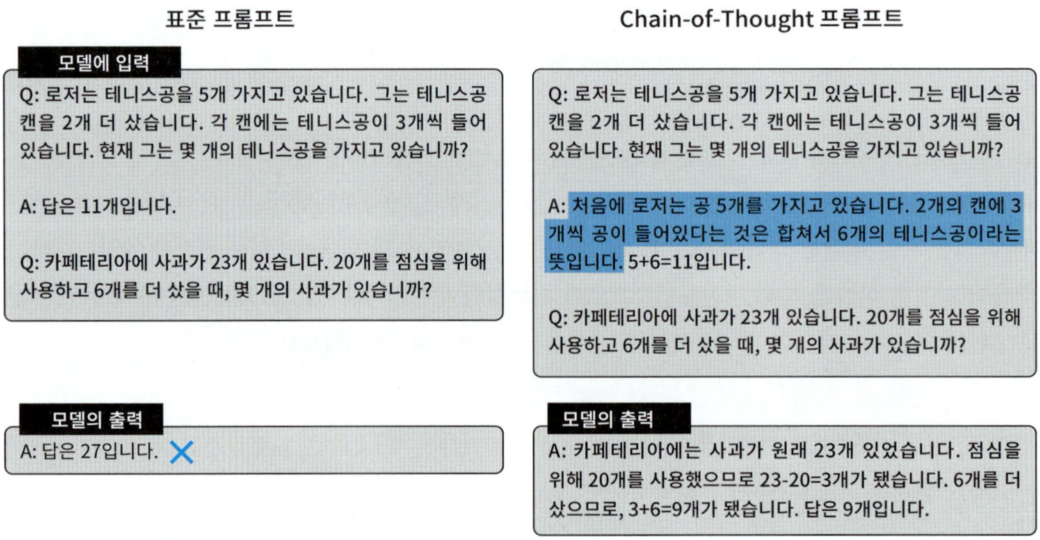

표준 프롬프트

모델에 입력
Q: 로저는 테니스공을 5개 가지고 있습니다. 그는 테니스공 캔을 2개 더 샀습니다. 각 캔에는 테니스공이 3개씩 들어있습니다. 현재 그는 몇 개의 테니스공을 가지고 있습니까?

A: 답은 11개입니다.

Q: 카페테리아에 사과가 23개 있습니다. 20개를 점심을 위해 사용하고 6개를 더 샀을 때, 몇 개의 사과가 있습니까?

모델의 출력
A: 답은 27입니다. ✗

Chain-of-Thought 프롬프트

Q: 로저는 테니스공을 5개 가지고 있습니다. 그는 테니스공 캔을 2개 더 샀습니다. 각 캔에는 테니스공이 3개씩 들어있습니다. 현재 그는 몇 개의 테니스공을 가지고 있습니까?

A: 처음에 로저는 공 5개를 가지고 있습니다. 2개의 캔에 3개씩 공이 들어있다는 것은 합해서 6개의 테니스공이라는 뜻입니다. 5+6=11입니다.

Q: 카페테리아에 사과가 23개 있습니다. 20개를 점심을 위해 사용하고 6개를 더 샀을 때, 몇 개의 사과가 있습니까?

모델의 출력
A: 카페테리아에는 사과가 원래 23개 있었습니다. 점심을 위해 20개를 사용했으므로 23-20=3개가 됐습니다. 6개를 더 샀으므로, 3+6=9개가 됐습니다. 답은 9개입니다.

그림 8.2 Chain-of-Thought 프롬프트[5]

또한, 위와 같이 중간 추론 단계 자체를 사용자가 1개 이상 제시하는 Few-shot Chain-of-Thought에 비해, 해법을 전혀 보여주지 않아도 '단계별로 생각해 봅시다'라고 붙이는 것만으로도 복잡한 추론 능력을 발휘하는 'Zero-shot Chain-of-Thought(CoT) 프롬프팅'[6]도 제안되어 현재는 일반적인 기법이 됐습니다.

"저글러는 16개의 공을 저글링할 수 있습니다. 그중 절반은 골프공이고, 골프공의 절반은 파란색입니다. 파란색 골프공은 몇 개인가요?"라는 질문에 대해 일반적인 프롬프트(Zero-shot)에서는 "답은 8입니다."

---

[5] 프롬프트는 실제로는 모두 영어입니다. Chain-of-Thought 프롬프트의 설명을 위해 번역했지만, 실제로 이렇게 출력되는 것은 아닙니다. (《Chain-of-Thought Prompting Elicits Reasoning in Large Language Models》의 Figure 1을 바탕으로 저자가 작성)

[6] Kojima et al. (2022), 《Large Language Models are Zero-Shot Reasoners》, https://arxiv.org/abs/2205.11916

라고 답했지만(정답은 4개), Zero-shot CoT 프롬프팅에서는 "단계별로 생각해 봅시다."라고 붙이는 것만으로도 "전체 공은 16개입니다. 그중 절반이 골프공입니다. 즉, 골프공은 8개입니다. 그중 절반이 파란색입니다. 즉, 파란색 골프공은 4개입니다."라고 정답을 향한 해법의 단계를 올바르게 진행해 정답을 도출했습니다.

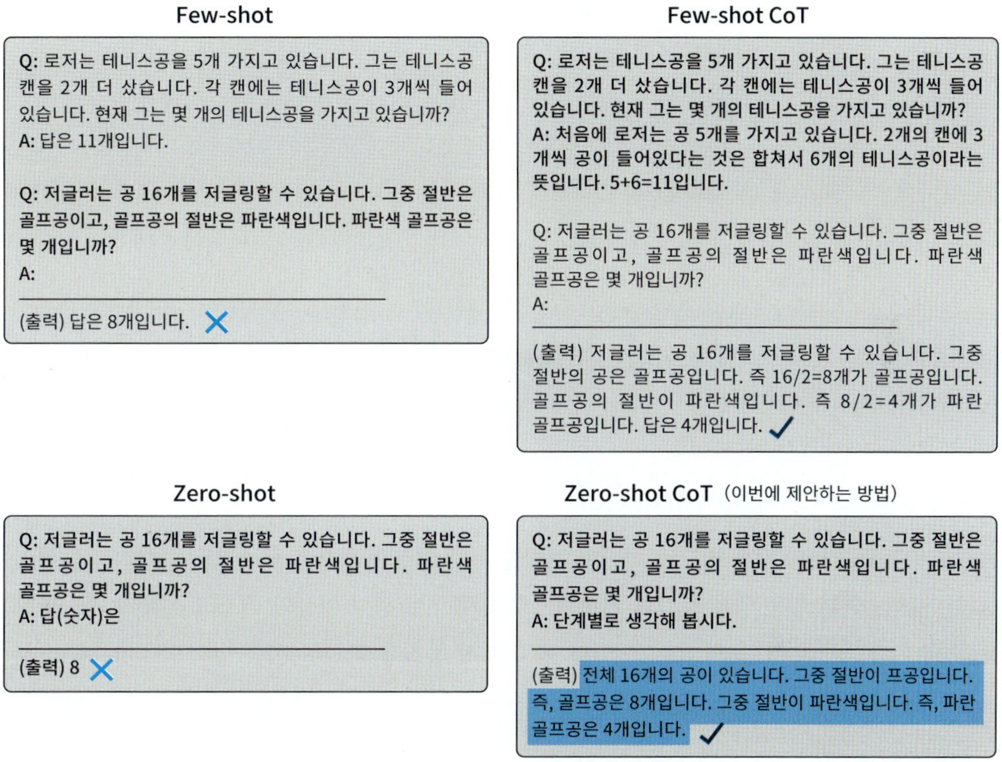

Few-shot

Q: 로저는 테니스공을 5개 가지고 있습니다. 그는 테니스공 캔을 2개 더 샀습니다. 각 캔에는 테니스공이 3개씩 들어 있습니다. 현재 그는 몇 개의 테니스공을 가지고 있습니까?
A: 답은 11개입니다.

Q: 저글러는 공 16개를 저글링할 수 있습니다. 그중 절반은 골프공이고, 골프공의 절반은 파란색입니다. 파란색 골프공은 몇 개입니까?
A:

(출력) 답은 8개입니다. ✗

Few-shot CoT

Q: 로저는 테니스공을 5개 가지고 있습니다. 그는 테니스공 캔을 2개 더 샀습니다. 각 캔에는 테니스공이 3개씩 들어 있습니다. 현재 그는 몇 개의 테니스공을 가지고 있습니까?
A: 처음에 로저는 공 5개를 가지고 있습니다. 2개의 캔에 3개씩 공이 들어있다는 것은 합쳐서 6개의 테니스공이라는 뜻입니다. 5+6=11입니다.

Q: 저글러는 공 16개를 저글링할 수 있습니다. 그중 절반은 골프공이고, 골프공의 절반은 파란색입니다. 파란색 골프공은 몇 개입니까?
A:

(출력) 저글러는 공 16개를 저글링할 수 있습니다. 그중 절반의 공은 골프공입니다. 즉 16/2=8개가 골프공입니다. 골프공의 절반이 파란색입니다. 즉 8/2=4개가 파란 골프공입니다. 답은 4개입니다. ✓

Zero-shot

Q: 저글러는 공 16개를 저글링할 수 있습니다. 그중 절반은 골프공이고, 골프공의 절반은 파란색입니다. 파란색 골프공은 몇 개입니까?
A: 답(숫자)은

(출력) 8 ✗

Zero-shot CoT (이번에 제안하는 방법)

Q: 저글러는 공 16개를 저글링할 수 있습니다. 그중 절반은 골프공이고, 골프공의 절반은 파란색입니다. 파란색 골프공은 몇 개입니까?
A: 단계별로 생각해 봅시다.

(출력) 전체 16개의 공이 있습니다. 그중 절반이 프공입니다. 즉, 골프공은 8개입니다. 그중 절반이 파란색입니다. 즉, 파란 골프공은 4개입니다. ✓

그림 8.3 Zero-shot CoT 프롬프팅[7]

LLM과 외부 전문 모듈을 조합한 MRKL Systems

또한 2022년에 발표된 'MRKL(미라클) Systems'[8]라는 논문과 그 구현에서는 소규모이면서 특화된 언어 모델이나 수학 계산, 통화 변환, 데이터베이스 등에 연결하는 API를 모듈로 구성하고, LLM을 통해 입력을 최적의 모듈로 라우팅하는 구성을 취했습니다. 이를 통해 최신 정보나 독자적인 지식을 출력에 반영하거나 복잡한 입력에 대해 다단계로 처리함으로써 전문성 높은 출력을 처리할 수 있게 됐음이 입증됐습니다.

---

[7] 프롬프트는 실제로는 모두 영어입니다. 각 프롬프트의 설명을 위해 번역했지만, 실제로 이렇게 출력되는 것은 아닙니다. (《Large Language Models are Zero-Shot Reasoners》의 Figure 1을 바탕으로 저자가 작성)

[8] Karpas et al. (2022), 〈MRKL Systems: A modular, neuro-symbolic architecture that combines large language models, external knowledge sources and discrete reasoning〉, https://arxiv.org/abs/2205.00445

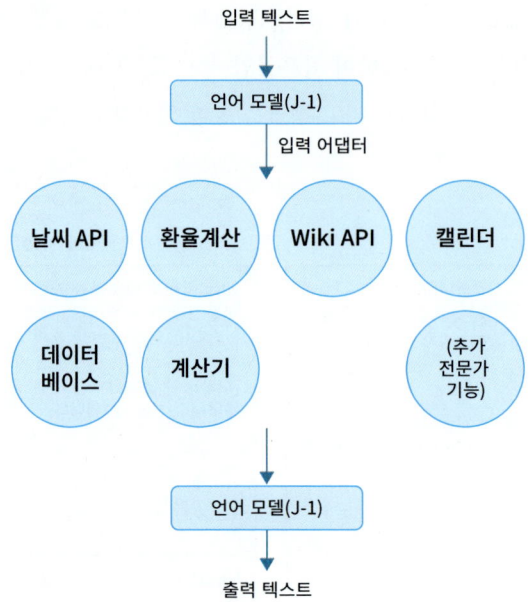

그림 8.4 MRKL Systems의 메커니즘[9]

Reasoning and Acting(ReAct)

Chain-of-Thoughts와 같은 비교적 간단한 기법을 통해 복잡한 목표를 태스크로 구성하는 능력이 나타났습니다. 또한, 외부 행동 생성 능력과 결합함으로써 텍스트 생성 이상의 태스크 실행이 가능하다는 점도 밝혀졌습니다. 이러한 LLM의 추론 능력과 행동 생성 능력을 결합한 접근 방식으로 'Reasoning and Acting(ReAct)'[10]이라는 기법이 제안됐습니다.

해당 제안의 핵심은 행동 계획을 작성하거나 조정하는 Reasoning(추론) 과정과 외부 환경과의 상호작용을 통해 추론에 필요한 추가 정보를 수집하거나 목적의 외부 실행을 수행하는 Acting(행동) 과정, 그리고 그 후의 환경 상황 식별을 번갈아 반복함으로써 두 과정의 시너지 효과를 이끌어낼 수 있다는 내용입니다.

질문에 답변하는 테스트에서 "Apple Remote 외에, 원래 Apple Remote로 조작하도록 설계된 프로그램을 제어할 수 있는 장치가 있을까요?"라는 질문에 대해, ReAct 접근 방식만이 조사해야 할 것을 계획하고 조사 결과를 바탕으로 정답을 이끌어내기 위해 다음에 조사해야 할 것을 계획해 최종적으로 올바르게 '키보드의 펑션 키'라고 답변할 수 있음이 증명됐습니다.

---

[9] 〈MRKL Systems: A modular, neuro-symbolic architecture that combines large language models, external knowledge sources and discrete reasoning〉의 그림을 바탕으로 저자가 작성

[10] Yao et al. (2022), 〈ReAct: Synergizing Reasoning and Acting in Language Models〉, https://arxiv.org/abs/2210.03629

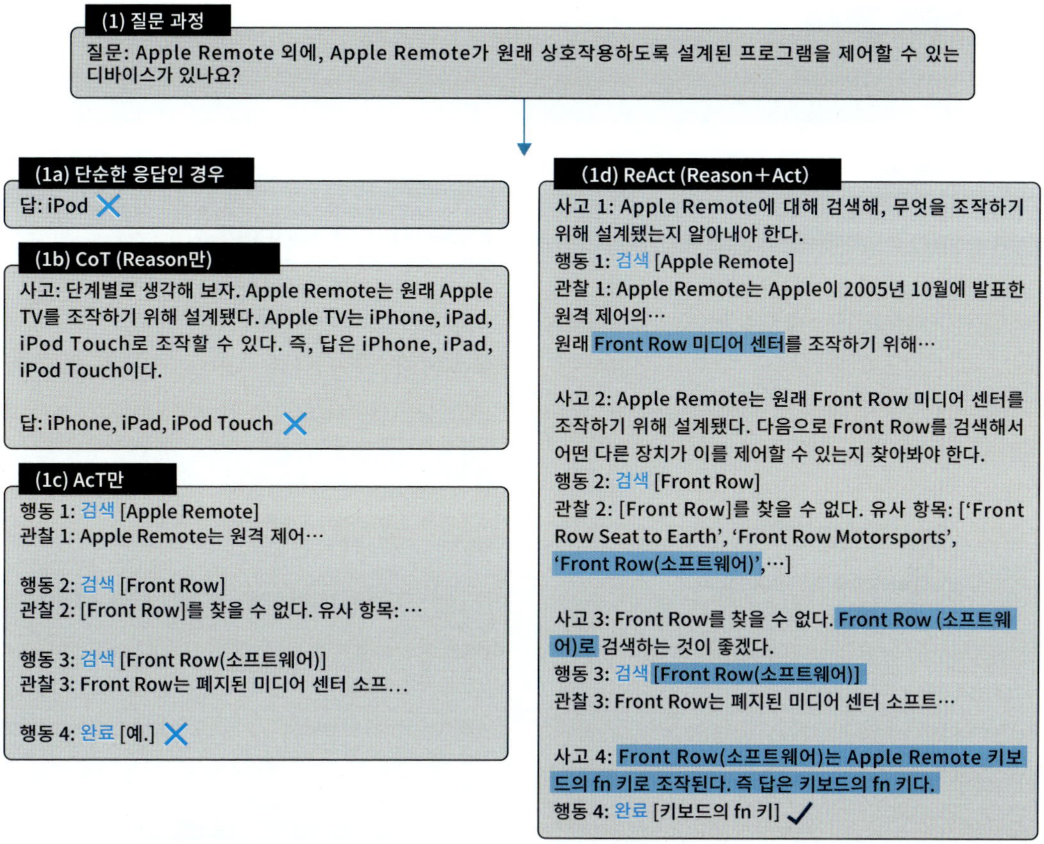

(1) 질문 과정
질문: Apple Remote 외에, Apple Remote가 원래 상호작용하도록 설계된 프로그램을 제어할 수 있는 디바이스가 있나요?

(1a) 단순한 응답인 경우
답: iPod ✗

(1b) CoT (Reason만)
사고: 단계별로 생각해 보자. Apple Remote는 원래 Apple TV를 조작하기 위해 설계됐다. Apple TV는 iPhone, iPad, iPod Touch로 조작할 수 있다. 즉, 답은 iPhone, iPad, iPod Touch이다.

답: iPhone, iPad, iPod Touch ✗

(1c) AcT만
행동 1: 검색 [Apple Remote]
관찰 1: Apple Remote는 원격 제어…

행동 2: 검색 [Front Row]
관찰 2: [Front Row]를 찾을 수 없다. 유사 항목: …

행동 3: 검색 [Front Row(소프트웨어)]
관찰 3: Front Row는 폐지된 미디어 센터 소프…

행동 4: 완료 [예.] ✗

(1d) ReAct (Reason+Act)
사고 1: Apple Remote에 대해 검색해, 무엇을 조작하기 위해 설계됐는지 알아내야 한다.
행동 1: 검색 [Apple Remote]
관찰 1: Apple Remote는 Apple이 2005년 10월에 발표한 원격 제어의…
원래 Front Row 미디어 센터를 조작하기 위해…

사고 2: Apple Remote는 원래 Front Row 미디어 센터를 조작하기 위해 설계됐다. 다음으로 Front Row를 검색해서 어떤 다른 장치가 이를 제어할 수 있는지 찾아봐야 한다.
행동 2: 검색 [Front Row]
관찰 2: [Front Row]를 찾을 수 없다. 유사 항목: ['Front Row Seat to Earth', 'Front Row Motorsports', 'Front Row(소프트웨어)', …]

사고 3: Front Row를 찾을 수 없다. Front Row (소프트웨어)로 검색하는 것이 좋겠다.
행동 3: 검색 [Front Row(소프트웨어)]
관찰 3: Front Row는 폐지된 미디어 센터 소프트…

사고 4: Front Row(소프트웨어)는 Apple Remote 키보드의 fn 키로 조작된다. 즉 답은 키보드의 fn 키다.
행동 4: 완료 [키보드의 fn 키] ✓

그림 8.5 ReAct와 다른 기법의 실행 결과[11]

또한, ALFWorld라는 텍스트 기반 주변 환경 인식 평가 벤치마크에서 ReAct 접근 방식으로 태스크(후추통을 서랍에 넣기)를 풀어보는 실험도 진행됐습니다. 이 실험에서는 Acting만으로는 풀지 못했던 태스크를 Reasoning 과정과 Acting 과정을 반복하면서 다음에 수행할 태스크를 동적이고 단계적으로 사고하여 해결할 수 있었다고 보고했습니다. 매번 행동을 하고 나서 환경 상황을 올바르게 인식함으로써 복잡한 목표를 향해 태스크를 적절히 계획하고 실행할 수 있었습니다.

---

11 〈ReAct: Synergizing Reasoning and Acting in Language Models〉의 Figure 1을 바탕으로 저자가 작성

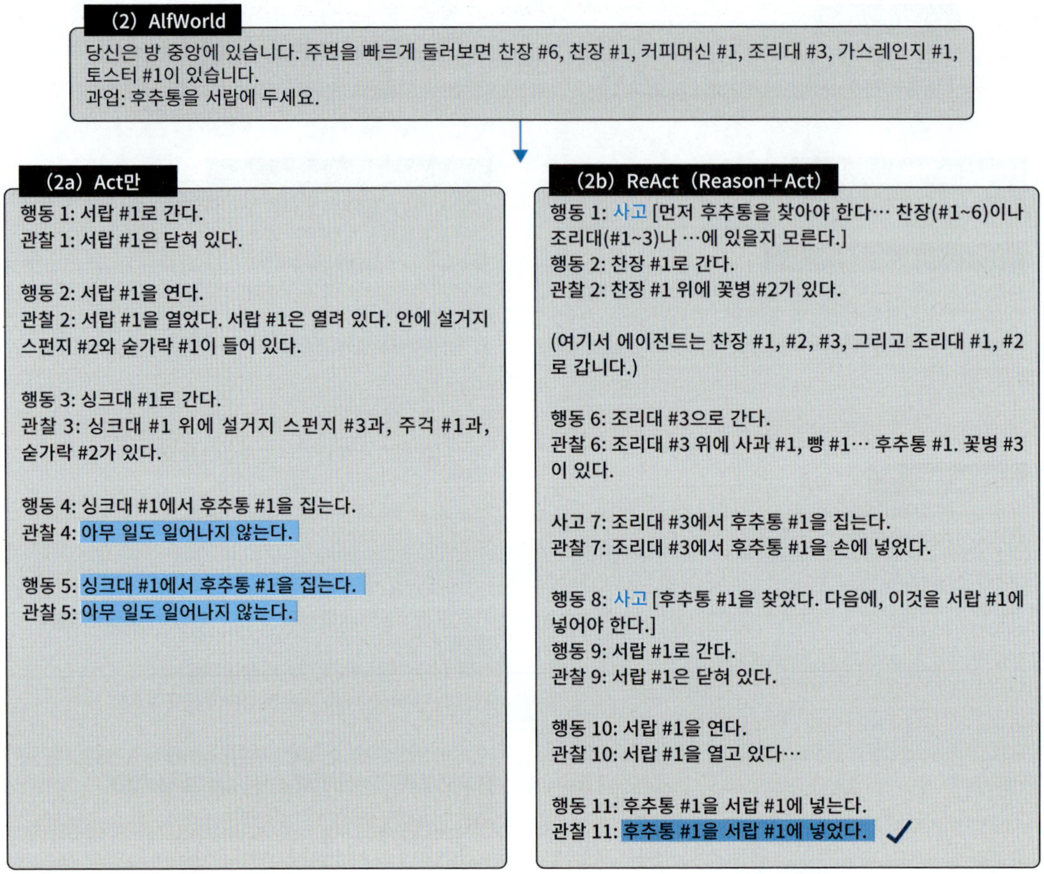

(2) AlfWorld

당신은 방 중앙에 있습니다. 주변을 빠르게 둘러보면 찬장 #6, 찬장 #1, 커피머신 #1, 조리대 #3, 가스레인지 #1, 토스터 #1이 있습니다.
과업: 후추통을 서랍에 두세요.

(2a) Act만

행동 1: 서랍 #1로 간다.
관찰 1: 서랍 #1은 닫혀 있다.

행동 2: 서랍 #1을 연다.
관찰 2: 서랍 #1을 열었다. 서랍 #1은 열려 있다. 안에 설거지 스펀지 #2와 숟가락 #1이 들어 있다.

행동 3: 싱크대 #1로 간다.
관찰 3: 싱크대 #1 위에 설거지 스펀지 #3과, 주걱 #1과, 숟가락 #2가 있다.

행동 4: 싱크대 #1에서 후추통 #1을 집는다.
관찰 4: 아무 일도 일어나지 않는다.

행동 5: 싱크대 #1에서 후추통 #1을 집는다.
관찰 5: 아무 일도 일어나지 않는다.

(2b) ReAct (Reason+Act)

행동 1: 사고 [먼저 후추통을 찾아야 한다… 찬장(#1~6)이나 조리대(#1~3)나 …에 있을지 모른다.]
행동 2: 찬장 #1로 간다.
관찰 2: 찬장 #1 위에 꽃병 #2가 있다.

(여기서 에이전트는 찬장 #1, #2, #3, 그리고 조리대 #1, #2로 갑니다.)

행동 6: 조리대 #3으로 간다.
관찰 6: 조리대 #3 위에 사과 #1, 빵 #1… 후추통 #1. 꽃병 #3이 있다.

사고 7: 조리대 #3에서 후추통 #1을 집는다.
관찰 7: 조리대 #3에서 후추통 #1을 손에 넣었다.

행동 8: 사고 [후추통 #1을 찾았다. 다음에, 이것을 서랍 #1에 넣어야 한다.]
행동 9: 서랍 #1로 간다.
관찰 9: 서랍 #1은 닫혀 있다.

행동 10: 서랍 #1을 연다.
관찰 10: 서랍 #1을 열고 있다…

행동 11: 후추통 #1을 서랍 #1에 넣는다.
관찰 11: 후추통 #1을 서랍 #1에 넣었다. ✓

그림 8.6 ReAct와 다른 기법의 실행 결과[12]

Plan-and-Solve 프롬프팅

또한, 2023년에는 위의 Zero-shot CoT에서도 발생하는 '계산 오류', '중간 추론 단계의 누락', '의미 오해'에 대해 미리 계획을 세워(태스크를 모든 하위 태스크로 분할해) 계획에 따라 하위 태스크를 실행함으로써 성능을 높일 수 있는 'Plan-and-Solve 프롬프팅'[13]이라는 기법이 제안됐습니다.

앞서 언급한 Zero-shot CoT에서는 "단계별로 생각해 봅시다."라는 지시로 단계적인 추론을 유도하는 반면, 단순한 지시 때문에 추론이 복잡해지면 중간 추론 단계에서의 추론 오류 등이 발생할 수 있습니다.

---

[12] 〈ReAct: Synergizing Reasoning and Acting in Language Models〉의 Figure 1을 바탕으로 저자가 작성
[13] Wang et al. (2023), 〈Plan-and-Solve Prompting: Improving Zero-Shot Chain-of-Thought Reasoning by Large Language Models〉, https://arxiv.org/abs/2305.04091

이에 대해 Plan-and-Solve 프롬프팅에서는 먼저 목표까지의 태스크를 적절한 하위 태스크로 분할하여 계획을 세운 후, 그 계획에 따라 하위 태스크를 실행하는 방법을 제안하고 있습니다. 이 계획 수립을 통해 중간 추론 단계에서의 추론 오류 발생을 억제하고, 최종적인 추론 성능 향상을 꾀하고 있습니다.

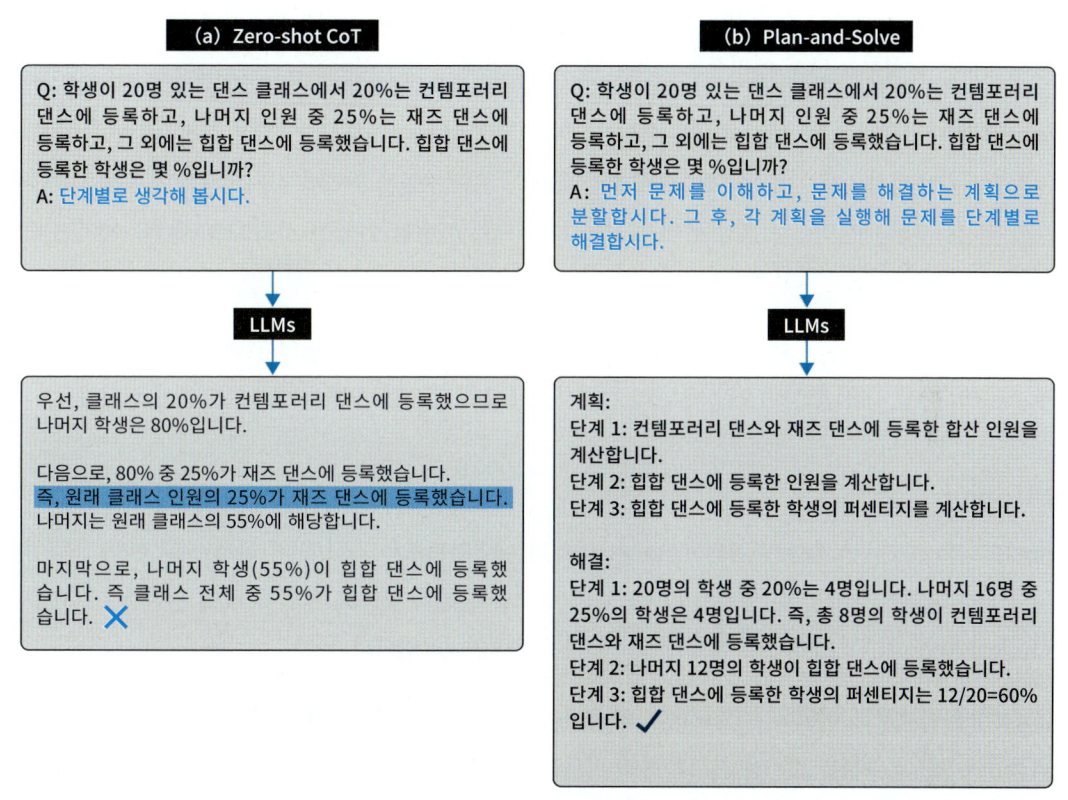

그림 8.7 Zero-shot-CoT와 Plan-and-Solve 프롬프팅의 실행 비교[14]

LLM의 태스크 '계획 능력'이나 '외부 실행 능력'을 보여주는 논문이나 그 구현은 이 외에도 많이 있어서 대표적인 것들을 소개했습니다. LLM이 단순히 프롬프트에 응답해 텍스트를 생성하는 것뿐만 아니라, 복잡한 목표를 향해 태스크를 계획하고, 외부 모듈을 실행하며, 환경을 인식하는 측면에서 에이전트로서의 능력을 발휘할 수 있다는 것을 어느 정도 이해하게 되었을 것입니다.

---

[14] 〈Plan-and-Solve Prompting: Improving Zero-Shot Chain-of-Thought Reasoning by Large Language Models〉의 Figure 2를 바탕으로 저자가 작성

8.3 범용 LLM 에이전트 프레임워크

앞서 소개한 ReAct 논문이 발표된 시점부터, LLM의 추론 능력을 활용하고 지시나 환경 인식 정보를 바탕으로 다음에 수행할 태스크를 결정하는 Reasoning(추론) 과정과 외부 실행 능력인 Acting(행동) 과정을 결합해 목적을 달성하는 LLM 에이전트 프레임워크에 관심이 모이기 시작했습니다.

LLM이 목표 달성에 필요한 흐름 제어를 수행하는 메인 컨트롤러로 작동하고, 계획 수립, 메모리, 결과 평가 · 관찰 · 자기 성찰 · 자기 개선, 프롬프트 최적화 등의 주요 모듈을 결합한 아키텍처를 사용해 사용자의 단순한 지시로부터 내부적으로 복잡한 태스크를 순차적으로 실행할 수 있는 것을 LLM 애플리케이션 중에서도 특히 'LLM 에이전트'라고 부릅니다.

이 절에서는 LLM을 사용해 자율적으로 태스크를 수행하는 에이전트 시스템의 프레임워크를 설명합니다. 모두 이 글의 작성 시점(2024년 8월)에서 약 1년 사이에 출시된 OSS(오픈소스 소프트웨어)입니다.

AutoGPT

AutoGPT[15]는 2023년 4월에 출시되어 ReAct 타입의 에이전트로서 가장 먼저 화제가 된 OSS 도구입니다. GPT-4 모델이 공개되고, 동시에 OpenAI에서 고급 추론과 태스크 해결 능력에 관한 논문(GPT-4 Technical Report)[16]이 공개된 시점에 구상 · 공개된 프레임워크입니다.

AutoGPT를 실행하고 '하고 싶은 일(달성하고 싶은 목표)'을 설정하면, LLM이 실행해야 할 것을 결정하고 액션을 취하며, 그 액션의 결과를 프롬프트에 피드백하는 과정을 반복해 지시한 목표를 달성할 때까지 행동합니다.

2024년 8월 현재 GitHub의 스타가 놀랍게도 16만 개 이상이며, 지금도 매일 개선되고 있어 이 분야에 대한 관심이 높음을 알 수 있습니다.

최신 버전의 AutoGPT에는 AutoGPT Builder라는 에이전트의 워크플로를 정의하는 프런트엔드가 추가됐습니다.

---

15 AutoGPT: https://news.agpt.co/
16 GPT-4 Technical Report: https://arxiv.org/abs/2303.08774

BabyAGI

AutoGPT와 비슷한 시기에 출시된 범용 에이전트로 화제가 된 OSS 도구가 BabyAGI[17]입니다.

BabyAGI는 작성자의 논문인 〈Task-driven Autonomous Agent(태스크 기반 자율 에이전트)〉의 참조 구현입니다.

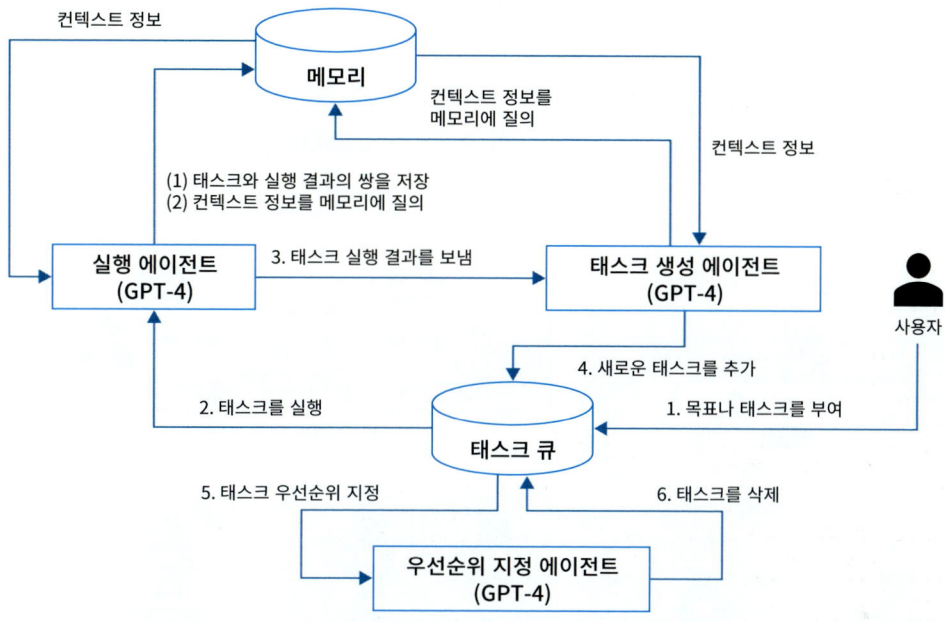

그림 8.8 Task-driven Autonomous Agent의 구조[18]

Task-driven Autonomous Agent는 OpenAI API(GPT-4)와 벡터 데이터베이스, LangChain을 활용해 다양한 도메인에 걸친 광범위한 태스크를 수행할 수 있는 태스크 기반 자율 에이전트를 제안합니다. 주요 구성 요소는 GPT-4를 사용한 여러 에이전트, Pinecone, LangChain, 태스크 관리 큐 등 네 가지입니다.

1. 사용자로부터 목표나 태스크가 지시되면 태스크 내용이 태스크 관리 큐에 등록됩니다.
2. 실행 에이전트(GPT-4)가 태스크를 실행하고, 태스크와 결과 쌍을 메모리에 등록합니다.
3. 실행 에이전트(GPT-4)는 태스크 실행 결과를 태스크 생성 에이전트(GPT-4)에 전송합니다.

---

17 BabyAGI: https://github.com/yoheinakajima/babyagi
18 〈Task-driven Autonomous Agent〉의 'PlantUML flow chart generated by GPT-4 based on code base'를 바탕으로 저자가 작성. https://yoheinakajima.com/task-driven-autonomous-agent-utilizing-gpt-4-pinecone-and-langchain-for-diverse-applications/

4. 태스크 생성 에이전트(GPT-4)가 다음 태스크를 생각하고, 기존 태스크와 중복되지 않도록 태스크 큐에 등록합니다.
5. 태스크가 큐에 추가되면 우선순위 지정 에이전트(GPT-4)가 태스크 목록을 정리하고 우선순위를 조정합니다. 그렇게 해서 다시 태스크 실행 루프로 들어가는 단순한 구성으로 목표를 향해 작동합니다.

BabyAGI는 위의 개념을 간단하게 구현한 도구로, GitHub에 공개돼 있습니다.

AutoGen

AutoGen[19]은 Microsoft, 펜실베이니아 주립대학, 워싱턴 대학을 중심으로 개발된 범용 AI 에이전트 도구입니다. Python 버전[20]과 .NET 버전[21] 두 패키지가 오픈소스 소프트웨어로 개발되고 있습니다.

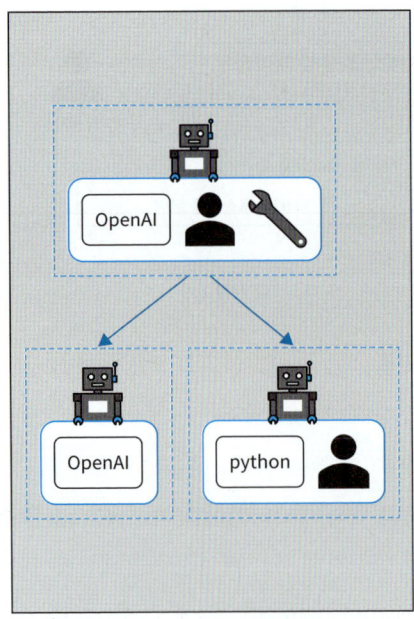
에이전트의 커스터마이징

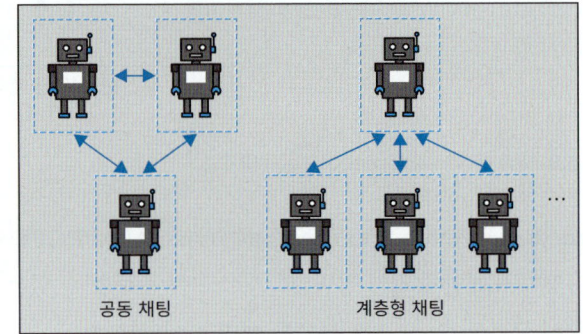
멀티 에이전트 간의 대화

공동 채팅　　계층형 채팅
유연한 대화 패턴

그림 8.9 AutoGen에서의 에이전트 기능성 예[22]

AutoGen은 고도로 추상화된 대화 에이전트와 코드 실행 에이전트를 여러 개 조합해 범용적인 태스크 실행을 구현하는 AI 에이전트 도구로, 각 에이전트는 인간과의 대화 모듈이나 외부 도구 실행 모듈 등의 기능을 가질 수 있습니다. 이러한 기능을 조합함으로써 다음과 같은 애플리케이션을 구현할 수 있습니다.

---

[19] 〈AutoGen: Enabling Next-Gen LLM Applications via Multi-Agent Conversation〉, https://arxiv.org/abs/2308.08955
[20] AutoGen(Python 버전): https://microsoft.github.io/autogen/
[21] AutoGen for .NET: https://microsoft.github.io/autogen-for-net/
[22] AutoGen(Python 버전) 문서의 그림을 바탕으로 저자가 작성. https://microsoft.github.io/autogen/docs/Getting-Started

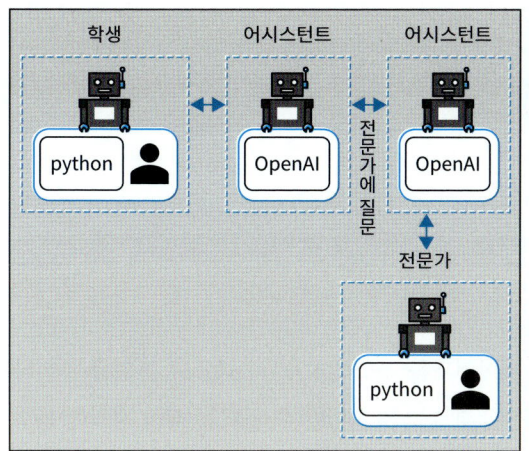

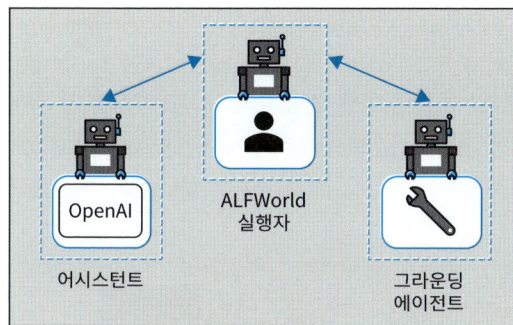
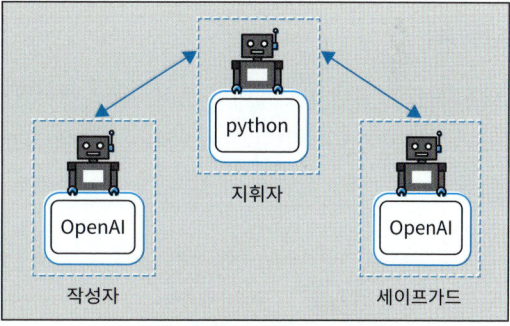

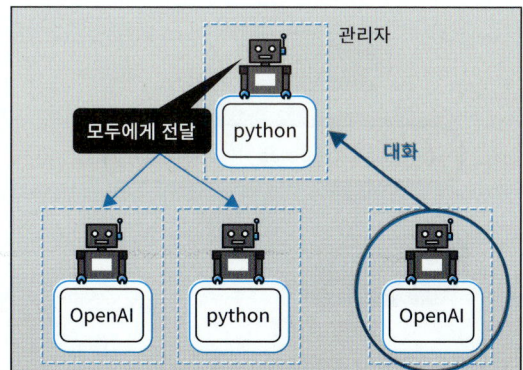
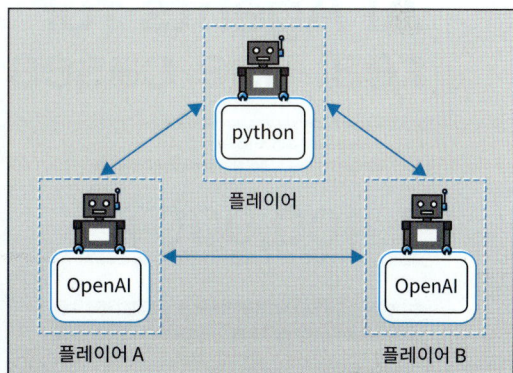

그림 8.10 AutoGen으로 구현 가능한 6가지 애플리케이션 예[23]

---

23 〈AutoGen(Python 버전)〉(https://microsoft.github.io/autogen/docs/Use-Cases/agent_chat)의 그림을 바탕으로 저자가 작성

1. 수학 문제 답변
2. RAG를 활용한 챗
3. 의사 결정
4. 다중 에이전트에 의한 코드 작성
5. 동적 그룹 채팅
6. 대화형 체스 게임 대결

AutoGen은 대화형 에이전트나 코드 실행이 가능한 에이전트를 조합해 RAG나 태스크 분해를 구현하는 단순한 콘셉트로 돼 있습니다. 그러나 조합에 따라 복잡한 태스크를 수행할 수 있다는 점이 강력한 특징입니다.

crewAI

crewAI[24]는 웹 검색이나 데이터 분석, 다중 에이전트 협업 등을 활용해 범용적인 유스케이스를 자동화할 수 있는 에이전트 도구입니다. 여러 에이전트에 목표를 설정하고, 크루로 묶어 효과적으로 협업하게 할 수 있습니다.

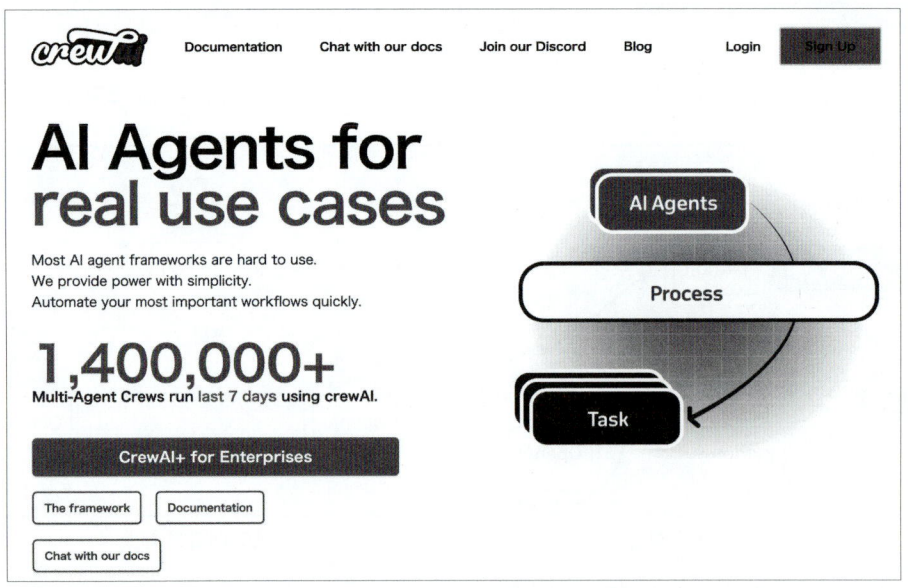

그림 8.11 crewAI

---

24 crewAI(GitHub): https://github.com/crewAIInc/crewAI

crewAI의 핵심 개념

crewAI는 추상화된 다음과 같은 모듈의 조합으로 자동화 에이전트를 구현합니다. 사용성이나 추상화 정도가 LangChain과 비슷하므로, LangChain을 사용해 본 사람은 더 쉽게 접근할 수 있을 것입니다.

- **에이전트** _ 역할과 목표, 그리고 그 배경 정보를 설정함으로써 태스크의 결정·실행, 또는 다른 에이전트와의 커뮤니케이션을 수행하는 모듈입니다. 에이전트에는 여러 LLM 중에서 사용할 대상을 지정하거나 태스크 실행에 이용 가능한 외부 도구를 지정할 수 있습니다.

- **태스크** _ 태스크의 세부 사항과 기대되는 출력, 할당할 에이전트 지정 등이 가능합니다.

- **도구** _ 웹 검색이나 데이터 분석 등 에이전트의 태스크 처리에 활용할 수 있는 도구 생성이나 외부 도구의 통합 등이 가능합니다.

- **프로세스** _ 태스크를 순차적으로 실행하거나 계층적으로 배치해 실행하기 위해 정의한 것입니다. 계층적 프로세스는 기업 활동을 에뮬레이트하는 형태로 매니저 에이전트를 지정해 태스크 할당이나 평가를 위임하는 것도 가능합니다. 또한, 앞으로는 태스크 실행에 관한 할당이나 내용을 다중 에이전트에 의한 공동 의사 결정으로 조정하는 방식도 계획돼 있습니다.

- **크루** _ 목표 달성을 위해 협력하는 공동 그룹을 나타내며, 태스크, 에이전트, 프로세스 등을 묶어 전체적인 워크플로를 정의합니다.

- **메모리** _ 크루에 지정할 수 있는 옵션으로, 최근 교류나 태스크 결과를 임시 저장하는 단기 기억, 과거 여러 실행에서 맞았거나 틀렸던 것 등의 통찰이나 학습을 저장해 두는 장기 기억, 태스크 중에 접한 엔티티(사람, 장소, 개념) 등을 정리해 두는 엔티티 메모리, 그리고 이들을 조합해 대화 문맥을 기억해 두는 문맥 기억 등 4가지 유형을 벡터 데이터로 관리하는 기능입니다.

- **계획** _ 크루가 실행되기 전에 AgentPlanner가 태스크를 계획해 에이전트의 태스크에 추가하는 기능입니다.

- **트레이닝** _ 여러 에이전트나 태스크로 구성된 크루의 목표 달성을 위해 사전에 여러 번 반복을 수행해 기능이나 지식을 강화하기 위한 기능입니다. 복잡한 구성·목표에 대해 더 일관성 있는 통찰과 달성을 목표로 할 때 활용 가능합니다.

crewAI에서도 실행 시 인간의 입력 개입을 설정할 수 있으며, AgentOps[25], Langtrace[26]와 같은 모니터링 도구와의 통합도 지원합니다.

---

[25] AgentOps: https://www.agentops.ai/
[26] Langtrace: https://www.langtrace.ai/

crewAI의 유스케이스

대표적인 유스케이스로는 다음과 같은 것들이 있으며, 모두 GitHub에 샘플이 공개돼 있습니다.

- 코딩 에이전트
- 회의 준비
- 여행 플래너
- 인스타그램 게시물 내용을 PC 로컬 환경(Ollama)에서 작성하는 에이전트
- 주식 분석
- 게임 제너레이터
- LangGraph로 워크플로화한 이메일 작성 에이전트
- 랜딩 페이지 제너레이터

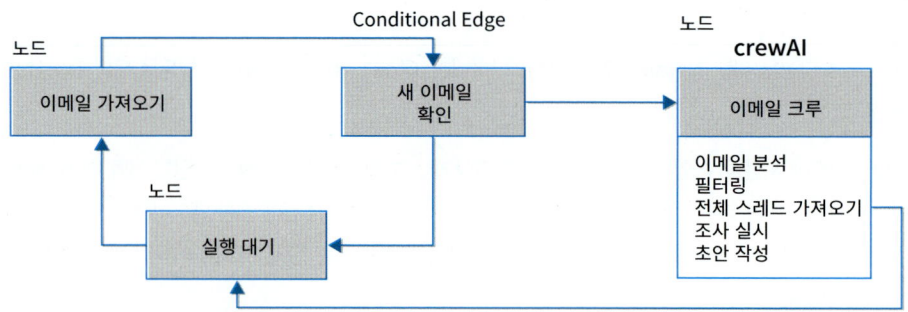

그림 8.12 crewAI와 LangGraph로 워크플로화한 이메일 작성 에이전트[27]

8.4 멀티 에이전트 접근법

현재 AI 에이전트의 활용 방법으로 멀티 에이전트 접근법이 주목받고 있습니다. 이 절에서는 채팅을 통해 사용자가 의도하는 SQL을 생성하는 Text-to-SQL과 소프트웨어 개발을 주제로 멀티 에이전트 접근법에 대해 설명합니다.

---

[27] 〈CrewAI + LangGraph〉(https://github.com/crewAIInc/crewAI-examples/tree/main/CrewAI-LangGraph) 그림을 바탕으로 저자가 작성

멀티 에이전트의 정의

멀티 에이전트에 관한 명확한 정의는 존재하지 않지만, 넓은 의미에서 다음 두 가지가 포함됩니다.

- **멀티 스텝 멀티 에이전트**: 일련의 처리 과정에서 여러 시스템 프롬프트를 사용해 역할이나 단계별로 서로 다른 AI 에이전트가 처리를 수행하는, 워크플로 최적화를 목적으로 한 처리 형태
- **멀티 롤 멀티 에이전트**: 서로 다른 페르소나나 역할을 가진 여러 에이전트를 목표를 향해 협조적으로 작동시키는 형태

멀티 스텝 멀티 에이전트에서는 계층의 상위 에이전트와 하위 에이전트 모두 하나의 태스크에 대해 한 종류의 시스템 프롬프트로 에이전트가 구성됩니다. 이에 비해 하나의 태스크에 대해 여러 에이전트를 생성해 협조적으로 작동시키는 멀티 롤 에이전트는 주로 다양한 관점에서 다양한 아이디어를 발굴하고자 할 때나 에이전트 간에 예상치 못한 행동을 창출하고자 할 때 등에 활용되는 경우가 많습니다.

공동 창작 · 새로운 가치 창출을 위한 멀티 롤 협업 멀티 에이전트

예를 들어 Elicitron[28]이라는 프레임워크에서는 신제품 개발의 요구사항 정의에서 고객으로부터 요구사항을 추출하기 위해 멀티 롤 구성을 사용한 방법이 제안됐습니다. 요구사항 정의에서는 사용자 요구를 정확히 파악하기 어렵고, 특히 언어화하기 어려운 잠재적 요구는 간과되는 경우가 많았습니다. Elicitron에서는 고객을 시뮬레이션하는 다양한 에이전트를 생성하고, 제품 체험 시나리오를 만들어 시나리오를 가상으로 실시한 후 인터뷰를 진행함으로써 잠재적 요구를 밝혀냅니다. 나아가 결과를 종합해 보고서를 생성하는 모든 과정에 LLM이 활용됩니다.

10장에서 이러한 Elicitron의 구성을 기반으로 한 요구사항 정의서 생성 AI 에이전트 개발에 대해 소개합니다. 함께 참고하기 바랍니다.

---

[28] Ataei et al.,(2024), 〈Elicitron: An LLM Agent-Based Simulation Framework for Design Requirements Elicitation〉, https://arxiv.org/abs/2404.16045v1

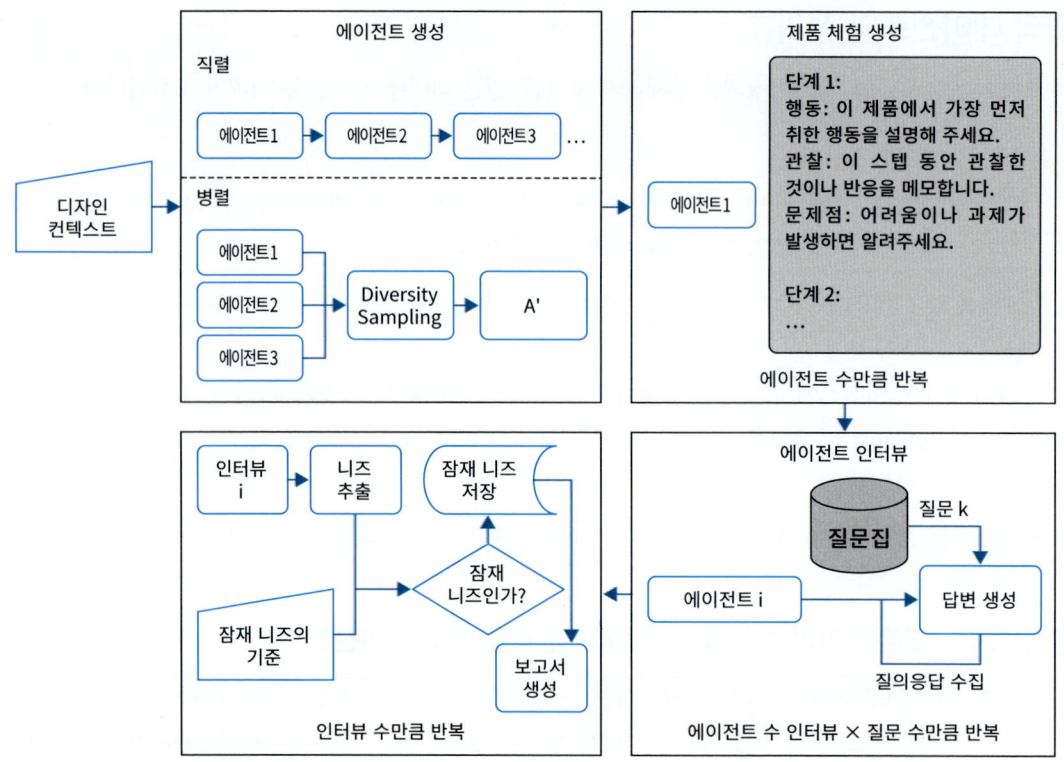

그림 8.13 Elicitron의 구조[29]

멀티 에이전트로 Text-to-SQL의 정확도 향상하기

LLM 애플리케이션의 유스케이스 중 하나인 Text-to-SQL은 사용자가 자연어로 입력한 요청에서 복잡한 SQL 쿼리를 생성하는 구조입니다. 예를 들어 "지난 3년간 분기별 매출 상위 10개 제품과 그 지역별 내역을 알려줘"와 같은 입력에서 SQL 쿼리를 생성합니다. 이 Text-to-SQL을 예로 멀티 에이전트로 생성 정확도를 높이는 방법에 대해 설명하겠습니다.

Text-to-SQL의 역사적 발전

자연어에서 SQL문을 생성하는 NL2SQL[30]의 역사는 LLM보다 오래됐으며, LLM 이전의 최신 연구는 PLM(Pre-trained Language Models: 사전 훈련된 언어 모델) 기반 방식이 일반적이었습니다. 참고로, LLM 기반으로 자연어에서 SQL문을 생성하는 구조로는 Text-to-SQL이라는 용어가 일반적이지만, 참조

---

[29] 〈Elicitron: An LLM Agent-Based Simulation Framework for Design Requirements Elicitation〉의 Fig. 1을 바탕으로 저자가 작성.
[30] Li et al. (2024), 〈The Dawn of Natural Language to SQL: Are We Fully Ready?〉, https://arxiv.org/abs/2406.01265

문헌에 맞춰 여기서는 NL2SQL이라고 부르겠습니다. 두 용어 모두 같은 개념을 설명한다고 생각하면 됩니다.

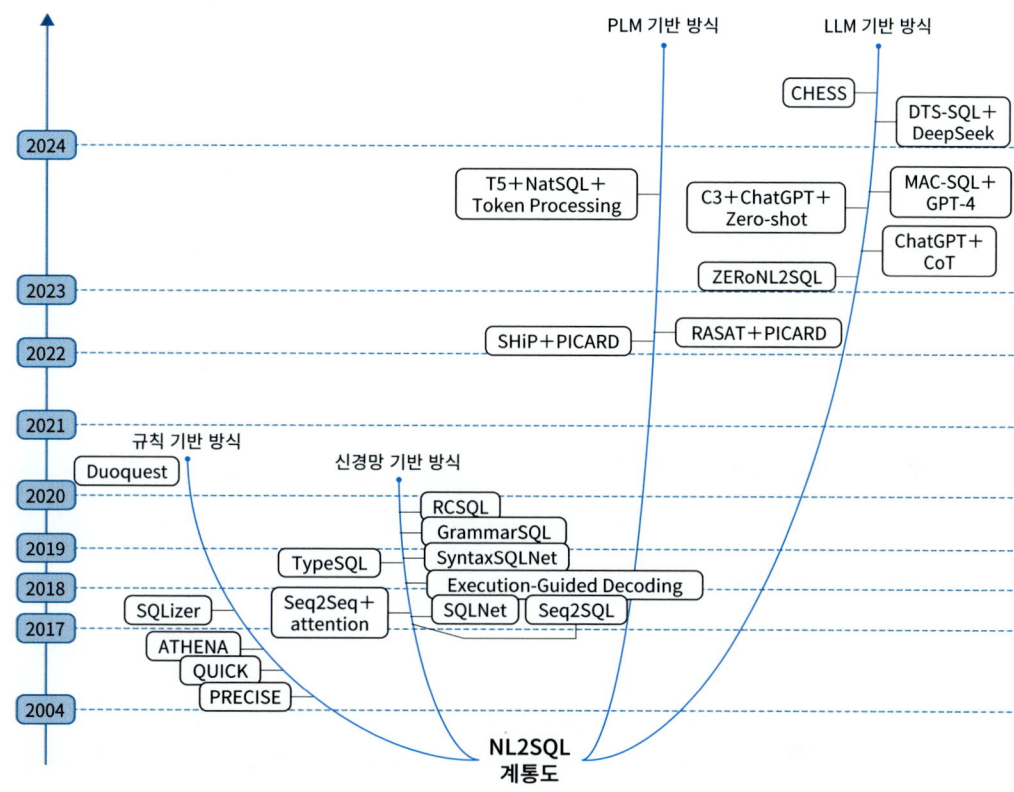

그림 8.14 NL2SQL의 계보[31]

주로 2023년부터 LLM 기반 방식이 등장하면서 현재의 주류는 LLM 기반으로 옮겨가고 있습니다. 또한, 평가 프레임워크는 일찍이 LLM 기반 NL2SQL의 데이터셋과 리더보드를 공개한 Spider와 그 파생형을 포함한 Spider 계열, 비교적 최근이지만 데이터셋 품질이 정평이 난 BIRD 프레임워크 두 종류가 중심이 되고 있습니다.

실제로 다음 그림과 같이 LLM 기반 방식이 정확도가 높은 경향이 있음을 알 수 있지만, 실제 세계의 쿼리 생성 요청은 복잡도가 더 높기 때문에 어떤 상황에서도 LLM 기반이 더 정확하다고 일괄적으로 말하기는 어려운 상황입니다.

---

31 〈The Dawn of Natural Language to SQL: Are We Fully Ready?〉의 Figure 1을 바탕으로 저자가 작성

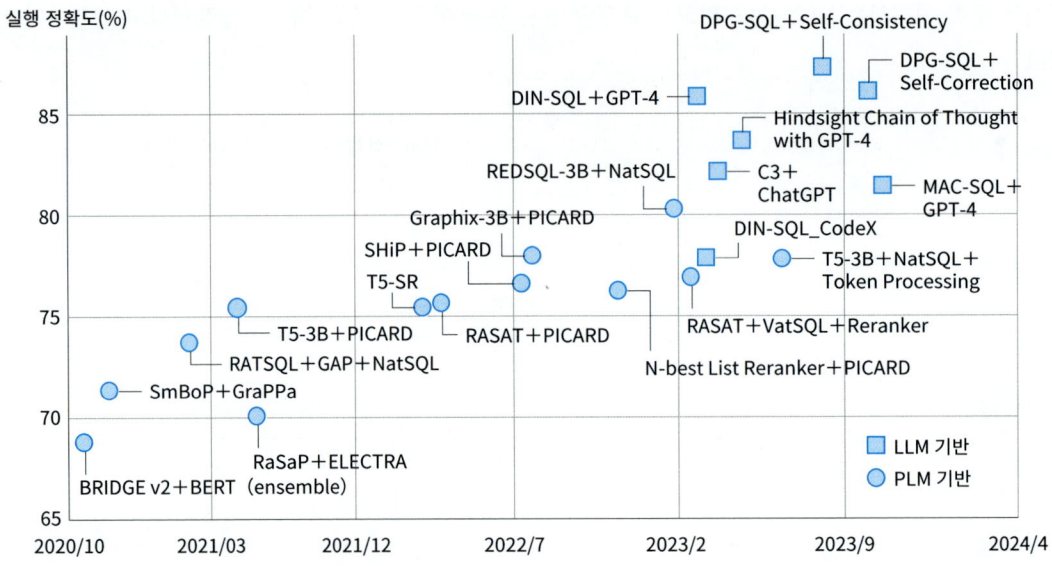

그림 8.15 PLM 및 LLM 기반 nl2sql 모델의 진화[32]

평가 데이터셋 및 프레임워크

Spider

Spider[33]는 NL2SQL의 평가 데이터셋 및 리더보드로 2018년에 등장했습니다. 이후 LLM 버전의 리더보드가 2023년 2월에 등장했습니다. 138개 도메인을 포괄하는 테이블 그룹을 가진 200종류의 데이터베이스에 대해 10,181개의 자연어 질문과 5,693개의 고유한 복잡한 SQL 쿼리를 모은 데이터셋입니다.

예일 대학 학생들이 주석을 달아 만든 데이터셋이 원본이지만, 보다 현실적인 데이터의 수요로 파생 버전이 많이 존재하며, LLM 버전 리더보드 1.0 버전에 대한 신규 등록을 2024년 2월부터 중단하고, 데이터셋을 업데이트해 2024년 9월 이후에 Spider 2.0[34]으로 공개될 예정입니다.

---

[32] 〈The Dawn of Natural Language to SQL: Are We Fully Ready?〉의 Figure 2를 바탕으로 저자가 작성
[33] Spider: https://yale-lily.github.io/spider
[34] Spider 2.0: https://spider2-sql.github.io/ ※ 집필 시점(2024년 8월)에는 얼리 액세스만 가능

Leaderboard - Execution with Values

Our current models do not predict any value in SQL conditions so that we do not provide execution accuracies. However, we encourage you to provide it in the future submissions. For value prediction, your model should be able to 1) copy from the question inputs, 2) retrieve from the database content (database content is available), or 3) generate numbers (e.g. 3 in "LIMIT 3"). *Notice:* Test results after May 02, 2020 are reported on the new release (collected some annotation errors).

Rank	Model	Test
1 Nov 2, 2023	MiniSeek *Anonymous* Code and paper coming soon	**91.2**
1 Aug 20, 2023	DAIL-SQL + GPT-4 + Self-Consistency *Alibaba Group* (Gao and Wang et al.,'2023) code	**86.6**
2 Aug 9, 2023	DAIL-SQL + GPT-4 *Alibaba Group* (Gao and Wang et al.,'2023) code	**86.2**
3 October 17, 2023	DPG-SQL + GPT-4 + Self-Correction *Anonymous* Code and paper coming soon	85.6
4 Apr 21, 2023	DIN-SQL + GPT-4 *University of Alberta* (Pourreza et al.,'2023) code	85.3
5 July 5, 2023	Hindsight Chain of Thought with GPT-4 *Anonymous* Code and paper coming soon	83.9
6 Jun 1, 2023	C3 + ChatGPT + Zero-Shot *Zhejiang University & Hundsun* (Dong et al.,'2023) code	**82.3**
7 July 5, 2023	Hindsight Chain of Thought with GPT-4 and Instructions *Anonymous* Code and paper coming soon	80.8

그림 8.16 Spider 리더보드 'Spider 1.0 – Leaderboard'[35]

BIRD-SQL

2023년 5월에 등장해 최신 LLM 기반 Text-to-SQL 방식의 리더보드로 참조되고 있는 것이 BIRD-SQL[36]입니다. 인지도는 Spider에 비해 다소 떨어지지만, 보다 현실적인 지시의 복잡성을 반영하고 있습니다.

---

[35] Spider: https://yale-lily.github.io/spider
[36] BIRD-SQL: https://bird-bench.github.io/

37개 이상의 도메인을 커버하는 95종류의 데이터베이스에 대해 12,751개의 고유한 질문과 정답 쿼리 쌍이 준비돼 있으며, 개발 세트와 테스트 세트 데이터셋이 마련돼 있습니다.

Leaderboard - Execution Accuracy (EX)

	Model	Code	Size	Oracle Knowledge	Dev (%)	Test (%)
	Human Performance *Data Engineers + DB Students*			✓		**92.96**
🏆1 Jul 14, 2024	**RECAP + Gemini** *Google Cloud*		UNK	✓	66.95	**69.03**
🥈2 Jul 2, 2024	**ByteBrain** *ByteDance Infra Lab*		33B	✓	65.45	**68.87**
🥉3 May 14, 2024	**ExSL + granite-20b-code** *IBM Research AI*		20B	✓	65.38	**67.86**
4 May 21, 2024	**CHESS** *Stanford* [Talaei et al.'24]	[link]	UNK	✓	65.00	**66.69**
5 Jan 14, 2024	**MCS-SQL + GPT-4** *Dunamu*		UNK	✓	63.36	**65.45**
6 Jul 5, 2024	**Insights AI** *Uber Freight*		UNK	✓	62.39	**65.34**
7 Apr 08, 2024	**OpenSearch-SQL,v1 + GPT-4** *Alibaba Cloud*		UNK	✓	61.34	**64.95**
8 Feb 27, 2024	**PB-SQL, v1** *Seoul National University*		UNK	✓	60.50	**64.84**
9 Jun 7, 2024	**SFT CodeS-15B + SQLFixAgent** *Soochow University*		UNK	✓	--	**64.62**
10 Feb 21, 2024	**SENSE** *Anonymous*		13B	✓	55.48	**63.39**
11 Apr 10, 2024	**GRA-SQL** *Tencent CDP-youpu*		UNK	✓	62.58	**63.22**
12 Jun 1, 2024	**SuperSQL** *HKUST(GZ)* [Li et al. '24]	[link]	UNK	✓	58.50	**62.66**

그림 8.17 BIRD-SQL 리더보드 'BIRD-SQL – Leaderboard'[37]

Spider의 리더보드가 중단됐기 때문에 2024년 현재 업데이트되고 있는 리더보드는 BIRD-SQL뿐입니다.

---

37 BIRD-SQL: https://bird-bench.github.io/

Text-to-SQL의 기본 방식: 스키마 링크 + 쿼리 생성

BIRD-SQL 리더보드에서 4위에 위치한 CHESS[38]라는 프레임워크를 주제로, LLM 기반 Text-to-SQL에서 대표적인 스키마 링크[39]와 쿼리 생성의 처리 흐름을 설명하겠습니다. CHESS는 엔티티와 컨텍스트 획득, 스키마 선택, SQL 생성이라는 세 가지 주요 컴포넌트로 구성돼 있습니다.

엔티티와 컨텍스트 획득 단계에서는 키워드를 감지하고 벡터 데이터베이스를 사용해 데이터베이스에서 실제 데이터 값과 데이터베이스 카탈로그에서 메타데이터를 추출합니다. CHESS의 특징은 많은 Text-to-SQL이 데이터베이스 카탈로그 내 메타데이터만을 활용하는 것과 달리, 실제 데이터와 사용자 지시 내용의 의미나 구문 유사성 둘 다를 활용해 SQL 쿼리 생성의 정확도를 높이는 것입니다. 스키마 선택이라 부르는 단계에서는 위에서 획득한 수백 개의 테이블이나 칼럼 후보에서 대부분의 경우 10개 미만의 칼럼 세트로 좁혀갑니다. 이러한 여러 단계를 통해 최소한이면서도 쿼리 생성에 충분한 테이블과 칼럼의 부분집합을 추출합니다. 마지막으로, 추출된 데이터베이스 정보를 쿼리 생성 모듈에 전달하고, SQL 제너레이터로 파인튜닝된 모델과 쿼리 수정 단계를 조합해 누락 없이 정확도 높게 SQL 쿼리를 생성합니다. 스키마 선택 단계에서 올바르게 선택됐는지 피드백함으로써 정확도를 높이는 구조인 점도 주목할 만한 포인트입니다.

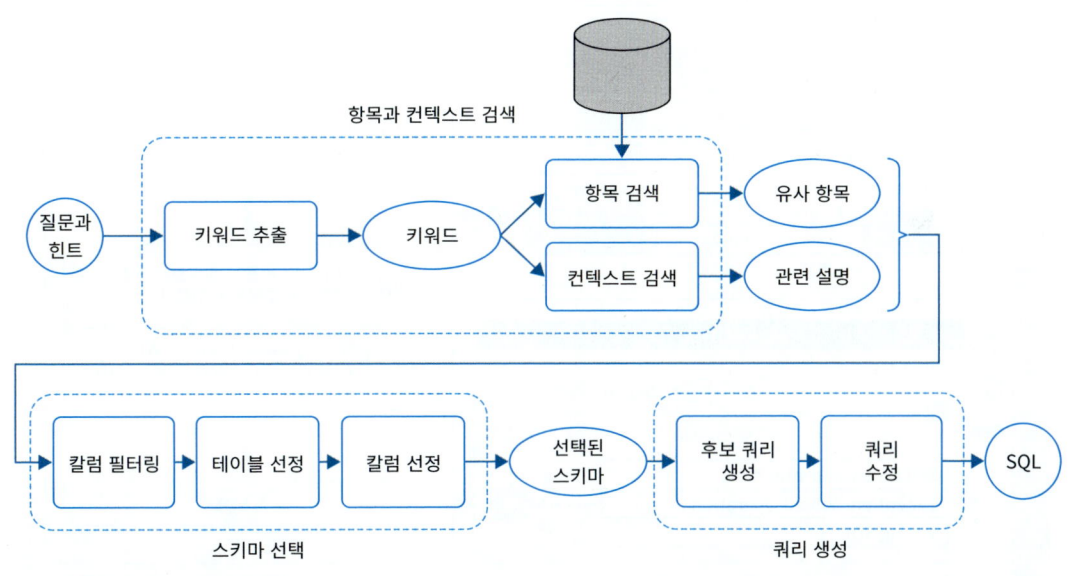

그림 8.18 CHESS의 파이프라인[40]

---

38 Talaei et al.(2024), 〈CHESS: Contextual Harnessing for Efficient SQL Synthesis〉, https://arxiv.org/abs/2306.16092
39 스키마 링크는 입력된 질문에 포함된 어구와 데이터베이스의 칼럼명이나 테이블명을 연결하는 것입니다.
40 Talaei et al.(2024) 〈CHESS: Contextual Harnessing for Efficient SQL Synthesis〉의 Figure 2를 바탕으로 저자가 작성

CHESS의 3단계 – 엔티티와 컨텍스트 획득, 스키마 선택, SQL 생성에서 각각 LLM을 이용해 프로세스를 실행하고 정확도 평가 피드백을 하고 있어서 논문 내에서는 멀티 에이전트라고 명시돼 있지 않지만, 멀티 스텝 멀티 에이전트로 볼 수 있다고 저자는 생각합니다.

다음으로, MAC-SQL[41]이라는 멀티 에이전트 프레임워크를 살펴보겠습니다. 리더보드 상위에는 위치하지 않지만, MAC-SQL도 CHESS와 마찬가지로 스키마 링크 단계(Selector)와 쿼리 생성 단계(Decomposer)를 분리해 각 단계를 시스템 프롬프트 수준에서 별도의 에이전트로 모듈화하고 있습니다.

또한 주목할 점은 3단계로 Refiner라는 에이전트를 구성하고, Decomposer가 작성한 SQL 쿼리를 SQLite 샌드박스에서 실행한다는 점입니다. 구문 오류가 발생한 경우, SQLite에서 반환되는 오류 메시지에 따라 쿼리를 수정해 실행 시 오류가 발생하지 않는 쿼리를 작성할 수 있습니다.

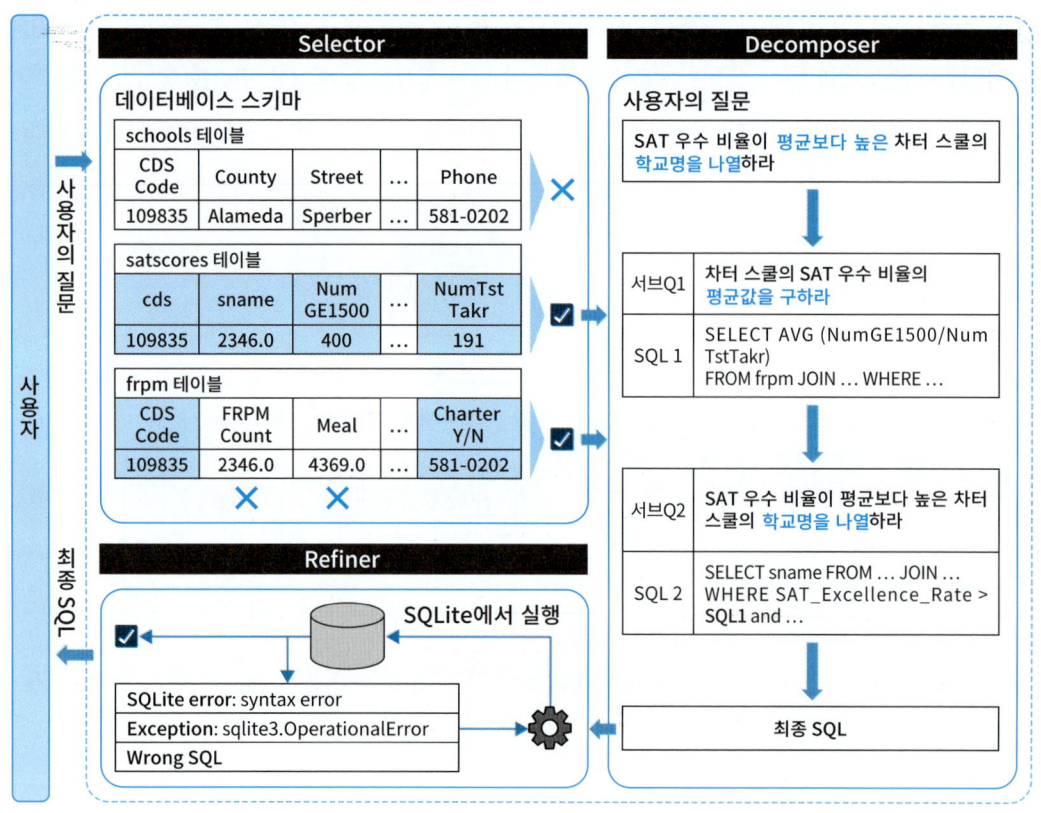

그림 8.19 MAC-SQL의 구조[42]

---

[41] Wang et al.(2023), 〈MAC-SQL: A Multi-Agent Collaborative Framework for Text-to-SQL〉, https://arxiv.org/abs/2312.11242
[42] Wang et al.(2023) 〈MAC-SQL: A Multi-Agent Collaborative Framework for Text-to-SQL〉의 Figure 2를 바탕으로 저자가 작성

또한 DTS-SQL[43]이라는 논문에서는 Spider 데이터셋을 사용해 스키마 링크에 이용하는 모델과 쿼리 생성에 이용하는 모델을 각각 파인튜닝함으로써 정확도를 높일 수 있다고 제시했습니다. 파라미터 수가 7B 정도의 소규모 모델을 사용해도 GPT-4를 사용했을 때와 같은 수준의 쿼리 생성이 가능했다고 합니다.

또한, 쿼리 생성 부분의 정확도를 높이기 위해 쿼리를 복잡도에 따라 분류한 후 생성하는 것이 효과적이라고 검증한 것이 DEA-SQL[44]이라는 프레임워크입니다.

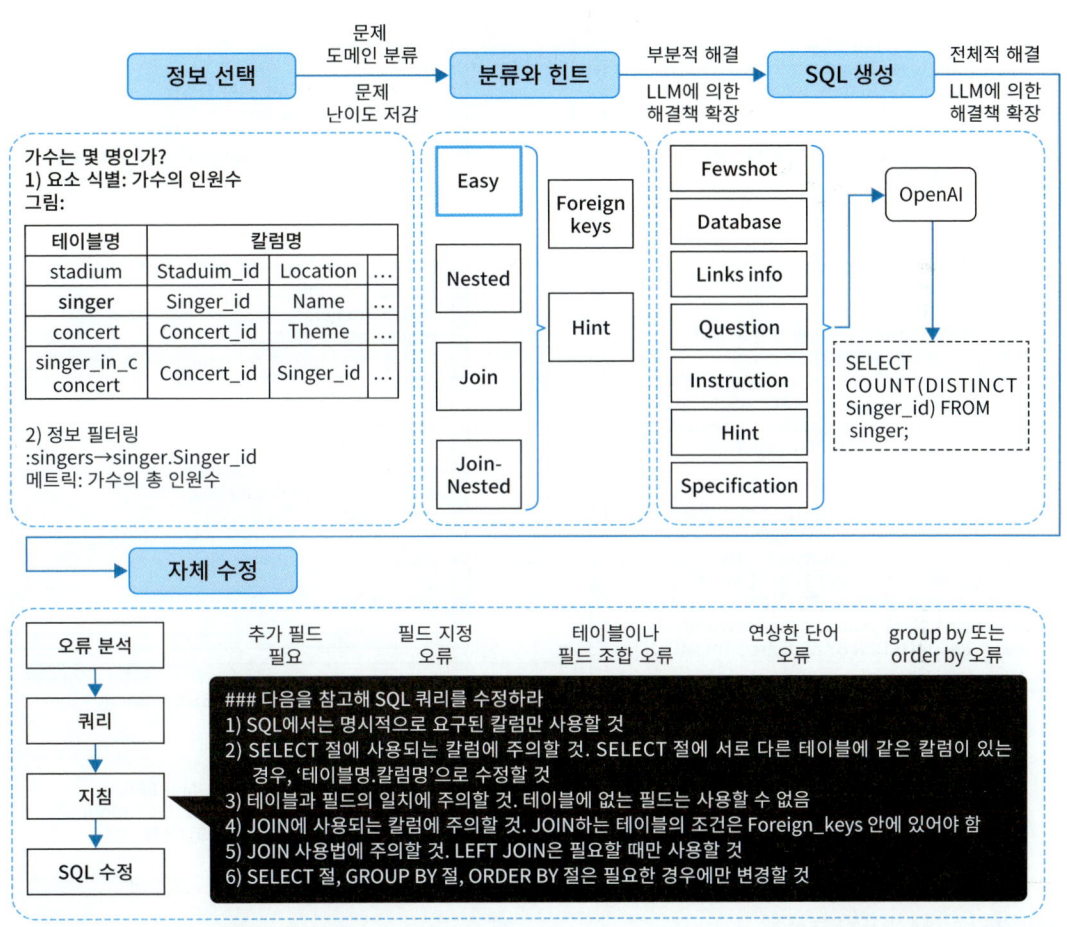

그림 8.20 DEA-SQL의 구조[45]

---

43 Pourreza et al.(2024), 〈DTS-SQL: Decomposed Text-to-SQL with Small Large Language Models〉, https://arxiv.org/abs/2402.01117
44 Xie et al.(2024), 〈Decomposition for Enhancing Attention: Improving LLM-based Text-to-SQL through Workflow Paradigm〉, https://arxiv.org/abs/2402.10271
45 Xie et al.(2024) 〈Decomposition for Enhancing Attention: Improving LLM-based Text-to-SQL through Workflow Paradigm〉의 Figure 1을 바탕으로 저자가 작성

DEA-SQL에서는 분류와 힌트 모듈이 생성할 쿼리를 분류하고 쿼리의 사양을 추론함으로써 후속 SQL 쿼리 생성 단계의 정확도를 높이는 것을 목표로 합니다.

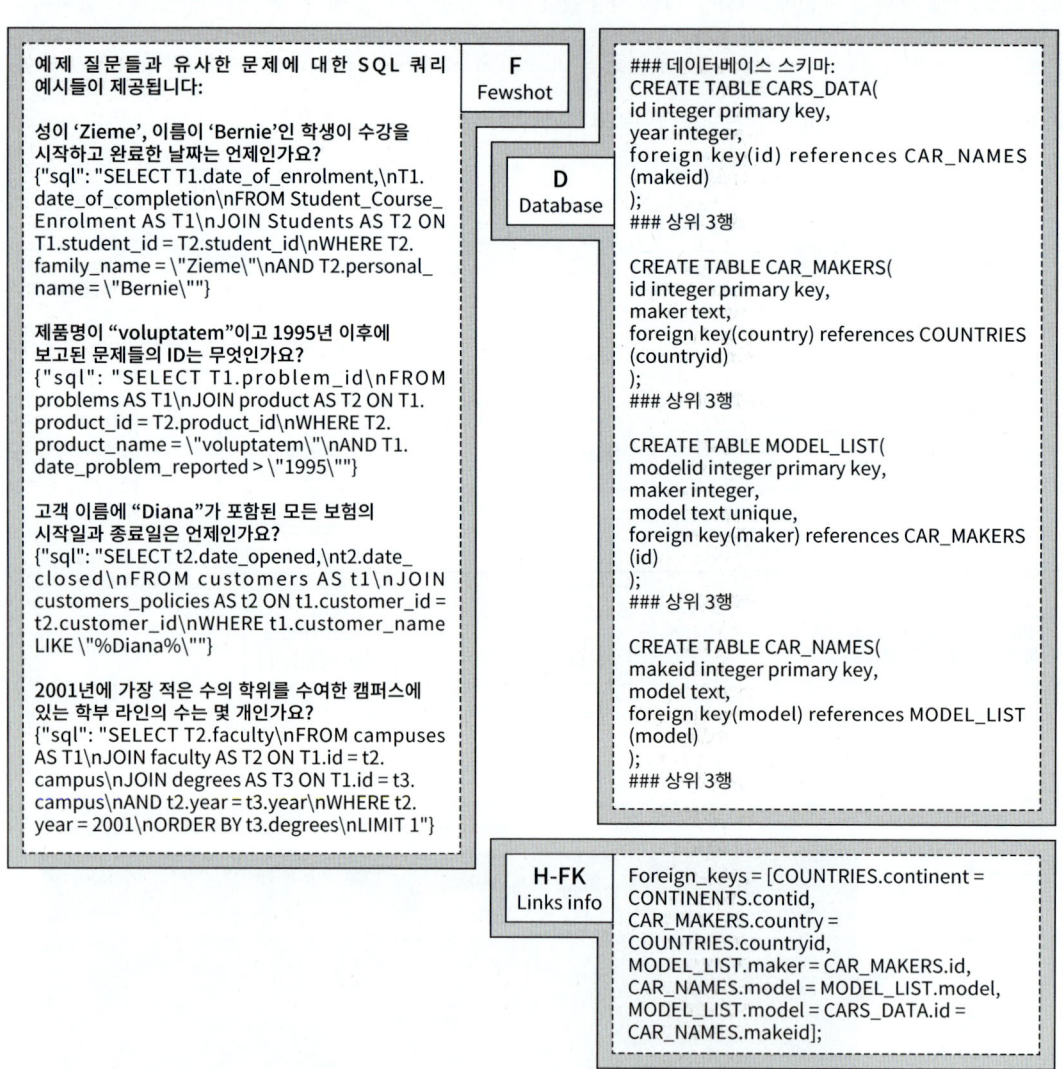

그림 8.21 DEA-SQL의 프롬프트 구조

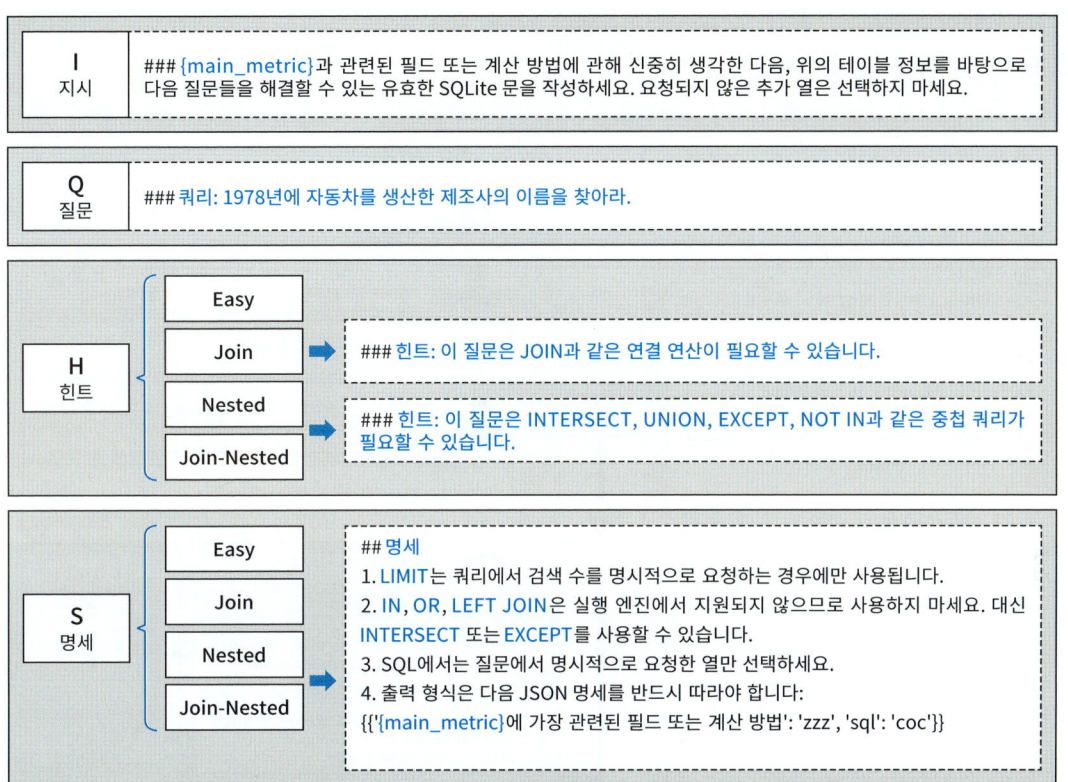

그림 8.21 DEA-SQL의 프롬프트 구조(계속)[46]

프롬프트 엔지니어링의 효과

마지막으로, 지금까지 소개한 Text-to-SQL 프레임워크에서 LLM이 생성하는 것 외의 기본적인 프롬프트 부분에는 개선의 여지가 있습니다. 따라서 프롬프트에 따라 최종 정확도가 달라질 수 있으며, 어떤 프레임워크가 더 우수한지 우열을 명확히 가리기는 어려운 상황입니다.

실제로 BIRDSQL의 리더보드는 항상 기존 프레임워크의 개선과 새로운 프레임워크에 의해 경쟁이 치열한 상황입니다. 그런 점에서 AI 에이전트를 도입하기 전에 Zero-shot 프롬프팅만으로 어디까지 정확도를 높일 수 있는지 시도해 보는 것도 효과적인 방법으로 여겨집니다.

---

[46] Xie et al.(2024) 〈Decomposition for Enhancing Attention: Improving LLM-based Text-to-SQL through Workflow Paradigm〉의 Figure 2를 바탕으로 저자가 작성

다음 그림의 C3 메서드[47]에서는 Zero-shot 프롬프팅으로 쿼리 생성까지 하기 위해 정확도를 높이기 위한 프롬프트 팁이 소개돼 있습니다.

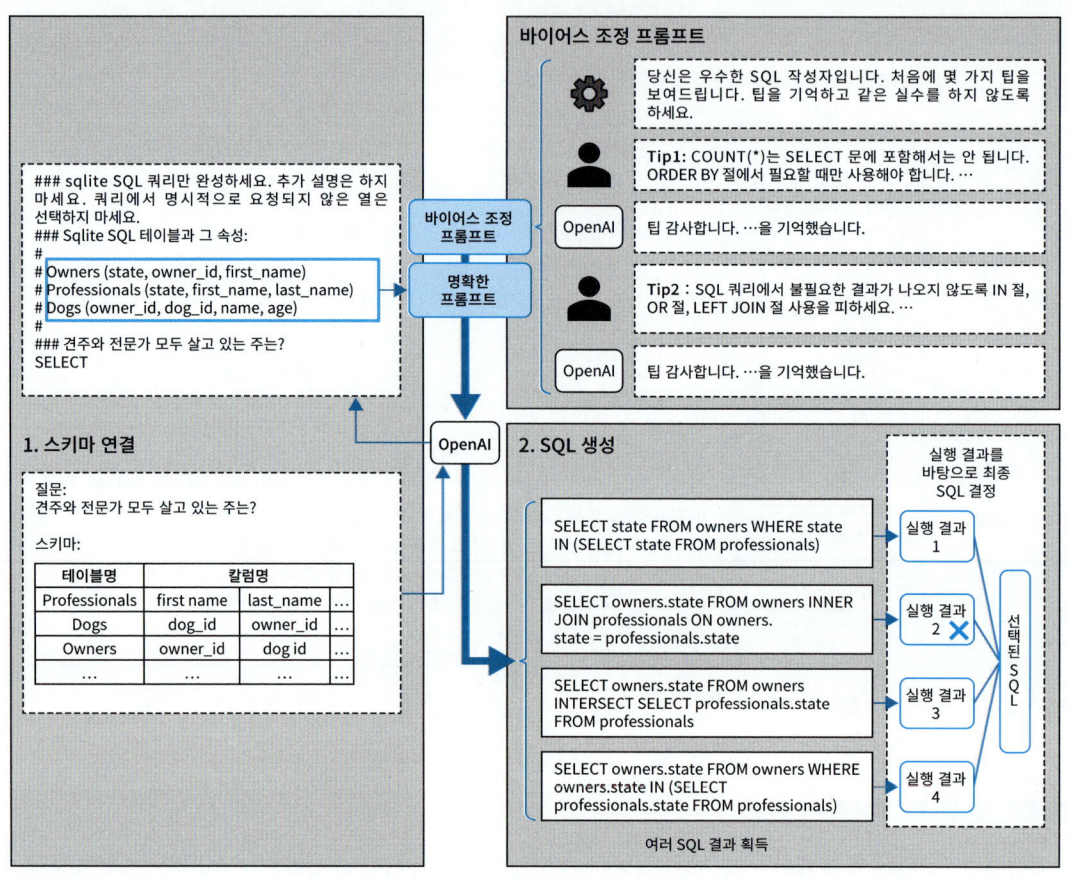

그림 8.22 C3의 구조[48]

C3 메서드에서의 Zero-shot 프롬프팅 팁은 다음과 같습니다.

- **명확한 프롬프트**
    - 명확한 레이아웃으로 지시하기
    - 명확한 문맥 포함하기

---

47 Dong et al.,(2023), 〈C3: Zero-shot Text-to-SQL with ChatGPT〉, https://arxiv.org/abs/2307.07306
48 Dong et al.,(2023) 〈C3: Zero-shot Text-to-SQL with ChatGPT〉의 Figure 1을 바탕으로 저자가 작성

- 모델의 바이어스 조정하기
  - ChatGPT는 출력이 보수적이고 불필요한 열 데이터까지 가져오는 경향이 있으므로, 필요한 열만 선택하도록 ChatGPT를 가이드하는 힌트 추가하기
  - ChatGPT는 쿼리를 작성할 때 LEFT JOIN, OR절, IN절을 사용하는 경향이 강하므로, 해당 키워드를 오용하지 않도록 힌트 추가하기
- 일관성 있는 출력
  - 자기 일관성 방법[49]을 응용해 같은 출력이 되는 여러 SQL 쿼리를 생성하게 하고, 가장 일관성 있는 답변을 선택함으로써 출력의 품질 향상하기

멀티 에이전트로 소프트웨어 개발 자동화하기

GitHub Copilot이나 Amazon CodeWhisperer 같은 코드 어시스턴트나 OpenAI나 Claude를 비롯한 다수의 LLM이 이미 충분한 코드 생성 능력을 갖추고 있어, 소프트웨어 개발의 패러다임이 크게 변화하고 있습니다. 현재는 에디터 내에서 어시스트하는 방식과 채팅 형식으로 지시에 따른 코드를 제안하는 방식이 중심입니다. 그러나 시장을 넓게 살펴보면 디자인 툴 내에서 화면 구조를 생성하는 기능이 등장하기 시작했으며, 미래에는 코드 생성까지 해주게 될 것입니다.

이미 일부 서비스에서는 개발 라이프사이클 전체를 통합해 이슈의 자동 생성부터 이슈에 대응한 코드의 자동 생성, 테스트 계획 작성 및 실행까지 자동으로 수행하고 있습니다. 소프트웨어 개발 업계 사람들의 경험이 크게 바뀔 가능성이 높습니다.

Devin

예를 들어 2024년 3월에 Devin[50]이라는 소프트웨어 개발 라이프사이클 전체를 자동화하는 서비스가 발표됐습니다.

---

49 Wang et al.(2022), 〈Self-Consistency Improves Chain of Thought Reasoning in Language Models〉, https://arxiv.org/abs/2203.11171
50 Introducing Devin, the first AI software engineer: https://www.cognition.ai/blog/introducing-devin

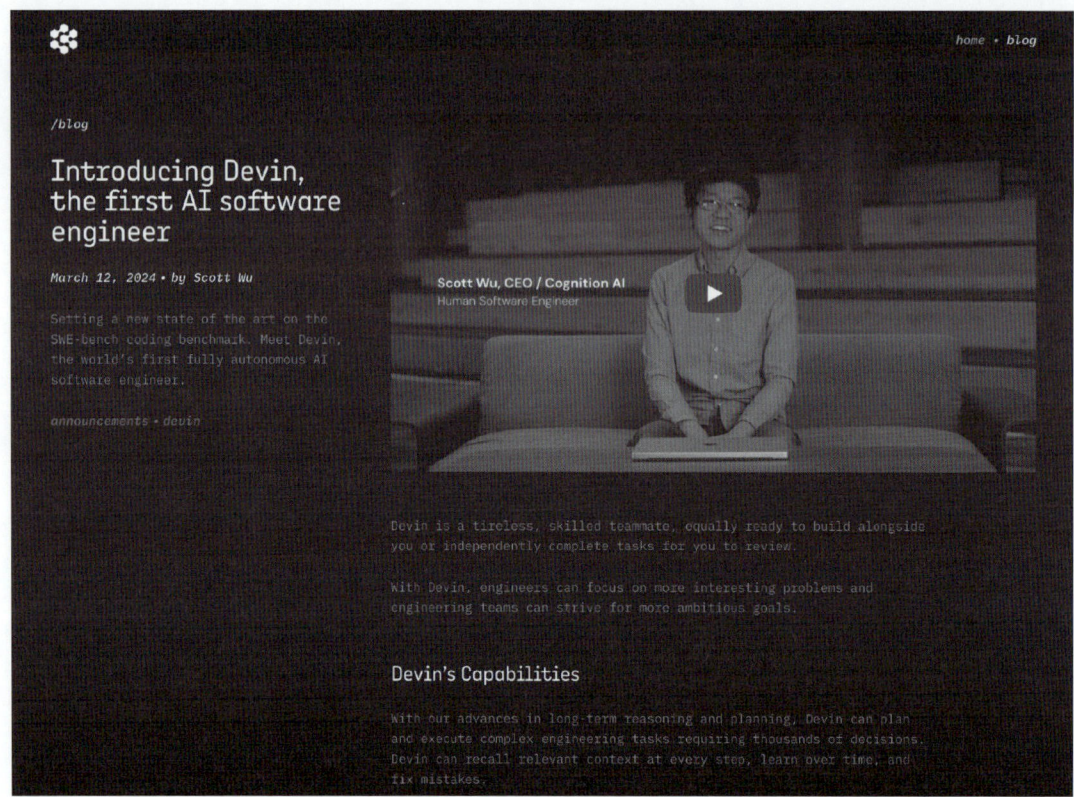

그림 8.23 Devin의 발표[51]

Devin은 정보 검색, 코딩, 프로젝트 배포 등 소프트웨어 개발의 모든 과정을 AI만으로 완결할 수 있습니다. 현재는 아직 프리뷰로 일부 사용자에게만 공개돼 있지만, 앞으로 유사한 에이전트 서비스가 늘어날 것으로 예상됩니다. 아래에 Devin 이전에 공개된 소프트웨어 개발 관련 에이전트 논문 및 구현을 소개합니다.

ChatDev

ChatDev[52]는 소프트웨어 개발에서의 여러 역할별 전문가를 자율 에이전트로 운영하고, 에이전트 간 채팅을 통한 소통을 통해 소프트웨어 개발 라이프사이클의 주요 3단계(설계, 코딩, 테스트)로 구성된 공동 개발을 진행하는 도구입니다.

---

51 Introducing Devin, the first AI software engineer: https://www.cognition.ai/blog/introducing-devin
52 Qian et al.(2023), 〈ChatDev: Communicative Agents for Software Development〉, https://arxiv.org/abs/2307.07924

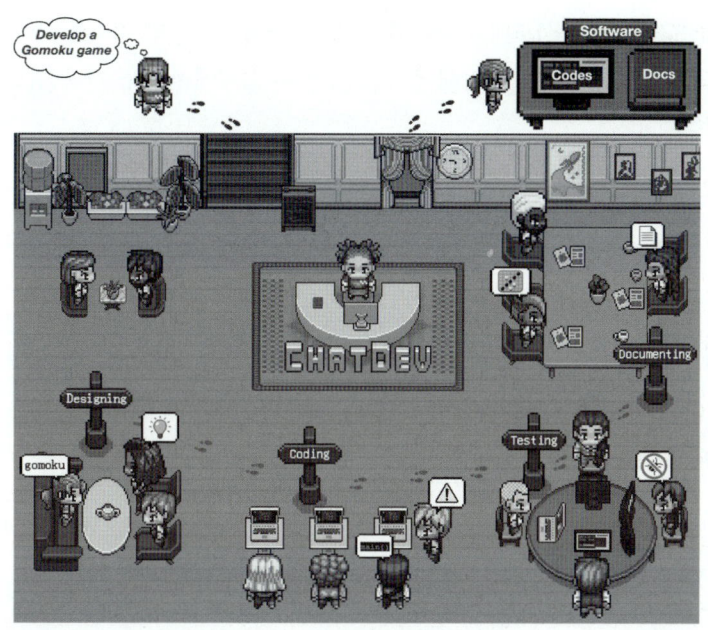

그림 8.24 ChatDev의 콘셉트 이미지[53]

ChatDev에서는 주요 3단계에서 채팅을 통해 각 에이전트가 더 세분화된 서브태스크로 나누고, 각 서브태스크에서의 솔루션 제안·검증을 반복해 다음 단계로 진행합니다.

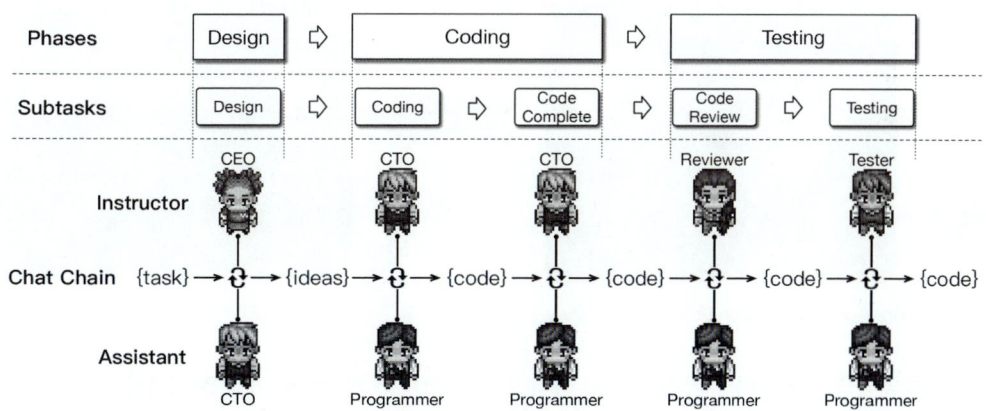

그림 8.25 ChatDev의 워크플로[54]

---

53 ChatDev 리포지터리(https://github.com/OpenBMB/ChatDev)에서 인용
54 〈ChatDev: Communicative Agents for Software Development〉 Figure 2에서 인용

솔루션의 품질을 높이기 위해 각 서브태스크에서는 채팅을 통해 전문적인 역할을 맡은 에이전트가 인스트럭터가 되고, 어시스턴트가 솔루션을 제안해 검증을 거친 후 합의에 이르면 다음 서브태스크로 넘어가는 방식으로 진행됩니다.

또한, 멀티 에이전트 간 소통이 복잡한 토폴로지가 되지 않도록 양자 간 소통 중심으로 합리화돼 있으며, 서브태스크에서 후속 태스크로 원활하게 이동할 수 있도록 구성돼 있습니다.

각 에이전트에는 서브태스크 시작 시 고정된 프롬프트가 주어집니다. 이 프롬프트에는 현재 서브태스크의 개요와 목적, 전문가로서의 역할 정의, 접근 가능한 외부 도구, 통신 프로토콜, 종료 조건, 바람직하지 않은 작동을 피하기 위한 제약이나 요구사항이 명시돼 있습니다. 이후 역할에 맞게 인스턴스화되어 서브태스크가 끝날 때까지 자율적으로 작동합니다.

서브태스크 내에서의 채팅이나 실행 내역은 메모리에 저장되며, 다음 단계로 넘어갈 때는 이전 단계에서의 솔루션 내용만 장기 메모리로 다음 단계에 전달되어 메모리가 효율화됩니다.

일반적인 개발 라이프사이클 외의 흥미로운 기능으로, ChatDev에서는 디자이너 에이전트를 활성화하면 소프트웨어에서 사용할 이미지를 생성하는 Art 모드나 코딩 단계에서 리뷰어로서 ChatDev 팀에 사람이 참여할 수 있는 Human-Agent-Interaction 모드를 이용할 수 있습니다.

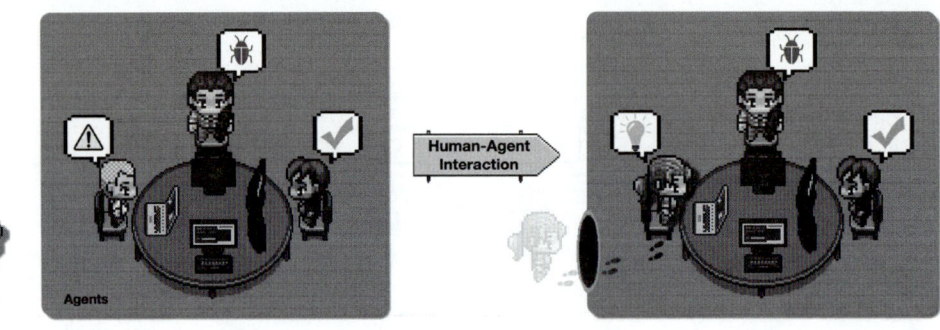

그림 8.26 Human-Agent-Interaction 모드[55]

또한, 소프트웨어를 처음부터 개발하는 것이 아니라 기존 코드를 개선하여 개발을 시작할 수 있는 증분 개발 기능도 추가됐습니다.

---

[55] README(한국어): https://github.com/OpenBMB/ChatDev/blob/main/readme/README-Korean.md

그림 8.27 증분 개발 기능. 2023년 11월 2일 릴리스[56]

또한, ChatDev에서는 Devin과 같이 ChatDev를 SaaS화한 플랫폼도 제공합니다.

- ChatDev(SaaS) _ https://chatdev.modelbest.cn/

게다가 ChatDev에서는 과거 경험에서 발생한 반복적 실수나 비효율적 태스크의 경험으로부터 학습하는 경험적 공동 학습(Experiential Co-Learning)[57] 프레임워크를 도입해 협력적으로 학습하면서 태스크 정확도를 발전시키려는 노력을 하고 있습니다.

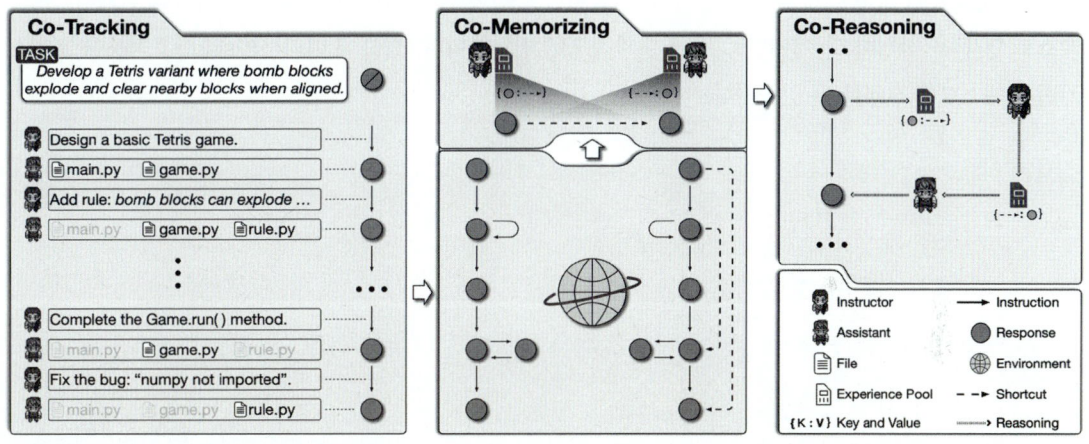

그림 8.28 Experiential Co-Learning의 구조[58]

MetaGPT

MetaGPT[59]도 ChatDev와 유사하게 멀티 에이전트로 소프트웨어 개발 회사를 시뮬레이션하는 도구입니다. 다음 그림과 같이 역할과 태스크를 지정하고 역할에 따라 태스크에서 생성한 산출물을 주고받으면서 목표를 달성합니다.

---

56 README(한국어): https://github.com/OpenBMB/ChatDev/blob/main/readme/README-Korean.md
57 Qian et al.(2023), 〈Experiential Co-Learning of Software-Developing Agents〉, https://arxiv.org/abs/2312.17025
58 〈Experiential Co-Learning of Software-Developing Agents〉 Figure 1에서 인용
59 Hong et al.(2023), 〈MetaGPT: Meta Programming for A Multi-Agent Collaborative Framework〉, https://arxiv.org/abs/2308.00352

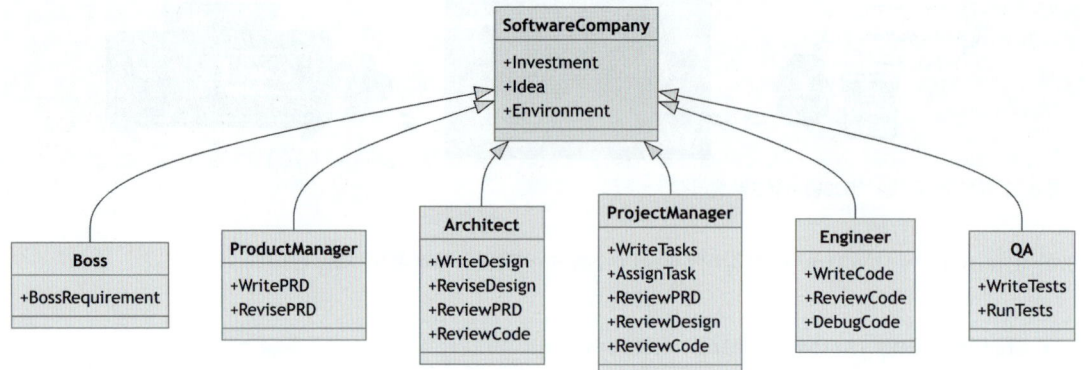

그림 8.29 MetaGPT에서의 에이전트 구성이나 역할의 예[60]

'MetaGPT'라는 이름에서 알 수 있듯이, MetaGPT에서는 에이전트들이 소프트웨어를 만드는 과정 자체가 메타적으로 정의돼 있습니다. 구체적으로는 미리 정해진 표준 운영 절차(SOP, Standardized Operating Procedures)에 따라 작동하며, 절차마다 중간 산출물(요구사항 명세서, 시스템 설계서, 코드, 테스트 명세)을 작성하고, 에이전트 간에 순차적으로 전달합니다. 필요에 따라 사람의 상호작용을 포함시키면서 태스크를 진행할 수 있습니다.

---

60 〈MetaGPT: The Multi-Agent Framework〉(https://docs.deepwisdom.ai/main/en/guide/get_started/introduction.html)에서 인용

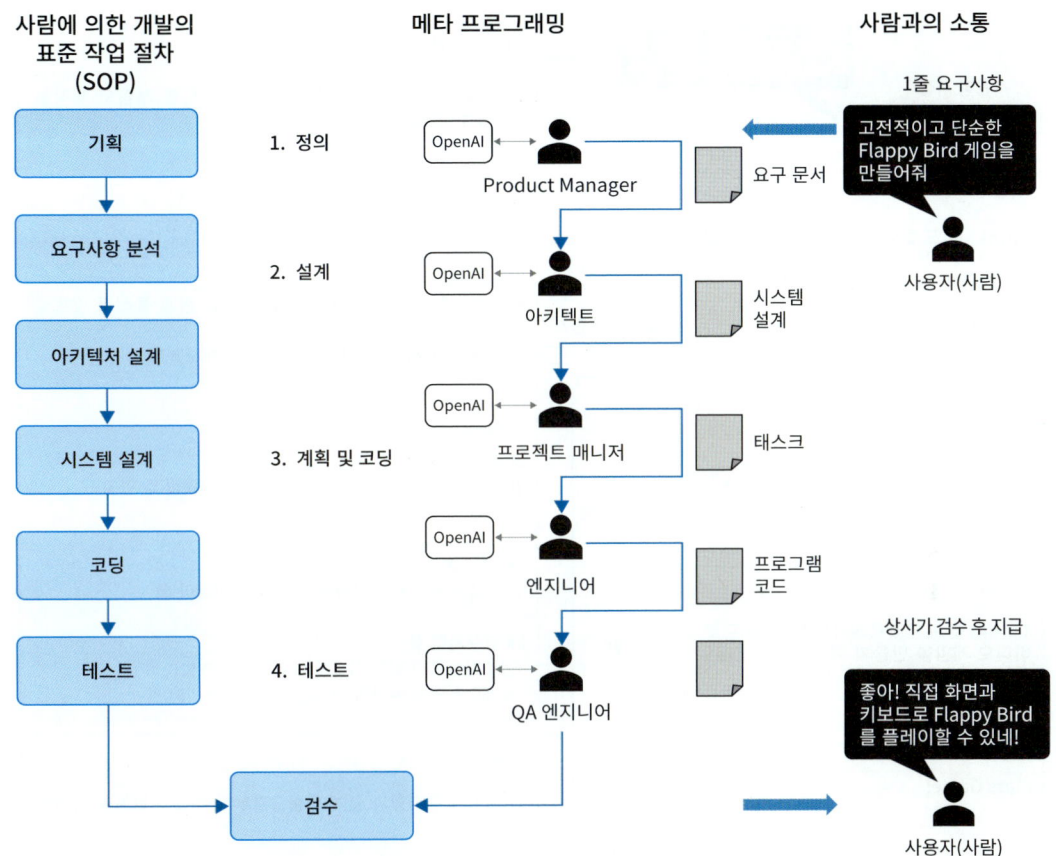

그림 8.30 MetaGPT에서의 소프트웨어 개발 흐름[61]

각 에이전트의 단계는 각각 미리 정해진 절차와 산출물의 전달을 통해 이루어지며, 역할에 설정된 태스크를 수행합니다. 프로덕트 매니저는 사용자 요구사항을 받으면 요구사항 분석을 하고, 사용자 스토리나 요구사항 상세를 기록한 자세한 PRD(Product Requirement Document)를 작성합니다. PRD는 아키텍트에게 전달되고, 아키텍트는 이 요구사항을 파일 목록, 데이터 구조, 인터페이스 정의 등의 시스템 설계 컴포넌트로 변환합니다. 그 후 계속해서 후속 에이전트에 전달됩니다.

---

61 〈MetaGPT: Meta Programming for A Multi-Agent Collaborative Framework〉의 Figure 1을 바탕으로 저자가 작성

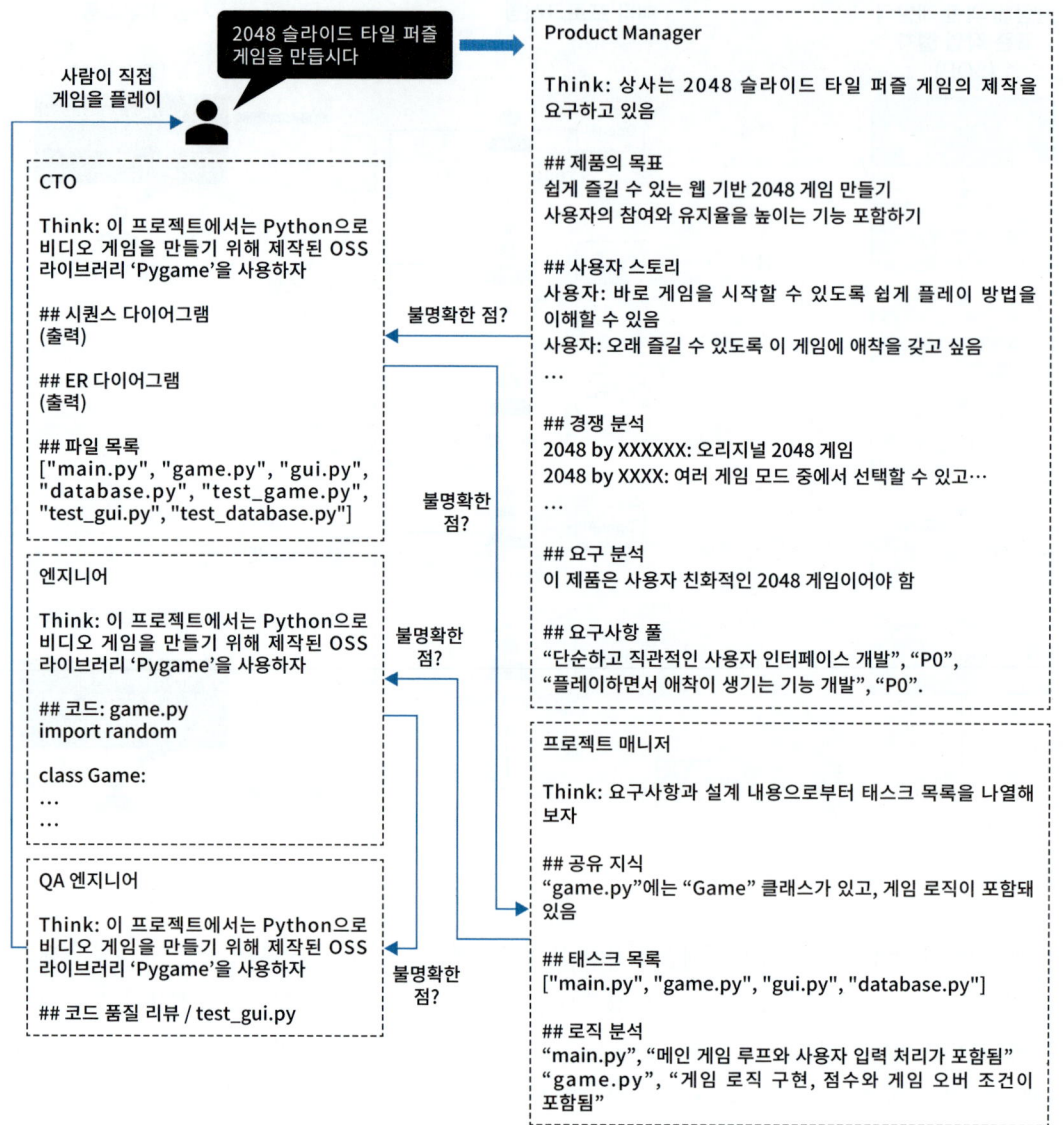

그림 8.31 MetaGPT의 실행 내용 상세[62]

태스크에 관여하는 에이전트 간에 1대1로 문서를 주고받으면 다른 에이전트가 참조할 수 없거나, 참조할 때 구조가 복잡해질 수 있습니다. 그래서 MetaGPT는 글로벌 메시지 풀이라는 공유 풀에 메시지 교환이나 전달한 정보를 저장해 두고, 다른 에이전트가 원하는 시점에 이를 참조할 수 있게 했습니다. 이를 통해 통신 효율을 향상시킨 것이 특징입니다.

---

[62] 〈MetaGPT: Meta Programming for A Multi-Agent Collaborative Framework〉의 Figure 3을 바탕으로 저자가 작성

MAGIS

MAGIS[63]도 멀티 에이전트 프레임워크이지만, 새로운 애플리케이션 구축보다는 기존 코드에 대한 과제로 기록된 GitHub 이슈 해결을 목적으로 합니다. GitHub 이슈 해결을 위해서는 리포지터리 전체를 이해한 후 기존 기능의 유지보수를 포함한 대응이 필요합니다. 따라서 지시된 프로그램 코드를 새로 출력하는 것보다 복잡하고 난이도가 높다고 여겨집니다.

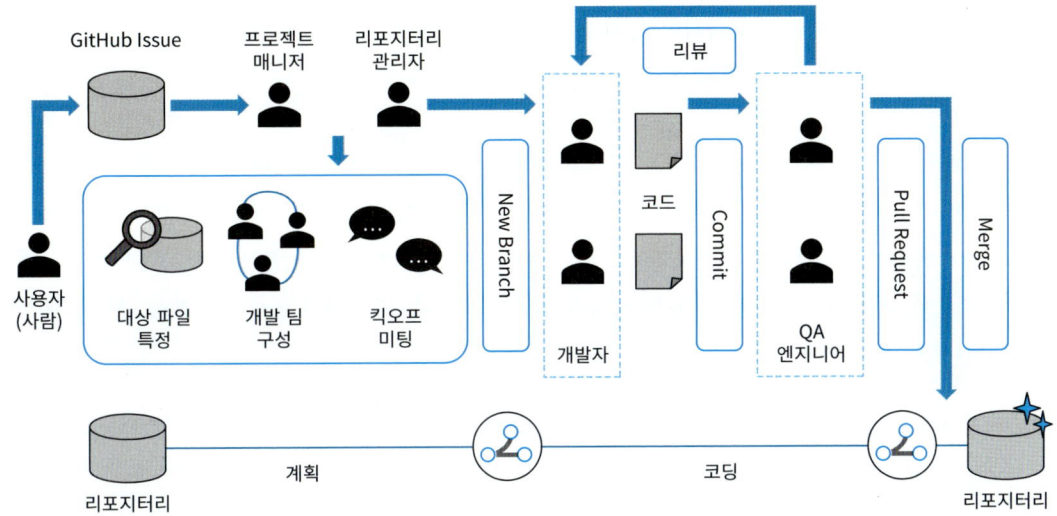

그림 8.32 MAGIS의 개요[64]

MAGIS에서는 GitHub 이슈에서 리포지터리 전체에 걸친 내용 분석이나 영향 범위를 최적화해 대응하기 위해 4종류의 역할별 에이전트를 만들어 협업을 통해 해결하는 방식을 취합니다.

1. **매니저**

    매니저는 문제를 태스크로 분해하는 것뿐만 아니라, 개발자 에이전트 자체를 설계하고 팀을 구성함으로써 기존보다 팀의 유연성과 적응성을 향상시켜 다양한 문제를 효율적으로 처리할 수 있게 합니다.

2. **리포지터리 관리자**

    리포지터리 내의 방대한 파일 중에서 문제와 관련된 파일을 찾아 관련성 높은 파일로 필터링함으로써 개발자가 변경할 코드를 최소화할 수 있습니다. 또한 리포지터리 관리자는 이전 이슈와 그 대응을 메모리에 저장해 두고, 무관한 파일을 필터링해 매니저가 관련 파일을 사용해 정확하게 태스크를 정의하는 데 도움을 줍니다.

---

[63] Tao et al.(2024), 〈MAGIS: LLM-Based Multi-Agent Framework for GitHub Issue Resolution〉, https://arxiv.org/abs/2403.17927
[64] Tao et al.(2024) 〈MAGIS: LLM-Based Multi-Agent Framework for GitHub Issue Resolution〉의 Figure 2를 바탕으로 저자가 작성

3. 개발자

개발자 에이전트는 태스크에 대해 과부족 없이 여러 명을 생성해 할당할 수 있습니다. 개발자 에이전트의 기존 코드 변경 능력은 새로 코드를 생성하는 능력만큼 우수하지 않습니다. 따라서 코드 변경의 경우 여러 서브 조작으로 분해함으로써 적절히 구현할 수 있도록 최적화돼 있습니다.

4. QA 엔지니어

QA 엔지니어는 코드 리뷰를 통해 소프트웨어 품질을 유지합니다. 사람이 수행할 때처럼 백로그의 전달로 지연이 발생하지 않도록 MAGIS에서는 개발자 에이전트와 QA 엔지니어 에이전트를 페어로 묶어 태스크마다 적시에 코드 리뷰 피드백을 수행합니다. 이는 소프트웨어 품질을 더 확실히 보장하기 위함입니다.

이러한 에이전트들은 계획 프로세스와 코딩 프로세스 두 단계로 크게 나뉩니다. 우선 계획 프로세스에서는 리포지터리 관리자가 이슈에 해당하는 파일을 필터링하고, 매니저가 태스크를 명확히 하고 필요한 개발자 역할·페르소나를 정의해 개발자를 생성합니다. 그 후 킥오프 미팅을 열어 태스크의 타당성이나 태스크 간 의존성 등을 명확히 하기 위해 팀 토론을 진행하고, 모든 개발자가 협력해 문제를 해결할 수 있는지 확인합니다.

코딩 단계에서는 먼저 각 개발자가 자신과 페어가 될 QA 엔지니어 역할·페르소나를 정의하고 생성합니다. 다음으로 코드 변경 부분의 생성을 여러 단계로 수행합니다. 우선 변경 부분의 시작행부터 종료행까지 결정하고, 새로운 코드 스니펫을 생성해 원래 코드 부분을 대체합니다. 이를 Git에 커밋한 후, QA 엔지니어가 리뷰 코멘트와 리뷰 판정을 등록합니다. 리뷰 판정이 부정적이면 개발자는 사전에 정의된 최대 반복 횟수 이내에서 코드 수정을 반복합니다. 이를 통해 한 부분씩 변경 태스크가 완료되는 흐름입니다.

같은 논문에서 문제 해결 정확도 평가로 SWE-bench[65]를 이용한 효과 검증이 이뤄졌으며, 코드 변경이 정상적으로 적용된 비율과 변경 후 코드의 일련의 테스트 통과 비율을 측정했습니다. SWE-bench는 12개의 인기 있는 Python 리포지터리의 2,294개 이슈를 데이터셋으로 한 GitHub 이슈 해결 벤치마크입니다.

일련의 개발 흐름에서 태스크마다 역할에 맞는 프로파일로 생성된 에이전트를 구분해 사용함으로써 코드 변경 적용률과 변경 후 테스트 통과율이 크게 향상될 것으로 기대됩니다.

---

[65] SWE-bench: https://www.swebench.com/

Self-Organized Agents: 초대규모 코드 생성 및 최적화를 위한 LLM 기반 다중 에이전트 프레임워크

MAGIS에서는 전문 검색 알고리즘[66]을 통해 리포지터리 내에서 GitHub 이슈와 관련 있는 파일을 어느 정도 검색해 대상 파일을 선별하는 접근 방식을 취했습니다. 이에 비해 여기서 소개하는 Self-Organized Agents[67]에서는 부모 에이전트 아래에 리포지터리 전체에서 특정 범위의 문자열을 자른 범위를 담당하는 자식 에이전트를 생성하고, 자식 에이전트의 메모리 범위 내에서 코드를 생성 및 수정하는 방법이 제안됐습니다.

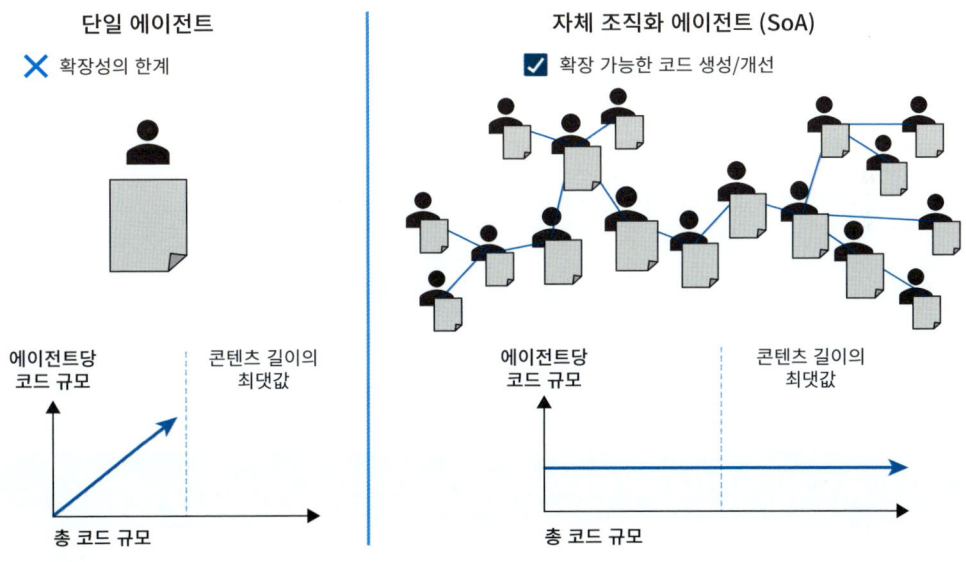

그림 8.33 Self-Organized Agents의 개요[68]

이를 통해 각 에이전트가 다루는 코드의 양을 일정하게 유지하면서도 문제의 복잡도에 따라 에이전트를 자동으로 증식시킴으로써 생성되는 코드 전체를 이론적으로는 무한히 확장할 수 있다고 합니다.

- 각 에이전트의 역할

    1. 자식 에이전트

        a. 주어진 함수의 문서 문자열(docstring)을 기반으로 구현 수행

        b. LLM과 메모리를 가지고 코드 생성과 수정 수행

---

[66] BM25: https://ja.wikipedia.org/wiki/Okapi_BM25
[67] Yoichi Ishibashi and Yoshimasa Nishimura(2024), 〈Self-Organized Agents: A LLM Multi-Agent Framework toward Ultra Large-Scale Code Generation and Optimization〉, https://arxiv.org/abs/2404.02183
[68] 〈Self-Organized Agents: A LLM Multi-Agent Framework toward Ultra Large-Scale Code Generation and Optimization〉의 Figure 1을 바탕으로 저자가 작성

c. 부모 에이전트의 상태를 관찰하고 그 정보를 사용해 자율적으로 코드 개선

　2. 부모 에이전트

　　　a. 자식 에이전트와 마찬가지로 문서 문자열(docstring)을 기반으로 함수를 독립적으로 구현

　　　b. 문제의 복잡도에 따라 여러 자식 에이전트를 생성하고 구현의 일부를 이들 에이전트에 위임

　　　c. 추상적인 프로세스 구현에 집중하고, 생성된 자식 에이전트는 구체적인 프로세스 구현을 담당

- 구현 프로세스

　1. 코드 생성 프로세스

　　　a. 에이전트 간 계층적인 조합을 통해 단일 대규모 코드베이스가 효과적으로 구축됨

　2. 코드 수정 단계

　　　a. 모든 에이전트의 구현이 결합되어 최종 구현이 만들어짐

　　　b. 피드백이 루트 부모 에이전트에서 생성되어 자식 에이전트에 전파됨

정확도 평가로 HumanEval이라는 벤치마크를 사용한 측정 결과가 제시돼 있으며, 단일 에이전트나 코드 생성 전문 모델과 비교해도 더 높은 정확도의 출력이 가능할 것으로 나타났습니다.

8.5 AI 에이전트가 안전하게 보급되기 위해

OpenAI사가 발행한 〈Practices for Governing Agentic AI Systems〉[69]라는 논문에서 AI 에이전트를 안전하게 통제할 수 있게 되는 것이 사회에 보급되기 위한 절대 조건이라고 제시됐습니다. 이 논문은 AI 에이전트를 사회에 적용하는 데 있어 중요한 시스템 안전성, 개발자와 사용자의 책임, 적용 시 간접적인 영향 등 특히 안전성에 관한 포괄적인 관점을 제공합니다.

> **에이전틱 AI 시스템**
>
> 논문에서는 AI 에이전트의 완전성이나 정의에 집착하지 않고, 그 특성이나 각 관점과 기술 부분의 실현 방법을 설명하기 위해 이 AI 시스템을 '에이전틱 AI 시스템(Agentic AI Systems)'이라고 칭합니다.

---

[69] 〈Practices for Governing Agentic AI Systems〉, https://openai.com/index/practices-for-governing-agentic-ai-systems/

에이전틱 AI 시스템의 특성으로는 다음 네 가지가 있으며, 이 네 가지의 정도가 클수록 에이전트다운 (Agentic) 것으로 간주합니다.

- **목표의 복잡성**: 얼마나 어려운 목표를 달성할 수 있는가? 얼마나 광범위한 목표를 달성할 수 있는가?
- **환경의 복잡성**: 목표를 달성하기 위한 환경은 얼마나 복잡한가?
- **적응성**: 새로운 상황이나 예상치 못한 상황에 얼마나 잘 대응할 수 있는가?
- **독립적인 실행**: 얼마나 적은 인간의 개입이나 감독으로 신뢰성 있게 목표를 달성할 수 있는가?

AI 에이전트의 기본 작동은 환경을 인식하고 복잡한 목표를 달성하는 것이지만, 그 환경 인식 수단이나 목표 달성 방법의 기술적 난이도가 구현을 어렵게 하는 것 같습니다. 앞으로 갑자기 완전한 AI 에이전트가 나타날 것이라기보다는, 그러한 특성을 목적이나 목표를 향해 부분적으로 실현하면서 점점 더 에이전트성 (Agenticness)을 높여감으로써 어느새 일부 용도에서는 완전한 AI 에이전트로 간주할 수 있는 AI 시스템이 보급되는 흐름이 될 것으로 생각합니다.

우리가 일상에서 사용하는 애플리케이션이나 시스템에 LLM을 활용한 에이전트성이 조금씩 구현·보급됨으로써 그것이 없던 시대에 비해 업무 효율성이나 업무 품질 측면에서 유익해진다는 것이 기본 전제입니다. 또한 이를 안전하고 책임 있는 AI 시스템으로 보급하기 위해 주의할 점을 위 논문을 참고해 설명하겠습니다.

먼저 에이전틱 AI 시스템으로 인해 발생하는 직접적인 영향이나 과제에 대해 설명합니다.

- **태스크 적합성 평가의 과제**
  에이전틱 AI 시스템의 평가는 아직 새로운 분야로, 특정 벤치마크에서 높은 평가를 받았다 하더라도 실제 세계에서의 평가가 좋지 않을 수 있습니다. 또한, 에이전틱 AI 시스템은 복잡한 목표를 향해 여러 액션을 체인으로 실행하기 때문에 개별 액션의 실패나 목표에서의 이탈이 전체적으로 큰 실패로 이어질 가능성이 있습니다. 하위 태스크별로 신뢰성을 개별적으로 평가함으로써 전체 성공률이나 신뢰성을 높이는 접근법이 필요할 것으로 보입니다. 그러나 그 하위 태스크 자체가 온디맨드로 생성된다는 점을 생각할 때 완전히 동일한 입출력으로 평가하기보다는 복잡한 검증이 필요할 것입니다. 또한 예상치 못한 상황에서 신뢰성이 낮은 작동을 할 가능성을 어떻게 방지할 것인지도 과제입니다.

- **실행 환경의 제약과 액션 승인의 과제**
  에이전트가 실행한 코드가 예상치 못한 작동을 할 가능성도 있습니다. 대책으로는 장시간 실행 시 타임아웃 설정, 코드를 실행하는 환경의 샌드박스화, 하드코딩된 제약을 피해가는 실행 경로와 같은 취약점 방지, 네트워크 제어를 통한 외부 통신 제어 등을 생각할 수 있습니다.

에이전틱 AI의 특성인 자율성에 대해서도 과제가 있습니다. 예를 들어 대규모 주식 거래 등 하나의 액션에서 중요한 의사 결정이나 실제 세계에 큰 영향을 미치는 액션은 에이전트에게 위임하기 어렵습니다. Human-in-the-Loop 방식으로 그때그때 인간에게 판단을 구하거나 승인을 요청하는 것은 빠른 행동이나 완전 자율 작동과는 반대되는 행동입니다. 또한, 인간에게 승인을 요청할 때는 이를 승인하기에 충분한 컨텍스트 정보를 제공해야 한다는 점도 과제가 됩니다.

- **에이전트의 기본 행동 설정**

  에이전트가 목표를 향해 작동할 때, 사용자는 에이전트에게 (개별 지정이 없는 경우) 바람직한 기본 행동을 전달해야 합니다. 기본 행동이란 목표를 달성하기 위해 비용을 최소화하거나 다소 위험한 작동도 허용하는 등 작동에 대한 사용자의 선호나 기본 정책을 말합니다. 에이전트가 과거 행동 이력이나 역할·페르소나로 설정된 내용에서 상식적으로·휴리스틱하게 선택하는 행동이 사용자의 의도 범위를 벗어나지 않고 작동하는 것을 보장하기 위한 메커니즘이 필요합니다.

- **에이전트 활동의 가독성**

  에이전트 작동 중이나 작동 후에 내부적으로 어떤 일이 수행됐는지, 문제가 발생하지 않았는지 파악하기 쉽게 하고, 문제가 발생했다면 개입할 수 있도록 해야 합니다. 에이전트의 사고 및 작동 프로세스를 명확히 함으로써 사용자는 AI 시스템을 디버깅하기 쉽고 개선책도 쉽게 적용할 수 있습니다.

  그러나 단순히 추론 트레이스를 출력하는 경우에도 그 양이 너무 방대하면 인간의 가독성을 넘어서 실질적으로 기능하지 않을 수 있습니다. 에이전트가 무엇을 실행했는지 사용자에게 알기 쉽게 보여주는 것이 중요합니다.

- **자동 모니터링**

  에이전트의 활동 로그를 출력해도 항상 인간이 모니터링할 수 있는 것은 아닙니다. 시스템은 에이전트의 활동 로그 출력뿐만 아니라 수시로 자동 리뷰를 실시하고 필요에 따라 보수적인 제어를 해야 합니다.

  그러나 기밀성이 높은 세션 데이터의 모니터링은 프라이버시 위험으로 이어질 수 있으므로 사용자 혜택이라는 목적 범위를 벗어나지 않는 운영이 요구됩니다.

  또한, 생성되는 모든 활동을 모니터링한다는 특성상 운영 비용이 드는 것도 문제입니다. 모니터링 시스템용으로 저비용 소형 모델을 채택하는 것도 아이디어 중 하나지만, 대형 모델에 비해 검출 능력 등이 떨어질 가능성이 있습니다.

  또한 모니터링 대상 에이전트가 하이재킹과 같은 공격을 받을 경우, 모니터링 시스템도 마찬가지로 하이재킹되어 에스컬레이션이 차단되어 무력화되거나 해로운 상태가 될 가능성도 있습니다.

  효과적인 모니터링 시스템의 잠재적 유용성을 고려할 때 프라이버시 우려와 중앙 관리의 균형을 적절히 유지하면서 효과적으로 모니터링을 실행할 수 있는 방법을 검토하는 것이 중요합니다.

- 귀속성

    사용자가 에이전트에 의한 의도적·비의도적 공격을 방지하지 못하더라도, 에이전트에 고유 식별자를 설정해 추적성을 높임으로써 공격 억제나 설명 책임에 도움이 될 수 있습니다. 어떤 사용자에게 위임되어 작동하는지 명확히 함으로써 익명 에이전트 실행을 방지하고 추적성을 높일 필요가 있습니다.

- 셧다운 기능과 제어 유지

    에이전트가 위험한 작동을 할 경우 자동으로 셧다운되도록 해야 합니다. 또한, 어떤 프로세스에서 셧다운되든 업무의 누락을 방지하기 위해 대체 절차가 정해져 있어야 합니다. 에이전트의 내부 작동이 복잡할 경우, 어떤 프로세스에서 셧다운을 어떻게 대체해야 하는지는 복잡한 제어가 될 수 있다는 점에도 주목할 필요가 있습니다.

    또한, 자기 보존 특성을 가진 에이전트나 주변 시스템이 사용자의 셧다운 시도를 중지하거나 개조를 받아들이지 않게 할 가능성이 우려된다는 점도 중요한 관점입니다.

지금까지 에이전틱 AI 시스템으로 인해 발생하는 직접적인 영향이나 과제에 대해 설명했습니다. 에이전틱 AI 시스템이 보급되면 다음과 같은 사회적·간접적인 영향이나 과제가 발생할 것으로 예상됩니다.

- 성급한 시스템 도입으로 인한 문제

    에이전틱 AI 시스템의 이점을 활용하기 위해 시스템 도입이 진행되면, 경쟁사에 뒤지지 않으려고 불충분한 검증 단계를 거쳐 도입을 추진하는 기업이 늘어날 가능성이 있습니다. 예를 들어, 코드 자동 생성 에이전트를 충분히 검증하지 않고 도입함으로써 생성된 코드에 심각한 보안 취약점이 생기는 상황이 발생할 경우, 경쟁사를 포함한 광범위한 영역에서 취약점으로 인한 악영향을 받을 수 있습니다. 따라서 에이전틱 AI 시스템 도입 시에는 '철저한 검증을 거친 도입 결정'이 중요합니다.

- 노동력 이동과 고용 불균형

    에이전틱 AI 시스템은 기존 AI 시스템보다 훨씬 광범위한 업무를 대체할 가능성이 있습니다. 업무가 완전히 자동화됨으로써 다양한 경제적 효과를 가져올 수 있는 반면, 노동자가 보유한 기술의 희소성이 떨어져 많은 노동자가 일자리를 잃을 가능성도 있습니다. 이전에는 희소했던 전문 지식에 대한 접근이 쉬워짐으로써, 자본에 기반한 대기업의 경쟁 우위가 흔들릴 수도 있습니다.

    에이전틱 AI 시스템의 이점이 널리 활용되도록 가이드라인을 마련하는 것이 더욱 중요해집니다.

- 공격과 방어 균형의 불균형화

    사이버 보안 분야에서는 에이전틱 AI 시스템을 이용한 사이버 공격의 자동화로 공격 시도가 급격하게 증가할 가능성이 있습니다. 반면, 모니터링 등 사이버 방어 측면을 자동화하는 것은 훨씬 더 어려울 수 있습니다. 이로 인해 정보 시스템의 안전성 저하나 대책 비용이 상승할 가능성이 있습니다.

지금까지 살펴본 것처럼, 에이전틱 AI 시스템의 보급에는 기술적 복잡성과 그 복잡성에서 비롯되는 많은 과제가 예상됩니다. 앞으로 우리 개발자들이 이러한 과제를 하나씩 해결해 나가며 개발함으로써 사회의 기반으로서 더욱 안전하게 활용될 수 있으리라는 신뢰를 얻도록 노력해야 하겠습니다.

8.6 요약

이 장에서는 AI 에이전트의 기원부터 LLM을 활용한 AI 에이전트의 기본 원리, 프레임워크와 OSS 도구, 그리고 AI 에이전트의 보급 및 사회 정착에 필요한 사항을 살펴봤습니다. 9장 이후에서는 다양한 패턴의 AI 에이전트 실습을 준비했습니다.

09장

LangGraph로 만드는
AI 에이전트 실전 입문

이 장에서는 LangChain의 기능을 확장하고, LLM을 활용한 복잡한 워크플로를 구축하기 위한 라이브러리인 'LangGraph'를 소개합니다. LangGraph의 가장 큰 특징은 개발자가 구현하는 워크플로를 그래프 구조로 모델링하면서 개발할 수 있다는 점입니다. 이러한 특징 덕분에 LLM을 활용한 복잡한 워크플로를 직관적이고 효율적으로 개발할 수 있습니다. 또한, 이 특징을 발전시켜 그래프 구조를 사용해 여러 AI 에이전트가 협력해 작동하는 멀티 에이전트 시스템 개발도 가능합니다.

이 장의 전반부에서는 LangGraph의 기본 개념을 자세히 설명합니다. LangGraph의 주요 컴포넌트에 대한 지식을 쌓은 후, 후반부에서는 실전 예제로 간단한 워크플로 실습을 진행해 실용적인 면에서 깊게 이해해 보는 구성으로 돼 있습니다.

그럼, 바로 LangGraph의 세계로 뛰어들어 보겠습니다.

니시미 키미히로

9.1 LangGraph 개요

9.2 LangGraph의 주요 컴포넌트

9.3 실습: Q&A 애플리케이션

9.4 체크포인트 기능: 스테이트의 영속화와 재개

9.5 요약

9.1 LangGraph 개요

LangGraph란 무엇인가

LangGraph는 LLM을 활용한 복잡한 워크플로를 개발하기 위한 파이썬 라이브러리입니다. 이 라이브러리의 특징은 이 워크플로를 그래프 구조[1]로 모델링한다는 점에 있습니다. 여기서 말하는 그래프란 우리가 일상적으로 접하는 조직도(그림 9.1)나 노선도(그림 9.2)와 같은 것으로, 노드(정점)와 에지(간선)로 구성된 구조(그림 9.3)를 의미합니다.

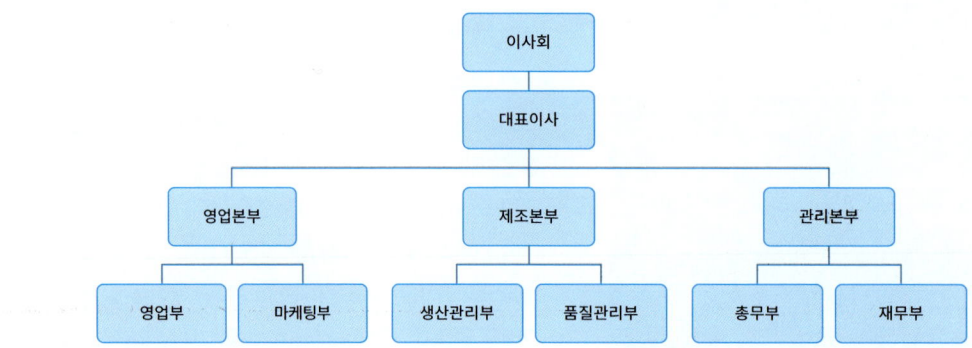

그림 9.1 조직도 예시

그림 9.2 노선도 예시

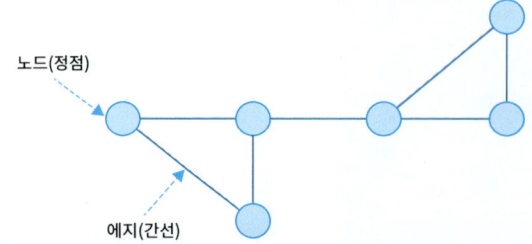

그림 9.3 노드(정점)와 에지(간선)로 표현되는 그래프 구조

---

1 LangGraph에서는 정확히는 유향 그래프라는 그래프 구조를 다룹니다. 유향 그래프는 방향성이 있는 에지와 그 에지로 연결된 노드의 집합입니다.

LangGraph 그래프 구조 접근법

LangGraph에서는 각 노드가 특정 처리나 판단을 담당하고, 에지가 그 처리 간의 연결이나 관계성을 표현합니다. 이러한 표현 방식을 사용하면 복잡한 LLM 애플리케이션의 작동을 시각적으로 이해하기 쉬운 형태로 설계하고 구현할 수 있습니다.

예를 들어, 사용자의 질문에 답변하는 AI 어시스턴트를 만드는 경우를 생각해 봅시다. 이 어시스턴트는 다음과 같은 일련의 처리를 수행해야 할 수 있습니다.

1. 사용자의 질문을 이해한다.
2. 필요한 정보를 검색한다.
3. 검색 결과를 분석한다.
4. 답변을 생성한다.
5. 답변의 품질을 체크한다.
6. 필요에 따라 답변을 수정한다.

전통적인 프로그래밍 방식에서는 이러한 처리를 순서대로 실행하는 코드를 작성하게 됩니다. 반면에 LangGraph를 사용하면, 이러한 처리를 노드로 정의하고 처리의 흐름을 에지로 표현할 수 있습니다. 더 나아가 '답변의 품질이 충분하지 않은 경우 다시 정보를 검색한다'와 같은 조건 분기나 '만족스러운 답변이 얻어질 때까지 처리를 반복한다'와 같은 루프 구조도 그래프상에서 자연스럽게 표현할 수 있습니다.

이 구조를 그림으로 표현하면 그림 9.4와 같습니다.

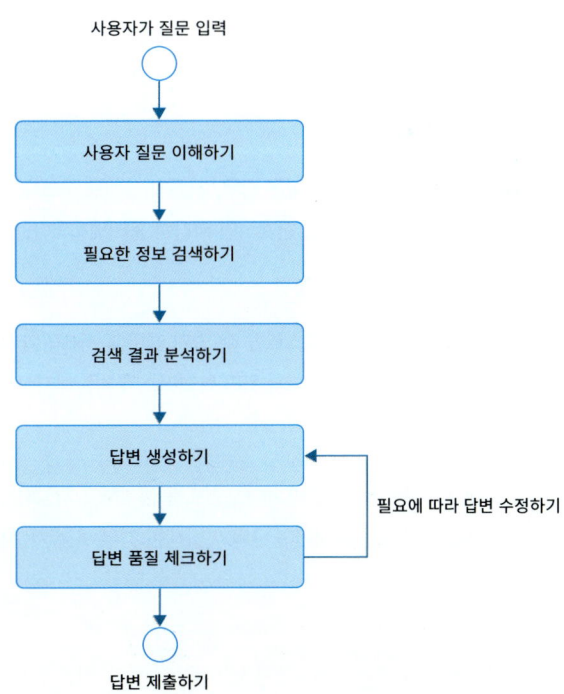

그림 9.4 사용자의 질문에 답변하는 AI 어시스턴트의 흐름도

이러한 접근법의 큰 장점은 시스템의 작동을 시각적으로 이해하기 쉬운 형태로 설계할 수 있다는 점입니다. 복잡한 시스템의 전체 그림을 파악하거나 다른 개발자와 설계를 공유할 때 매우 유용합니다. 또한, 각 처리(노드)를 독립적으로 개발하고 테스트할 수 있기 때문에 대규모 애플리케이션 개발의 생산성 향상에도 기여합니다.

더불어, LangGraph는 LangChain 위에 구축돼 있기 때문에 LangChain이 제공하는 풍부한 컴포넌트(LLM/Chat model, Prompt template, Retriever 등)를 쉽게 활용할 수 있습니다. 즉, LangChain의 강력한 기능을 활용하면서 더 복잡한 LLM 애플리케이션을 구축할 수 있는 것입니다.

LangGraph의 특징을 더 자세히 살펴보면, 다음과 같은 점이 있습니다.

1. **명시적인 스테이트 관리**

    LangGraph에서는 시스템의 스테이트(상태)를 명시적으로 정의하고 관리할 수 있습니다. 스테이트는 대화 이력, 수집된 정보, 중간 결과 등을 포함하는 구조화된 데이터로 표현됩니다. 각 노드는 이 스테이트를 입력으로 받아 처리를 수행한 후 스테이트를 업데이트합니다. 이를 통해 장기적인 태스크나 여러 단계를 필요로 하는 처리에서 일관성 있는 정보의 전달과 업데이트가 가능해집니다.

2. **조건 분기와 루프의 자연스러운 표현**

    그래프 구조를 사용함으로써 '만약 ~하다면'이라는 조건 분기나 '~가 될 때까지 반복한다'라는 루프 처리를 직관적으로 표현할 수 있습니다. 이를 통해 복잡한 의사 결정 프로세스를 가진 시스템의 구현이 용이해집니다.

3. **단계적인 확장성**

    새로운 기능을 추가하고 싶은 경우, 기존의 그래프 구조에 새로운 노드를 추가하고 적절한 에지로 연결하기만 하면 됩니다. 이를 통해 시스템의 단계적인 확장이 용이해집니다.

4. **디버깅과 테스트의 용이함**

    각 노드를 독립적으로 테스트할 수 있기 때문에 시스템의 디버깅이나 테스트가 용이해집니다. 또한, LangSmith와 함께 사용하면 그래프 단위에서 처리 트레이스가 가능해지므로 문제가 발생한 위치를 쉽게 파악할 수 있습니다.

5. **체크포인트와 복구**

    LangGraph는 스테이트의 체크포인트를 생성하고 저장하는 기능을 제공합니다. 이를 통해 장시간 실행되는 태스크를 중단하고 나중에 재개하거나 오류가 발생한 경우 특정 지점에서 처리를 재개할 수 있습니다.

9.2 LangGraph의 주요 컴포넌트

이제 LangGraph의 주요 컴포넌트를 살펴보겠습니다. 여기서는 LangGraph의 핵심 개념인 스테이트, 노드, 에지, 컴파일된 그래프에 관해 코드 예제와 함께 자세히 설명하겠습니다. LangGraph 개요에서 소개한 체크포인트 기능은 약간 복잡한 기능이므로 이 장의 마지막에서 설명하겠습니다.

이 절에서는 LLM을 활용한 Q&A 애플리케이션을 LangGraph로 개발한다는 가정하에 주요 컴포넌트에 관해 설명하겠습니다. 플로 다이어그램은 그림 9.5와 같습니다.

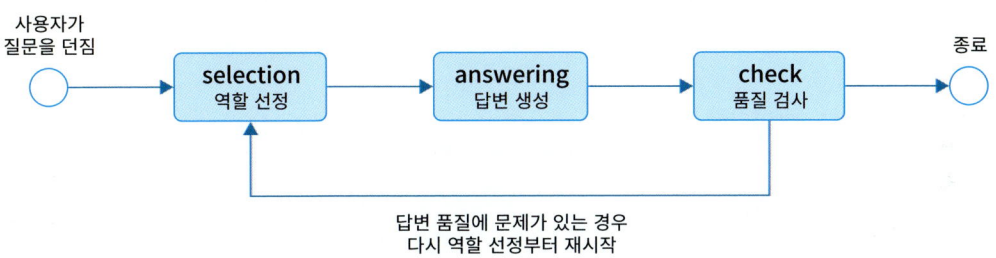

그림 9.5 Q&A 애플리케이션의 흐름도

이 플로 다이어그램은 다음 단계를 나타냅니다.

1. 사용자가 질문을 던짐
2. 질문을 분류하고 답변 작성 담당 역할[2]을 선정
3. 답변 작성 담당 역할이 답변을 작성
4. 작성된 답변의 품질 검사를 수행. 문제가 있는 경우 2단계로 돌아가 다시 질문을 분류
5. 답변을 사용자에게 제시

스테이트: 그래프의 상태 표현

LangGraph에서 스테이트란 LangGraph 워크플로에서 실행되는 각 노드에 의해 업데이트된 값을 저장하기 위한 메커니즘입니다. 각 노드는 이 스테이트에 저장된 데이터를 읽고 쓰면서 처리를 진행합니다. 따라서 LangGraph로 구현을 진행할 때는 우선 어떤 데이터 구조로 데이터를 저장할 필요가 있는지 설계해야 합니다.

---

[2] 이 애플리케이션에서는 사용자의 질문에 관해 질문에 답변하기 위한 '역할(시스템 프롬프트)'을 동적으로 선택하는 것을 가정하고 있습니다. 이를 역할이라고 표현합니다.

LangGraph에서는 스테이트의 데이터 구조를 **TypedDict** 클래스 또는 Pydantic의 **BaseModel** 클래스를 사용해 정의합니다. 각 노드에 의한 처리 전에 이러한 클래스의 인스턴스가 항상 현재 스테이트로 전달됩니다. 각 노드는 이 스테이트를 참조해 처리를 수행하고, 처리 결과에 따라 스테이트를 업데이트한 후 처리를 종료합니다.

스테이트의 각 필드(클래스의 속성)에서는 업데이트 시 연산을 애너테이션(**typing.Annotated**)을 사용해 명시적으로 지정할 수 있습니다. 기본적으로는 **set** 연산이 사용되어 필드에 해당하는 값이 덮어쓰기됩니다. 반면, 리스트나 딕셔너리 같은 값에 요소를 추가하고 싶은 경우에는 **add** 연산을 지정합니다.

예를 들어, 이 절에서 가정하는 Q&A 애플리케이션에서는 다음과 같이 정의할 수 있습니다.

```
import operator
from typing import Annotated
from langchain_core.pydantic_v1 import BaseModel, Field

class State(BaseModel):
    query: str = Field(..., description="사용자의 질문")
    current_role: str = Field(default="", description="선정된 답변 역할")
    messages: Annotated[list[str], operator.add] = Field(default=[], description="답변 이력")
    current_judge: bool = Field(default=False, description="품질 검사 결과")
    judgement_reason: str = Field(default="", description="품질 검사 판정 이유")
```

여기서는 `messages` 필드에 `Annotated`와 `operator.add`를 정의하고 있습니다. 이를 통해 `messages` 필드가 문자열 리스트이며, 스테이트 업데이트 시 add 연산(리스트에 요소 추가)이 수행됨을 나타냅니다. 한편, `current_role` 필드는 일반 문자열이며, 스테이트 업데이트 시 set 연산(값 덮어쓰기)이 수행됩니다.

그래프의 스테이트에 대한 타입 정의가 완료되면, `StateGraph` 클래스에 그 정의를 전달하고 그래프의 인스턴스를 생성합니다. `StateGraph` 클래스는 LangGraph에서 그래프 구조 정의를 위해 사용되는 클래스로, 워크플로를 구성하는 노드와 에지를 관리하는 역할을 합니다.

```
from langgraph.graph import StateGraph

workflow = StateGraph(State)
```

이렇게 생성된 그래프 인스턴스는 애플리케이션의 스테이트를 관리하는 컨테이너와 같은 역할을 합니다.

노드: 그래프를 구성하는 처리 단위

그래프를 구성하는 노드는 `StateGraph` 클래스의 `add_node` 함수를 사용해 추가합니다.

노드의 지정 방법

노드의 지정 방법은 2가지가 있습니다. 함수 또는 Runnable(LCEL 객체)[3]만 지정하는 방법과 노드 이름(문자열)과 함수 또는 Runnable의 쌍을 지정하는 방법입니다. 코드 예제는 다음과 같습니다.

```
# 함수 또는 Runnable만 지정하는 예
# 이 경우 노드 이름은 "answering_node"가 됨
workflow.add_node(answering_node)
```

이 예의 경우 함수 이름이 노드 이름으로 암묵적으로 처리됩니다. 노드 이름을 다른 이름으로 지정하거나 명시하고 싶은 경우, 다음과 같이 작성해야 합니다. 이 책에서는 명시적으로 작성하는 방침으로 통일했습니다. 코드 예제는 다음과 같습니다.

```
# answering이라는 이름의 노드를 정의
# 노드 내 처리는 answering_node 함수가 수행
workflow.add_node("answering", answering_node)
```

노드의 구현 방법

노드에 함수를 전달하는 경우, 스테이트 객체를 인자로 받고 변경분을 나타내는 딕셔너리 타입의 객체를 반환하도록 구현합니다. 예를 들어, 사용자의 질문 내용과 선택된 역할을 기반으로 답변을 생성하는 노드의 구현은 다음과 같습니다.

```
from typing import Any

def answering_node(state: State) -> dict[str, Any]:
    query = state.query
    role = state.current_role

    # 사용자 질문 내용과 선택된 역할을 바탕으로 답변을 생성하는 로직
```

---

3 정확히는 Runnable로 자동 변환될 수 있는 다양한 객체도 포함됩니다. 예를 들어, RunnableParallel로 자동 변환되는 dict[str,Runnable]도 인자로 지정할 수 있습니다.

```
    generated_message = # ...생성 처리...

    # 생성된 답변으로 스테이트 업데이트
    return {"messages": [generated_message]}
```

여기서는 스테이트에서 query(사용자의 질문 내용)와 role(선정된 역할)을 추출하고, 이를 기반으로 답변을 생성합니다. generated_message(생성된 답변)는 messages 필드의 리스트에 추가하기 위해 [generated_message]와 같은 형태로 리스트 타입으로 반환합니다.

add_node의 두 번째 인자에 Runnable을 전달하는 경우에도 함수와 마찬가지로 스테이트를 받아 변경분을 반환하는 구현으로 해야 합니다. 예를 들어 answering_node를 LCEL을 사용해 다시 구현하는 경우는 다음과 같습니다.

```
prompt = # ... query와 role을 인자로 받는 ChatPromptTemplate
llm = # ... LangChain의 Chat model

answering_node = (
    RunnablePassthrough.assign(
        query=lambda state: state.query,
        role=lambda state: state.role
    )
    | prompt
    | llm
    | StrOutputParser()
    | RunnablePassthrough.assign(messages=lambda x: [x])
)
```

또한, 여러 필드를 업데이트하는 경우에는 여러 필드 이름과 대응하는 키에 값을 설정한 딕셔너리 타입의 객체를 반환합니다. 예를 들어 답변의 품질 검사 노드에서 current_judge 필드(품질 검사 결과)와 judgement_reason 필드(품질 검사 판정 이유)를 동시에 업데이트하는 경우에는 다음과 같이 구현합니다.

```
def check_node(state: State) -> dict[str, Any]:
    query = state.query
    message = state.messages[-1]
```

```
# 사용자의 질문 내용과 답변 내용에서 품질 검사를 수행하는 처리
judge = # ...판정 결과...
reason = # ...이유 생성...

# 생성된 답변으로 스테이트 업데이트
return {"current_judge": judge, "judgement_reason": reason}
```

이렇게 노드의 처리에서는 스테이트에서 필요한 정보를 추출하고, 처리 결과를 바탕으로 스테이트를 업데이트하기 위한 딕셔너리 타입의 객체를 반환합니다.

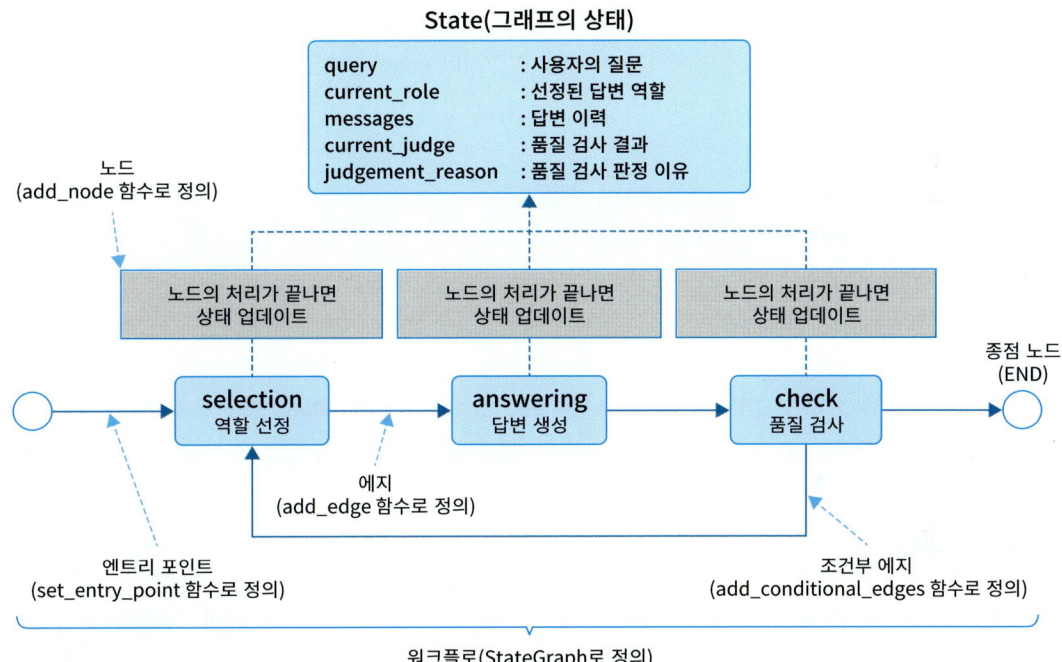

그림 9.6 Q&A 애플리케이션에서 노드가 스테이트를 업데이트하는 모습

에지: 노드 간의 연결

노드를 정의한 후에는 노드 간의 연결 관계를 '에지'로 정의합니다. LangGraph에는 3가지 유형의 에지가 있습니다.

1. 엔트리 포인트[4]

그래프의 시작 노드를 지정하는 에지입니다. set_entry_point 함수로 시작 노드가 될 노드 이름을 문자열로 지정합니다.

```
workflow.set_entry_point("selection")
# START 노드를 이용한 경우의 코드 예
workflow.add_edge(START, "selection")
```

2. 에지

특정 노드에서 다른 노드로 무조건 전이하는 에지입니다. add_edge 함수로 설정합니다. 첫 번째 인자에 전이 시작 노드 이름, 두 번째 인자에 전이 대상 노드 이름을 각각 문자열로 지정합니다.

```
# selection 노드에서 answering 노드로 에지를 연결
workflow.add_edge("selection", "answering")
```

3. 조건부 에지

조건에 기반해 전이할 노드를 결정하는 에지입니다. add_conditional_edges 함수로 설정합니다. 첫 번째 인자에 전이 시작 노드 이름을 문자열로 지정하고, 두 번째 인자에 어떤 값을 반환하는 함수를 설정합니다. 세 번째 인자에는 두 번째 인자에서 반환되는 값에 대응하는 전이 대상 노드 이름과의 매핑을 딕셔너리 타입의 객체로 설정합니다.

다음 코드 예제에서는 state.current_judge의 값이 True이면 종점 노드를 나타내는 END로, False이면 selection 노드로 전이하도록 설정합니다. END는 LangGraph에서 종점 노드를 나타내는 내장 상수입니다.

```
from langgraph.graph import END

# check 노드에서 에지를 연결
# state.current_judge 값이 True면 END 노드로, False면 selection 노드로
workflow.add_conditional_edges(
```

---

[4] set_entry_point 함수를 사용하는 방법 외에도 시작 노드를 나타내는 START 노드를 에지로 사용하는 방법도 있지만, 이 책에서는 set_entry_point 함수를 사용하는 형태로 통일했습니다.

```
        "check",
        lambda state: state.current_judge,
        {True: END, False: "selection"}
)
```

컴파일된 그래프

정의된 그래프는 compile 함수를 통해 실행 가능한 CompiledGraph 인스턴스로 변환됩니다.

```
compiled = workflow.compile()
```

CompiledGraph 클래스의 인스턴스는 Runnable로 실행할 수 있습니다. 따라서 6장에서 소개된 invoke 함수, stream 함수 등의 함수를 사용해 정의된 그래프를 실행할 수 있습니다. LangChain Expression Language(LCEL)의 개념이 LangGraph 사용 시에도 적용될 수 있어 편리합니다.

여기서는 invoke 함수를 통한 동기 실행, ainvoke 함수를 통한 비동기 실행, stream 함수를 통한 노드별 순차 실행의 코드 예제를 소개합니다.

invoke 함수

invoke 함수를 사용하면 그래프 내의 모든 처리가 실행된 후 최종 값이 반환됩니다.

```
initial_state = State(query="생성 AI에 관해 알려주세요")
result = compiled.invoke(initial_state)
```

ainvoke 함수

작동은 invoke 함수와 동일하지만, ainvoke 함수를 사용하면 비동기 함수[5]로 실행할 수 있습니다. 그래프를 비동기로 실행할 때 유용합니다.

```
initial_state = State(query="생성 AI에 관해 알려주세요")
result = await compiled.ainvoke(initial_state)
```

---

5 LangChain/LangGraph에서는 함수 이름 앞에 'a'가 붙은 것(ainvoke나 astream 등)은 Python의 비동기 메커니즘(asyncio 등)을 사용해 비동기적으로 호출할 수 있습니다. LLM을 사용한 처리는 시간이 오래 걸리는 경우가 많으므로 여러 처리를 병렬로 실행하기 위해 비동기 메커니즘이 활용됩니다.

stream 함수

stream 함수를 사용하면 노드 실행 시 스테이트를 순차적으로 가져올 수 있습니다.

```
initial_state = State(query="생성 AI에 관해 알려주세요")
for step in compiled.stream(initial_state):
    print(step)
```

코드 실행 시 출력 이미지는 다음과 같습니다. 출력 단계마다 노드에 의해 스테이트가 업데이트되는 것을 확인할 수 있습니다.

```
{'query': '생성 AI에 관해 알려주세요', 'current_role': '', 'messages': [], 'current_judge': False, 'judgement_reason': ''}
{'query': '생성 AI에 관해 알려주세요', 'current_role': '생성 AI 제품 전문가', 'messages': [], 'current_judge': False, 'judgement_reason': ''}
{'query': '생성 AI에 관해 알려주세요', 'current_role': '생성 AI 제품 전문가', 'messages': ['(...생략...)'], 'current_judge': False, 'judgement_reason': ''}
{'query': '생성 AI에 관해 알려주세요', 'current_role': '생성 AI 제품 전문가', 'messages': ['(...생략...)'], 'current_judge': True, 'judgement_reason': '답변은 생성 AI에 관한 기본적인 정보를 충분히 다루고 있으며, 기술의 구체적 예시나 응용 분야, 윤리적 문제에 관해서도 언급하고 있습니다. 내용에 오류나 부적절한 부분은 보이지 않습니다.'}
```

9.3 실습: Q&A 애플리케이션

지금까지 배운 지식을 활용해 앞서 예로 든 Q&A 애플리케이션을 만들어 보겠습니다. 이 절은 Google Colab에서 코드를 실행하면서 따라 할 수 있으니, 직접 해보면서 샘플 코드를 실행해 보세요.

LangChain과 LangGraph 설치

먼저 다음 명령을 실행해 LangGraph 실행에 필요한 패키지를 설치합시다.

```
!pip install langchain==0.3.0 langchain-openai==0.2.0 langgraph==0.2.22
```

샘플 코드에서는 5장에서 설명한 LangChain Expression Language(LCEL)와 OpenAI가 제공하는 ChatGPT API를 활용하면서 LangGraph 코드를 실행합니다.

OpenAI API 키 설정

OpenAI API를 사용하기 위한 API 키를 설정합니다. API 키 값은 미리 Google Colab의 보안 비밀에 저장해 두면 다음 코드 예시처럼 userdata를 사용해 가져올 수 있습니다.

```
import os
from google.colab import userdata

os.environ["OPENAI_API_KEY"] = userdata.get("OPENAI_API_KEY")
os.environ["LANGCHAIN_TRACING_V2"] = "true"
os.environ["LANGCHAIN_ENDPOINT"] = "https://api.smith.langchain.com"
os.environ["LANGCHAIN_API_KEY"] = userdata.get("LANGCHAIN_API_KEY")
os.environ["LANGCHAIN_PROJECT"] = "agent-book"
```

LangSmith를 사용해 실행 결과를 확인하고 싶다면, 여기서 LANGCHAIN_TRACING_V2, LANGCHAIN_ENDPOINT, LANGCHAIN_API_KEY, LANGCHAIN_PROJECT 환경 변수도 설정해 둡시다. LangSmith를 사용하지 않는 경우는 해당 부분을 주석 처리하고 진행하세요.

역할 정의

이번에 만들 애플리케이션에서는 답변을 생성하기 전에 답변을 담당할 역할을 선택하는 처리 단계가 있습니다. 여기서는 미리 정의된 역할을 LLM에게 선택하도록 할 것입니다. 미리 정의할 수 있는 내용은 LLM에게 생성시키지 않는 것이 비용 측면이나 응답 속도 측면에서 유리합니다.

```
ROLES = {
    "1": {
        "name": "일반 지식 전문가",
        "description": "폭넓은 분야의 일반적인 질문에 답변",
        "details": "폭넓은 분야의 일반적인 질문에 대해 정확하고 이해하기 쉬운 답변을 제공하세요."
    },
    "2": {
        "name": "생성형 AI 제품 전문가",
        "description": "생성형 AI와 관련 제품, 기술에 관한 전문적인 질문에 답변",
        "details": "생성형 AI와 관련 제품, 기술에 관한 전문적인 질문에 대해 최신 정보와 깊은 통찰력을 제공하세요."
    },
    "3": {
```

```
        "name": "카운슬러",
        "description": "개인적인 고민이나 심리적인 문제에 대해 지원 제공",
        "details": "개인적인 고민이나 심리적인 문제에 대해 공감적이고 지원적인 답변을 제공하고, 가능하다면 적절한 조언도 해주세요."
    }
}
```

스테이트 정의

애플리케이션의 스테이트를 표현하는 State 클래스를 정의합니다.

```
import operator
from typing import Annotated
from langchain_core.pydantic_v1 import BaseModel, Field

class State(BaseModel):
    query: str = Field(..., description="사용자의 질문")
    current_role: str = Field(default="", description="선정된 답변 역할")
    messages: Annotated[list[str], operator.add] = Field(default=[], description="답변 이력")
    current_judge: bool = Field(default=False, description="품질 체크 결과")
    judgement_reason: str = Field(default="", description="품질 체크 판정 이유")
```

Chat model 초기화

다음으로 노드 구현에 앞서, 노드 구현에서 사용할 채팅 모델을 초기화합니다. 이 애플리케이션에서는 OpenAI의 gpt-4o 모델을 사용합니다.

```
from langchain_openai import ChatOpenAI
from langchain_core.runnables import ConfigurableField

llm = ChatOpenAI(model="gpt-4o", temperature=0.0)
# 나중에 max_tokens 값을 변경할 수 있도록 변경 가능한 필드 선언
llm = llm.configurable_fields(max_tokens=ConfigurableField(id='max_tokens'))
```

노드 정의

그래프의 각 노드를 함수로 정의합니다. 각 노드는 현재 스테이트를 받아 스테이트의 변경분을 딕셔너리 형태로 반환합니다.

selection 노드 구현

답변 역할 선정을 수행하는 selection 노드에서는 각 역할에 해당하는 번호만 LLM에 응답하도록 프롬프트를 설정합니다. LLM에 의한 처리 후, 번호에 해당하는 역할 이름을 스테이트에 설정합니다.

```python
from typing import Any
from langchain_core.prompts import ChatPromptTemplate
from langchain_core.output_parsers import StrOutputParser

def selection_node(state: State) -> dict[str, Any]:
    query = state.query
    role_options = "\n".join([f"{k}. {v['name']}: {v['description']}" for k, v in ROLES.items()])

    prompt = ChatPromptTemplate.from_template("""
질문을 분석하고, 가장 적절한 답변 담당 역할을 선택하세요.
선택지:
{role_options}

답변은 선택지의 번호(1, 2, 또는 3)만 반환하세요.

질문: {query}
""".strip())

    # 선택지의 번호만 반환하기를 기대하므로 max_tokens 값을 1로 변경
    chain = prompt | llm.with_config(configurable=dict(max_tokens=1)) | StrOutputParser()
    role_number = chain.invoke({"role_options": role_options, "query": query})
    selected_role = ROLES[role_number.strip()]["name"]

    return {"current_role": selected_role}
```

answering 노드 구현

선정된 역할에 기반해 답변을 수행하는 answering 노드에서는 역할에 기반한 답변을 제공하도록 프롬프트를 설정합니다. LLM이 처리한 후, 응답을 messages 리스트에 추가합니다.

```python
def answering_node(state: State) -> dict[str, Any]:
    query = state.query
```

```python
        role = state.current_role
        role_details = "\n".join([f"- {v['name']}: {v['details']}" for v in ROLES.values()])
        prompt = ChatPromptTemplate.from_template(
"""당신은 {role}로서 답변하세요. 다음 질문에 대해 당신의 역할에 기반한 적절한 답변을 제공하세요.

역할 상세:
{role_details}

질문: {query}

답변:""".strip()
        )
        chain = prompt | llm | StrOutputParser()
        answer = chain.invoke({"role": role, "role_details": role_details, "query": query})
        return {"messages": [answer]}
```

check 노드 구현

마지막으로 답변의 품질을 체크하는 check 노드에서는 사용자의 질문과 답변 내용을 바탕으로 품질 체크를 수행하는 프롬프트를 설정합니다. Chat model에 `with_structured_output`을 지정해 생성 결과의 내용이 Judgement 모델의 내용으로 반환되도록 지시합니다.

```python
class Judgement(BaseModel):
    judge: bool = Field(default=False, description="판정 결과")
    reason: str = Field(default="", description="판정 이유")

def check_node(state: State) -> dict[str, Any]:
    query = state.query
    answer = state.messages[-1]
    prompt = ChatPromptTemplate.from_template(
"""다음 답변의 품질을 체크하고, 문제가 있으면 'False', 문제가 없으면 'True'로 답변하세요.
또한, 그 판정 이유도 설명하세요.

사용자의 질문: {query}
답변: {answer}
""".strip()
    )
    chain = prompt | llm.with_structured_output(Judgement)
```

```
        result: Judgement = chain.invoke({"query": query, "answer": answer})

        return {
            "current_judge": result.judge,
            "judgement_reason": result.reason
        }
```

그래프 생성

노드 정의가 완료됐으니, 이제 **StateGraph** 클래스를 사용해 그래프 인스턴스를 생성합니다.

```
from langgraph.graph import StateGraph

workflow = StateGraph(State)
```

노드 추가

add_node 함수를 사용해 **selection** 노드, **answering** 노드, **check** 노드를 추가합니다. 각 함수의 첫 번째 인자에는 노드 이름을 적고, 두 번째 인자에는 노드 정의에서 만든 함수를 연결합니다.

```
workflow.add_node("selection", selection_node)
workflow.add_node("answering", answering_node)
workflow.add_node("check", check_node)
```

에지 정의

워크플로의 출발점이 될 노드를 에지로 지정해야 합니다. 출발점이 될 노드는 **set_entry_point** 함수로 정의합니다. 코드에서는 **selection** 노드를 지정하고 있습니다.

```
# selection 노드에서 처리 시작
workflow.set_entry_point("selection")
```

다음으로, 어떤 노드들이 서로 연결돼 있는지 정의해야 합니다. **add_edge** 함수로 수행합니다.

```python
# selection 노드에서 answering 노드로
workflow.add_edge("selection", "answering")
# answering 노드에서 check 노드로
workflow.add_edge("answering", "check")
```

조건부 에지 정의

조건 분기를 포함한 에지를 정의할 경우에는 조건부 에지를 활용합니다. 정의에는 `add_conditional_edges` 함수를 사용합니다. 이번에는 품질 체크에서 참(True)을 반환한 경우에만 처리를 종료하도록 조건을 설정했기 때문에, 두 번째 인자로 스테이트의 `current_judge` 값에 따라 조건 분기시킵니다. `current_judge` 값이 True인 경우 내장된 종점 노드인 END로 전환하고, False인 경우 selection 노드로 전환하도록 세 번째 인자에 딕셔너리 형태로 지정합니다.

```python
from langgraph.graph import END

# check 노드에서 다음 노드로의 전환에 조건부 에지 정의
# state.current_judge 값이 True면 END 노드로, False면 selection 노드로
workflow.add_conditional_edges(
    "check",
    lambda state: state.current_judge,
    {True: END, False: "selection"}
)
```

그래프 컴파일

그래프 정의가 완료됐으면 `compile` 함수를 실행해 `CompiledGraph` 클래스의 인스턴스로 변환합니다.

```python
compiled = workflow.compile()
```

그래프 실행

이제 실행해 봅시다. 실행 인자로 초기 스테이트를 설정해야 합니다. 여기서는 예상 질문으로 "생성형 AI에 관해 알려주세요"라는 쿼리를 설정해 보았습니다.

```python
initial_state = State(query="생성형 AI에 관해 알려주세요")
result = compiled.invoke(initial_state)
```

실행하면 다음과 같이 딕셔너리 형태의 객체가 반환됩니다. invoke 함수로 실행한 경우는 최종 스테이트의 정보가 딕셔너리 형태로 반환됩니다. 내용을 보면 생성형 AI에 관한 질문이었기 때문에 역할 선정에서 '생성형 AI 제품 전문가'가 선택됐고, 답변이 messages에 들어가 있으며, 품질 체크에서도 문제없는 품질이라고 판단됐음을 알 수 있습니다.

```
{
    'query': '생성형 AI에 관해 알려주세요',
    'current_role': '생성형 AI 제품 전문가',
    'messages': [(...다음 항목에 게재돼 있어 생략...)],
    'current_judge': True,
    'judgement_reason': '답변은 생성형 AI에 관한 기본적인 정보를 포괄적으로 설명하고 있으며, 구체적인 기술 예시(GPT, GAN, WaveNet, DeepFake)나 응용 예시(콘텐츠 제작, 크리에이티브 아트, 교육, 의료)도 적절하게 제시되어 있습니다. 또한, 생성형 AI의 장점뿐만 아니라 윤리적인 문제나 프라이버시 우려에 관해서도 언급해 균형 잡힌 내용을 담고 있습니다. 전체적으로 사용자의 질문에 충분한 정보를 제공하고 있어 품질에 문제가 없습니다.'
}
```

결과 표시

이제 답변 생성 결과도 살펴봅시다. messages 리스트의 마지막 항목을 가져오면 최종 답변 결과를 얻을 수 있습니다.

```
print(result["messages"][-1])
```

답변 결과는 다음과 같습니다.

```
생성형 AI(생성 인공지능)에 관해 설명드리겠습니다.

생성형 AI란 데이터로부터 새로운 콘텐츠를 생성하는 능력을 가진 인공지능을 의미합니다. 여기에는 텍스트, 이미지, 음성, 영상 등 다양한 형식의 콘텐츠가 포함됩니다.

생성형 AI의 대표적인 기술에는 다음과 같은 것들이 있습니다.

1. **자연어 처리(NLP)**:
    - **GPT(Generative Pre-trained Transformer)**: OpenAI가 개발한 GPT 시리즈는 텍스트 생성에서 매우 높은 성능을 발휘합니다. 이를 통해 문장 자동 생성, 번역, 요약 등이 가능합니다.
```

2. **이미지 생성**:
   - **GAN(Generative Adversarial Networks)**: GAN은 두 개의 신경망(생성 네트워크와 식별 네트워크)이 경쟁해 매우 사실적인 이미지를 생성하는 기술입니다. 이를 통해 사진과 같은 이미지나 예술 작품 생성이 가능합니다.

3. **음성 생성**:
   - **WaveNet**: Google이 개발한 WaveNet은 매우 자연스러운 음성을 생성할 수 있는 기술입니다. 이를 통해 음성 어시스턴트나 자동 음성 응답 시스템의 품질이 향상됐습니다.

4. **영상 생성**:
   - **DeepFake**: 이는 기존 영상에 새로운 얼굴이나 움직임을 합성하는 기술입니다. 엔터테인먼트나 광고 산업에서 응용이 진행되고 있지만, 윤리적인 문제도 제기되고 있습니다.

생성형 AI의 응용 예시로는 다음과 같은 것들이 있습니다.

- **콘텐츠 제작**: 자동으로 기사나 블로그를 생성.
- **크리에이티브 아트**: 새로운 그림이나 음악을 생성.
- **교육**: 개별 맞춤형 학습 교재를 생성.
- **의료**: 새로운 약물 후보를 생성.

생성형 AI는 매우 강력한 도구이지만, 동시에 윤리적 문제나 프라이버시 우려도 수반합니다. 예를 들어, 허위 정보 생성이나 프라이버시 침해 위험이 있으므로 적절한 가이드라인과 규제가 필요합니다.
이처럼 생성형 AI는 많은 분야에서 혁신을 가져오고 있지만, 그 활용에는 신중한 접근이 요구됩니다.

COLUMN

그래프 구조 시각화 표시

복잡한 그래프일수록 코드만으로 최종적인 그래프 형태를 파악하기는 어려워집니다. 따라서 LangGraph에는 그래프 구조를 시각화해 표시하기 위한 기능이 내장되어 있습니다.

지금까지 만든 그래프 구조를 이미지로 렌더링해 보겠습니다. Google Colab에서 이미지 데이터를 출력하려면 설정이 필요하므로 먼저 다음 코드를 실행합시다.

```
!apt-get install graphviz libgraphviz-dev pkg-config
!pip install pygraphviz
```

이어서 다음 코드를 실행합니다. compile 함수를 실행해 얻은 CompiledGraph 클래스 인스턴스의 get_graph 함수를 사용하면 그래프 구조 정보를 가져올 수 있고, 여기에 draw_png 함수를 호출하면 그래프 구조를 PNG 이미지로 가져올 수 있습니다.

```
from IPython.display import Image

Image(compiled.get_graph().draw_png())
```

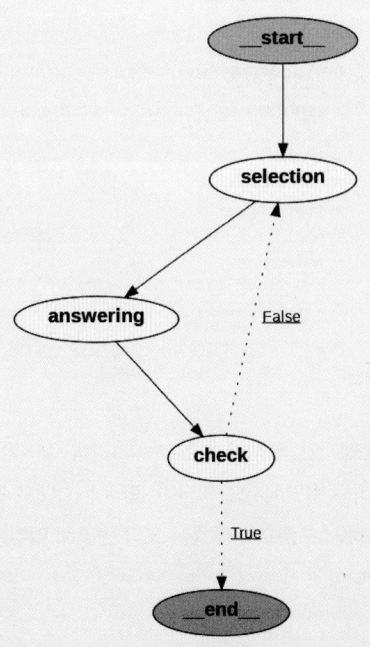

그림 9.7 이번에 만든 그래프를 시각화한 결과

> **COLUMN**
>
> ## LangSmith 트레이스 결과
>
> LangSmith를 함께 사용하면 그래프 실행 시 내부에서 어떤 처리가 이루어지는지 트레이스할 수 있어 매우 편리합니다.
>
> 그림 9.8은 LangSmith로 트레이스를 활성화했을 때의 실행 결과입니다.
>
>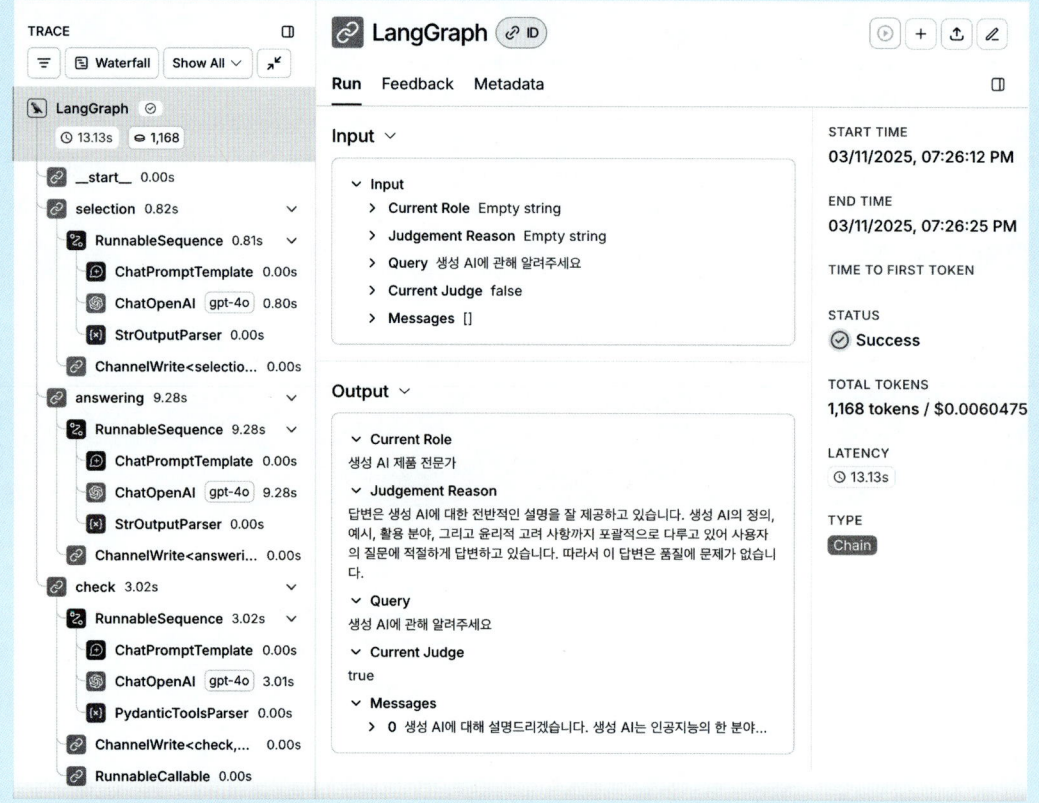
>
> 그림 9.8 LangSmith에 표시되는 실행 결과
>
> 실습에서 구축한 그래프는 매우 단순했지만, 트레이스 결과는 그만큼 길어집니다. 또한 처리 내용을 튜닝하기 위해 그래프 전체 실행을 반복하는 것은 비용 측면에서도 부담이 됩니다. 그래프 전체에서 일부 프롬프트만 튜닝하면 될 경우에는 LangSmith의 Playground에서 프롬프트 내용을 조금 변경해 일부분만 실행해 보는 등의 방법을 활용하면 작업 시간이나 비용 측면에서 유리합니다.

9.4 체크포인트 기능: 스테이트의 영속화와 재개

LangGraph에서는 워크플로 실행 중 특정 지점의 스테이트를 '체크포인트'로 저장하는 메커니즘을 제공합니다. 체크포인트 기능은 다음과 같은 목적에 사용됩니다.

- **스테이트 영속화**: 워크플로의 실행 상태를 저장하고, 나중에 동일한 스테이트에서 재개 가능
- **오류 복구**: 처리 중 오류가 발생한 경우, 직전 체크포인트에서 재개 가능
- **디버깅**: 워크플로의 실행 과정을 추적하고, 문제 원인을 쉽게 파악 가능

LangGraph를 사용한 애플리케이션에서는 복잡한 워크플로를 구성할수록 전체 실행 시간이 매우 길어질 가능성이 있으며, 처리 중간의 노드에서 오류가 발생했을 때 워크플로의 모든 데이터가 손실되는 상황을 피하고 싶은 경우가 있습니다. 체크포인트 기능을 활용하면 이러한 데이터 손실을 방지할 수 있습니다.

체크포인트의 데이터 구조

그렇다면 체크포인트 정보는 구체적으로 어떻게 유지될까요? 체크포인트는 그림 9.9와 같이 LangGraph의 처리 단계가 진행될 때마다 `CheckpointTuple`이라는 데이터 구조로 저장됩니다.

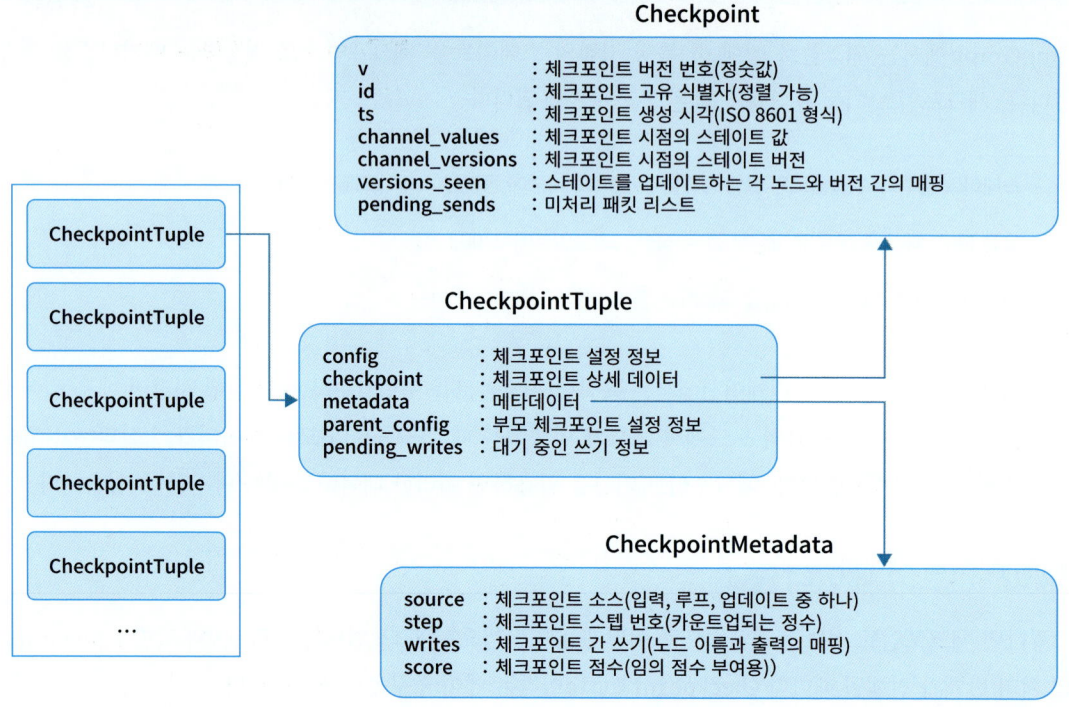

그림 9.9 체크포인트의 데이터 구조

CheckpointTuple(표 9.1)은 스테이트의 구체적인 정보나 어떤 순서로 업데이트됐는지를 나타내는 정보로서 Checkpoint(표 9.2)와 CheckpointMetadata(표 9.3)를 가지고 있습니다. 체크포인트 기능은 이러한 정보를 바탕으로 스테이트를 복원합니다.

표 9.1 CheckpointTuple의 데이터 구조

항목	타입 정보	설명
config	RunnableConfig	체크포인트의 설정 정보
checkpoint	Checkpoint	체크포인트의 상세 데이터
metadata	CheckpointMetadata	메타데이터 (소스, 쓰기 정보, 단계 수 등)
parent_config	RunnableConfig	부모 체크포인트의 설정 정보
pending_writes	List[Any]	보류 중인 쓰기 정보

표 9.2 Checkpoint의 데이터 구조

항목	타입 정보	설명
v	int	체크포인트의 버전 번호
id	str	체크포인트의 고유 식별자(UUIDv6 형식)
ts	str	체크포인트가 생성된 시각(ISO 8601 형식)
channel_values	Dict[str, Any]	체크포인트 시점의 스테이트 값
channel_versions	ChannelVersions	체크포인트 시점의 스테이트 버전
versions_seen	Dict[str, ChannelVersions]	스테이트를 업데이트하는 각 노드와 버전의 매핑
pending_sends	List[SendProtocol]	미처리 패킷 목록

표 9.3 CheckpointMetadata의 데이터 구조

항목	타입 정보	설명
source	Literal["input", "loop", "update"]	체크포인트의 소스 • "input": invoke/stream/batch 입력에서 생성된 체크포인트 • "loop": 내부 처리의 루프 내에서 생성된 체크포인트 • "update": 수동 스테이트 업데이트에서 생성된 체크포인트
step	int	체크포인트의 단계 번호. 첫 번째 "input" 체크포인트는 -1, 첫 번째 "loop" 체크포인트는 0, 그 이후 n번째 체크포인트는 n으로 카운트업됨
writes	dict[str, Any]	이전 체크포인트와 이 체크포인트 사이에 수행된 쓰기. 노드명에서 해당 노드가 출력한 쓰기로의 매핑
score	Optional[int]	체크포인트의 점수. 체크포인트에 대한 임의의 점수 부여에 사용할 수 있음

이러한 데이터가 구체적으로 어떻게 영속화되는지는 체크포인트를 실제로 영속화하는 클래스의 구현에 따라 다릅니다. LangGraph에서는 내장 클래스로 다음 체크포인터가 제공됩니다. 사용할 때는 langgraph 패키지와는 별도로 개별 패키지를 설치해야 한다는 점에 주의하세요.

- **MemorySaver**
  - 메모리에 체크포인트 정보를 저장하는 체크포인터. 체크포인트 정보는 영속화되지 않고 프로세스 종료 시 삭제됨. 작동 확인용 체크포인터로 사용하는 것이 권장됨
  - langgraph-checkpoint 패키지를 설치해 사용

- **SqliteSaver**
  - SQLite 데이터베이스에 체크포인트 정보를 저장하는 체크포인터. MemorySaver와 달리 체크포인트 정보가 영속화됨. 프로덕션 시스템에서 사용하는 것은 권장되지 않지만, 소규모 시스템 운영에는 충분히 사용 가능
  - langgraph-checkpoint-sqlite 패키지를 설치해 사용
- **PostgresSaver**
  - PostgreSQL 데이터베이스에 체크포인트 정보를 저장하는 체크포인터. 프로덕션 시스템에서 사용할 때는 이 구현을 사용하는 것이 권장됨
  - langgraph-checkpoint-postgres 패키지를 설치해 사용

각각 다음과 같이 클래스를 임포트해 사용합니다.

```
# 메모리 체크포인터
# ※임포트 시 사전에 다음 명령을 실행하세요
# pip install langgraph-checkpoint
from langgraph.checkpoint.memory import MemorySaver

# SQLite 체크포인터
# ※임포트 시 사전에 다음 명령을 실행하세요
# pip install langgraph-checkpoint-sqlite
from langgraph.checkpoint.sqlite import SqliteSaver

# PostgreSQL 체크포인터
# ※임포트 시 사전에 다음 명령을 실행하세요
# pip install langgraph-checkpoint-postgres
from langgraph.checkpoint.postgres import PostgresSaver
```

체크포인터는 반드시 langgraph-checkpoint 패키지에서 제공하는 BaseCheckpointSaver를 상속받으며, 공통 함수를 사용해 CheckpointTuple의 정보 등을 가져올 수 있습니다. 표 9.4는 체크포인터에서 호출할 수 있는 정보 조회 함수를 정리한 것입니다.

표 9.4 체크포인트 정보를 참조하기 위한 함수

함수명	설명	파라미터	반환값
get	지정된 설정을 사용해 Checkpoint를 가져옴	config (RunnableConfig): 가져올 Checkpoint를 지정하는 설정	Optional[Checkpoint]: 요청된 Checkpoint. 찾을 수 없는 경우 None

함수명	설명	파라미터	반환값
get_tuple	지정된 설정을 사용해 CheckpointTuple을 가져옴	config (RunnableConfig): 가져올 Checkpoint를 지정하는 설정	Optional[CheckpointTuple]: 요청된 CheckpointTuple. 찾을 수 없는 경우 None
list	지정된 조건과 일치하는 Checkpoint를 나열	• config (Optional[RunnableConfig]): Checkpoint를 필터링하기 위한 기본 설정 • filter (Optional[Dict[str, Any]]): 추가 필터링 조건 • before (Optional[RunnableConfig]): 이 설정보다 먼저 생성된 Checkpoint를 나열 • limit (Optional[int]): 반환할 Checkpoint의 최대 수	Iterator[CheckpointTuple]: 일치하는 CheckpointTuple의 이터레이터

실습: 체크포인트 작동 확인하기

그럼 코드를 실행하면서 체크포인트 사용 방법을 확인해 보겠습니다. 이 실습에서는 `MemorySaver`를 사용해 체크포인트 작동을 확인합니다.

작동 확인용 코드 준비

앞으로 소개할 코드는 Google Colab에서 실제로 작동시켜 확인할 수 있습니다. 직접 실행해 보면서 확인해 보세요.

사전 설정

먼저 필요한 라이브러리를 설치합니다.

```
!pip install langchain==0.3.0 langchain-openai==0.2.0 langgraph==0.2.22 langgraph-check-
point==1.0.11
```

다음으로, OpenAI API를 사용하기 위한 API 키 설정을 합니다. LangSmith 설정은 선택 사항이지만, 설정해 두면 LangSmith에서도 추적 결과를 확인할 수 있어 편리합니다.

```
import os
from google.colab import userdata
```

```
os.environ["OPENAI_API_KEY"] = userdata.get("OPENAI_API_KEY")
os.environ["LANGCHAIN_TRACING_V2"] = "true"
os.environ["LANGCHAIN_ENDPOINT"] = "https://api.smith.langchain.com"
os.environ["LANGCHAIN_API_KEY"] = userdata.get("LANGCHAIN_API_KEY")
os.environ["LANGCHAIN_PROJECT"] = "agent-book"
```

그래프 스테이트와 노드 함수 정의

다음으로, 그래프의 스테이트와 노드 함수를 정의합니다.

```
import operator
from typing import Annotated, Any
from langchain_core.messages import SystemMessage, HumanMessage, BaseMessage
from langchain_openai import ChatOpenAI
from pydantic import BaseModel, Field

# 그래프의 스테이트 정의
class State(BaseModel):
    query: str
    messages: Annotated[list[BaseMessage], operator.add] = Field(default=[])

# 메시지를 추가하는 노드 함수
def add_message(state: State) -> dict[str, Any]:
    additional_messages = []
    if not state.messages:
        additional_messages.append(SystemMessage(content="당신은 최소한의 응답을 하는 대화 에이전트입니다."))
    additional_messages.append(HumanMessage(content=state.query))
    return {"messages": additional_messages}

# LLM 응답을 추가하는 노드 함수
def llm_response(state: State) -> dict[str, Any]:
    llm = ChatOpenAI(model="gpt-4o-mini", temperature=0.5)
    ai_message = llm.invoke(state.messages)
    return {"messages": [ai_message]}
```

여기서는 체크포인트 작동을 확인하는 것이 목적이므로, OpenAI API를 이용한 간단한 대화 에이전트를 만듭니다.

스테이트에는 다음 필드를 정의합니다.

- query: 사용자의 입력을 받는 필드
- messages: 사용자와 OpenAI API 간의 대화 기록을 저장하는 필드

또한 노드 함수로 다음 함수를 정의합니다.

- add_message 함수: 받은 query를 messages에 추가
- llm_response 함수: messages 내용을 바탕으로 OpenAI API를 호출하고, 결과를 messages에 추가

체크포인트 내용을 표시하는 함수 정의

다음으로, 체크포인트 내용을 표시하기 위한 함수를 정의합니다.

```
from pprint import pprint
from langchain_core.runnables import RunnableConfig
from langgraph.checkpoint.base import BaseCheckpointSaver

def print_checkpoint_dump(checkpointer: BaseCheckpointSaver, config: RunnableConfig):
    checkpoint_tuple = checkpointer.get_tuple(config)
    print("체크포인트 데이터:")
    pprint(checkpoint_tuple.checkpoint)
    print("\n메타데이터:")
    pprint(checkpoint_tuple.metadata)
```

print_checkpoint_dump 함수는 체크포인터 인스턴스에서 최신 CheckpointTuple을 가져와 CheckpointTuple이 보유한 Checkpoint 정보와 CheckpointMetadata 정보를 표시하기 위해 만든 함수입니다. 이 함수를 통해 체크포인트 정보가 어떻게 변화하는지 관찰할 수 있습니다.

그래프 정의 및 컴파일

이제 그래프를 정의하고 컴파일합니다.

```
from langgraph.graph import StateGraph, END
from langgraph.checkpoint.memory import MemorySaver

# 그래프 설정
```

```
graph = StateGraph(State)
graph.add_node("add_message", add_message)
graph.add_node("llm_response", llm_response)
graph.set_entry_point("add_message")
graph.add_edge("add_message", "llm_response")
graph.add_edge("llm_response", END)

# 체크포인터 설정
checkpointer = MemorySaver()

# 그래프 컴파일
compiled_graph = graph.compile(checkpointer=checkpointer)
```

기존 그래프 정의 방법과 다른 점은 체크포인트를 저장하기 위한 체크포인터 인스턴스를 생성하고, 그래프 컴파일 시 옵션으로 전달한다는 점입니다. `MemorySaver`를 사용해 체크포인트를 저장합니다.

실행해 작동 확인하기

이제 그래프를 실행하고 체크포인트 작동을 확인해 봅시다.

```
config = {"configurable": {"thread_id": "example-1"}}
user_query = State(query="제가 좋아하는 것은 찹쌀떡입니다. 기억해 주세요.")
first_response = compiled_graph.invoke(user_query, config)
first_response
```

여기서 그래프 실행 시 두 번째 인자로 설정하는 `thread_id` 옵션은 그래프 간의 실행 세션을 구분하기 위해 설정합니다. 예를 들어 A씨가 실행한 그래프의 체크포인트와 B씨가 실행한 그래프의 체크포인트는 각각 별도로 유지하고 싶으므로, 이러한 체크포인트를 구분하기 위한 식별자가 필요합니다. 이 식별자 역할을 하는 것이 `thread_id`입니다.

실행하면 `first_response`에는 다음 값이 들어갑니다.

> 해설상 불필요한 파라미터는
> 생략한 후에 "…"라고 기재합니다

```
{'query': '제가 좋아하는 것은 찹쌀떡입니다. 기억해 주세요.',
 'messages': [SystemMessage(content='당신은 최소한의 응답을 하는 대화 에이전트입니다.', ...),
  HumanMessage(content='제가 좋아하는 것은 찹쌀떡입니다. 기억해 주세요.', ...),
  AIMessage(content='네, 찹쌀떡을 좋아하시는군요.', ...)]}
```

이제 체크포인터에 대해 list 함수를 사용해 체크포인트 정보가 어떻게 변화했는지 살펴봅시다.

```
for checkpoint in checkpointer.list(config):
    print(checkpoint)
```

Checkpoint에 포함된 channel_values 값에 주목하면 스테이트 정보의 변화를 관찰할 수 있습니다.

```
CheckpointTuple('channel_values': {'query': '제가 좋아하는 것은 찹쌀떡입니다. 기억해 주세요.',
'messages': [SystemMessage(content='당신은 최소한의 응답을 하는 대화 에이전트입니다.', ...),
HumanMessage(content='제가 좋아하는 것은 찹쌀떡입니다. 기억해 주세요.', ...),
AIMessage(content='네, 찹쌀떡을 좋아하시는군요.', ...)]}, ...)
CheckpointTuple('channel_values': {'query': '제가 좋아하는 것은 찹쌀떡입니다. 기억해 주세요.',
'messages': [SystemMessage(content='당신은 최소한의 응답을 하는 대화 에이전트입니다.', ...),
HumanMessage(content='제가 좋아하는 것은 찹쌀떡입니다. 기억해 주세요.', ...)]}, ...)
CheckpointTuple('channel_values': {'query': '제가 좋아하는 것은 찹쌀떡입니다. 기억해 주세요.',
'messages': []}, ...)
CheckpointTuple('channel_values': {'__start__': State(query='제가 좋아하는 것은 찹쌀떡입니다. 기억해 주세요.', messages=[])}, ...)
```

> 호출 시 스테이트가 __start__ 키로 설정됨

다음 코드를 실행해 최신 체크포인트의 상세 데이터를 가져와 봅시다.

```
print_checkpoint_dump(checkpointer, config)
```

그러면 다음과 같이 상세한 체크포인트 데이터를 가져올 수 있습니다.

```
체크포인트 데이터:
{'channel_values': {'llm_response': 'llm_response',
                    'messages': [SystemMessage(content='당신은 최소한의 응답을 하는 대화
에이전트입니다.', additional_kwargs={}, response_metadata={}),
                                 HumanMessage(content='제가 좋아하는 것은 찹쌀떡입니다. 기억해
주세요.', additional_kwargs={}, response_metadata={}),
                                 AIMessage(content='네, 찹쌀떡을 좋아하시는군요.',
additional_kwargs={'refusal': None}, response_metadata={'token_usage':
                                                {'completion_tokens': 13, 'prompt_tokens': 48,
'total_tokens': 61, 'completion_tokens_details': {'reasoning_tokens': 0}},
                                                'model_name': 'gpt-4o-mini-2024-07-18',
                                                'system_fingerprint': 'fp_1bb46167f9',
                                                'finish_reason': 'stop', 'logprobs': None},
```

```
                                    id='run-4c4da053-5108-4410-a7f5-97990bc4455e-0',
usage_metadata={'input_tokens': 48,
                                     'output_tokens': 13, 'total_tokens': 61})],
                  'query': '제가 좋아하는 것은 찹쌀떡입니다. 기억해 주세요.'},
 'channel_versions': {'__start__': '00000000000000000000000000000002.0.12640769647527839',
                      'add_message': '00000000000000000000000000000004.0.33741116850393715',
                      'llm_response': '00000000000000000000000000000004.0.8506239456282386',
                      'messages': '00000000000000000000000000000004.0.6270766789612591',
                      'query': '00000000000000000000000000000002.0.832290026126958',
                      'start:add_message': '00000000000000000000000000000003.0.0805191796104
654'},
 'id': '1ef7affe-f918-67ec-8002-f2858b4d831c',
 'pending_sends': [],
 'ts': '2024-09-25T05:35:12.631572+00:00',
 'v': 1,
 'versions_seen': {'__input__': {},
                   '__start__': {'__start__': '00000000000000000000000000000001.0.0974238645
9346675'},
                   'add_message': {'start:add_message': '00000000000000000000000000000002.0.
5367212448709078'},
                   'llm_response': {'add_message': '00000000000000000000000000000003.0.91330
97589667317'}}}

메타데이터:
{'parents': {},
 'source': 'loop',
 'step': 2,
 'writes': {'llm_response': {'messages': [AIMessage(content='네, 찹쌀떡을
좋아하시는군요.', additional_kwargs={'refusal': None}, response_metadata={'token_usage':
{'completion_tokens': 13, 'prompt_tokens': 48, 'total_tokens': 61,
'completion_tokens_details': {'reasoning_tokens': 0}}, 'model_name': 'gpt-
4o-mini-2024-07-18', 'system_fingerprint': 'fp_1bb46167f9', 'finish_reason':
'stop', 'logprobs': None, id='run-4c4da053-5108-4410-a7f5-97990bc4455e-0',
usage_metadata={'input_tokens': 48, 'output_tokens': 13, 'total_tokens': 61})]}}}
```

이제 다시 그래프를 실행해 봅시다. invoke 함수의 인자에는 과거 대화 기억을 테스트하는 질문을 설정합니다. 그래프의 스테이트가 저장돼 있고 과거 기억을 추적할 수 있다면 이 질문에 답할 수 있을 것입니다.

```
user_query = State(query="제가 좋아하는 것이 뭔지 기억하세요?")
second_response = compiled_graph.invoke(user_query, config)
second_response
```

실행 결과는 다음과 같습니다.

```
{'query': '제가 좋아하는 것이 뭔지 기억하세요?',
 'messages': [SystemMessage(content='당신은 최소한의 응답을 하는 대화 에이전트입니다.', ...),
  HumanMessage(content='제가 좋아하는 것은 찹쌀떡입니다. 기억해 주세요.', ...),
  AIMessage(content='네, 찹쌀떡을 좋아하시는군요.',...}, ...),
  HumanMessage(content='제가 좋아하는 것이 뭔지 기억하세요?', ...),
  AIMessage(content='네, 찹쌀떡입니다.', ...)]}
```

실행 결과를 보면 사용자가 좋아하는 것에 관해 답변할 수 있는 것을 확인할 수 있습니다. 또한 messages 필드에 과거 대화가 저장돼 있는 것도 확인할 수 있습니다.

여기서 다시 list 함수를 실행하고 Checkpoint의 channel_values 내용을 확인해 보겠습니다.

```
for checkpoint in checkpointer.list(config):
    print(checkpoint)
```

실행 결과는 다음과 같습니다. 첫 번째 실행 시의 이력에 두 번째 실행 시의 이력이 덧붙여 저장된 것을 확인할 수 있습니다. 또한 invoke 함수에 전달한 스테이트에 따라 그래프에서 유지되고 있는 스테이트가 업데이트되는 과정도 출력 결과를 통해 파악할 수 있습니다.

최종 답변이 등록된 체크포인트

```
CheckpointTuple(checkpoint={'channel_values': {'query': '내가 좋아하는 것이 뭔지 기억해?',
'messages': [SystemMessage(content='당신은 최소한의 응답을 하는 대화 에이전트입니다.',
...), HumanMessage(content='내가 좋아하는 것은 찹쌀떡입니다. 기억해 두세요.', ...),
AIMessage(content='알겠습니다. 찹쌀떡을 좋아하시는군요.', ...), HumanMessage(content='내가 좋아하는
것이 뭔지 기억해?', ...), AIMessage(content='네, 찹쌀떡을 좋아합니다.', ...)], ...}, ...}, ...)
CheckpointTuple(checkpoint={'channel_values': {'query': '내가 좋아하는 것이 뭔지 기억해?',
'messages': [SystemMessage(content='당신은 최소한의 응답을 하는 대화 에이전트입니다.',
...), HumanMessage(content='내가 좋아하는 것은 찹쌀떡입니다. 기억해 두세요.', ...),
AIMessage(content='알겠습니다. 찹쌀떡을 좋아하시는군요.', ...), HumanMessage(content='내가 좋아하는
것이 뭔지 기억해?', ...)], ...}, ...}, ...)
```

```
CheckpointTuple(checkpoint={'channel_values': {'query': '내가 좋아하는 것이 뭔지 기억해?',
'messages': [SystemMessage(content='당신은 최소한의 응답을 하는 대화 에이전트입니다.',
...), HumanMessage(content='내가 좋아하는 것은 찹쌀떡입니다. 기억   스테이트의 query 값은 invoke 인수에
AIMessage(content='알겠습니다. 찹쌀떡을 좋아하시는군요.', ...)],   지정된 스테이트 값으로 다시 작성됨
CheckpointTuple(checkpoint={'channel_values': {'query': '내가 좋아하는 것은 찹쌀떡입니다.
기억해 두세요.', 'messages': [SystemMessage(content='당신은 최소한의 응답을 하는
대화 에이전트입니다.', ...), HumanMessage(content='내가 좋아   두 번째 호출 시 __start__ 키
기억해 두세요.', ...),AIMessage(content='알겠습니다. 찹쌀떡을 좋아하시는군요.', ...)],
'__start__':State(query='내가 좋아하는 것이 뭔지 기억해?', messages=[])}, ...}, ...)
CheckpointTuple(checkpoint={'channel_values': {'query': '내가 좋아하는 것은 찹쌀떡입니다. 기억해
두세요.', 'messages': [SystemMessage(content='당신은 최소한의 응답을 하는 대화 에이전트입니다.',
...), HumanMessage(content='내가 좋아하는 것은 찹쌀떡입니다. 기억해 두세요.', ...),
AIMessage(content='알겠습니다. 찹쌀떡을 좋아하시는군요.', ...)], }, ...}, ...)
CheckpointTuple(checkpoint={'channel_values': {'query': '내가 좋아하는 것은 찹쌀떡입니다. 기억해
두세요.', 'messages': [SystemMessage(content='당신은 최소한의 응답을 하는 대화 에이전트입니다.',
...), HumanMessage(content='내가 좋아하는 것은 찹쌀떡입니다. 기억해 두세요.', ...)],...}, ...},
...)
CheckpointTuple(checkpoint={'channel_values': {'query': '내가 좋아하는 것은 찹쌀떡입니다. 기억해
두세요.', 'messages': [], ...}, ...)
CheckpointTuple(checkpoint={'channel_values': {'__start__': State(query='내가 좋아하는 것은
찹쌀떡입니다. 기억해 두세요.', messages=[])}, ...}, ...)
                                                                첫 번째 호출 시 __start__ 키
```

여기서 다시 한번 체크포인트의 상세 데이터를 가져오면 다음 결과가 반환됩니다.

```
체크포인트 데이터:
{'channel_values': {'llm_response': 'llm_response',
'messages': [SystemMessage(content='당신은 최소한의 응답을 하는 대화 에이전트입니다.',
additional_kwargs={}, response_metadata={}),
HumanMessage(content='내가 좋아하는 것은 찹쌀떡입니다. 기억해 두세요.', additional_kwargs={},
response_metadata={}),
AIMessage(content='알겠습니다. 찹쌀떡을 좋아하시는군요.', additional_kwargs={'refusal': None},
response_metadata={'token_usage':
{'completion_tokens': 13, 'prompt_tokens': 48, 'total_tokens': 61,
'completion_tokens_details': {'reasoning_tokens': 0}},
'model_name': 'gpt-4o-mini-2024-07-18','system_fingerprint': 'fp_1bb46167f9',
'finish_reason': 'stop', 'logprobs': None},
id='run-4c4da053-5108-4410-a7f5-97990bc4455e-0', usage_metadata={'input_tokens':
48,'output_tokens': 13, 'total_tokens': 61}),
HumanMessage(content='내가 좋아하는 것이 뭔지 기억해?',additional_kwargs={},
```

```
response_metadata={}),
AIMessage(content='네, 찹쌀떡을 좋아합니다.',additional_kwargs={'refusal': None},
response_metadata={'token_usage':
{'completion_tokens': 11, 'prompt_tokens': 80, 'total_tokens': 91,
'completion_tokens_details':{'reasoning_tokens': 0}},
'model_name': 'gpt-4o-mini-2024-07-18', 'system_fingerprint': 'fp_1bb46167f9',
'finish_reason': 'stop', 'logprobs': None},
id='run-65f5284c-83fa-498a-b6f7-9c389410a7a8-0', usage_metadata={'input_tokens':
80,'output_tokens': 11, 'total_tokens': 91})],
'query': '내가 좋아하는 것이 뭔지 기억해?'},
'channel_versions': {'__start__': '00000000000000000000000000000006.0.1989241847075771',
'add_message': '00000000000000000000000000000008.0.5401351281822978',
'llm_response': '00000000000000000000000000000008.0.6187188615357937',
'messages': '00000000000000000000000000000008.0.0590168896503121254',
'query': '00000000000000000000000000000006.0.062233096626840845',
'start:add_message': '00000000000000000000000000000007.0.830250063420061'},
'id': '1ef7b016-a773-657b-8006-aad28cb862dc',
'pending_sends': [],
'ts': '2024-09-25T05:45:48.315552+00:00',
'v': 1,
'versions_seen': {'__input__': {},
'__start__': {'__start__': '00000000000000000000000000000005.0.8949190697567558'},
'add_message': {'start:add_message': '00000000000000000000000000000006.0.24502231988044187'},
'llm_response': {'add_message': '00000000000000000000000000000007.0.13310086276747768'}}}

메타데이터:
{'parents': {},
'source': 'loop',
'step': 6,
'writes': {'llm_response': {'messages': [AIMessage(content='네, 찹쌀떡을 좋아합니다.',
additional_kwargs={'refusal': None}, response_metadata={'token_usage': {'completion_tokens':
11, 'prompt_tokens': 80,
'total_tokens': 91, 'completion_tokens_details':{'reasoning_tokens': 0}}, 'model_name':
'gpt-4o-mini-2024-07-18',
'system_fingerprint': 'fp_1bb46167f9', 'finish_reason': 'stop', 'logprobs': None},
id='run-65f5284c-83fa-498a-b6f7-9c389410a7a8-0', usage_metadata={'input_tokens':
80,'output_tokens': 11, 'total_tokens': 91})]}}}
```

channel_values뿐만 아니라 다른 값들도 업데이트되고 있음을 알 수 있습니다. 이와 같이 체크포인트 기능을 사용하면 스테이트의 영속화가 가능해집니다.

마지막으로 thread_id를 변경해 실행한 경우를 확인해 보겠습니다.

```
config = {"configurable": {"thread_id": "example-2"}}
user_query = State(query="제가 좋아하는 것은 뭔가요?")
other_thread_response = compiled_graph.invoke(user_query, config)
other_thread_response
```

실행 결과는 다음과 같습니다.

```
{'query': '제가 좋아하는 것은 뭔가요?',
 'messages': [SystemMessage(content='당신은 최소한의 응답을 하는 대화 에이전트입니다.', ...),
  HumanMessage(content='내가 좋아하는 것은 뭐야?', ...),
  AIMessage(content='잘 모르겠어요. 좋아하는 것을 말씀해 주실 수 있나요? ', ...)]}
```

thread_id별로 스테이트가 저장되므로 example-1의 대화 이력은 로드되지 않았음을 알 수 있습니다.

9.5 요약

이 장에서는 LangGraph 라이브러리의 사용 방법에 대한 설명부터 시작해 간단한 Q&A 애플리케이션 만들기를 실습했습니다.

LangGraph를 이해하는 데 있어 가장 어려운 부분은 그래프 구조를 기반으로 한 프로그래밍 스타일에 있다고 합니다. 개발하고자 하는 프로그램의 요구사항을 그래프 구조로 표현되는 워크플로로 나타내는 것은 어려운 일입니다.

그러나 이 장의 실습처럼 먼저 프로그램 내에서 어떤 스테이트가 관리되어야 하는지, 그 스테이트를 업데이트하는 노드로는 어떤 것이 있는지 순서대로 생각해 나가면 작동하는 애플리케이션을 만들 수 있습니다.

꼭 직접 실습해 보기 바랍니다.

10장

요구사항 정의서 생성 AI 에이전트 개발

이 장에서는 9장에서 배운 LangGraph의 기본적인 지식을 활용하여 조금 더 복잡한 LangGraph 프로그램에 도전합니다. LangGraph를 이용한 워크플로에서는 여러 체인을 연계하는 구현을 하는 경우가 대부분이라 주의하지 않으면 복잡한 구성이 되기 쉽습니다. 따라서 각 체인마다 작동 확인이 가능한 형태가 아니거나, 체인을 실행하기 위한 인터페이스가 통일돼 있지 않으면 소스 코드의 가독성과 유지보수성이 저하되기 쉽습니다. 이번에 만들 '요구사항 정의서 생성 AI 에이전트'에서는 유지보수성이 높은 설계를 목표로 다양한 기법을 도입했습니다. 실제로 자신의 프로그램을 만들 때 참고하기 바랍니다.

니시미 키미히로

10.1 요구사항 정의서 생성 AI 에이전트 개요

10.2 환경 설정

10.3 데이터 구조 정의

10.4 주요 컴포넌트 구현

10.5 워크플로 구축

10.6 에이전트 실행과 결과 확인

10.7 전체 소스 코드

10.8 요약

10.1 요구사항 정의서 생성 AI 에이전트 개요

이 장에서 만들 프로그램은 '요구사항 정의서 생성 AI 에이전트'입니다. 일반적으로 소프트웨어를 개발할 때는 '무엇을 만들 것인가?'를 사전에 정리합니다. 이를 요구사항 정의라고 합니다. 요구사항 정의의 결과는 '요구사항 정의서'로 정리됩니다. 이 장에서 만들 프로그램은 AI 에이전트의 메커니즘을 활용하여 이 '요구사항 정의서'를 자동 생성하는 것을 목적으로 합니다.

요구사항 정의란 무엇인가

이 프로세스를 AI 에이전트의 메커니즘을 이용해 구현하기 전에, 요구사항 정의 프로세스를 좀 더 자세히 살펴봅시다. 일본 정보처리진흥기구(IPA)가 제공하는 《사용자를 위한 요구사항 정의 가이드 제2판 요구사항 정의를 성공으로 이끄는 128가지 요점》[1]에서는 '요구(requirement)'를 '니즈와 그에 부수되는 제약·조건을 변환하거나 표현한 문장(JIS X 0166)'으로 정의하고 있으며, '요건'은 '요구를 문장화, 명세화하여 이해관계자와 합의한 것'으로 정의합니다.

여기서 이해관계자란 개발할 소프트웨어에 의해 어떤 영향을 받거나 영향을 줄 가능성이 있는 개인이나 조직을 의미합니다. 예를 들어 소프트웨어 사용자, 발주자, 개발 팀, 연계 시스템 개발자(또는 운영하는 기업) 등의 사람들이나 조직이 이해관계자가 될 수 있습니다. 또한 요구의 정의에 포함된 니즈는 이러한 이해관계자의 니즈로 간주될 수 있으므로, 요구사항 정의는 이해관계자의 니즈를 문장화, 명세화하고 이해관계자와 합의하는 프로세스라고 생각할 수 있습니다. 이 요구사항 정의의 결과물이 '요구사항 정의서'가 됩니다.

이 프로세스를 단순화하면 그림 10.1과 같습니다.

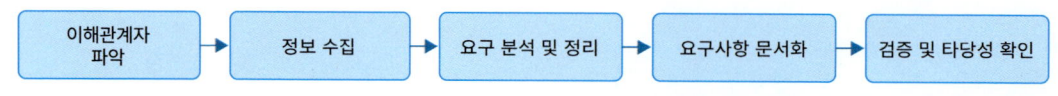

그림 10.1 요구사항 정의 프로세스

먼저, 개발할 소프트웨어는 이해관계자의 니즈를 다루는 것이므로 그 이해관계자가 누구인지 파악해야 합니다. 그다음으로, 파악한 이해관계자의 니즈를 확인하기 위해 이해관계자가 가진 니즈에 대한 정보를 수집합니다. 충분한 정보 수집이 끝난 후에는 얻은 요구사항을 분석하고 정리한 후 문서화합니다. 마지막으로 문서화한 내용을 검증하고 타당성을 확인함으로써 요구사항 정의 프로세스가 완료됩니다.

---

[1] https://www.ipa.go.jp/archive/publish/tn20191220.html

선행 연구의 접근법 참고하기

이러한 요구사항 정의 프로세스를 고려할 때 이 프로세스를 AI 에이전트로 구현하려면 어떻게 접근해야 할까요? 참고할 만한 논문으로, 8장 8.4절의 "멀티 에이전트의 정의"에서도 언급된 논문 "Elicitron: An LLM Agent-Based Simulation Framework for Design Requirements Elicitation"(이하 Elicitron) 이 있습니다.

Elicitron의 접근법에서는 요구사항 정의 프로세스의 '이해관계자 파악' 대신, 이해관계자가 될 수 있는 사람들을 추론하여 페르소나로 정의합니다. 페르소나는 마케팅 용어로 '자사 제품이나 서비스를 이용하는 전형적인 고객상을 구체적으로 묘사한 가상의 인물상'을 의미하며, 라틴어로 '가면'을 의미하는 'persona' 에서 유래했습니다. 그렇게 정의된 페르소나를 LLM에 입력하여 대화 에이전트를 생성합니다. 이 대화 에이전트를 인터뷰함으로써 요구사항 정의 프로세스의 '정보 수집'을 실현합니다.

Elicitron에서는 20명의 대화 에이전트를 생성하고, 각 대화 에이전트에 인터뷰를 실시합니다. 인터뷰가 끝난 후에는 인터뷰 결과를 취합하여 결과물로 보고서를 생성합니다.

지금까지의 내용을 바탕으로 요구사항 정의 프로세스와 Elicitron에서 수행하는 프로세스를 비교한 것이 그림 10.2입니다. Elicitron의 접근법에는 요구사항 정의 프로세스의 '검증과 타당성 확인'까지는 포함돼 있지 않지만, 이 접근법을 참고하여 '요구의 문서화', 즉 요구사항 정의서 생성까지 구현할 수 있을 것 같습니다.

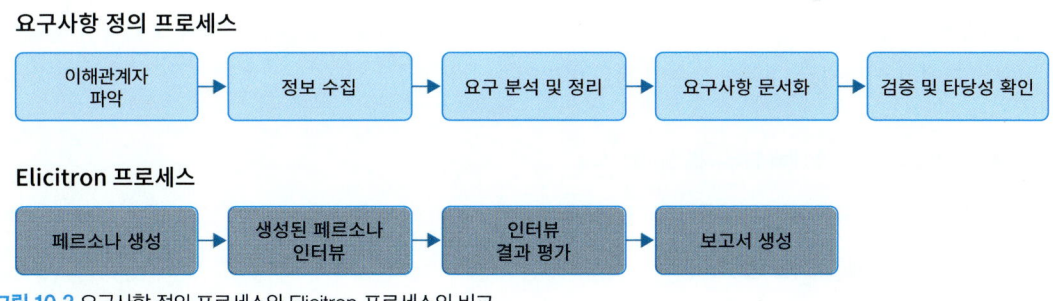

그림 10.2 요구사항 정의 프로세스와 Elicitron 프로세스의 비교

LangGraph의 워크플로 설계하기

그럼 Elicitron의 프로세스를 LangGraph의 워크플로로 설계해 보겠습니다. 이 장에서는 Elicitron의 접근법을 그대로 채택하는 대신, 샘플 프로그램으로 상당히 단순화된 것을 구현하려고 합니다. 그림 10.3은 이러한 개념을 바탕으로 LangGraph의 워크플로를 표현한 것입니다.

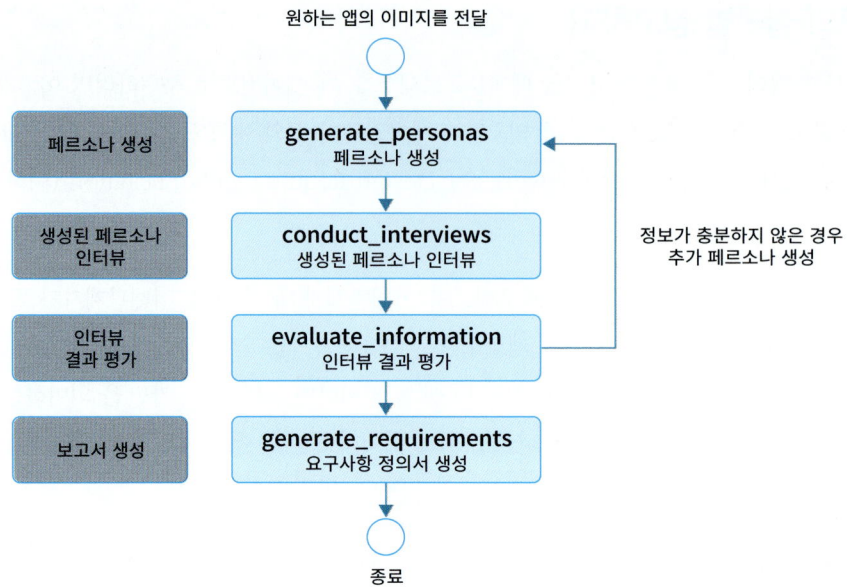

그림 10.3 요구사항 정의서 생성 AI 에이전트의 워크플로

그림 10.3의 각 노드는 Elicitron의 각 프로세스에 대응하도록 설계됐습니다. Elicitron과 다른 점으로, '페르소나 생성' 프로세스에서 Elicitron은 20명의 페르소나를 생성합니다. 그러나 동일한 수의 페르소나를 생성하고 각각에 인터뷰를 실시하는 것은 API 사용량이 많아져 비용이 많이 듭니다. 따라서 이번 구현에서는 먼저 5명의 페르소나를 생성하기로 했습니다.

하지만 5명만으로는 요구사항 정의 프로세스의 '정보 수집' 단계에서 충분한 요구사항을 포괄하지 못할 수 있습니다. 그래서 이번에는 다음과 같은 대책을 마련했습니다.

1. 먼저 5명의 페르소나에 대해 인터뷰를 실시합니다.
2. 인터뷰 결과를 평가하고 정보가 부족하다고 판단되면

    a. 추가로 5명의 페르소나를 생성합니다.

    b. 새로 생성된 페르소나에 대해 추가 인터뷰를 실시합니다.

    c. 2단계로 돌아가 인터뷰 결과의 충분성을 재평가합니다.

평가 프로세스를 추가함으로써 LangGraph의 순환형 플로 설계도 경험할 수 있게 했습니다. 이제 구체적으로 어떻게 구현을 진행할지 살펴보겠습니다.

10.2 환경 설정

이 장의 샘플 코드는 Google Colab에서 작동하도록 작성됐습니다. Google Colab에서 작동 확인을 원하는 분은 다음 절차에 따라 환경 설정을 해주세요.

1. 리포지터리 클론

   ```
   !git clone https://github.com/ychoi-kr/llm-agent.git
   ```

2. 디렉터리 이동

   ```
   %cd llm-agent
   %cd chapter10
   ```

3. 필요한 라이브러리 설치

   ```
   !pip install langchain-core==0.3.0 langchain-openai==0.2.0 langgraph==0.2.22 python-dotenv==1.0.1
   ```

4. 환경 변수 설정

   ```
   import os
   from google.colab import userdata

   os.environ["OPENAI_API_KEY"] = userdata.get("OPENAI_API_KEY")
   os.environ["LANGCHAIN_TRACING_V2"] = "true"
   os.environ["LANGCHAIN_ENDPOINT"] = "https://api.smith.langchain.com"
   os.environ["LANGCHAIN_API_KEY"] = userdata.get("LANGCHAIN_API_KEY")
   os.environ["LANGCHAIN_PROJECT"] = "agent-book"
   ```

5. 프로그램 실행

   단계 4까지의 설정이 완료된 후에는 다음 명령으로 요구사항 정의서 생성 AI 에이전트를 실행할 수 있습니다.

   ```
   !python -m documentation_agent.main --task "만들고 싶은 요구사항 정의서의 주제"
   ```

10.3 데이터 구조 정의

프로그램 내에서 사용하는 데이터 모델은 Pydantic을 사용하여 정의했습니다. Pydantic을 사용하면 각 필드의 타입이 명확하게 정의되어 잘못된 타입의 데이터가 할당되는 것을 방지할 뿐만 아니라, LangChain의 `with_structured_output` 함수와 함께 사용하면 원하는 타입에 맞는 데이터를 LLM이 생성하도록 할 수 있습니다.

`with_structured_output`으로 올바른 데이터를 생성하려면 각 필드에 대한 설명이 적절하게 설정돼 있어야 합니다. 가독성 측면에서도, 생성의 안정성 측면에서도 타입이 명확하고 설명이 적절한 것이 유용합니다. 각 데이터 모델의 코드는 다음과 같습니다.

```python
# 페르소나를 나타내는 데이터 모델
class Persona(BaseModel):
    name: str = Field(..., description="페르소나의 이름")
    background: str = Field(..., description="페르소나의 배경")

# 페르소나 목록을 나타내는 데이터 모델
class Personas(BaseModel):
    personas: list[Persona] = Field(default_factory=list, description="페르소나 목록")

# 인터뷰 내용을 나타내는 데이터 모델
class Interview(BaseModel):
    persona: Persona = Field(..., description="인터뷰 대상 페르소나")
    question: str = Field(..., description="인터뷰 질문")
    answer: str = Field(..., description="인터뷰 응답")

# 인터뷰 결과 목록을 나타내는 데이터 모델
class InterviewResult(BaseModel):
    interviews: list[Interview] = Field(default_factory=list, description="인터뷰 결과 목록")

# 평가 결과를 나타내는 데이터 모델
class EvaluationResult(BaseModel):
    reason: str = Field(..., description="판단 이유")
    is_sufficient: bool = Field(..., description="정보가 충분한지 여부")
```

또한 스테이트의 타입은 다음과 같이 정의했습니다. personas와 interviews 필드는 노드에 의해 데이터가 추가되는 항목이므로 Annotated와 operator.add를 사용하여 정의했습니다.

```
# 요구사항 정의서 생성 AI 에이전트의 스테이트
class InterviewState(BaseModel):
    user_request: str = Field(..., description="사용자 요청")
    personas: Annotated[list[Persona], operator.add] = Field(default_factory=list,
description="생성된 페르소나 목록")
    interviews: Annotated[list[Interview], operator.add] = Field(default_factory=list,
description="실시된 인터뷰 목록")
    requirements_doc: str = Field(default="", description="생성된 요구사항 정의서")
    iteration: int = Field(default=0, description="페르소나 생성과 인터뷰의 반복 횟수")
    is_information_sufficient: bool = Field(default=False, description="정보가 충분한지 여부")
```

10.4 주요 컴포넌트 구현

각 처리의 작동을 개별적으로 확인할 수 있도록 주요 컴포넌트는 모두 클래스 형태로 구현했습니다. 주요 클래스는 다음과 같습니다.

- PersonaGenerator: 페르소나를 생성합니다.
- InterviewConductor: 페르소나에게 인터뷰를 실시합니다.
- InformationEvaluator: 수집한 정보의 충분성을 평가합니다.
- RequirementsDocumentGenerator: 요구사항 정의서를 생성합니다.

각 클래스의 구현을 살펴보겠습니다.

PersonaGenerator

PersonaGenerator 클래스는 사용자의 요구에 기반하여 다양한 페르소나를 생성합니다. 생성할 페르소나 수는 k 매개변수로 제어할 수 있습니다.

```
class PersonaGenerator:
    def __init__(self, llm: ChatOpenAI, k: int = 5):
```

```python
        self.llm = llm.with_structured_output(Personas)
        self.k = k

    def run(self, user_request: str) -> Personas:
        # 프롬프트 템플릿 정의
        prompt = ChatPromptTemplate.from_messages([
            ("system",
                "당신은 사용자 인터뷰용 다양한 페르소나를 만드는 전문가입니다.",
            ),
            ("human",
                f"다음 사용자 요청에 관한 인터뷰를 위해 {self.k}명의 다양한 페르소나를 생성해 주세요.\n\n"
                "사용자 요청: {user_request}\n\n"
                "각 페르소나에는 이름과 간단한 배경을 포함해 주세요. 연령, 성별, 직업, 기술적 전문 지식에서 다양성을 확보해 주세요.",
            ),
        ])

        # 페르소나 생성을 위한 체인 생성
        chain = prompt | self.llm

        # 페르소나 생성
        return chain.invoke({"user_request": user_request})
```

InterviewConductor

InterviewConductor 클래스는 생성된 페르소나에게 인터뷰를 실시합니다.

- _generate_questions 함수: 각 페르소나에 대한 질문을 생성합니다.
- _generate_answers 함수: 각 질문에 대한 답변을 생성합니다.
- _create_interviews 함수: 페르소나, 질문, 답변을 결합하여 Interview 객체를 생성합니다.
- run 함수: 위 3단계를 순서대로 실행하고 최종 인터뷰 결과를 반환합니다.

_generate_questions 함수와 _generate_answers 함수는 처리를 효율화하기 위해 batch 함수를 사용하여 여러 페르소나에 대한 질문 생성이나 답변 생성을 동시에 수행합니다. 이 책의 집필 시점(2024년 8월 기준)에는 batch 함수가 입력 리스트의 순서를 그대로 유지한 채 출력 리스트를 반환하도록 구현되어 있지만, 문서에 명시돼 있지 않으므로 구현 시 주의해야 합니다.

```python
class InterviewConductor:
    def __init__(self, llm: ChatOpenAI):
        self.llm = llm

    def run(self, user_request: str, personas: list[Persona]) -> InterviewResult:
        # 질문 생성
        questions = self._generate_questions(user_request=user_request, personas=personas)
        # 답변 생성
        answers = self._generate_answers(personas=personas, questions=questions)
        # 질문과 답변 조합으로 인터뷰 리스트 생성
        interviews = self._create_interviews(personas=personas, questions=questions, answers=answers)
        # 인터뷰 결과 반환
        return InterviewResult(interviews=interviews)

    def _generate_questions(self, user_request: str, personas: list[Persona]) -> list[str]:
        # 질문 생성을 위한 프롬프트 정의
        question_prompt = ChatPromptTemplate.from_messages([
            ("system",
             "당신은 사용자 요구사항에 기반하여 적절한 질문을 생성하는 전문가입니다.",
            ),
            ("human",
             "다음 페르소나와 관련된 사용자 요청에 대해 하나의 질문을 생성해 주세요.\n\n"
             "사용자 요청: {user_request}\n"
             "페르소나: {persona_name} - {persona_background}\n\n"
             "질문은 구체적이며, 이 페르소나의 관점에서 중요한 정보를 끌어낼 수 있도록 설계해 주세요.",
            ),
        ])

        # 질문 생성을 위한 체인 생성
        question_chain = question_prompt | self.llm | StrOutputParser()

        # 각 페르소나에 대한 질문 쿼리 생성
        question_queries = [
            {
                "user_request": user_request,
                "persona_name": persona.name,
                "persona_background": persona.background,
            }
```

```python
            for persona in personas
        ]

        # 질문을 배치 처리로 생성
        return question_chain.batch(question_queries)

    def _generate_answers(self, personas: list[Persona], questions: list[str]) -> list[str]:
        # 답변 생성을 위한 프롬프트 정의
        answer_prompt = ChatPromptTemplate.from_messages([
            ("system",
             "당신은 다음 페르소나로서 답변하고 있습니다: {persona_name} - {persona_background}",
            ),
            ("human", "질문: {question}"),
        ])

        # 답변 생성을 위한 체인 생성
        answer_chain = answer_prompt | self.llm | StrOutputParser()

        # 각 페르소나에 대한 답변 쿼리 생성
        answer_queries = [
            {
                "persona_name": persona.name,
                "persona_background": persona.background,
                "question": question,
            }
            for persona, question in zip(personas, questions)
        ]

        # 답변을 배치 처리로 생성
        return answer_chain.batch(answer_queries)

    def _create_interviews(self, personas: list[Persona], questions: list[str], answers:
list[str]) -> list[Interview]:
        # 페르소나별로 질문과 답변 조합으로 인터뷰 객체 생성
        return [
            Interview(persona=persona, question=question, answer=answer)
            for persona, question, answer in zip(personas, questions, answers)
        ]
```

InformationEvaluator

InformationEvaluator 클래스는 수집한 정보가 요구사항 정의서 생성에 충분한지 평가합니다.

```python
class InformationEvaluator:
    def __init__(self, llm: ChatOpenAI):
        self.llm = llm.with_structured_output(EvaluationResult)

    # 사용자 요청과 인터뷰 결과를 바탕으로 정보의 충분성 평가
    def run(self, user_request: str, interviews: list[Interview]) -> EvaluationResult:
        # 프롬프트 정의
        prompt = ChatPromptTemplate.from_messages([
            ("system",
             "당신은 포괄적인 요구사항 문서를 작성하기 위한 정보의 충분성을 평가하는 전문가입니다.",
            ),
            ("human",
             "다음 사용자 요청과 인터뷰 결과를 바탕으로, 포괄적인 요구사항 문서를 작성하기에 충분한 정보가 모였는지 판단해 주세요.\n\n"
             "사용자 요청: {user_request}\n\n"
             "인터뷰 결과:\n{interview_results}",
            ),
        ])

        # 정보의 충분성을 평가하는 체인 생성
        chain = prompt | self.llm

        # 평가 결과 반환
        return chain.invoke({
            "user_request": user_request,
            "interview_results": "\n".join(
                f"페르소나: {i.persona.name} - {i.persona.background}\n"
                f"질문: {i.question}\n답변: {i.answer}\n"
                for i in interviews
            ),
        })
```

RequirementsDocumentGenerator

RequirementsDocumentGenerator 클래스는 사용자 요구와 인터뷰 결과를 바탕으로 최종 요구사항 정의서를 생성합니다.

```python
class RequirementsDocumentGenerator:
    def __init__(self, llm: ChatOpenAI):
        self.llm = llm

    def run(self, user_request: str, interviews: list[Interview]) -> str:
        # 프롬프트 정의
        prompt = ChatPromptTemplate.from_messages([
            ("system",
             "당신은 수집한 정보를 바탕으로 요구사항 문서를 작성하는 전문가입니다.",
            ),
            ("human",
             "다음 사용자 요청과 여러 페르소나의 인터뷰 결과를 바탕으로 요구사항 문서를 작성해 주세요.\n\n"
             "사용자 요청: {user_request}\n\n"
             "인터뷰 결과:\n{interview_results}\n"
             "요구사항 문서에는 다음 섹션을 포함해 주세요:\n"
             "1. 프로젝트 개요\n"
             "2. 주요 기능\n"
             "3. 비기능 요구사항\n"
             "4. 제약 조건\n"
             "5. 타깃 사용자\n"
             "6. 우선순위\n"
             "7. 위험과 완화 방안\n\n"
             "출력은 반드시 한국어로 부탁드립니다.\n\n요구사항 문서:",
            ),
        ])

        # 요구사항 정의서 생성을 위한 체인 생성
        chain = prompt | self.llm | StrOutputParser()

        # 요구사항 정의서 생성
        return chain.invoke({
            "user_request": user_request,
            "interview_results": "\n".join(
```

```
            f"페르소나: {i.persona.name} - {i.persona.background}\n"
            f"질문: {i.question}\n답변: {i.answer}\n"
            for i in interviews
        ),
    })
```

10.5 워크플로 구축

지금까지의 모든 컴포넌트를 연결하여 전체 워크플로를 관리하는 것이 `DocumentationAgent` 클래스입니다. 이 클래스는 다음과 같은 구조를 가집니다.

- 클래스 초기화 시 주요 컴포넌트인 `PersonaGenerator`, `InterviewConductor`, `InformationEvaluator`, `RequirementsDocumentGenerator`의 인스턴스를 생성합니다.

- `_create_graph` 함수에서 LangGraph를 사용한 워크플로를 정의합니다. 페르소나 생성, 인터뷰 실시, 평가, 요구사항 정의서 생성의 각 단계를 노드로 정의하고, 노드 간 전환을 에지와 조건부 에지로 정의합니다.

- 노드의 구현은 각 단계에 대응하는 함수(`_generate_personas`, `_conduct_interviews`, `_evaluate_information`, `_generate_requirements`)에 구현돼 있습니다. 이 함수들은 해당 스테이트에서 컴포넌트에 정보를 전달하고, 컴포넌트로부터 받은 정보를 바탕으로 스테이트를 업데이트하는 책임을 갖습니다.

- 에이전트의 실행은 `run` 함수로 수행합니다.

```
class DocumentationAgent:
    def __init__(self, llm: ChatOpenAI, k: Optional[int] = None):
        # 각종 제너레이터 초기화
        self.persona_generator = PersonaGenerator(llm=llm, k=k)
        self.interview_conductor = InterviewConductor(llm=llm)
        self.information_evaluator = InformationEvaluator(llm=llm)
        self.requirements_generator = RequirementsDocumentGenerator(llm=llm)
        # 그래프 생성
        self.graph = self._create_graph()

    def _create_graph(self) -> StateGraph:
        # 그래프 초기화
        workflow = StateGraph(InterviewState)
        # 각 노드 추가
```

```python
        workflow.add_node("generate_personas", self._generate_personas)
        workflow.add_node("conduct_interviews", self._conduct_interviews)
        workflow.add_node("evaluate_information", self._evaluate_information)
        workflow.add_node("generate_requirements", self._generate_requirements)
        # 엔트리포인트 설정
        workflow.set_entry_point("generate_personas")
        # 노드 간 에지 추가
        workflow.add_edge("generate_personas", "conduct_interviews")
        workflow.add_edge("conduct_interviews", "evaluate_information")
        # 조건부 에지 추가
        workflow.add_conditional_edges(
            "evaluate_information",
            lambda state: not state.is_information_sufficient and state.iteration < 5,
            {True: "generate_personas", False: "generate_requirements"},
        )
        workflow.add_edge("generate_requirements", END)
        # 그래프 컴파일
        return workflow.compile()

    def _generate_personas(self, state: InterviewState) -> dict[str, Any]:
        # 페르소나 생성
        new_personas: Personas = self.persona_generator.run(state.user_request)
        return {
            "personas": new_personas.personas,
            "iteration": state.iteration + 1,
        }

    def _conduct_interviews(self, state: InterviewState) -> dict[str, Any]:
        # 인터뷰 실시
        new_interviews: InterviewResult = self.interview_conductor.run(
            state.user_request, state.personas[-5:]
        )
        return {"interviews": new_interviews.interviews}

    def _evaluate_information(self, state: InterviewState) -> dict[str, Any]:
        # 정보 평가
        evaluation_result: EvaluationResult = self.information_evaluator.run(
            state.user_request, state.interviews
        )
```

```python
        return {
            "is_information_sufficient": evaluation_result.is_sufficient,
            "evaluation_reason": evaluation_result.reason,
        }

    def _generate_requirements(self, state: InterviewState) -> dict[str, Any]:
        # 요구사항 정의서 생성
        requirements_doc: str = self.requirements_generator.run(
            state.user_request, state.interviews
        )
        return {"requirements_doc": requirements_doc}

    def run(self, user_request: str) -> str:
        # 초기 상태 설정
        initial_state = InterviewState(user_request=user_request)
        # 그래프 실행
        final_state = self.graph.invoke(initial_state)
        # 최종 요구사항 정의서 반환
        return final_state["requirements_doc"]
```

10.6 에이전트 실행과 결과 확인

이미 이 장의 환경 설정이 완료된 분은 Google Colab에서 다음 명령을 실행하여 프로그램을 시작할 수 있습니다.

```
!python -m documentation_agent.main --task "스마트폰용 건강 관리 앱을 개발하고 싶다" --k 5
```

실행하면 Google Colab의 표준 출력에서 다음과 같은 생성 결과를 얻을 수 있습니다.

```
# 건강 관리 앱 요구사항 문서

## 1. 프로젝트 개요
이 프로젝트는 스마트폰용 건강 관리 앱을 개발하는 것을 목표로 합니다. 이 앱은 사용자의 건강 상태를 모니터링하고, 개인 맞춤형 건강 관리 솔루션을 제공하여 사용자가 더 나은 삶의 질을 추구할 수 있도록 돕습니다. 최신 기술을 활용하여 개인화된 접근을 제공하며, 다양한 사용자 페르소나의 요구를 반영하여 설계됩니다.
```

2. 주요 기능
1. **개인 맞춤형 운동 계획**
    - AI를 활용하여 사용자의 신체 상태와 목표에 맞춘 운동 계획 제공
    - 운동 진행 상황 추적 및 피드백 제공

2. **영양 관리 및 식단 추천**
    - 사용자의 식습관 분석 및 필요한 영양소 기반 식단 추천
    - 간편한 식단 기록 기능

3. **스트레스 관리 및 명상 가이드**
    - 스트레스 수준 모니터링 및 명상, 호흡 운동 가이드 제공

4. **수면 추적 및 개선**
    - 수면 패턴 분석 및 수면의 질 개선을 위한 팁 제공

5. **가족 건강 관리**
    - 가족 구성원의 건강 상태 및 병원 예약 상황 관리
    - 건강 관련 알림 기능 (예: 건강 검진, 예방 접종 시기)

6. **걸음 수 측정 및 물 마시기 알림**
    - 자동 걸음 수 기록 및 수분 섭취 알림 기능

7. **실시간 건강 상태 모니터링**
    - 웨어러블 기기 연동을 통한 심박수, 스트레스 지수 실시간 체크 및 피드백

8. **빠른 운동 추적**
    - GPS를 활용한 걷기, 달리기 기록 및 간단한 운동 루틴 제안

3. 비기능 요구사항
- **사용자 친화적 인터페이스**: 직관적이고 사용하기 쉬운 UI/UX 제공
- **데이터 보안**: 사용자 건강 데이터의 안전한 저장 및 전송
- **플랫폼 호환성**: iOS 및 Android 지원
- **성능**: 빠른 응답 시간과 안정적인 작동

4. 제약 조건
- **개발 예산**: 제한된 예산 내에서 개발
- **개발 기간**: 6개월 내 출시 목표
- **기술 스택**: 기존 팀의 기술 역량에 맞춘 기술 스택 사용

5. 타겟 사용자
- 최신 기술에 관심이 많고 건강 관리에 관심이 있는 20~60대 사용자
- 가족의 건강을 관리하고자 하는 주부
- 바쁜 일상 속에서도 간편한 건강 관리를 원하는 직장인

6. 우선순위
1. 개인 맞춤형 운동 계획
2. 영양 관리 및 식단 추천
3. 스트레스 관리 및 명상 가이드
4. 수면 추적 및 개선
5. 가족 건강 관리
6. 걸음 수 측정 및 물 마시기 알림
7. 실시간 건강 상태 모니터링
8. 빠른 운동 추적

7. 리스크와 완화 방안
- **리스크**: 데이터 보안 문제
    - **완화 방안**: 최신 보안 프로토콜 적용 및 정기적인 보안 점검
- **리스크**: 사용자 인터페이스 복잡성
    - **완화 방안**: 사용자 테스트를 통한 UI/UX 개선
- **리스크**: 개발 일정 지연
    - **완화 방안**: 철저한 프로젝트 관리 및 주기적인 진행 상황 점검

이 문서는 다양한 사용자 요구를 반영하여 건강 관리 앱 개발을 위한 명확한 방향성을 제시합니다. 각 기능은 사용자의 건강 관리 목표를 지원하며, 비기능 요구사항과 제약 조건을 고려하여 최적의 사용자 경험을 제공하는 것을 목표로 합니다.

10.7 전체 소스 코드

마지막으로, 요구사항 정의서 생성 AI 에이전트의 전체 소스 코드를 소개합니다.

```
import operator
from typing import Annotated, Any, Optional
from dotenv import load_dotenv
from langchain_core.output_parsers import StrOutputParser
```

```python
from langchain_core.prompts import ChatPromptTemplate
from langchain_core.pydantic_v1 import BaseModel, Field
from langchain_openai import ChatOpenAI
from langgraph.graph import END, StateGraph

# .env 파일에서 환경 변수 로드
load_dotenv()

# 페르소나를 표현하는 데이터 모델
class Persona(BaseModel):
    name: str = Field(..., description="페르소나의 이름")
    background: str = Field(..., description="페르소나의 배경")

# 페르소나 리스트를 표현하는 데이터 모델
class Personas(BaseModel):
    personas: list[Persona] = Field(default_factory=list, description="페르소나 리스트")

# 인터뷰 내용을 표현하는 데이터 모델
class Interview(BaseModel):
    persona: Persona = Field(..., description="인터뷰 대상 페르소나")
    question: str = Field(..., description="인터뷰 질문")
    answer: str = Field(..., description="인터뷰 답변")

# 인터뷰 결과 리스트를 표현하는 데이터 모델
class InterviewResult(BaseModel):
    interviews: list[Interview] = Field(default_factory=list, description="인터뷰 결과 리스트")

# 평가 결과를 표현하는 데이터 모델
class EvaluationResult(BaseModel):
    is_sufficient: bool = Field(..., description="정보가 충분한지 여부")
    reason: str = Field(..., description="판단 이유")

# 요구사항 정의 생성 AI 에이전트의 스테이트
class InterviewState(BaseModel):
    user_request: str = Field(..., description="사용자 요청")
    personas: Annotated[list[Persona], operator.add] = Field(
        default_factory=list, description="생성된 페르소나 리스트"
    )
    interviews: Annotated[list[Interview], operator.add] = Field(
```

```python
        default_factory=list, description="실시된 인터뷰 리스트"
    )
    requirements_doc: str = Field(default="", description="생성된 요구사항 정의")
    iteration: int = Field(default=0, description="페르소나 생성과 인터뷰의 반복 횟수")
    is_information_sufficient: bool = Field(
        default=False, description="정보가 충분한지 여부"
    )

# 페르소나를 생성하는 클래스
class PersonaGenerator:
    def __init__(self, llm: ChatOpenAI, k: int = 5):
        self.llm = llm.with_structured_output(Personas)
        self.k = k

    def run(self, user_request: str) -> Personas:
        # 프롬프트 템플릿 정의
        prompt = ChatPromptTemplate.from_messages(
            [
                (
                    "system",
                    "당신은 사용자 인터뷰용 다양한 페르소나를 만드는 전문가입니다.",
                ),
                (
                    "human",
                    f"다음 사용자 요청에 관한 인터뷰용으로 {self.k}명의 다양한 페르소나를 생성해 주세요.\n\n"
                    "사용자 요청: {user_request}\n\n"
                    "각 페르소나에는 이름과 간단한 배경을 포함해 주세요. 나이, 성별, 직업, 기술적 전문 지식에서 다양성을 확보해 주세요.",
                ),
            ]
        )

        # 페르소나 생성을 위한 체인 생성
        chain = prompt | self.llm

        # 페르소나 생성
        return chain.invoke({"user_request": user_request})
```

```python
# 인터뷰를 실시하는 클래스
class InterviewConductor:
    def __init__(self, llm: ChatOpenAI):
        self.llm = llm

    def run(self, user_request: str, personas: list[Persona]) -> InterviewResult:
        # 질문 생성
        questions = self._generate_questions(user_request=user_request, personas=personas)
        # 답변 생성
        answers = self._generate_answers(personas=personas, questions=questions)
        # 질문과 답변 조합으로 인터뷰 리스트 생성
        interviews = self._create_interviews(personas=personas, questions=questions, answers=answers)
        # 인터뷰 결과 반환
        return InterviewResult(interviews=interviews)

    def _generate_questions(self, user_request: str, personas: list[Persona]) -> list[str]:
        # 질문 생성을 위한 프롬프트 정의
        question_prompt = ChatPromptTemplate.from_messages(
            [
                (
                    "system",
                    "당신은 사용자 요구사항에 기반하여 적절한 질문을 생성하는 전문가입니다.",
                ),
                (
                    "human",
                    "다음 페르소나와 관련된 사용자 요청에 대해 질문 하나를 생성해 주세요.\n\n"
                    "사용자 요청: {user_request}\n"
                    "페르소나: {persona_name} - {persona_background}\n\n"
                    "질문은 구체적이고, 이 페르소나의 관점에서 중요한 정보를 끌어낼 수 있도록 설계해 주세요.",
                ),
            ]
        )

        # 질문 생성을 위한 체인 생성
        question_chain = question_prompt | self.llm | StrOutputParser()

        # 각 페르소나에 대한 질문 쿼리 생성
```

```python
        question_queries = [
            {
                "user_request": user_request,
                "persona_name": persona.name,
                "persona_background": persona.background,
            }
            for persona in personas
        ]

        # 질문을 배치 처리로 생성
        return question_chain.batch(question_queries)

    def _generate_answers(self, personas: list[Persona], questions: list[str]) -> list[str]:
        # 답변 생성을 위한 프롬프트 정의
        answer_prompt = ChatPromptTemplate.from_messages(
            [
                (
                    "system",
                    "당신은 다음 페르소나로서 답변하고 있습니다: {persona_name} - {persona_background}",
                ),
                ("human", "질문: {question}"),
            ]
        )

        # 답변 생성을 위한 체인 생성
        answer_chain = answer_prompt | self.llm | StrOutputParser()

        # 각 페르소나에 대한 답변 쿼리 생성
        answer_queries = [
            {
                "persona_name": persona.name,
                "persona_background": persona.background,
                "question": question,
            }
            for persona, question in zip(personas, questions)
        ]

        # 답변을 배치 처리로 생성
```

```python
        return answer_chain.batch(answer_queries)

    def _create_interviews(self, personas: list[Persona], questions: list[str], answers: list[str]) -> list[Interview]:
        # 페르소나별로 질문과 답변 조합으로 인터뷰 객체 생성
        return [
            Interview(persona=persona, question=question, answer=answer)
            for persona, question, answer in zip(personas, questions, answers)
        ]


# 정보의 충분성을 평가하는 클래스
class InformationEvaluator:
    def __init__(self, llm: ChatOpenAI):
        self.llm = llm.with_structured_output(EvaluationResult)

    # 사용자 요청과 인터뷰 결과를 바탕으로 정보의 충분성 평가
    def run(self, user_request: str, interviews: list[Interview]) -> EvaluationResult:
        # 프롬프트 정의
        prompt = ChatPromptTemplate.from_messages(
            [
                (
                    "system",
                    "당신은 포괄적인 요구사항 문서를 작성하기 위한 정보의 충분성을 평가하는 전문가입니다.",
                ),
                (
                    "human",
                    "다음 사용자 요청과 인터뷰 결과를 바탕으로, 포괄적인 요구사항 문서를 작성하기에 충분한 정보가 모였는지 판단해 주세요.\n\n"
                    "사용자 요청: {user_request}\n\n"
                    "인터뷰 결과:\n{interview_results}",
                ),
            ]
        )

        # 정보의 충분성을 평가하는 체인 생성
        chain = prompt | self.llm

        # 평가 결과 반환
```

```python
        return chain.invoke(
            {
                "user_request": user_request,
                "interview_results": "\n".join(
                    f"페르소나: {i.persona.name} - {i.persona.background}\n"
                    f"질문: {i.question}\n답변: {i.answer}\n"
                    for i in interviews
                ),
            }
        )


# 요구사항 정의서를 생성하는 클래스
class RequirementsDocumentGenerator:
    def __init__(self, llm: ChatOpenAI):
        self.llm = llm

    def run(self, user_request: str, interviews: list[Interview]) -> str:
        # 프롬프트 정의
        prompt = ChatPromptTemplate.from_messages(
            [
                (
                    "system",
                    "당신은 수집한 정보를 바탕으로 요구사항 문서를 작성하는 전문가입니다.",
                ),
                (
                    "human",
                    "다음 사용자 요청과 여러 페르소나의 인터뷰 결과를 바탕으로, 요구사항 문서를 작성해 주세요.\n\n"
                    "사용자 요청: {user_request}\n\n"
                    "인터뷰 결과:\n{interview_results}\n"
                    "요구사항 문서에는 다음 섹션을 포함해 주세요:\n"
                    "1. 프로젝트 개요\n"
                    "2. 주요 기능\n"
                    "3. 비기능 요구사항\n"
                    "4. 제약 조건\n"
                    "5. 타깃 사용자\n"
                    "6. 우선순위\n"
                    "7. 리스크와 완화 대책\n\n"
                    "출력은 반드시 한국어로 부탁드립니다.\n\n요구사항 문서:",
```

```python
            ),
        ]
    )

    # 요구사항 정의서를 생성하는 체인 생성
    chain = prompt | self.llm | StrOutputParser()

    # 요구사항 정의서 생성
    return chain.invoke(
        {
            "user_request": user_request,
            "interview_results": "\n".join(
                f"페르소나: {i.persona.name} - {i.persona.background}\n"
                f"질문: {i.question}\n답변: {i.answer}\n"
                for i in interviews
            ),
        }
    )


# 요구사항 정의서 생성 AI 에이전트 클래스
class DocumentationAgent:
    def __init__(self, llm: ChatOpenAI, k: Optional[int] = None):
        # 각종 제너레이터 초기화
        self.persona_generator = PersonaGenerator(llm=llm, k=k)
        self.interview_conductor = InterviewConductor(llm=llm)
        self.information_evaluator = InformationEvaluator(llm=llm)
        self.requirements_generator = RequirementsDocumentGenerator(llm=llm)
        # 그래프 생성
        self.graph = self._create_graph()

    def _create_graph(self) -> StateGraph:
        # 그래프 초기화
        workflow = StateGraph(InterviewState)
        # 각 노드 추가
        workflow.add_node("generate_personas", self._generate_personas)
        workflow.add_node("conduct_interviews", self._conduct_interviews)
        workflow.add_node("evaluate_information", self._evaluate_information)
        workflow.add_node("generate_requirements", self._generate_requirements)
        # 엔트리포인트 설정
```

```python
        workflow.set_entry_point("generate_personas")
        # 노드 간 에지 추가
        workflow.add_edge("generate_personas", "conduct_interviews")
        workflow.add_edge("conduct_interviews", "evaluate_information")
        # 조건부 에지 추가
        workflow.add_conditional_edges(
            "evaluate_information",
            lambda state: not state.is_information_sufficient and state.iteration < 5,
            {True: "generate_personas", False: "generate_requirements"},
        )
        workflow.add_edge("generate_requirements", END)
        # 그래프 컴파일
        return workflow.compile()


    def _generate_personas(self, state: InterviewState) -> dict[str, Any]:
        # 페르소나 생성
        new_personas: Personas = self.persona_generator.run(state.user_request)
        return {
            "personas": new_personas.personas,
            "iteration": state.iteration + 1,
        }


    def _conduct_interviews(self, state: InterviewState) -> dict[str, Any]:
        # 인터뷰 실시
        new_interviews: InterviewResult = self.interview_conductor.run(
            state.user_request, state.personas[-5:]
        )
        return {"interviews": new_interviews.interviews}


    def _evaluate_information(self, state: InterviewState) -> dict[str, Any]:
        # 정보 평가
        evaluation_result: EvaluationResult = self.information_evaluator.run(
            state.user_request, state.interviews
        )
        return {
            "is_information_sufficient": evaluation_result.is_sufficient,
            "evaluation_reason": evaluation_result.reason,
        }
```

```python
    def _generate_requirements(self, state: InterviewState) -> dict[str, Any]:
        # 요구사항 정의서 생성
        requirements_doc: str = self.requirements_generator.run(
            state.user_request, state.interviews
        )
        return {"requirements_doc": requirements_doc}

    def run(self, user_request: str) -> str:
        # 초기 상태 설정
        initial_state = InterviewState(user_request=user_request)
        # 그래프 실행
        final_state = self.graph.invoke(initial_state)
        # 최종 요구사항 정의서 반환
        return final_state["requirements_doc"]

def main():
    import argparse

    # 커맨드라인 인자 파서 생성
    parser = argparse.ArgumentParser(description="사용자 요구에 기반하여 요구사항 정의를 생성합니다")
    # "task" 인자 추가
    parser.add_argument(
        "--task",
        type=str,
        help="만들고 싶은 애플리케이션에 대해 기술해 주세요",
    )
    # "k" 인자 추가
    parser.add_argument(
        "--k",
        type=int,
        default=5,
        help="생성할 페르소나 수를 설정해 주세요(기본값: 5)",
    )
    # 커맨드라인 인자 파싱
    args = parser.parse_args()

    # ChatOpenAI 모델 초기화
    llm = ChatOpenAI(model="gpt-4o", temperature=0.0)
```

```python
    # 요구사항 정의서 생성 AI 에이전트 초기화
    agent = DocumentationAgent(llm=llm, k=args.k)
    # 에이전트 실행하여 최종 출력 획득
    final_output = agent.run(user_request=args.task)
    # 최종 출력 표시
    print(final_output)

if __name__ == "__main__":
    main()
```

10.8 요약

이 장에서는 9장에서 배운 LangGraph의 지식을 활용한 실전적인 애플리케이션 개발 예시로, 요구사항 정의서 생성 AI 에이전트를 만들었습니다. LangGraph를 활용한 프로그램은 지금까지 배워온 LangChain의 컴포넌트를 연결하는 형태로 구현되며, 코드를 체계적으로 정리하며 개발을 진행하지 않으면 쉽게 코드가 복잡해질 수 있습니다. 그래서 이 장의 예제에서는 단순한 작동 예시를 보여주기보다는 실제 프로젝트에서 LangGraph를 사용한 개발을 할 경우 어떤 방식으로 코드를 작성하게 될지를 고려한 코드로 제시했습니다.

한편 LangGraph를 사용함으로써 애플리케이션의 상태 관리가 용이해지거나 LangSmith를 활용한 디버깅이 쉬워지는 등의 이점도 있습니다. 이 장을 참고하여 다양한 LangGraph 애플리케이션 개발에 도전해 보기 바랍니다.

랭체인과 랭그래프로 구현하는
RAG·AI 에이전트
실전 입문

11장

에이전트 디자인 패턴

이 장에서는 AI 에이전트를 효율적으로 개발하기 위해 제안된 에이전트 디자인 패턴에 대해 설명합니다. 에이전트 디자인 패턴은 AI 에이전트의 설계와 구현에 있어 재사용 가능한 사고방식을 제공하는 개념입니다. Yue Liu와 8명의 연구자가 제안한 "에이전트 디자인 패턴 카탈로그(Agent Design Pattern Catalogue)"에서는 총 18개의 패턴이 소개돼 있습니다[1]. 이러한 패턴들은 목표 설정, 계획 생성, 추론의 확실성 향상, 에이전트 간 협력, 입출력 제어 등 AI 에이전트 개발에서 발생하는 다양한 과제에 대응합니다[2]. 그럼 지금부터 에이전트 디자인 패턴을 탐구하는 여행을 시작해 보겠습니다.

니시미 키미히로

---

[1] Liu et al. (2024), 〈Agent Design Pattern Catalogue: A Collection of Architectural Patterns for Foundation Model Based Agents〉, https://arxiv.org/abs/2405.10467

[2] 이러한 과제 영역에 따른 정리는 논문에서 제안된 것이 아니라, 이 책에서 독자적으로 정리한 것입니다.

11.1 에이전트 디자인 패턴의 개요

11.2 18가지 에이전트 디자인 패턴

11.3 요약

11.1 에이전트 디자인 패턴의 개요

이 절에서는 에이전트 디자인 패턴의 개요로, 에이전트 디자인 패턴이 해결하는 4가지 과제 영역과 그 과제 영역에 연결된 패턴의 개요에 대해 설명합니다.

디자인 패턴이란

디자인 패턴이란 무엇을 의미하는 것일까요? 디자인 패턴이란 소프트웨어 설계에서 자주 발생하는 문제에 대한 재사용 가능한 해결책을 말합니다. 이는 구체적인 코드가 아니라 문제를 해결하기 위한 설계 사상이나 접근 방식을 보여주는 것입니다. 따라서 디자인 패턴은 경험이 풍부한 개발자들이 오랜 실무를 통해 발견하고 정리한 '베스트 프랙티스'라고 할 수 있습니다.

예를 들어, 객체 지향 프로그래밍 세계에는 '싱글톤(Singleton)', '옵저버(Observer)', '팩토리 메서드(Factory Method)' 등의 유명한 디자인 패턴이 있습니다. 이러한 패턴들은 특정 설계 과제에 대한 일반적인 해결책을 제시하는 개발자들 사이의 공통 어휘로 기능합니다.

에이전트 디자인 패턴이 해결하는 과제 영역

Yue Liu 등이 제안한 "에이전트 디자인 패턴 카탈로그(Agent Design Pattern Catalogue)"[1]는 AI 에이전트의 설계와 구현에 특화된 '디자인 패턴'의 집합입니다. 이 카탈로그에는 18개의 서로 다른 패턴이 소개돼 있으며, 크게 '목표 설정과 계획 생성', '추론의 확실성 향상', '에이전트 간의 협력', '입출력 제어'라는 4가지 과제 영역에 대응하고 있습니다.

1. 목표 설정과 계획 생성

이 과제 영역은 사용자의 입력이나 요구에서 구체적인 목표를 추출하고, 그러한 목표를 달성하기 위한 계획을 생성하는 데 초점을 맞추고 있습니다. AI 에이전트가 사용자의 의도를 정확히 이해하고 효과적인 행동 계획을 세울 수 있도록 하는 것이 목적입니다.

이 과제 영역에 속하는 패턴에는 다음과 같은 것들이 있습니다.

---

[1] Liu et al. (2024), 〈Agent Design Pattern Catalogue: A Collection of Architectural Patterns for Foundation Model Based Agents〉, https://arxiv.org/abs/2405.10467

- 패시브 골 크리에이터(Passive Goal Creator): 사용자의 입력에서 구체적인 목표를 추출하는 패턴
- 프로액티브 골 크리에이터(Proactive Goal Creator): 사용자로부터의 지시 외에도 사용자의 주변 환경이나 상황 정보를 활용하여 능동적으로 목표를 추출하는 패턴
- 프롬프트/응답 옵티마이저(Prompt/Response Optimizer)[2]: 얻어진 프롬프트나 응답에 최적화 프로세스를 추가하는 패턴
- 싱글 패스 플랜 제너레이터(Single-Path Plan Generator): 추출된 목표를 달성하기 위한 일련의 행동 계획을 생성하는 패턴
- 멀티 패스 플랜 제너레이터(Multi-Path Plan Generator): 목표를 달성하기 위해 여러 행동 계획을 생성하고, 그중 최적의 행동을 선택하는 패턴
- 원샷 모델 쿼리(One-Shot Model Querying): 모델에 대한 단일 쿼리로 에이전트의 행동 계획을 생성하는 패턴
- 인크리멘탈 모델 쿼리(Incremental Model Querying): 모델에 대한 여러 차례의 쿼리나 외부 시스템 또는 인간으로부터의 정보 수집을 통해 단계적으로 행동 계획을 생성하는 패턴

예를 들어, 사용자가 "주말 여행 계획을 세워줘"라고 요청한 경우, 패시브 골 크리에이터 패턴을 사용하여 '가족이 즐길 수 있는 여행 계획 세우기'라는 목표를 추출하고, 싱글 패스 플랜 제너레이터로 이 목표를 달성하기 위한 구체적인 절차를 순서대로 생성하는 식으로 조합하여 활용할 수 있습니다.

2. 추론의 확실성 향상

이 과제 영역에서는 AI 에이전트의 추론이나 판단의 정확성을 높이는 데 초점을 맞추고 있습니다. LLM 출력의 신뢰성을 향상시키고, 잘못된 판단이나 부적절한 추론을 줄이는 것이 목적입니다.

이 과제 영역에 속하는 패턴에는 다음과 같은 것들이 있습니다.

- 검색 증강 생성(Retrieval-Augmented Generation; RAG): AI 에이전트가 보유하지 않은 정보를 외부 환경에서 가져오는 패턴
- 셀프 리플렉션(Self-Reflection): AI 에이전트가 자신의 출력을 평가하고 필요에 따라 수정하는 패턴
- 크로스 리플렉션(Cross-Reflection): 다른 관점이나 기준을 가진 별도의 AI 에이전트에 의한 평가를 수행하는 패턴
- 휴먼 리플렉션(Human-Reflection): 인간으로부터의 피드백을 바탕으로 평가를 수행하는 패턴
- 에이전트 평가기(Agent Evaluator): AI 에이전트의 성능이나 작동을 평가하고 그 결과를 피드백하는 패턴

---

[2] 논문에서는 영국식 영어 철자로 'Optimiser'라고 표기돼 있지만, 이 책에서는 미국식 영어나 영국식 영어 모두에서 사용할 수 있는 'Optimizer'라는 표기를 채택합니다.

예를 들어, AI 에이전트가 생성한 여행 계획의 타당성을 검증하기 위해 크로스 리플렉션 패턴을 적용하여 다른 관점(예: 예산 관점, 시간 효율성 관점)에서 계획을 평가하고 필요에 따라 수정을 가함으로써 계획의 품질을 향상시킬 수 있습니다. 또한, 이동에 드는 교통비 등의 정보는 보통 LLM이 가질 수 없는 지식이므로 외부 환경에서 정보를 가져오는 RAG 패턴을 통해 지식을 보완하고 출력되는 정보의 신뢰성을 높일 수 있습니다.

3. 에이전트 간의 협력

이 과제 영역에서는 여러 AI 에이전트가 협력함으로써 복잡한 태스크를 해결할 수 있도록 하는 데 초점을 맞추고 있습니다. 복잡한 태스크를 분할하고, 전문화된 에이전트들이 협력하여 작업함으로써 더 효율적이고 고품질의 문제 해결을 실현하는 것이 목적입니다.

이 과제 영역에 속하는 패턴에는 다음과 같은 것들이 있습니다.

- 투표 기반 협력(Voting-Based Cooperation): 각 에이전트가 개별적으로 판단이나 제안을 하고, 그 결과를 투표에 의해 집계하여 최종 의사 결정을 하는 패턴
- 역할 기반 협력(Role-Based Cooperation): 각 에이전트에게 특정 역할을 배정하고, 각자의 전문성을 살려 협업하는 패턴
- 토론 기반 협력(Debate-Based Cooperation): 에이전트 간에 토론이나 대화를 통해 의견 교환이나 토론을 통해 합의 형성이나 문제 해결을 꾀하는 패턴

예를 들어, 여행 계획을 세울 때 하나의 에이전트가 교통수단 선정을 담당하고, 다른 에이전트가 숙박 시설 선정을 담당하는 등의 역할 분담을 역할 기반 협력 패턴을 통해 실현할 수 있습니다. 이를 통해 각 에이전트가 특정 영역에 특화함으로써 더 상세하고 최적화된 계획을 세울 수 있게 됩니다.

4. 입출력 제어

이 과제 영역에서는 AI 에이전트와 외부(사용자나 다른 시스템) 간의 상호작용을 적절히 관리하는 데 초점을 맞추고 있습니다. AI 에이전트에 대한 입력의 적절한 처리, 출력의 제어를 수행하는 것과 고급 도구를 AI 에이전트가 활용할 수 있게 함으로써 복잡한 태스크를 달성하는 것을 목적으로 합니다.

이 과제 영역에 속하는 패턴에는 다음과 같은 것들이 있습니다.

- **멀티모달 가드레일(Multimodal Guardrails)**: 텍스트, 이미지, 음성 등 다양한 형식의 입출력에 대해 부적절한 입력이 아닌지, 윤리적 기준을 충족한 출력인지를 제어하는 패턴
- **툴/에이전트 레지스트리(Tool/Agent Registry)**: AI 에이전트가 이용 가능한 도구나 서브 에이전트를 관리하고 적절히 선택·실행하는 패턴
- **에이전트 어댑터(Agent Adapter)**: AI 에이전트와 외부 도구나 시스템 간의 인터페이스를 제공하는 패턴

여행 계획의 예로 말하자면, 윤리적으로 문제가 없는 여행 계획인지 검사하기 위해 멀티모달 가드레일 패턴을 적용하거나, 실제로 숙박 예약을 하기 위해 툴/에이전트 레지스트리 패턴을 활용하는 등의 방법을 생각할 수 있습니다.

지금까지 과제 영역별로 소개한 18개의 에이전트 디자인 패턴을 표로 정리하면 표 11.1과 같습니다.

표 11.1 에이전트 디자인 패턴의 정리

과제 영역	패턴명	개요	활용 상황
목표 설정과 계획 생성	패시브 골 크리에이터 (Passive Goal Creator)	사용자 입력에서 목표를 추출	에이전트가 달성할 목표 명확화가 필요한 경우
	프로액티브 골 크리에이터 (Proactive Goal Creator)	환경이나 상황에서 능동적으로 목표 생성	
	프롬프트/응답 옵티마이저 (Prompt/Response Optimizer)	프롬프트나 응답을 최적화	프롬프트 성능 향상 및 응답 내용 제어가 필요한 경우
	싱글 패스 플랜 제너레이터 (Single-Path Plan Generator)	단일 패스의 실행 계획 생성	실행 계획 수립이 필요한 경우
	멀티 패스 플랜 제너레이터 (Multi-Path Plan Generator)	복수 패스의 실행 계획 생성	
	원샷 모델 쿼리 (One-Shot Model Querying)	단일 쿼리로 계획 생성 진행	실행 계획 생성 전략을 고려하는 경우
	인크리멘탈 모델 쿼리 (Incremental Model Querying)	복수 회의 쿼리로 단계적으로 계획 생성 진행	

과제 영역	패턴명	개요	활용 상황
추론의 확실성 향상	검색 증강 생성 (Retrieval-Augmented Generation: RAG)	외부 정보를 활용하여 생성	LLM에 학습되어 있지 않은 정보가 필요한 경우
	셀프 리플렉션 (Self-Reflection)	자신의 출력을 평가하고 개선	작동 결과 개선이 필요한 경우
	크로스 리플렉션 (Cross-Reflection)	다른 모델, 에이전트에 의한 평가 수행	
	휴먼 리플렉션 (Human Reflection)	인간으로부터의 피드백 수용	
	에이전트 평가기 (Agent Evaluator)	에이전트의 성능 평가	작동 결과 개선이 필요한 경우
에이전트 간의 협력	투표 기반 협력 (Voting-Based Cooperation)	투표에 의해 의사 결정	다각적 관점을 도입하고 싶은 경우
	역할 기반 협력 (Role-Based Cooperation)	역할에 기반하여 협력	
	토론 기반 협력 (Debate-Based Cooperation)	토론을 통해 합의 형성	
입출력 제어	멀티모달 가드레일 (Multimodal Guardrails)	다양한 형식의 입출력 제어	사용자로부터의 유해 입력, LLM으로부터의 유해 출력 제어가 필요한 경우
	툴/에이전트 레지스트리 (Tool/Agent Registry)	도구나 서브 에이전트 활용	외부 도구, 다른 에이전트 이용이 필요한 경우
	에이전트 어댑터 (Agent Adapter)	외부 도구와의 인터페이스 제공	

에이전트 디자인 패턴의 위치 정의

에이전트 디자인 패턴은 업계의 베스트 프랙티스를 모은 결정판이라기보다는 어디까지나 급속히 발전하는 AI 에이전트 개발 분야에서 현 단계에서 관찰되는 설계 패턴을 정리·체계화하고, 개발자에게 지침을 제공하는 것을 목적으로 제시되고 있습니다. 따라서 여기서 소개하는 패턴 외에도 더 많은 응용이 발견될 가능성이 있고, 추후 사용되지 않는 패턴도 있을 수 있습니다.

그럼에도 불구하고 이 장에서 에이전트 디자인 패턴을 소개하는 의의는 그것이 필자가 AI 에이전트를 업무용으로 개발하면서 얻은 노하우와 많은 부분에서 일치한다는 점과, AI 에이전트 개발에 관여하는 개발자 간의 공통 언어로서 유용하다고 말할 수 있을 만큼 실용적인 내용이라는 것을 실무 경험을 통해 느꼈기 때문입니다.

또한, 앞으로 AI 에이전트 개발에 대해 배우려는 분들에게 설계가 패턴화돼 있다는 것은 학습 지침으로도 좋은 효과를 가져옵니다. 무작정 시제품을 만들지 않더라도 패턴별 구현을 시도함으로써 포괄적인 학습을 기대할 수 있기 때문입니다.

이 장에서 각 패턴에 대해 상세하게 설명한 후, 다음 12장에서는 몇 가지 패턴의 구현 예를 소개하고 있으니 꼭 참고하기 바랍니다.

11.2 18가지 에이전트 디자인 패턴

그럼, 지금까지 개요를 소개한 18가지 에이전트 디자인 패턴 각각에 대해 상세 내용을 살펴보겠습니다. 상세 내용 중 논문에서 다루지 않은 부분에 대해서는 필자의 독자적인 해석이 포함돼 있습니다.

에이전트 디자인 패턴의 전체도

그림 11.1은 에이전트 디자인 패턴의 전체 모습입니다. 개발자에 의한 AI 에이전트의 배포, 사용자로부터 AI 에이전트에 대한 프롬프트를 시작점으로 한 AI 에이전트의 작동 흐름, 그리고 그 작동 흐름과 관련된 패턴을 도식화한 것입니다.

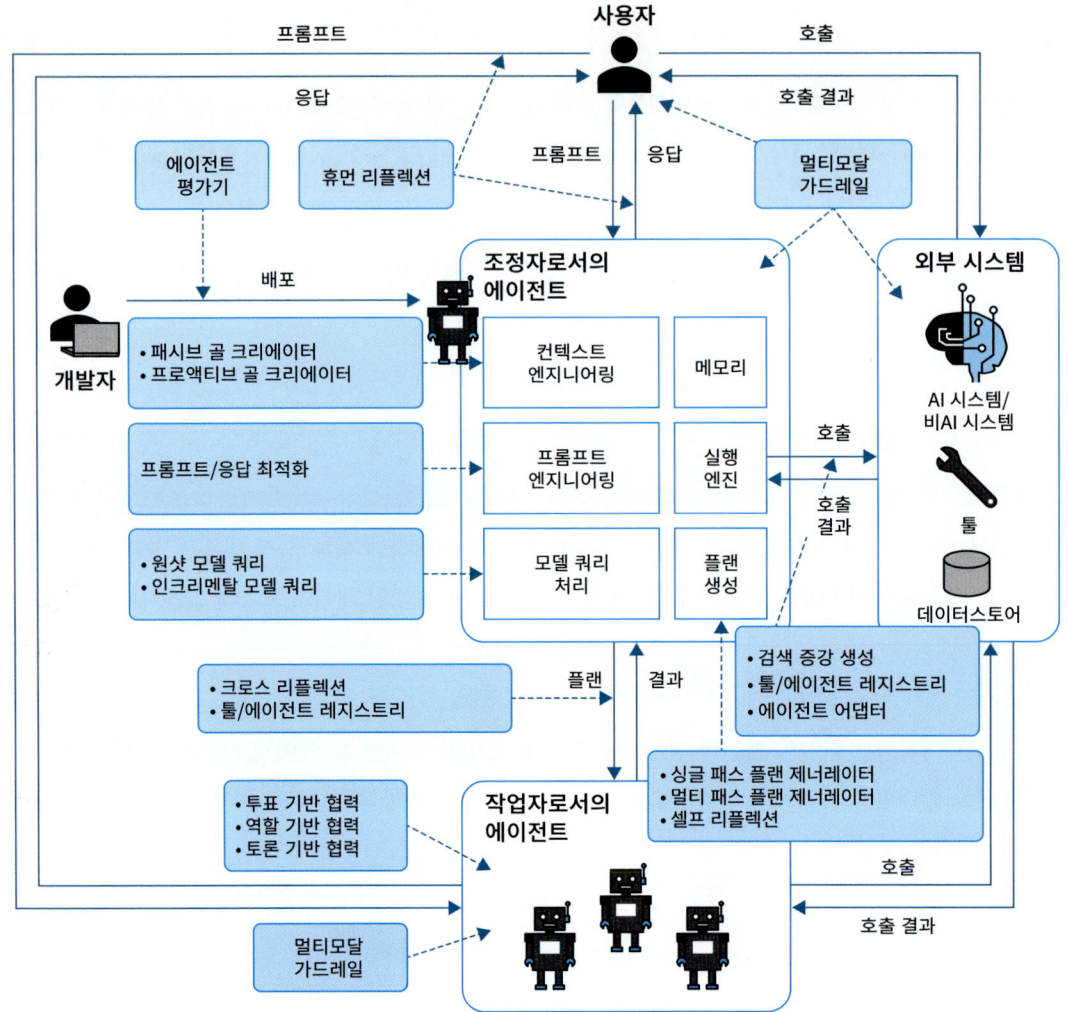

그림 11.1 에이전트 디자인 패턴의 전체 모습[3]

그림 11.1에서는 에이전트의 역할을 '조정자로서의 에이전트(Agent-as-a-coordinator)'와 '작업자로서의 에이전트(Agent-as-a-worker)'로 크게 분류하고 있습니다. 에이전트 디자인 패턴은 이러한 에이전트의 구현을 지원하는 것입니다.

---

[3] Liu et al.(2024) 〈에이전트 디자인 패턴 카탈로그(Agent Design Pattern Catalogue)〉 내의 그림을 참고해 필자가 작성.

조정자로서의 에이전트는 사용자로부터 프롬프트를 받아 이 프롬프트가 무엇을 의미하는지 컨텍스트 엔지니어링[4]을 통해 명확히 하고, 프롬프트 엔지니어링을 통해 AI 에이전트가 작동 가능한 프롬프트로 최적화합니다. 그 후 모델에 대한 쿼리나 기억을 통한 보조, 외부 시스템의 실행 등을 활용하여 실행 계획을 생성합니다.

작업자로서의 에이전트는 조정자로서의 에이전트로부터 실행 계획을 받아, 각자 역할 분담 등을 거치면서 실행 결과를 반환합니다. 작업자로서의 에이전트는 자신의 작업을 다른 AI 에이전트에게 위임하기도 합니다.

또한, 그림 11.1에 등장하는 **외부 시스템**은 AI 에이전트가 이용하는 다른 생성 AI 모델이나 외부 벤더의 SaaS, 데이터 스토어와 같은 AI 에이전트 외부에 있는 시스템을 가리킵니다.

각 패턴을 보면서 어떤 패턴이 AI 에이전트의 어떤 요소와 관련이 있는지 혼란스러울 경우, 앞에서 소개한 전체 모습 그림으로 돌아가보세요.

1. 패시브 골 크리에이터(Passive Goal Creator)

AI 에이전트가 사용자의 요구를 적절히 처리하기 위해서는 먼저 그 요구를 구체적인 목표로 변환해야 합니다. 패시브 골 크리에이터(그림 11.2)는 이와 같이 사용자의 입력에서 구체적인 목표를 추출하기 위한 패턴입니다.

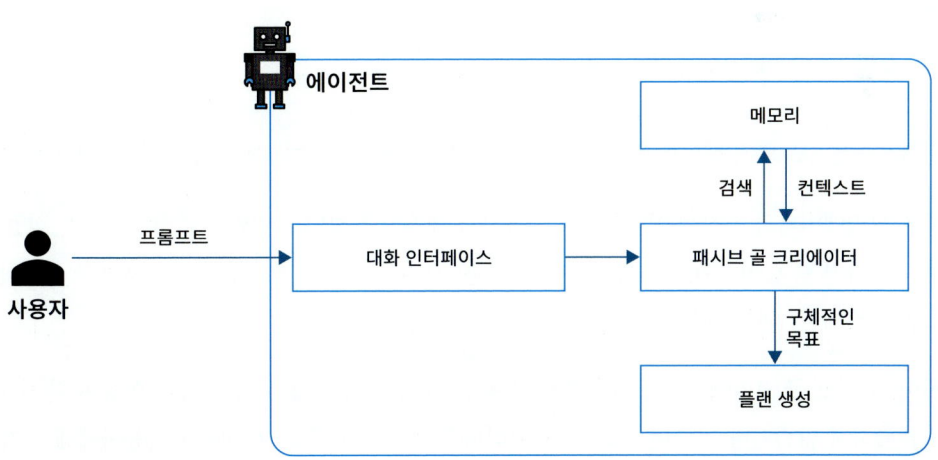

그림 11.2 패시브 골 크리에이터[5]

---

4 논문 내에 명확한 정의는 기재돼 있지 않지만, 내용으로 미루어 볼 때 '컨텍스트 엔지니어링이란 에이전트가 사용자의 요구를 이해하고 적절한 계획을 작성하기 위해 필요한 배경 정보나 문맥(컨텍스트)을 수집, 분석하는 프로세스'라고 할 수 있습니다.
5 Liu et al.(2024) 〈에이전트 디자인 패턴 카탈로그(Agent Design Pattern Catalogue)〉 내의 그림을 참고해 필자가 작성.

사용자가 자연어로 입력하는 요구는 종종 모호하거나 의도치 않게 여러 목표를 포함하기도 합니다. 예를 들어 "주말에 가족이 즐길 수 있는 여행 계획을 세워줘"라는 입력에는 일정, 인원(가족에 어린이가 있는가? 반려동물은?), 목적, 예산 등 다양한 요소가 포함돼 있습니다. AI 에이전트가 이러한 막연한 요구에서 적절한 행동 계획을 세우려면 먼저 구체적이고 명확한 목표로 분해할 필요가 있습니다.

패시브 골 크리에이터는 다음 절차로 사용자 입력을 처리합니다.

1. 사용자로부터의 입력을 텍스트로 받는다.
2. LLM을 이용해 입력 텍스트를 처리하고, 포함된 목표나 요구를 식별한다.
3. 식별된 목표를 AI 에이전트가 처리하기 쉬운 구조화된 형식(리스트, 딕셔너리, Pydantic 모델 등)으로 변환한다.
4. 필요에 따라 목표의 우선순위 지정이나 의존 관계의 식별을 수행한다.
5. 구조화된 목표를 AI 에이전트의 다음 단계로 전달한다.

구체적인 예로, 앞서 언급한 여행 계획 작성의 예를 살펴보겠습니다. 사용자가 "주말에 가족이 즐길 수 있는 여행 계획을 세워줘"라고 입력했을 경우, 패시브 골 크리에이터는 다음과 같은 구체적인 목표를 추출합니다.

- **일정 특정**: 주말(2일간)
- **여행 구성원 확인**: 가족(인원 상세 내용은 확인 필요)
- **목표 설정**: 가족이 즐길 수 있는 여행 계획 세우기

이러한 목표들은 구조화된 데이터로 AI 에이전트의 다음 처리 단계(예: 계획 생성 등)에 전달됩니다.

패시브 골 크리에이터의 특징은 어디까지나 사용자가 제공한 정보만을 기반으로 작동한다는 점입니다. 이는 사용자의 과거 행동 이력이나 현재 상황, 외부 데이터 등도 고려하여 능동적으로 목표를 설정하는 프로액티브 골 크리에이터와는 대조적입니다.

예를 들어, 패시브 골 크리에이터는 사용자가 명시적으로 언급하지 않은 '예산'이나 '이동 수단'에 대해서는 목표로 추출하지 않습니다. 이러한 요소가 중요하다고 판단되면 후속 처리에서 사용자에게 추가 질문을 해야 합니다.

관련 패턴[6]

- **프로액티브 골 크리에이터(Proactive Goal Creator)**: 사용자의 명시적인 입력 외의 정보도 활용해 목표를 생성하므로 패시브 골 크리에이터를 보완하는 역할을 한다.
- **프롬프트/응답 옵티마이저(Prompt/Response Optimizer)**: 추출된 목표를 더 효과적인 프롬프트로 변환할 때 사용할 수 있으며, 패시브 골 크리에이터의 출력을 최적화하는 데 도움이 된다.
- **싱글 패스 플랜 제너레이터(Single-Path Plan Generator)**: 패시브 골 크리에이터로 추출된 목표를 바탕으로 구체적인 행동 계획을 생성하는 데 사용된다.
- **에이전트 평가기(Agent Evaluator)**: 패시브 골 크리에이터의 성능을 평가하고, 추출된 목표의 품질을 향상시키는 데 도움이 된다.

2. 프로액티브 골 크리에이터(Proactive Goal Creator)

AI 에이전트가 보다 효과적으로 사용자를 지원하기 위해서는 사용자의 명시적인 지시뿐만 아니라, 사용자를 둘러싼 환경을 이해하고 선제적으로 대응하는 것이 요구됩니다. 프로액티브 골 크리에이터(그림 11.3)는 이러한 능동적인 목표 설정을 실현하기 위한 패턴입니다.

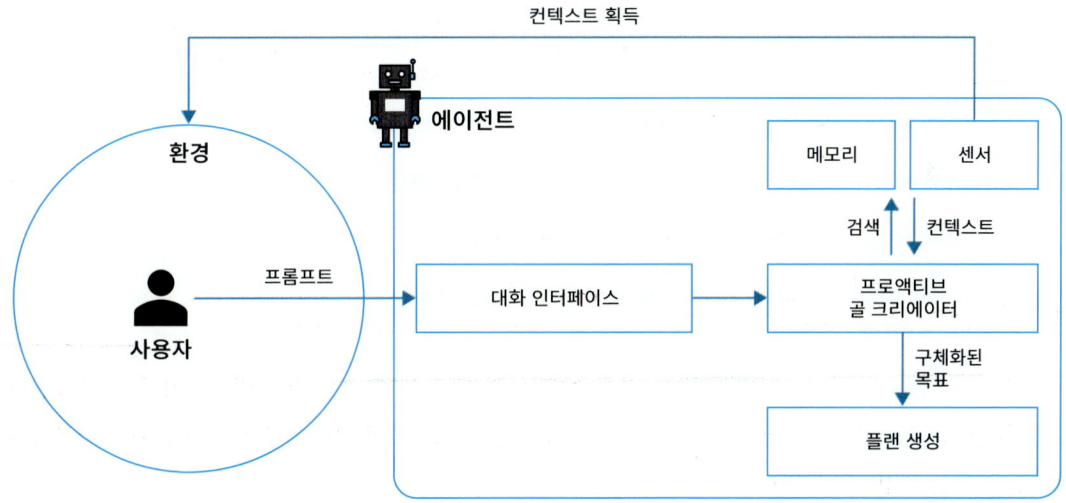

그림 11.3 프로액티브 골 크리에이터[7]

---

6 관련 패턴은 필자의 독자적인 견해로 정리한 것입니다.
7 Liu et al.(2024) 〈에이전트 디자인 패턴 카탈로그(Agent Design Pattern Catalogue)〉 내의 그림을 참고해 필자가 작성.

사용자가 자신의 니즈를 완전히 언어화하지 못하거나 상황의 변화를 인지하지 못하는 경우가 종종 있습니다. 예를 들어, 여행 계획을 세우는 사용자는 목적지의 날씨나 계절적 이벤트를 특별히 고려하지 않을 수 있습니다. 이런 경우, AI 에이전트가 자발적으로 관련 정보를 수집하고 추가 목표를 설정함으로써 사용자의 니즈에 더 잘 부합하는 제안을 할 수 있게 됩니다.

프로액티브 골 크리에이터는 다음 절차로 작동합니다.

1. 사용자의 입력이나 명시적인 요구를 받는다.
2. 사용자의 과거 행동 이력, 현재 상황(시간, 장소 등), 외부 정보(날씨 예보, 이벤트 정보 등)를 수집한다.
3. 수집한 정보를 분석해 사용자가 명시하지 않은 잠재적 니즈나 고려해야 할 요소를 식별한다.
4. 식별된 요소를 바탕으로 추가 목표나 고려 사항을 생성한다.
5. 생성된 추가 목표를 사용자의 명시적 요구와 통합한다.
6. 통합된 목표 세트를 AI 에이전트의 다음 처리 단계로 전달한다.

구체적인 예로, 스마트홈 시스템의 AI 어시스턴트를 생각해 봅시다. 사용자가 "내일 아침 6시에 깨워줘"라고 지시했을 때, 프로액티브 골 크리에이터는 다음과 같은 추가 목표를 설정할 수 있습니다.

- 날씨 예보를 확인해, 비가 올 경우 기상이 늦어지는 경향이 있으므로 15분 일찍 깨운다.
- 캘린더에서 첫 일정의 시간과 장소를 확인하고, 필요한 이동 시간을 고려한다.
- 아침 식사 준비 시간을 고려해 커피 메이커의 작동 시간을 설정한다.
- 기상 시 실내 온도를 쾌적하게 유지하기 위해 에어컨을 사전 설정한다.

이러한 추가 목표는 사용자가 명시적으로 지시하지 않았더라도, 편안한 아침을 맞이하기 위해 중요한 요소입니다. 프로액티브 골 크리에이터는 이처럼 상황을 종합적으로 판단하고, 사용자의 잠재적 니즈에 부응하는 목표를 설정하고자 합니다.

패시브 골 크리에이터와의 주요 차이점은 정보 수집 범위와 목표 설정의 능동성에 있습니다. 패시브 골 크리에이터가 사용자의 명시적 입력만을 다루는 데 반해, 프로액티브 골 크리에이터는 광범위한 정보원에서 상황을 분석하고, 선제적으로 목표를 설정합니다.

프로액티브 골 크리에이터를 적절히 구현함으로써 AI 에이전트는 사용자의 의도를 더 깊이 이해하고, 상황에 맞는 유연한 대응을 할 수 있게 됩니다. 그러나 지나치게 적극적인 목표 설정은 사용자의 의도와 괴리가 생길 수 있으므로 사용자 경험 측면에서 균형 있게 구현할 필요가 있습니다.

관련 패턴

- 패시브 골 크리에이터(Passive Goal Creator): 프로액티브 골 크리에이터의 기초가 되는 부분을 담당하며, 명시적인 요구의 처리를 수행한다.
- 검색 증강 생성(Retrieval-Augmented Generation: RAG): 목표 설정에 필요한 외부 정보를 가져올 때 활용할 수 있다.
- 멀티모달 가드레일(Multimodal Guardrails): 설정된 목표가 윤리적·도덕적으로 적절한지 검증할 때 사용할 수 있다.
- 에이전트 평가기(Agent Evaluator): 설정된 목표의 적절성이나 유효성을 평가할 때 사용할 수 있다.

3. 프롬프트/응답 옵티마이저(Prompt/Response Optimizer)

AI 에이전트는 LLM을 활용해 사고하므로, 그 성능은 LLM에 입력하는 프롬프트의 품질에 크게 의존합니다. 프롬프트/응답 옵티마이저(그림 11.4)는 AI 에이전트와의 프롬프트를 통한 상호작용을 더 효과적으로 만들기 위한 패턴입니다.

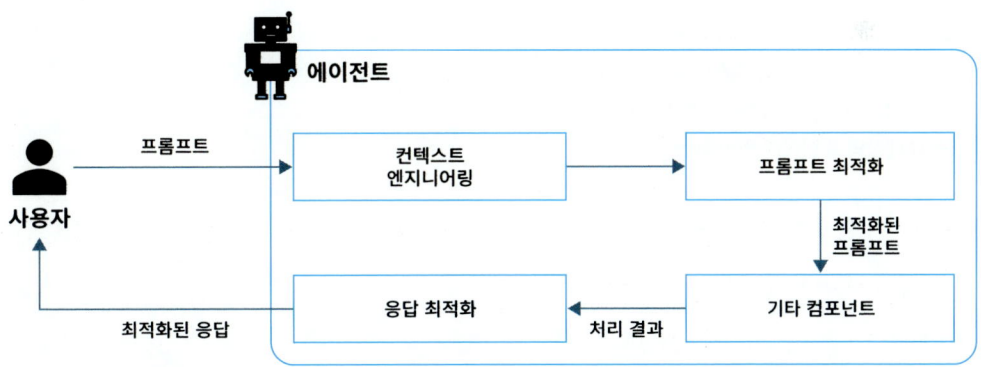

그림 11.4 프롬프트/응답 옵티마이저[8]

---

8 Liu et al.(2024) 〈에이전트 디자인 패턴 카탈로그(Agent Design Pattern Catalogue)〉 내의 그림을 참고해 필자가 작성.

사용자의 요구나 추출된 목표를 그대로 LLM에 입력한다고 해서 반드시 최적의 결과를 얻을 수 있는 것은 아닙니다. 예를 들어, 여행 계획 작성에서 "가족용 관광 명소 5개를 제안해 주세요"라는 단순한 프롬프트보다는 "초등학생 자녀가 있는 5인 가족용으로, 실외와 실내 활동이 균형 있게 포함된 관광 명소를 5개, 각각의 특징과 소요 시간을 포함해 제안해 주세요"와 같이 더 구체적이고 구조화된 프롬프트를 입력했을 때 질 높은 답변을 얻을 가능성이 높아집니다.

프롬프트/응답 옵티마이저는 다음 절차로 작동합니다.

1. 원래의 프롬프트나 목표를 받는다.
2. 프롬프트의 구조나 내용을 분석한다.
3. 태스크의 종류나 목적에 맞는 템플릿을 선택하거나 생성한다.
4. 템플릿에 원래 프롬프트의 정보를 통합해 최적화된 프롬프트를 생성한다.
5. 최적화된 프롬프트를 사용해 LLM에 질의한다.
6. 얻은 응답을 평가하고, 필요에 따라 추가 최적화를 수행한다.

구체적인 예로, 레스토랑 추천 시스템을 생각해 봅시다. 사용자가 "맛있는 일식 가게를 알려줘"라고 입력했을 경우, 프롬프트 템플릿을 이용해 다음과 같은 프롬프트 최적화를 할 수 있을 것입니다.

다음 조건에 맞는 일식 레스토랑을 3곳 추천해 주세요:

- 요리 장르: 일식(구체적인 요리 유형도 포함)
- 가격대: 다양한 예산 선택지 포함
- 위치: 사용자의 현재 위치에서 5km 이내
- 분위기: 조용한 실내 또는 활기찬 실내
- 특징: 각 매장의 특징이나 인기 메뉴

답변은 다음 형식으로 제공해 주세요:
1. [가게명]
- 요리 유형:
- 가격대:
- 위치:
- 분위기:
- 특징:
- 추천 메뉴:
(2와 3도 동일한 형식으로)

최적화된 프롬프트에서는 단순히 "맛있는 일식 가게"를 나열하는 것이 아니라, 사용자가 의사결정하는 데 필요한 구체적인 정보를 포함하고 있어 더 유용한 답변을 이끌어낼 수 있습니다.

프롬프트/응답 옵티마이저는 패시브 골 크리에이터나 프로액티브 골 크리에이터와 달리 목표 추출 자체를 수행하지는 않습니다. 대신, 추출된 목표나 사용자 요구를 LLM이 처리하기에 가장 효과적인 형태로 변환하는 역할을 합니다.

관련 패턴

- **패시브 골 크리에이터(Passive Goal Creator)**: 추출된 목표를 프롬프트/응답 옵티마이저의 입력으로 활용할 수 있다.
- **프로액티브 골 크리에이터(Proactive Goal Creator)**: 능동적으로 생성된 목표도 최적화의 대상이 된다.
- **원샷 모델 쿼리(One-Shot Model Querying), 인크리멘탈 모델 쿼리(Incremental Model Querying)**: 최적화된 프롬프트는 이러한 쿼리 패턴의 효과를 높인다.
- **셀프 리플렉션(Self-Reflection)**: 최적화된 프롬프트와 응답의 품질 평가에 활용할 수 있다.
- **에이전트 평가기(Agent Evaluator)**: 최적화된 프롬프트나 응답의 효과 평가에 활용할 수 있다.

4. 검색 증강 생성(Retrieval-Augmented Generation: RAG)

AI 에이전트의 기초가 되는 LLM이 가진 지식에는 한계가 있으며, 특히 최신 정보나 전문적인 지식이 필요한 경우 그 한계가 두드러집니다. 흔히 영문 머리글자를 따서 RAG라고 불리는 검색 증강 생성(그림 11.5)은 LLM의 생성 능력과 외부 정보원에서의 검색을 조합하여 이 문제를 해결하는 패턴입니다.

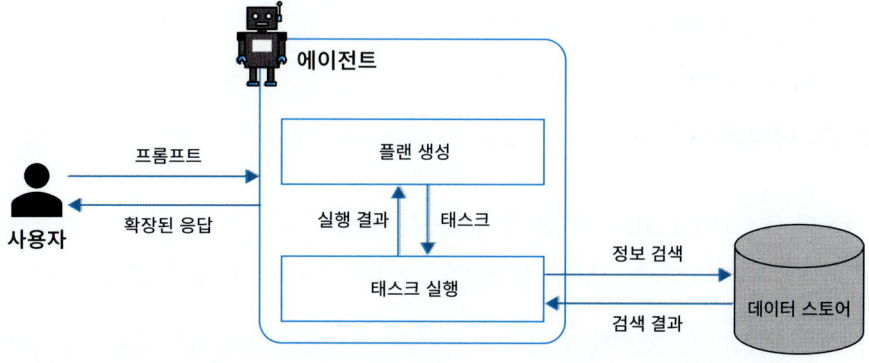

그림 11.5 검색 증강 생성[9]

---

9 Liu et al.,(2024) 〈에이전트 디자인 패턴 카탈로그(Agent Design Pattern Catalogue)〉 내의 그림을 참고해 필자가 작성.

예를 들어, "2024년 파리 올림픽의 개최 상황에 대해 알려줘"와 같이 실시간성을 필요로 하는 질문에 대해 학습 데이터가 2023년 이전에 멈춘 LLM은 정확한 답변을 생성할 수 없습니다. 이 경우 검색 증강 생성을 활용하면 최신 정보를 취합한 후 답변을 생성할 수 있습니다.

검색 증강 생성은 다음 절차로 작동합니다.

1. 사용자로부터 질문이나 요청을 받는다.
2. 질문에서 검색 쿼리를 생성한다.
3. 생성된 쿼리를 사용하여 외부 정보원(웹, 데이터베이스, 파일 서버상의 문서 등)에서 관련 정보를 검색한다.
4. 검색 결과를 필터링, 리랭킹하고 가장 관련성이 높은 정보를 선택한다.
5. 선택된 정보와 원래 질문을 조합하여 새로운 프롬프트를 작성한다.
6. 작성된 프롬프트를 LLM에 입력하고 답변을 생성한다.
7. 필요에 따라 생성된 답변의 사실 확인이나 보충을 수행한다.

구체적인 예로, 여행 계획 어시스턴트를 생각해 봅시다. 사용자가 7월에 "다음 달 북한산의 혼잡 상황을 알려줘"라고 질문한 경우, 검색 증강 생성을 사용한 AI 에이전트는 다음과 같이 작동합니다.

1. "북한산 등산 혼잡 상황 8월"이라는 쿼리를 생성한다.
2. 이 쿼리를 사용하여 SNS나 여행 정보 사이트 등에서 최신 혼잡 예측 정보를 검색한다.
3. 검색 결과에서 가장 신뢰성이 높고 질문과 관련된 정보를 선택한다.
4. 선택된 정보를 포함한 새로운 프롬프트를 작성한다. "다음 최신 정보를 바탕으로 8월 북한산 등산의 혼잡 상황에 대해 답변해 주세요. [검색을 통해 얻은 혼잡 예측 정보]"
5. 이 프롬프트를 LLM에 입력하고 답변을 생성한다.
6. 생성된 답변에 정보원이나 "이 정보는 ○○○○년 ○월 ○일 시점의 것입니다"와 같은 주석을 추가한다.

검색 증강 생성의 큰 이점은 LLM의 지식을 온디맨드로 확장할 수 있다는 점입니다. 이를 통해 최신 정보나 전문 지식을 필요로 하는 질문에 대해서도 정확하고 적절한 답변을 제공할 수 있게 됩니다.

검색 증강 생성을 구현할 때 해결해야 할 과제로는 적절한 정보원의 선택, 검색 결과의 신뢰성 평가, 답변 생성 프롬프트의 품질 등이 있습니다. 또한 외부 정보원의 접근이나 신뢰성 평가로 인해 응답 시간이 길어질 가능성도 있으므로 실행 성능과의 균형을 고려할 필요가 있습니다.

관련 패턴

- **프로액티브 골 크리에이터(Proactive Goal Creator)**: 외부 정보를 활용하여 더 적절한 목표를 설정할 수 있다.
- **프롬프트/응답 최적화(Prompt/Response Optimizer)**: 검색 결과를 통합한 더 효과적인 프롬프트를 생성할 수 있다.
- **셀프 리플렉션(Self-Reflection)**: 생성된 답변의 정확성을 다시 외부 정보원과 대조하여 검증할 수 있다.
- **인크리멘탈 모델 쿼리(Incremental Model Querying)**: 외부 정보와 생성 결과를 조합하여 플랜 생성의 질을 향상시킬 수 있다.
- **에이전트 어댑터(Agent Adapter)**: 외부 정보원과의 효율적인 연결을 가능하게 함으로써 검색 기능을 강화한다.

5. 싱글 패스 플랜 제너레이터(Single-Path Plan Generator)

싱글 패스 플랜 제너레이터(그림 11.6)는 사용자의 목표를 달성하기 위한 일련의 절차나 행동 계획을 생성하는 패턴입니다. 이 패턴은 비교적 단순한 태스크나 명확한 절차가 존재하는 문제에 효과적입니다.

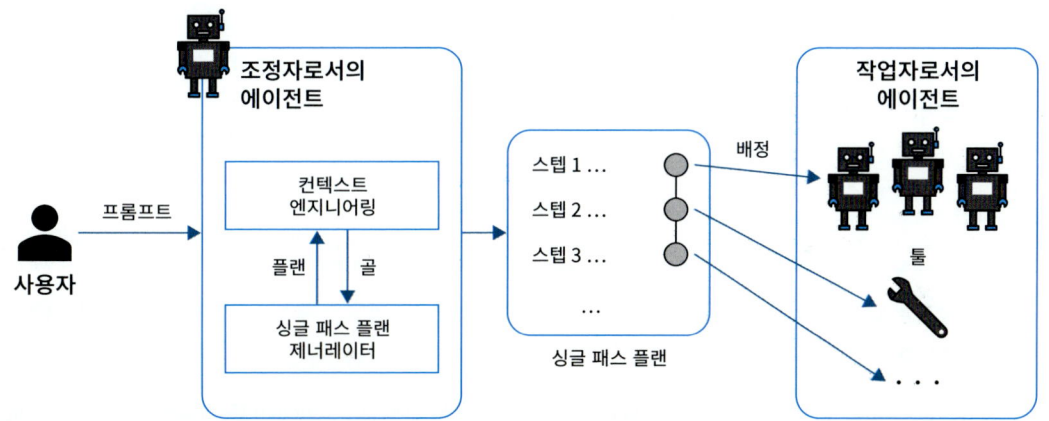

그림 11.6 싱글 패스 플랜 제너레이터[10]

싱글 패스 플랜 제너레이터는 다음 절차로 작동합니다.

1. 사용자 요청을 입력으로 받는다.
2. 목표 달성에 필요한 단계를 순서대로 생성한다.
3. 각 단계의 실행에 필요한 상세 정보나 주의사항을 추가한다.

---

10 Liu et al.(2024) 〈에이전트 디자인 패턴 카탈로그(Agent Design Pattern Catalogue)〉 내의 그림을 참고해 필자가 작성.

4. 생성된 계획 전체를 일관성과 완전성 관점에서 점검한다.

5. 완성된 계획을 사용자에게 제시한다.

구체적인 예로, 사용자 지원 업무에서의 문제 해결을 자동화하는 AI 에이전트를 생각해 봅시다. 예를 들어 "인터넷 연결이 느려요"라는 사용자의 문의에 대해 다음과 같은 플랜을 생성합니다.

1. 현재 연결 속도를 확인한다.

2. 라우터 재시작을 고객에게 제안한다.

3. Wi-Fi 신호 강도를 확인한다.

4. 네트워크 케이블의 연결 상태를 확인한다.

5. ISP(인터넷 서비스 제공업체)의 장애 정보를 확인한다.

6. 필요에 따라 현장에 기술자 파견을 준비한다.

싱글 패스 플랜 제너레이터를 구현할 때의 과제는 각 플랜의 상세함의 균형(너무 세밀하지도, 너무 대략적이지도 않게), 예상치 못한 상황에 대한 대응 등이 있습니다. 또한 사용자의 개별 요구나 취향을 어디까지 반영할지도 고려할 필요가 있습니다.

관련 패턴

- **멀티 패스 플랜 제너레이터(Multi-Path Plan Generator)**: 싱글 패스 플랜 제너레이터와는 대조적으로 여러 선택지나 조건 분기를 포함한 복잡한 계획을 생성한다. 싱글 패스로 충분한 경우와 멀티 패스가 필요한 경우를 적절히 판단하는 것이 중요하다.

- **패시브 골 크리에이터(Passive Goal Creator)/프로액티브 골 크리에이터(Proactive Goal Creator)**: 이러한 패턴으로 추출하거나 생성된 목표를 입력으로 받아 구체적인 행동 계획으로 변환한다.

- **프롬프트/응답 최적화(Prompt/Response Optimizer)**: 생성하는 플랜의 품질을 향상시키기 위해 프롬프트를 최적화할 수 있다.

- **검색 증강 생성(Retrieval-Augmented Generation: RAG)**: 플랜 생성 시 필요한 구체적인 정보(예: 기차 시간표, 장소 위치 정보)를 획득하기 위해 사용할 수 있다.

- **셀프 리플렉션(Self-Reflection)**: 생성된 플랜의 타당성이나 완전성을 평가하고 필요에 따라 수정을 가하기 위해 사용할 수 있다.

- **에이전트 평가기(Agent Evaluator)**: 생성된 플랜의 품질이나 효과를 평가하고 플랜 제너레이터의 성능 향상에 기여한다.

6. 멀티 패스 플랜 제너레이터(Multi-Path Plan Generator)

멀티 패스 플랜 제너레이터(그림 11.7)는 여러 선택지나 조건 분기를 포함한 복잡한 계획을 생성하기 위한 패턴입니다. 이 패턴은 불확실성이 높은 상황이나 사용자의 취향이나 외부 요인에 따라 계획이 바뀔 가능성이 있는 경우에 특히 효과적입니다.

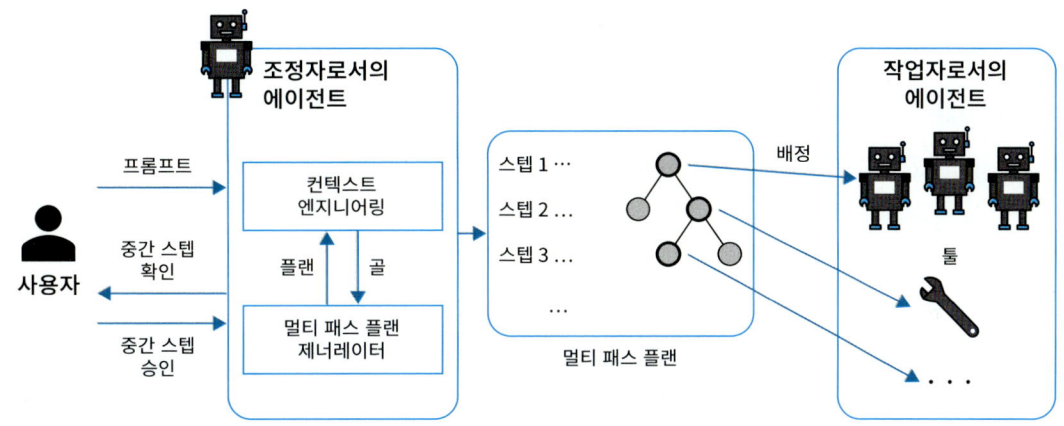

그림 11.7 멀티 패스 플랜 제너레이터[11]

멀티 패스 플랜 제너레이터는 다음 절차로 작동합니다.

1. 사용자의 목표나 요구, 고려해야 할 변수를 입력으로 받는다.
2. 주요 분기점이나 의사결정 포인트를 식별한다.
3. 각 분기점에서의 선택지를 생성한다.
4. 선택지별로 이후의 행동 계획을 생성한다.
5. 각 선택지의 장점, 단점, 조건 등을 생성한다.
6. 생성된 여러 계획을 통합하고 전체 구조를 정리한다.
7. 사용자나 에이전트가 선택이나 판단을 하기 쉽도록 계획을 구조화하여 제시한다.

싱글 패스 플랜 제너레이터의 예와 대비할 수 있도록 멀티 패스 플랜 제너레이터에서도 사용자 지원 업무에서의 문제 해결을 자동화하는 AI 에이전트를 예로 들어 플래닝을 해보겠습니다. 다음 예에서는 각각의 스텝에 대한 선택지가 제시되는 점에 주목하세요.

---

[11] Liu et al.(2024) 〈에이전트 디자인 패턴 카탈로그(Agent Design Pattern Catalogue)〉 내의 그림을 참고해 필자가 작성.

1. 연결 속도 확인 방법

    a. 사용자에게 속도 테스트 사이트를 안내하고 결과를 보고받는다.

    b. 원격 접속 도구를 사용하여 지원 담당자가 직접 속도를 측정한다.

    c. 사용자의 라우터에서 자동으로 속도 데이터를 획득한다.

2. 초기 문제 해결

    a. 라우터 재시작을 고객에게 제안한다.

    b. 기기(PC, 스마트폰 등)의 재시작을 제안한다.

    c. 브라우저의 캐시와 쿠키 삭제를 지시한다.

3. Wi-Fi 관련 확인

    a. Wi-Fi 신호 강도를 확인한다.

    b. 사용 중인 Wi-Fi 채널의 혼잡 상황을 조사한다.

    c. 5GHz 대역으로 전환을 제안한다(지원하는 경우).

4. 유선 연결 확인

    a. 네트워크 케이블의 연결 상태를 확인한다.

    b. 다른 네트워크 케이블로 테스트를 제안한다.

    c. 라우터의 LAN 포트 상태를 확인한다.

5. 외부 요인 조사

    a. ISP(인터넷 서비스 제공업체)의 장애 정보를 확인한다.

    b. 지역 전체의 네트워크 상황을 조사한다.

    c. 사용자의 계약 플랜과 실제 사용 상황을 대조한다.

6. 추가 지원

    a. 전화로 원격 지원을 제공한다.

    b. 비디오 채팅을 활용한 시각적 원격 지원을 제공한다.

    c. 현장에 기술자 파견을 준비한다.

멀티 패스 플랜 제너레이터의 경우, AI 에이전트는 각 단계에서 여러 선택지를 제시하고 사용자의 상황이나 이전 단계의 결과에 따라 최적의 선택지를 선택할 수 있습니다. 단일 실행 계획만 생성하는 싱글 패스 플랜 제너레이터와 달리, 멀티 패스 플랜 제너레이터에서는 실행 시 다음과 같이 여러 다른 경로가 발생할 수 있습니다.

- 1a → 2a → 3b → 4a → 5a → 6c
  - 속도 테스트 → 라우터 재시작 → Wi-Fi 채널 조사 → 케이블 확인 → ISP 장애 확인 → 기술자 파견
- 1b → 2c → 3c → 4b → 5c → 6b
  - 원격 속도 측정 → 캐시 삭제 → 5GHz 전환 → 다른 케이블 테스트 → 계약 플랜 확인 → 비디오 채팅 지원

멀티 패스 플랜 제너레이터를 구현할 때의 과제로는 선택지의 수와 깊이의 균형 유지(너무 많으면 경로가 지나치게 복잡해져 제어가 불가능해짐), 각 선택지가 비교 불가능한 상태로 생성된 경우의 예외 처리, 계획 전체의 일관성 유지 등이 있습니다. 사용자에게 선택지에서 선택하게 하는 경우에는 의사 결정의 부담을 과하게 주지 않도록 적절한 기본값이나 추천 옵션을 제시하는 공을 들일 필요도 있을 것입니다.

관련 패턴

- **프로액티브 골 크리에이터**(Proactive Goal Creator): 사용자가 명시적으로 지정하지 않은 선택지나 조건을 예측하고, 더 포괄적인 계획을 생성하는 데 도움이 된다.
- **검색 증강 생성**(Retrieval-Augmented Generation: RAG): 각 선택지에 관한 구체적인 정보(영업 시간, 요금, 평판 등)를 획득하기 위해 사용할 수 있다.
- **프롬프트/응답 최적화**(Prompt/Response Optimizer): 복잡한 계획을 생성할 때 프롬프트를 최적화하고 더 질 높은 선택지를 생성하는 데 도움이 된다.
- **셀프 리플렉션**(Self-Reflection), **크로스 리플렉션**(Cross-Reflection): 생성된 계획의 각 선택지의 타당성이나 정합성을 평가하고 필요에 따라 수정을 가하기 위해 사용할 수 있다.
- **휴먼 리플렉션**(Human-Reflection): 생성된 여러 선택지에서 사용자가 선택을 하고, 그 선택에 기반하여 계획을 업데이트하기 위해 사용할 수 있다.
- **에이전트 평가기**(Agent Evaluator): 생성된 여러 계획 옵션의 품질이나 실현 가능성을 평가하고 최적의 선택을 지원한다.

7. 셀프 리플렉션(Self-Reflection)

셀프 리플렉션(그림 11.8)은 AI 에이전트가 자신의 출력이나 추론 과정을 평가하고, 필요에 따라 스스로 수정을 수행하는 패턴입니다. 이 평가 결과는 데이터베이스 등에 저장해 두어 다음에 유사한 태스크를 실행할 때 참고 자료로 활용할 수 있습니다.

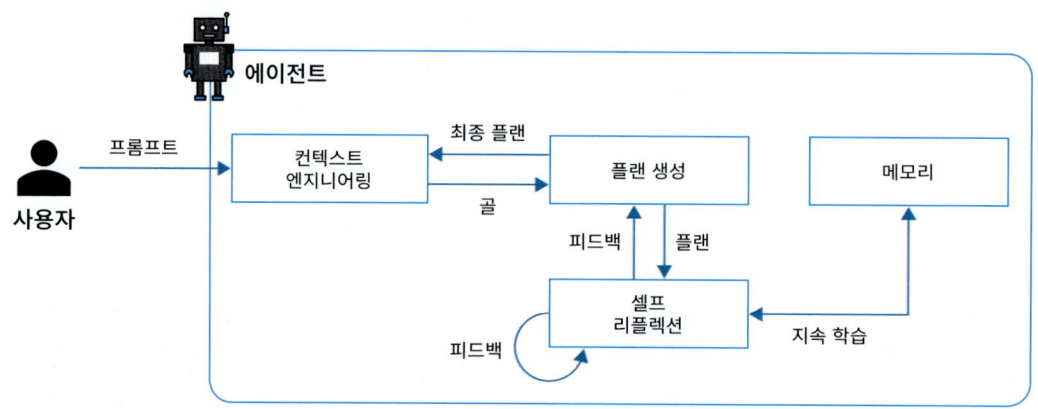

그림 11.8 셀프 리플렉션[12]

사람이 자신의 생각이나 행동을 되돌아보고 개선점을 찾듯이, AI 에이전트도 자기 평가와 수정 과정을 통해 성능을 향상시킬 수 있습니다. 예를 들어 Q&A 시스템이라면 생성한 답변의 정확성이나 완전성을 자체 점검하고, 부족한 정보가 있으면 보완하는 등의 활용이 가능합니다.

셀프 리플렉션은 다음 절차로 작동합니다.

1. AI 에이전트가 초기 답변이나 판단을 생성한다.
2. 생성된 결과에 대해 사전에 정의된 평가 기준, 기억/메모리에 저장된 교훈에 기반하여 피드백을 수행한다.
3. AI 에이전트가 피드백을 분석하고, 문제점이나 개선점을 파악한다.
4. 파악된 문제점이나 개선점을 기억/메모리에 저장한다(향후 리플렉션에 교훈으로 삼는다).
5. 생성된 답변이나 판단을 파악된 문제점에 기반하여 수정한다.
6. 필요에 따라 이 프로세스를 여러 번 반복한다.
7. 개선된 결과를 사용자에게 제시한다.

구체적인 예로 사용자 지원 업무를 담당하는 챗봇을 생각해 봅시다. 사용자로부터 "새로 구매한 스마트폰

---

[12] Liu et al.(2024) 〈에이전트 디자인 패턴 카탈로그(Agent Design Pattern Catalogue)〉 내의 그림을 참고해 필자가 작성.

화면이 갑자기 검게 변했습니다. 어떻게 해야 복구할 수 있을까요?"라는 질문이 있었다고 가정합니다. 이 질문에 대해 챗봇은 먼저 초기 답변을 생성합니다.

챗봇의 초기 답변

> 화면이 갑자기 검게 변하는 문제는 다음 단계를 시도해 보세요:
>
> 1. 전원 버튼을 10초간 길게 눌러 강제 재시작을 수행하세요.
> 2. 충전기에 연결하여 배터리 잔량을 확인하세요.
> 3. 안전 모드로 시작하여 앱 문제인지 확인하세요.
> 4. 그래도 해결되지 않으면 공장 초기화를 고려하세요.

이 답변에 대해 셀프 리플렉션을 실시합니다.

셀프 리플렉션 프로세스

> 1. 응답의 적절성 평가: AI는 자신의 응답을 평가하고, 사용자의 상황에 적합한지 확인합니다.
> 2. 부족 정보 파악: 초기 응답에서는 사용자의 구체적인 상황(기종, OS 버전 등)을 고려하지 않았음을 깨닫습니다.
> 3. 잠재적 위험 검토: 공장 초기화 제안이 너무 이른 시점에 이루어졌을 가능성을 인식합니다.
> 4. 개선안 생성: 더 자세한 정보 수집과 단계적인 접근법을 포함한 개선된 응답을 생성합니다.

셀프 리플렉션의 결과를 토대로 개선된 답변은 다음과 같습니다.

셀프 리플렉션으로 개선된 답변

> 죄송합니다. 더 적절한 지원을 제공하기 위해 몇 가지 추가 정보를 알려주시겠어요?
>
> 1. 사용 중인 스마트폰 기종과 OS 버전을 알려주실 수 있을까요?
> 2. 화면이 검게 변하기 직전에 특별한 조작을 하셨나요?
> 3. 전원 버튼을 누르면 진동이나 소리가 납니까?
>
> 이러한 정보를 바탕으로 단계적으로 문제 해결을 진행해 보겠습니다. 우선 다음 단계를 시도해 보세요:
>
> 1. 전원 버튼을 10초간 길게 눌러 강제 재시작을 수행하세요.
> 2. 충전기에 연결하여 최소 10분간 충전하세요.
> 3. 화면 밝기 설정이 최소로 되어 있지 않은지 확인하세요.
>
> 이러한 단계로 해결되지 않으면 다음 단계의 대처법을 안내해 드리겠습니다. 공장 초기화는 최후의 수단으로 고려하겠습니다.

이처럼 챗봇은 셀프 리플렉션을 통해 초기 응답의 부족한 점을 인식하고, 더 자세하고 단계적인 접근법을 고안할 수 있었습니다.

따라서 리플렉션에 사용하는 프롬프트에는 인간이 평소 활용하는 KPT(Keep, Problem, Try의 앞 글자를 딴 되돌아보기 기법)나 YWT(했던 일, 알게 된 점, 다음에 할 일의 앞 글자를 딴 되돌아보기 기법) 같은 포맷을 활용하는 것도 효과적이라고 할 수 있습니다.

셀프 리플렉션을 구현할 때 고려할 점으로는 적절한 평가 기준 설정, 무한 루프에 빠지지 않기 위한 중단 조건 설정, 리플렉션에 소요되는 시간적·금전적 비용과 성능의 균형 등이 있습니다. 또한, 셀프 리플렉션에 의한 개선이 실제로 사용자의 요구와 일치하는지 검증하는 것도 중요합니다.

관련 패턴

- **프롬프트/응답 최적화(Prompt/Response Optimizer)**: 셀프 리플렉션의 결과를 바탕으로 더 효과적인 프롬프트를 생성할 수 있다.
- **검색 증강 생성(Retrieval-Augmented Generation: RAG)**: 셀프 리플렉션 과정에서 추가 정보가 필요할 때 외부 소스에서 정보를 가져오는 데 사용할 수 있다.
- **멀티 패스 플랜 제너레이터(Multi-Path Plan Generator)**: 여러 선택지 각각에 셀프 리플렉션을 적용하여 각 옵션의 품질을 향상시킬 수 있다.
- **크로스 리플렉션(Cross-Reflection)**: 셀프 리플렉션과 결합하면 여러 관점에서의 평가가 가능해져 더 종합적인 개선을 기대할 수 있다.
- **에이전트 평가기(Agent Evaluator)**: 셀프 리플렉션의 과정이나 결과를 객관적으로 평가하고, 리플렉션 능력 향상으로 이어질 수 있다.

8. 크로스 리플렉션(Cross-Reflection)

크로스 리플렉션(그림 11.9)은 여러 AI 에이전트나 다른 LLM 등이 서로의 출력을 평가하고 피드백을 제공하는 패턴입니다. 이 패턴은 단일 AI 에이전트로는 파악하기 어려운 다양한 관점이나 전문 지식을 도입하여 전체적인 관점이 고려된 신뢰성 높은 결과를 얻는 것을 목적으로 합니다.

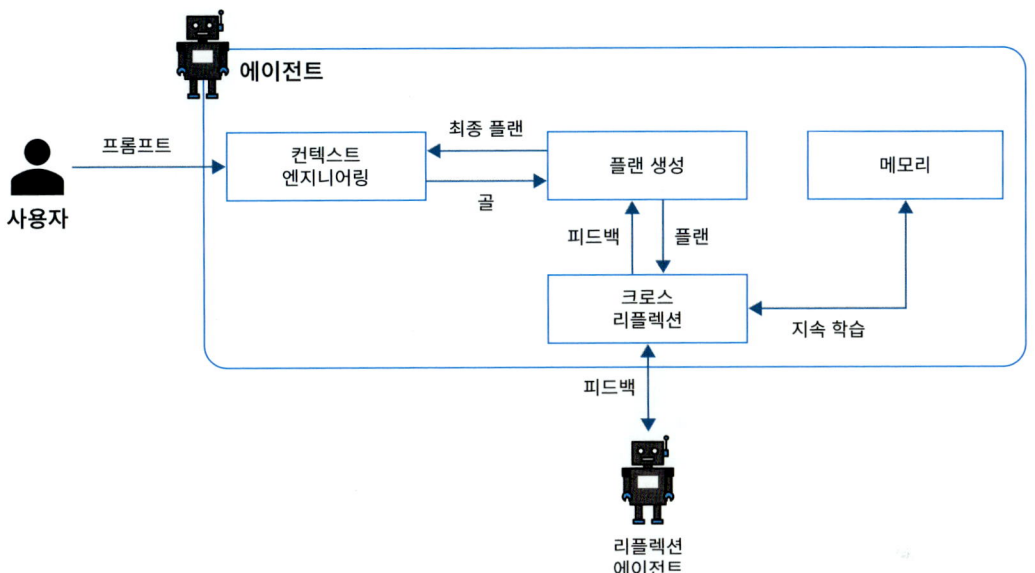

그림 11.9 크로스 리플렉션[13]

예를 들어 소프트웨어 개발 시스템에서 서로 다른 전문 분야(디자이너, 프로그래머, 테스터 등)의 지식을 가진 AI 에이전트가 서로의 산출물을 검토함으로써 더 현실적인 설계를 실현하는 등의 응용 사례가 있습니다.

크로스 리플렉션은 다음 절차로 작동합니다.

1. 주요 AI 에이전트가 초기 답변이나 판단을 생성한다.
2. 생성된 결과를 다른 전문성이나 관점을 가진 다른 AI 에이전트에게 과거의 교훈과 함께 제시한다.
3. 각 에이전트가 초기 결과에 대해 피드백을 수행한다.
4. 얻은 피드백을 통합하여 생성된 답변이나 판단의 문제점과 개선점을 파악한다.
5. 파악된 문제점이나 개선점을 기억/메모리에 저장한다(이것을 교훈으로 향후 리플렉션에 활용한다).
6. 생성된 답변이나 판단을 파악된 문제점에 기반하여 수정한다.
7. 필요에 따라 이 프로세스를 여러 번 반복한다.
8. 개선된 결과와 각 에이전트의 주요 지적 사항을 사용자에게 제시한다.

---

13 Liu et al.,(2024) 〈에이전트 디자인 패턴 카탈로그(Agent Design Pattern Catalogue)〉 내의 그림을 참고해 필자가 작성.

셀프 리플렉션의 예와 비교하기 위해 사용자 지원 챗봇이 사용자로부터 "새로 구매한 스마트폰 화면이 갑자기 검게 변했습니다. 어떻게 해야 복구할 수 있을까요?"라는 질문을 받은 사례를 다시 생각해 봅시다. 먼저 챗봇은 다음과 같이 초기 답변을 생성합니다.

챗봇이 생성한 초기 답변

> 화면이 검게 변하는 문제는 하드웨어 또는 소프트웨어 문제가 원인일 수 있습니다. 다음 단계를 시도해 보세요:
>
> 1. 강제 재시작: 전원 버튼을 10초간 길게 누릅니다.
> 2. 배터리 확인: 충전기에 연결하고 충전 표시기를 확인합니다.
> 3. 안전 모드 시작: OS 문제인지 앱 문제인지 구분합니다.
> 4. 공장 초기화: 위 방법으로 해결되지 않을 경우의 최종 수단입니다.

이 답변에 대해 고객 서비스 전문가로서 행동하는 별도의 에이전트가 다음과 같은 피드백을 제공했다고 가정합니다.

고객 서비스 에이전트의 피드백

> 기술적인 조언은 적절하지만, 사용자 경험을 고려한다면 조금 더 친절한 대응이 필요합니다.
>
> 1. 사용자의 불안을 완화하는 언어 표현을 추가합시다.
> 2. 기종과 OS 버전 확인을 먼저 수행해야 합니다.
> 3. 공장 초기화 제안은 너무 이른 것 같습니다.
> 4. 보증이나 수리 서비스에 관한 정보도 제공해야 합니다.

이 피드백을 받아 수정된 메시지는 다음과 같습니다.

챗봇이 수정한 메시지

> 불편을 끼쳐 드려 죄송합니다. 화면이 검게 변하는 문제는 대부분 해결 가능한 경우가 많으니 안심하세요. 우선, 다음 정보를 알려주시겠어요?
>
> 1. 사용 중인 스마트폰 기종과 OS 버전
> 2. 문제가 발생하기 전 상황
>
> 다음으로, 아래 단계를 순서대로 시도해 보세요:
>
> 1. 강제 재시작: 전원 버튼을 10초간 길게 누릅니다.
> 2. 배터리 확인: 충전기에 연결하고 최소 10분간 충전하세요.

> 3. 안전 모드 시작: OS나 앱의 문제를 확인합니다.
>   절차를 안내해 드릴테니 필요하시면 말씀해 주세요.
>
> 이러한 단계로 해결되지 않으면 제품 보증이나 수리 서비스에 대해서도 안내해 드리겠습니다. 공장 초기화는 최종 수단으로, 다른 방법을 시도한 후에 고려하겠습니다.

크로스 리플렉션을 통해 기술적 정확성과 사용자 친화적인 대응의 균형이 잡힌 응답이 생성됐습니다.

크로스 리플렉션을 구현할 때의 과제로는 적절한 전문가의 선택과 설계, 다양한 관점에서의 피드백을 적절히 통합하는 방법, 실행 비용과 응답 시간의 균형 유지 등이 있습니다. 또한, 에이전트 간 의견이 갈릴 경우의 조정 메커니즘도 고려할 필요가 있습니다.

관련 패턴

- **셀프 리플렉션(Self-Reflection)**: 크로스 리플렉션 전후에 셀프 리플렉션을 수행하면 더 깊은 통찰을 얻을 수 있다.
- **프롬프트/응답 최적화(Prompt/Response Optimizer)**: 크로스 리플렉션의 결과를 바탕으로 더 효과적인 프롬프트를 생성할 수 있다.
- **검색 증강 생성(Retrieval-Augmented Generation: RAG)**: 각 전문가 평가를 수행할 때 최신 전문 정보를 참조하는 데 사용할 수 있다.
- **휴먼 리플렉션(Human-Reflection)**: AI 에이전트에 의한 크로스 리플렉션의 결과를 인간 전문가가 추가로 검토함으로써 더 신뢰성 높은 결과를 얻을 수 있다.
- **에이전트 평가기(Agent Evaluator)**: 크로스 리플렉션의 프로세스나 결과의 유효성을 평가하고 개선점을 파악하는 데 도움이 된다.

9. 휴먼 리플렉션(Human-Reflection)

휴먼 리플렉션(그림 11.10)은 AI 에이전트의 출력이나 판단에 대해 인간이 평가나 피드백을 제공하고, 이를 바탕으로 에이전트의 작동 성능을 향상시키는 패턴입니다. 이 패턴은 AI 에이전트 독자적으로는 하기 어려운 윤리적 판단, 문맥 이해, 창의성 평가 등에서 인간의 지혜와 경험을 활용하는 것을 목적으로 합니다.

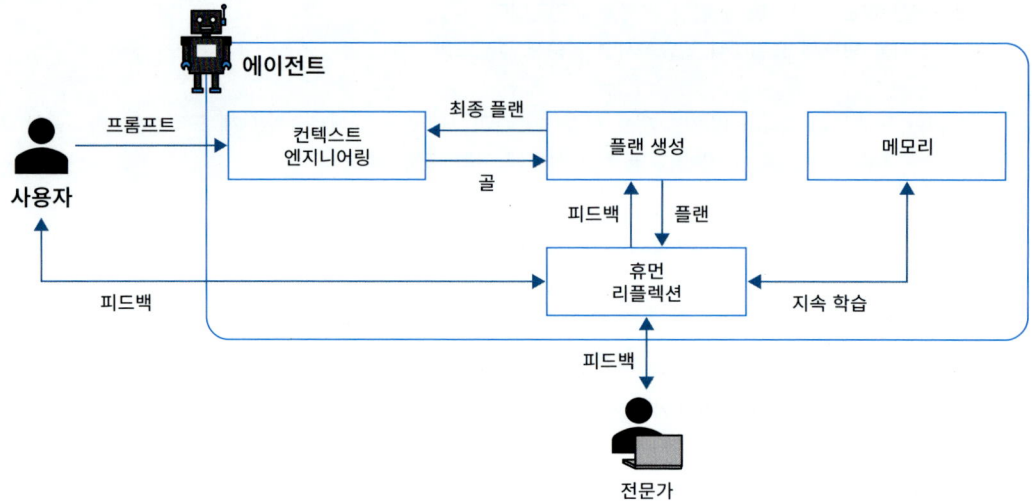

그림 11.10 휴먼 리플렉션[14]

휴먼 리플렉션은 다음 절차로 작동합니다.

1. AI 에이전트가 초기 답변이나 판단을 생성한다.
2. 생성된 결과를 인간 전문가나 일반 사용자에게 과거의 교훈과 함께 제시한다.
3. 인간이 결과를 평가하고 피드백을 제공한다.
4. AI 에이전트가 피드백을 분석하여 문제점이나 개선점을 파악한다.
5. 파악된 문제점이나 개선점을 기억/메모리에 저장한다(교훈으로 향후 리플렉션에 활용한다).
6. 생성된 답변이나 판단을 파악된 문제점에 기반하여 수정한다.
7. 필요에 따라 이 프로세스를 여러 번 반복한다.
8. 개선된 결과를 사용자에게 제시한다.

셀프 리플렉션, 크로스 리플렉션과 비교하기 위해 사용자 지원 챗봇이 사용자로부터 "새로 구매한 스마트폰 화면이 갑자기 검게 변했습니다. 어떻게 해야 복구할 수 있을까요?"라는 질문을 받은 사례를 생각해 봅시다. 먼저 챗봇은 다음과 같이 초기 답변을 생성합니다.

---

[14] Liu et al.(2024) 〈에이전트 디자인 패턴 카탈로그(Agent Design Pattern Catalogue)〉 내의 그림을 참고해 필자가 작성.

챗봇이 생성한 초기 답변

> 화면이 검게 변하는 문제는 하드웨어 또는 소프트웨어 문제가 원인일 수 있습니다. 다음 단계를 시도해 보세요:
>
> 1. 강제 재시작: 전원 버튼을 10초간 길게 누릅니다.
> 2. 배터리 확인: 충전기에 연결하고 충전 표시기를 확인합니다.
> 3. 안전 모드 시작: OS 문제인지 앱 문제인지 구분합니다.
> 4. 공장 초기화: 위 방법으로 해결되지 않을 경우의 최종 수단입니다.

이 답변에 대한 인간의 피드백은 다음과 같았다고 가정합니다.

인간의 피드백

> AI의 답변이 틀린 건 아니지만, 너무 기계적으로 느껴집니다. 좀 더 따뜻한 대응이 있었으면 좋겠어요.
> 예를 들면, 처음에 사용자의 어려움을 공감해주는 식으로요. "불편을 겪고 계셨을 것 같아요" 같은 한마디만 있어도 인상이 달라지지 않을까요?
> 그리고 문제가 얼마나 심각한지 조금 더 자세히 물어보는 것이 좋을 것 같아요. "화면이 완전히 안 보이는지, 아니면 가끔 깜빡이기만 하는지" 등 구체적으로 물어보는 건 어떨까요?
> 또한, 보증 기간 내인지 확인하는 것도 잊지 마세요. 그리고 지역 지원 센터 정보를 알려주는 것도 친절할 것 같아요. 전화번호나 영업 시간 등의 구체적인 정보가 있으면 도움이 될 거예요.
> 마지막으로 "다음에 이렇게 하세요"와 같이 명확한 지시가 있으면 좋겠어요. 사용자가 다음 행동을 망설이지 않고 취할 수 있도록요.
> 이런 식으로 조금 더 인간미 있는 대응을 할 수 있다면 사용자도 안심할 것 같아요. 기술적인 정확성도 중요하지만, 감정에 공감하는 것도 잊지 마세요.

피드백을 받아 개선된 답변은 다음과 같습니다.

피드백을 받아 개선된 답변

> 고객님의 스마트폰에 문제가 발생하여 걱정이 많으실 것 같습니다. 함께 해결책을 찾아보겠습니다.
>
> 먼저, 몇 가지 질문에 답해 주시겠어요?
> 1. 사용 중인 스마트폰 기종과 OS 버전을 알려주세요.
> 2. 이 문제는 언제부터 발생했나요?
> 3. 화면이 검게 변하기 전에 특별한 조작이나 사건이 있었나요?
> 4. 구매일은 언제인가요? (보증 기간 확인을 위해)
>
> 이 정보를 바탕으로 다음 단계를 시도해 보세요:

> 1. 전원 버튼을 10초간 길게 눌러 강제 재시작을 수행하세요.
> 2. 충전기에 연결하여 최소 10분간 충전하세요.
> 3. 화면 밝기 설정이 최소로 되어 있지 않은지 확인하세요.
>
> 이러한 단계로 해결되지 않으면 고객님의 지역 지원 센터를 안내해 드리겠습니다. 서울에 거주하신다면 가장 가까운 지원 센터는 ∞구에 있습니다.
>
> 다음 단계로는 알려주신 정보를 바탕으로 더 자세한 진단과 해결책을 제안해 드리겠습니다. 궁금한 점이 있으시면 언제든지 편하게 말씀해 주세요.

인간의 피드백을 통해 챗봇의 응답에 따뜻함이 더해지고, 상황에 맞는 세심한 대응이 추가됐습니다.

이처럼 휴먼 리플렉션의 장점은 AI 에이전트에 인간만의 통찰이나 판단을 도입할 수 있다는 점, AI 에이전트의 출력을 실제 사용 상황에 맞게 평가할 수 있다는 점, 그리고 AI 에이전트와 인간의 협업을 촉진할 수 있다는 점입니다.

반면, 휴먼 리플렉션을 구현할 때의 과제로는 적절한 인간 평가자 선정, 평가 기준의 표준화, 인간의 주관이나 편견과의 균형, 피드백의 효율적인 수집과 분석 방법 확립 등이 있습니다. 또한, 모든 응답에 대해 인간 평가자가 평가하는 것은 현실적으로 어려우므로, 셀프 리플렉션과 같은 자기 개선 프로세스와의 균형을 맞추는 것도 확장성 측면에서 중요합니다.

관련 패턴

- 셀프 리플렉션(Self-Reflection): 휴먼 리플렉션 전에 AI 에이전트가 셀프 리플렉션을 수행하면 인간의 부담을 줄이고 더 정제된 초기 출력을 제공할 수 있다.
- 크로스 리플렉션(Cross-Reflection): 여러 AI 에이전트에 의한 평가 후에 인간이 추가 평가를 수행하면 다각적이고 깊은 통찰을 얻을 수 있다.
- 프롬프트/응답 최적화(Prompt/Response Optimizer): 인간의 피드백을 바탕으로 더 효과적인 프롬프트를 생성할 수 있다.
- 멀티 패스 플랜 제너레이터(Multi-Path Plan Generator): 인간의 선호나 판단을 각 선택지 평가에 도입함으로써 더 적절한 계획을 생성할 수 있다.

10. 원샷 모델 쿼리(One-Shot Model Querying)

원샷 모델 쿼리(그림 11.11)는 조정자 역할을 하는 에이전트가 수행하는 플랜 생성에서 모든 단계를 한 번의 LLM 호출로 생성하는 패턴입니다. 여러 번의 추론을 반복하는 것보다 한 번의 추론으로 응답을 생성하는 것이 비용과 속도 면에서 유리하기 때문에 쿼리 전략으로 원샷으로 끝낼지, 아니면 다음에 설명할 인크리멘탈 모델 쿼리처럼 단계적으로 추론할지에 대한 판단 기준으로 이 패턴을 활용합니다.

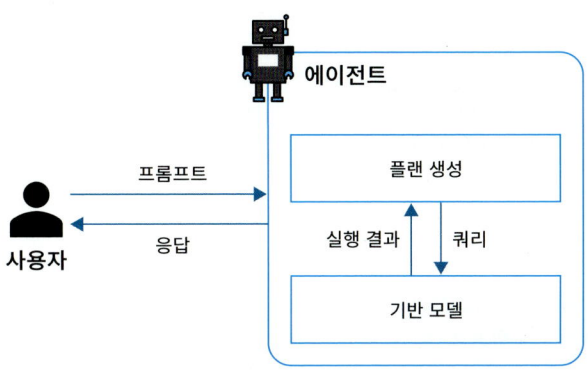

그림 11.11 원샷 모델 쿼리[15]

예를 들어 "서울의 현재 기온은?" 또는 "1달러는 몇 원?"과 같은 명확하고 직접적인 질문에 대한 플랜 생성에서는 여러 번의 쿼리가 필요 없으며, 1회 쿼리로 해결된 답변을 얻는 것이 가능합니다.

원샷 모델 쿼리는 다음 절차로 작동합니다.

1. 사용자로부터 질문이나 지시를 받는다.
2. 받은 입력에 대해 필요에 따라 전처리나 형식 조정을 수행한다.
3. 조정된 입력을 LLM에 단일 쿼리로 전송한다.
4. LLM에서 얻은 응답을 후처리한다.
5. 처리된 응답을 사용자에게 반환한다.

구체적인 예로 레스토랑 예약 어시스턴트를 생각해 봅시다. 사용자가 "내일 저녁 8시에 서울역 근처의 일식집을 예약하고 싶다"고 요청한 경우, 원샷 모델 쿼리를 사용한 플랜 생성은 다음과 같이 구현됩니다.

---

[15] Liu et al.(2024) 〈에이전트 디자인 패턴 카탈로그(Agent Design Pattern Catalogue)〉 내의 그림을 참고해 필자가 작성.

1. 사용자의 입력을 받는다.

2. LLM에 쿼리를 전송한다.

> 날짜: 내일 저녁 8시
> 장소: 서울역 근처
> 요리 유형: 일식
>
> 위 조건에 맞는 최적의 레스토랑을 찾기 위한 태스크 분해를 수행해 주세요.
> 분해된 태스크는 3~5개 이내로 작성해 주세요.
> 태스크는 항상 구체적이고 실행 가능한 표현으로 작성해 주세요.
> 태스크 내용만 글머리 기호로 출력해 주세요.

3. LLM의 응답을 받는다.

> * 서울역 주변의 스시집을 여러 개 검색한다
> * 각 가게의 영업 시간, 가격대, 평가를 확인한다
> * 예약 가능한 가게를 선별하고 공석 상황을 확인한다
> * 위치, 메뉴, 분위기를 고려하여 최적의 가게를 선정한다

원샷 모델 쿼리의 장점은 여러 번의 쿼리를 반복하는 것보다 처리 속도가 빠르다는 것입니다. 반면 단점으로는 복잡한 요구사항이나 다단계 추론이 필요한 플랜 생성 태스크에 대응하기 어렵다는 점이 있습니다. 쿼리 경향을 분석한 후 가장 최적의 전략을 설계하는 것이 중요합니다.

관련 패턴

- **프롬프트/응답 최적화**(Prompt/Response Optimizer): 효과적인 원샷 쿼리를 생성하는 데 사용할 수 있다.
- **검색 증강 생성**(Retrieval-Augmented Generation: RAG): 쿼리와 관련된 추가 정보를 얻을 때 사용할 수 있다.
- **패시브 골 크리에이터**(Passive Goal Creator): 사용자 입력에서 구체적인 목표를 추출하고 원샷 쿼리로 변환할 때 사용할 수 있다.

11. 인크리멘탈 모델 쿼리(Incremental Model Querying)

인크리멘탈 모델 쿼리(그림 11.12)는 플랜 생성 프로세스의 각 단계에서 LLM에 접근하여 단계적으로 추론을 진행하는 패턴입니다. 원샷 모델 쿼리로는 기대한 품질이 나오지 않는 경우에 인크리멘탈 모델 쿼리 사용을 고려합니다.

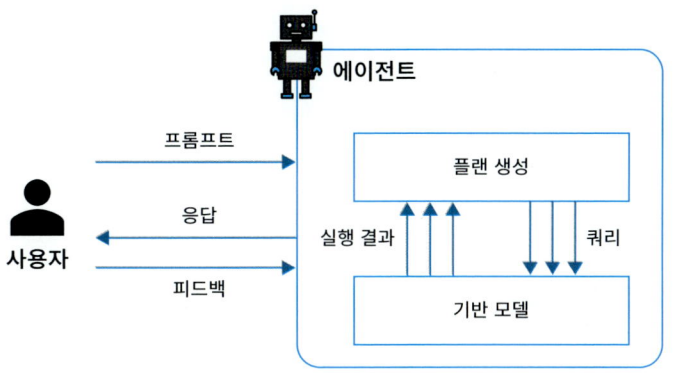

그림 11.12 인크리멘탈 모델 쿼리[16]

인크리멘탈 모델 쿼리는 다음 절차로 작동합니다.

1. 사용자로부터 초기 질문이나 지시를 받는다.
2. 초기 쿼리를 생성하고 LLM에 전송한다.
3. LLM의 응답을 분석하고, LLM에 의한 분석이나 인간으로부터의 피드백을 통해 추가 정보가 필요한 점이나 개선이 필요한 점을 파악한다.
4. 파악된 사항을 바탕으로 후속 쿼리를 생성한다.
5. 후속 쿼리를 LLM에 전송하고 추가 정보나 개선된 응답을 얻는다.
6. 필요에 따라 3~5번 단계를 반복한다.
7. 얻은 정보를 통합하여 최종 응답을 생성한다.
8. 통합된 응답을 사용자에게 제시한다.

원샷 모델 쿼리와 대비할 수 있도록 다시 레스토랑 예약 어시스턴트를 예로 들어보겠습니다. 사용자가 "다음 주에 거래처와 캐주얼한 비즈니스 식사를 세팅하고 싶으니 적절한 장소를 선정해 주세요"라고 요청한 경우, 인크리멘탈 모델 쿼리에서는 다음과 같이 플랜 생성을 진행합니다.

---

16 Liu et al.(2024) 〈에이전트 디자인 패턴 카탈로그(Agent Design Pattern Catalogue)〉 내의 그림을 참고해 필자가 작성.

1. 사용자로부터 최초 요청을 받는다.
2. 초기 쿼리를 생성하고 LLM에 전송한다.

    초기 쿼리

    > 사용자 요청:
    > 다음 주에 거래처와 캐주얼한 비즈니스 식사를 세팅하고 싶으니 적절한 장소를 선정해 주세요
    >
    > 사용자 요청을 실현하기 위한 태스크 분해를 수행해 주세요.
    > 분해된 태스크는 3~5개 이내로 작성해 주세요.
    > 태스크는 항상 구체적이고 실행 가능한 표현으로 작성해 주세요.
    > 태스크 내용만 글머리 기호로 출력해 주세요.

3. LLM의 응답을 분석하고 추가 정보가 필요한 점이나 개선이 필요한 점을 파악한다.

    초기 쿼리에 대한 응답

    > * 거래처의 선호도나 dietary restrictions를 확인한다
    > * 예산, 인원, 희망하는 분위기를 정한다
    > * 캐주얼한 비즈니스 식사에 적합하고 접근성이 좋은 레스토랑을 3~5곳 리스트업한다
    > * 후보 가게에 예약 가능 여부를 확인하고 예약을 한다

    분석 결과

    > 식사 일시를 결정하는 태스크가 없어 계획이 구체성이 부족함.

4. 분석을 통해 파악된 사항에 대한 후속 쿼리를 생성한다.

    후속 쿼리

    > 태스크 분해 결과를 더 구체적으로 만들기 위해 필요한 정보를 나열해 주세요.

5. 후속 쿼리를 LLM에 전송하고 추가 정보나 개선된 응답을 얻는다.

    제안된 개선점

    > 태스크 분해를 더 구체적으로 만들기 위해 필요한 정보는 다음과 같습니다.
    >
    > * 식사 예정 일시
    > * 참석 예정 인원
    > * 예산 상한
    > * 거래처 기업명이나 업종
    > * 희망하는 요리 장르나 분위기
    > * 식사 목적(예: 상담, 관계 강화 등)

- * 식사 장소의 지리적 희망 사항(예: 사무실 근처, 역 주변 등)
- * 참석자의 교통 수단

6. 필요에 따라 3~5번 단계를 반복한다.

   추가 정보에 대한 분석 결과

   태스크 실행의 우선순위나 시간축이 고려되지 않음.

   후속 쿼리

   태스크 실행의 우선순위나 시간축을 고려하기 위해 필요한 정보를 나열해 주세요.

   제안된 개선점

   태스크 분해를 더 구체적으로 만들기 위해 필요한 정보는 다음과 같습니다.

   - * 식사까지 남은 일수
   - * 거래처 일정 확인에 소요되는 시간
   - * 레스토랑 예약 마감 시기(인기 있는 곳은 빠른 예약 필요)
   - * 사내 승인 프로세스에 소요되는 시간
   - * 참석자 전원의 일정 조정에 필요한 기간
   - * 예산 승인에 소요되는 시간
   - * 특별한 준비가 필요한 경우, 그 준비 기간(예: 자료 작성, 선물 준비 등)

7. 얻은 정보를 통합하여 최종 응답을 생성한다.

   통합 쿼리

   지금까지 얻은 개선점을 통합하여 다시 사용자 요청에 기반한 태스크 분해를 수행해 주세요.

8. 통합된 응답을 사용자에게 제시한다.

   통합된 응답

   - * 식사의 목적과 예산을 확정하고 경영진의 승인을 얻는다(식사 1주일 전까지)
   - * 거래처 담당자에게 연락하여 참석자의 일정, 식사 선호도, 알레르기 등을 확인한다(식사 5일 전까지)
   - * 조건에 맞는 레스토랑을 3~5곳 선정하고 예약 상황을 확인하여 예약을 한다(식사 3일 전까지)
   - * 참석자 전원에게 일시, 장소, 드레스코드, 목적을 전달하고 확인을 받는다(식사 2일 전까지)
   - * 필요에 따라 자료나 선물을 준비하고 당일 진행 계획을 최종 확인한다(식사 전날까지)

LLM이 생성한 응답을 분석하는 점은 셀프 리플렉션과 유사하지만, 셀프 리플렉션은 응답의 품질에 초점을 두는 반면, 인크리멘탈 모델 쿼리는 정보의 확장(다양한 정보 수집)에 초점을 둡니다.

구현 시 과제로는 적절한 후속 쿼리 생성, 쿼리 간 일관성 유지, 비용 및 처리 시간 증가 등이 있습니다. 다양한 정보를 많이 수집할수록 사용자가 의사결정하기 어려운 응답을 생성할 가능성도 있습니다. 또한 실시간성이 요구되는 상황이나 리소스가 제한된 환경에서는 원샷 모델 쿼리와의 균형을 유지해야 합니다.

관련 패턴

- **셀프 리플렉션(Self-Reflection)**: 각 쿼리의 응답을 평가하고 다음 쿼리의 방향성을 결정할 때 사용할 수 있다.
- **프롬프트/응답 최적화(Prompt/Response Optimizer)**: 초기 쿼리, 후속 쿼리를 최적화하는 데 도움이 된다.
- **검색 증강 생성(Retrieval-Augmented Generation: RAG)**: 추가 정보가 필요한 경우 외부 정보원에서 정보를 가져오는 데 사용할 수 있다.
- **휴먼 리플렉션(Human-Reflection)**: 복잡한 태스크의 중간 단계에서 인간의 판단을 요구할 때 사용할 수 있다(초안 제시 등).

12. 투표 기반 협력(Voting-Based Cooperation)

투표 기반 협력 패턴(그림 11.13)은 여러 AI 에이전트가 독립적으로 판단이나 제안을 하고, 그 결과를 투표로 집계하여 최종 의사 결정을 하는 패턴입니다. 이 패턴은 복잡한 문제에 대해 다양한 관점에서의 접근을 가능하게 하고, 개별 AI 에이전트의 판단 편향이나 의사 결정 오류를 줄이는 것을 목적으로 합니다.

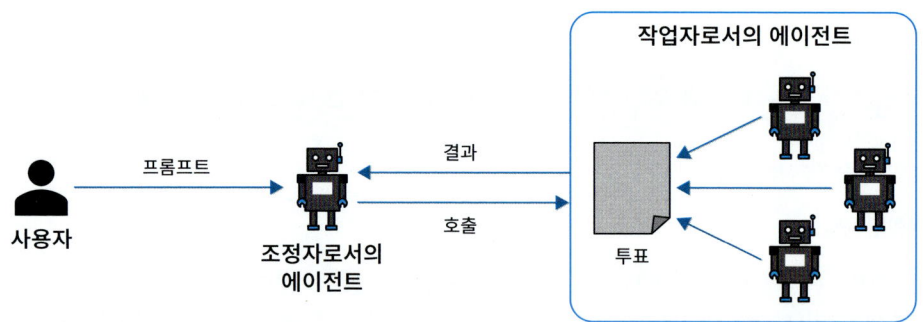

그림 11.13 투표 기반 협력[17]

예를 들어 이미지 인식 태스크에서 여러 다른 모델이 같은 이미지를 분류하고, 가장 많이 선택된 카테고리를 최종 판단으로 삼는 등의 사용법이 가능합니다.

---

[17] Liu et al.,(2024) 〈에이전트 디자인 패턴 카탈로그(Agent Design Pattern Catalogue)〉 내의 그림을 참고해 필자가 작성.

투표 기반 협력 패턴은 다음 절차로 작동합니다.

1. 문제나 과제를 여러 AI 에이전트에게 제시한다.
2. 각 AI 에이전트가 독립적으로 답변이나 제안을 생성한다.
3. 생성된 답변이나 제안을 수집한다.
4. 사전에 정의된 투표 방식(다수결, 가중 투표 등)에 따라 결과를 집계한다.
5. 집계 결과에 따라 최종 판단이나 결정을 내린다.
6. 필요에 따라 최종 판단의 근거나 각 에이전트의 의견도 포함하여 결과를 제시한다.

구체적인 예로 뉴스 기사의 신뢰성 평가 시스템을 생각해 봅시다. 여러 AI 에이전트가 협력하여 뉴스 기사의 신뢰성을 평가하는 경우, 다음과 같이 투표 기반 협력을 활용하는 시나리오가 가능합니다.

1. 평가 대상 뉴스 기사를 다음 5개의 서로 다른 AI 에이전트에게 제시한다.
   - 팩트 체크 에이전트
   - 정보원 평가 에이전트
   - 문체 분석 에이전트
   - 이미지 진위 판정 에이전트
   - 컨텍스트 분석 에이전트
2. 각 AI 에이전트가 독립적으로 평가를 수행한다.
   - 팩트 체크 에이전트: "신뢰성: 높음"
   - 정보원 평가 에이전트: "신뢰성: 중간"
   - 문체 분석 에이전트: "신뢰성: 높음"
   - 이미지 진위 판정 에이전트: "신뢰성: 높음"
   - 컨텍스트 분석 에이전트: "신뢰성: 중간"
3. 평가 결과를 수집한다.
4. 투표 방식, 본 사례에서는 다수결에 따라 결과를 집계한다.
   - "신뢰성: 높음" 3표, "신뢰성: 중간" 2표

5. 최종 판단을 내린다.
   - "신뢰성: 높음"
6. 결과를 제시한다.

> 이 기사는 신뢰성이 높다고 판단됐습니다. 5개 AI 에이전트 중 3개가 높은 신뢰성을 보였습니다. 다만, 정보원의 신뢰성과 다른 뉴스 기사와의 컨텍스트 정합성에 대해서는 약간의 의문이 있습니다.

투표 기반 협력 패턴을 활용하는 주요 이점으로는 개별 AI 에이전트의 편향에 의한 약점을 보완할 수 있고, 다양한 관점을 도입할 수 있으며, 의사 결정 프로세스의 투명성을 높일 수 있다는 점이 있습니다.

반면 구현상의 과제로는 적절한 AI 에이전트 선택, 각 에이전트 자체의 전문성이나 신뢰성 평가, 투표 형식 설계(다수결, 가중 투표, 순위 투표 등), 의견이 갈린 경우의 조정 메커니즘 설계 등이 있습니다.

관련 패턴

- **크로스 리플렉션(Cross-Reflection)**: 투표 전에 각 AI 에이전트 간에 의견 교환을 통해 더 통찰력 있는 판단이 가능할 수 있다.
- **셀프 리플렉션(Self-Reflection)**: 각 AI 에이전트가 투표 전에 자체 평가를 수행함으로써 더 신뢰성 높은 투표로 이어질 수 있다.
- **휴먼 리플렉션(Human-Reflection)**: 투표 결과에 대해 인간이 최종 판단을 내리거나 AI 에이전트의 투표가 균형을 이룬 경우 타이브레이커로 인간을 활용할 수 있다.
- **프롬프트/응답 최적화(Prompt/Response Optimizer)**: 각 AI 에이전트에 대한 쿼리를 최적화함으로써 더 질 높은 답변을 얻을 가능성이 있다.

13. 역할 기반 협력(Role-Based Cooperation)

역할 기반 협력 패턴(그림 11.14)은 여러 AI 에이전트가 협력하여 복잡한 태스크를 해결해야 할 경우, 각 에이전트의 역할을 명확히 정의하고 각자의 전문성을 살려 협력 작업을 수행하는 패턴입니다. 이 패턴은 인간 조직의 역할 분담을 AI 에이전트 세계에 적용한 것이라고 할 수 있습니다.

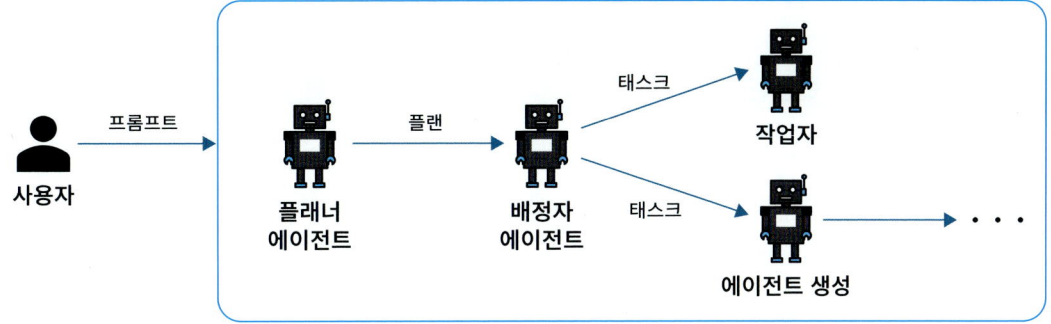

그림 11.14 역할 기반 협력[18]

역할 기반 협력 패턴은 다음 절차로 작동합니다.

1. 태스크 전체를 분석하고 필요한 역할을 정의한다.
2. 각 역할에 적합한 AI 에이전트를 생성하거나 배정한다.
3. 에이전트 간의 정보 공유와 연계를 위한 프로토콜(공통 규칙)을 설계한다.
4. 태스크의 실행 순서나 의존 관계를 정의한다.
5. 각 에이전트의 출력을 통합하여 최종 성과물을 생성한다.

구체적인 예로, 새로운 스마트폰 애플리케이션 개발 프로젝트를 생각해 봅시다. 이 프로젝트에서는 다음과 같은 역할을 가진 AI 에이전트가 협력하여 작업을 진행한다고 가정합시다.

- **프로젝트 매니저**: 전체 진행 관리를 담당한다.
- **UX 디자이너**: 사용자 니즈나 경쟁사 분석을 수행하고 앱 전체의 경험 설계를 수행한다.
- **UI 디자이너**: 앱의 인터페이스 디자인을 수행한다.
- **백엔드 엔지니어**: 서버 사이드의 설계와 구현을 수행한다.
- **프런트엔드 엔지니어**: 클라이언트 사이드의 설계와 구현을 수행한다.
- **QA 엔지니어**: 품질 보증과 테스트 설계를 수행한다.
- **마케팅**: 판매 전략 수립을 수행한다.

이 예시에서는 각자의 역할에 따라 다음과 같이 협력할 수 있습니다.

---

[18] Liu et al.(2024) 《에이전트 디자인 패턴 카탈로그(Agent Design Pattern Catalogue)》 내의 그림을 참고해 필자가 작성.

- 프로젝트 매니저 에이전트가 전체 태스크를 분해하고 각 에이전트에게 배정한다.
- UX 디자이너 에이전트가 사용자 니즈를 분석하고 앱 전체의 경험 설계를 수행한 후, 그 결과를 UI 디자이너 에이전트와 마케팅 에이전트에게 공유한다.
- UI 디자이너 에이전트가 작성한 디자인 안을 프런트엔드 엔지니어 에이전트가 클라이언트에 구현한다.
- 프런트엔드 엔지니어 에이전트가 작성한 API 사양을 바탕으로 백엔드 엔지니어 에이전트가 API를 구현한다.
- QA 엔지니어 에이전트가 각 단계에서 테스트를 실시하고 피드백을 제공한다.
- 마케팅 에이전트가 개발 중인 기능이나 특징을 바탕으로 판매 전략을 수립한다.
- 프로젝트 매니저 에이전트가 각 에이전트의 진행 상황을 관리하고 필요에 따라 조정을 수행한다.

이 패턴의 구현에서는 각 에이전트의 전문성을 LLM의 프롬프트에 포함하는 것이 중요합니다. 예를 들어 UI 디자이너 에이전트의 프롬프트에는 "당신은 숙련된 전문 UI 디자이너입니다. 다음 요건에 따라 사용하기 쉽고 매력적인 사용자 인터페이스를 설계해 주세요."와 같은 지시를 포함합니다. 또한 에이전트 간 커뮤니케이션을 원활하게 하기 위해 공통 프로토콜을 정의하는 것도 필요합니다. 예를 들어 정보 전달을 위한 공통 데이터 모델을 통해 각 에이전트의 출력을 구조화하고, 필요한 정보를 주고받을 수 있도록 해야 합니다.

역할 기반 협력 패턴의 장점으로는 복잡한 태스크를 전문성에 따라 분류하고 효율적으로 처리할 수 있다는 점이 있습니다. 각 에이전트가 자신의 전문 분야에 집중함으로써 고품질 성과물을 만들어낼 수 있습니다. 또한 인간의 조직 구조를 메타포로 활용할 수 있어 인간과 AI 에이전트의 혼합 팀을 구축할 때도 응용하기 쉽다는 특징이 있습니다.

반면, 이 패턴의 과제로는 역할의 적절한 정의나 각 에이전트의 능력이 부족한 경우의 예외 처리가 있습니다. 또한 에이전트 간의 연계가 불충분한 경우, 정보 불일치나 작업 중복이 발생하고 최악의 경우에는 성과물 생성에 실패할 가능성이 있습니다. 더 안전하게 구현하기 위해서는 연계의 불충분함을 감지한 후 에이전트 간 정보 공유를 촉진하는 기능을 추가할 필요가 있습니다.

관련 패턴

- **패시브 골 크리에이터**(Passive Goal Creator): 역할에 따른 목표 설정에 활용할 수 있다. 각 에이전트의 역할에 따라 적절한 목표를 설정할 수 있다.
- **프롬프트/응답 최적화**(Prompt/Response Optimizer): 각 역할에 특화된 프롬프트를 생성하고 에이전트의 출력을 최적화하는 데 도움이 된다.

- **크로스 리플렉션(Cross-Reflection)**: 서로 다른 역할을 가진 에이전트 간에 피드백을 주고받아 성과물의 품질을 향상시킬 수 있다.
- **투표 기반 협력(Voting-based Cooperation)**: 역할 기반 협력과 결합하여 중요한 의사 결정을 할 때 각 역할의 관점을 고려한 투표 시스템을 구현할 수 있다.
- **툴/에이전트 레지스트리(Tool/Agent Registry)**: 다양한 역할을 가진 에이전트나 도구를 일원화하여 관리하고 필요에 따라 적절한 에이전트를 호출할 수 있다.

14. 토론 기반 협력(Debate-Based Cooperation)

토론 기반 협력 패턴(그림 11.15)은 여러 AI 에이전트가 대화 형식으로 의견을 교환하고, 합의 형성을 통해 문제 해결을 하는 패턴입니다. 역할 기반 협력 패턴이 에이전트 간 작업 분담을 통해 문제 해결을 지향하는 것과 달리, 토론 기반 협력 패턴은 에이전트 간 토론을 통한 합의 형성으로 문제 해결을 지향한다는 점이 다릅니다.

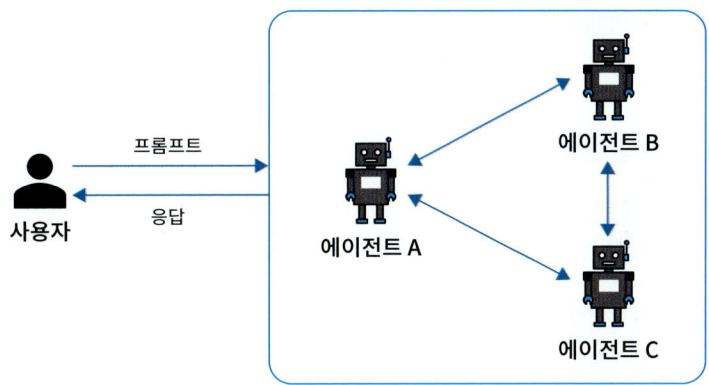

그림 11.15 토론 기반 협력[19]

토론 기반 협력 패턴은 다음 순서로 작동합니다.

1. 문제나 과제를 명확히 정의한다.
2. 토론에 참여할 AI 에이전트를 선정하고, 각각의 역할이나 전문 분야를 설정한다.
3. 토론의 규칙과 평가 기준을 정한다.

---

[19] Liu et al.(2024) 〈에이전트 디자인 패턴 카탈로그(Agent Design Pattern Catalogue)〉 내의 그림을 참고해 필자가 작성.

4. 각 AI 에이전트가 순서대로 의견을 내고, 다른 에이전트의 의견에 대해 반론이나 보충을 한다.
5. 토론의 진행에 따라 새로운 정보나 관점을 도입한다.
6. 합의 형성 프로세스를 거쳐 최종적인 결론이나 해결책을 도출한다.
7. 필요에 따라 인간 전문가가 토론 결과를 검토하고, 최종 판단을 내린다.

구체적인 예로 웹 애플리케이션 설계를 수행하는 AI 에이전트 팀을 생각해 봅시다. 이 팀은 다음 에이전트로 구성됩니다.

- **아키텍처 설계**: 전체 시스템 설계 담당
- **성능 최적화**: 시스템 처리량 향상 담당
- **보안**: 보안 설계 담당
- **비용 최적화**: 시스템 운영 비용과 리소스 효율성을 중시한 설계 담당

이들 에이전트가 웹 애플리케이션 설계에 대해 토론을 진행한다고 가정해 봅시다. 토론 프로세스는 다음과 같을 것입니다.

1. 아키텍처 설계 에이전트가 초기 설계안을 제시한다.
2. 각 전문 에이전트가 자신의 관점에서 설계안을 평가하고, 추가 개선안을 토론한다.
3. 아키텍처 설계 에이전트가 지적 사항을 반영하여 설계안을 수정한다.
4. 수정안에 대해 다시 각 에이전트가 평가를 수행하고, 추가 개선안을 토론한다.
5. 토론이 교착 상태에 빠진 경우, 새로운 기술 트렌드나 사례 연구를 도입하여 토론을 활성화한다.
6. 모든 에이전트가 합의할 수 있는 설계안에 도달할 때까지 단계 2~5번 단계를 반복한다.
7. 최종 설계안을 인간 전문가 팀에 제출하고, 검토와 승인을 받는다.

이 프로세스를 통해 성능, 보안, 비용 효율성 등 다양한 요소를 고려한 균형 잡힌 설계안을 에이전트의 능력으로 도출할 수 있습니다.

토론 기반 협력 패턴의 구현에서는 이전 협력 패턴과 마찬가지로 각 AI 에이전트의 '개성'이나 '전문성'을 LLM의 프롬프트에 포함하는 것이 중요합니다. 예를 들어 보안 담당 에이전트의 프롬프트에는 "당신은 경험이 풍부한 사이버 보안 전문가입니다. 지금까지 여러 중대한 인시던트 대응 경험이 있습니다. 이러한 경험을 바탕으로 제안된 설계의 보안 취약점을 식별하고, 개선안을 제시해 주세요."와 같은 지시를 포함합니다.

또한 토론 진행을 관리하고 합의 형성을 촉진하는 '중재자(moderator) 에이전트'나 '진행자(facilitator) 에이전트'를 도입하는 것도 효과적입니다. 이러한 에이전트는 토론이 건설적으로 진행되도록 조정하고, 필요에 따라 추가 정보나 관점을 제공합니다.

토론 기반 협력 패턴의 장점은 여러 전문적 관점을 결합하여 더 포괄적이고 질 높은 해결책을 만들어낼 수 있다는 점입니다. 또한 토론 프로세스를 통해 잠재적인 문제점이나 개선 기회를 조기에 발견할 수 있습니다.

반면 이 패턴의 과제로는 토론이 발산될 가능성과, 합의 형성에 시간이 걸리거나 합의에 이르지 못할 가능성이 있다는 점이 있습니다. 인간의 합의 형성 프로세스와 마찬가지로, 에이전트 간 의견 대립을 어떻게 조율할 것인지도 중요한 과제가 됩니다.

관련 패턴

- **역할 기반 협력(Role-based Cooperation)**: 토론 기반 협력은 역할 기반 협력을 확장한 것으로 볼 수 있다. 각 에이전트의 역할과 전문성을 명확히 함으로써 더 효과적인 토론이 가능해진다.
- **크로스 리플렉션(Cross-Reflection)**: 토론 기반 협력에서는 에이전트 간에 서로의 의견을 평가하므로 크로스 리플렉션 요소가 포함돼 있다. 이를 통해 각 에이전트의 판단이나 제안의 질을 향상시킬 수 있다.
- **투표 기반 협력(Voting-based Cooperation)**: 토론 결과, 완전한 합의에 이르지 못한 경우 최종 의사결정을 투표로 진행할 수 있다. 토론 기반 협력과 투표 기반 협력을 결합함으로써 더 공정하고 투명성 높은 의사결정 프로세스를 실현할 수 있다.
- **멀티모달 가드레일(Multimodal Guardrails)**: 토론 과정에서 윤리적 문제나 법적 제약에 저촉되지 않도록 멀티모달 가드레일을 적용함으로써 법의 범위 내에서 토론을 진행할 수 있다.
- **프롬프트/응답 최적화(Prompt/Response Optimizer)**: 각 에이전트 발언의 질을 높이기 위해 LLM 입력에 프롬프트/응답 최적화를 적용함으로써 더 효과적인 토론을 기대할 수 있다.

15. 멀티모달 가드레일(Multimodal Guardrails)

멀티모달 가드레일(그림 11.16)은 AI 에이전트의 입출력을 제어하고, 특정 요구사항(사용자 요구, 윤리 기준, 법률 등)에 적합하게 하기 위한 패턴입니다. 이 패턴은 AI 에이전트의 작동을 안전하고 신뢰할 수 있게 만들고, 바람직하지 않은 결과나 유해한 영향을 방지하기 위해 사용됩니다.

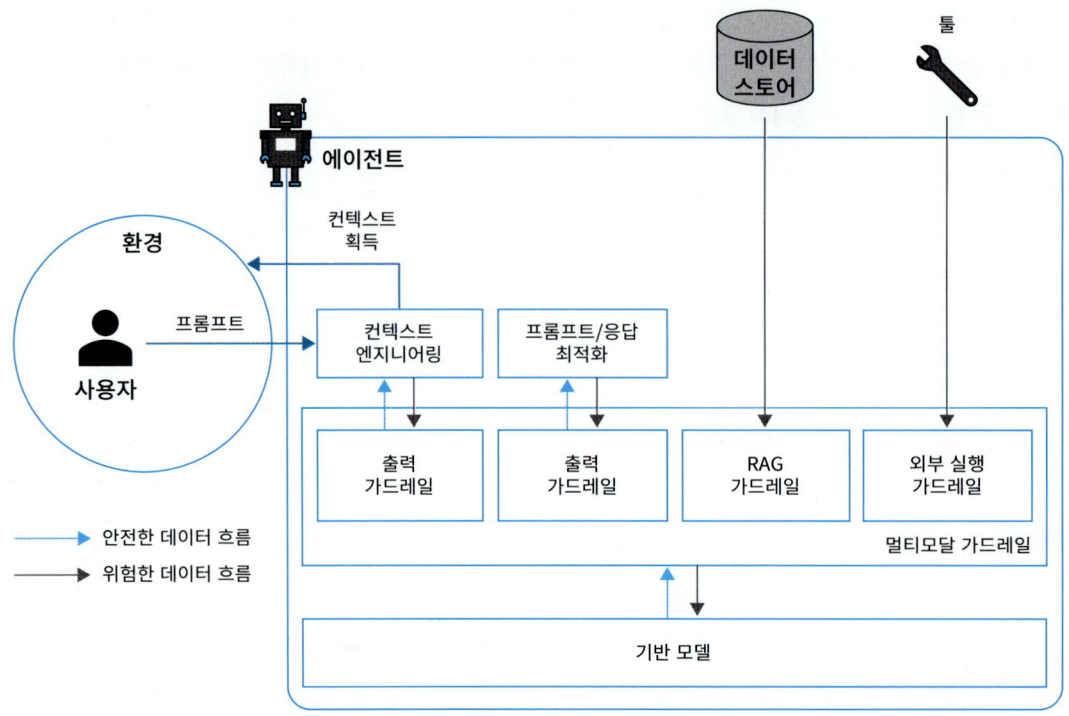

그림 11.16 멀티모달 가드레일

멀티모달 가드레일은 텍스트, 이미지, 음성 등 여러 형식(모달리티)의 입출력에 대응할 수 있어 다양한 종류의 AI 에이전트에 적용 가능합니다. 특히 일반 사용자와 직접 대화하는 LLM 애플리케이션에서 이 패턴은 중요한 역할을 합니다.

그림 11.16에서는 다음 사항에 대해 출력 제어(가드레일)를 설정합니다.

- 사용자 입력에 대한 기반 모델의 응답(출력 가드레일)
- 프롬프트/응답 최적화에 대한 기반 모델의 응답(출력 가드레일)
- 외부 정보원의 참조 정보(RAG 가드레일)
- 외부 도구 실행 결과(외부 실행 가드레일)

구체적인 예로, 일반용 Q&A 챗봇에 멀티모달 가드레일을 적용하는 경우를 생각해 봅시다. 이 챗봇은 고객 문의에 대응하고, 제품 정보 제공이나 간단한 문제 해결을 수행합니다.

1. 입력 필터링
   - 부적절한 언어나 공격적 표현을 포함한 질문을 차단하고, 정중한 언어 사용을 촉구하는 경고 메시지를 표시한다.
   - 개인정보(신용카드 번호, 주민등록번호 등)가 입력된 경우, 해당 정보를 자동으로 삭제하고, 보안상의 이유로 개인정보를 공유하지 않도록 주의를 촉구한다.

2. 출력 제어
   - 응답에 포함된 제품 정보나 가격이 최신이고 정확한지 확인하기 위해 데이터베이스와 대조한다.
   - 법적 책임을 질 가능성이 있는 표현(예: "이 제품은 ○○병에 효과가 있습니다")을 감지하고, 적절한 면책 조항을 추가한다.
   - 브랜드 이미지에 맞는 언어 사용이나 표현을 사용하고 있는지 확인하고, 필요에 따라 수정한다.

3. 멀티모달 대응
   - 사용자가 업로드한 이미지에 부적절한 콘텐츠가 포함돼 있는지 이미지 인식 모델을 사용하여 확인한다.
   - 음성 입력의 경우, 음성을 텍스트로 변환한 후 텍스트 기반 가드레일을 적용한다.
   - 챗봇이 이미지나 도표를 생성할 경우, 생성된 시각적 콘텐츠가 제공 기업의 브랜드 가이드라인에 부합하는지 확인한다.

4. 컨텍스트 인식
   - 사용자와의 대화 이력을 고려하여 일관성 있는 응답을 유지한다. 예를 들어, 이전 질문에서 이미 제공한 정보와 모순되는 응답을 피한다.
   - 사용자 질문의 의도를 정확히 이해하고, 부적절한 문맥의 응답을 피한다. 예를 들어, 제품 결함에 관한 질문에 무관한 제품 홍보를 하지 않는다.

5. 윤리적 고려
   - 차별적 표현이나 편향을 포함한 응답을 감지하고, 더 중립적인 표현으로 대체한다.
   - 건강이나 안전에 관한 질문에 대해서는 의료적 조언 제공을 피하고, 전문가 상담을 권장하는 주의 사항을 추가한다.

6. 보안과 개인정보 보호
   - 사용자의 개인정보를 보호하기 위해 응답에 개인을 식별할 수 있는 정보가 포함돼 있는지 확인한다.
   - 프롬프트 인젝션 등으로 시스템 취약점으로 이어질 가능성이 있는 내용이 공개되지 않도록 주의한다.

7. 에스컬레이션
   - 챗봇이 적절히 대응할 수 없는 복잡한 질문이나 요구를 감지하고, 인간 운영자에게 에스컬레이션하는 메커니즘을 구현한다.

8. 피드백 루프
    - 사용자 반응(만족도, 추가 질문 여부 등)을 분석하고, 가드레일의 효과를 평가한다.
    - 정기적으로 가드레일 설정을 검토하고, 새로운 요구사항이나 발견된 문제에 대응하여 업데이트한다.

멀티모달 가드레일의 장점은 AI 에이전트의 작동을 제어 가능하게 하고, 신뢰성과 안전성을 향상시키는 것입니다. 특히 일반 사용자와 직접 대화하는 시스템에서 법적 위험 감소, 브랜드 가치 보호, 사용자 경험 향상 등에 기여합니다.

반면 이 패턴의 과제로는 지나치게 제한적인 가드레일이 응답의 유연성이나 창의성을 손상시킬 가능성이 있다는 점이 있습니다. 또한 여러 모달리티에 대응하는 가드레일의 개발과 유지에는 상당한 노력이 필요할 수 있습니다. 가드레일 실행을 위한 시스템 성능 저하와의 균형도 맞춰야 합니다.

관련 패턴

- **프롬프트/응답 최적화(Prompt/Response Optimizer)**: 멀티모달 가드레일과 결합하여 제약 조건을 충족하면서 최적의 응답을 생성할 수 있다.
- **크로스 리플렉션(Cross-Reflection)**: 여러 AI 에이전트의 상호 검증을 통해 가드레일의 효과를 높일 수 있다.
- **역할 기반 협력(Role-based Cooperation)**: 다른 역할을 가진 AI 에이전트에 각각 적합한 가드레일을 적용함으로써 위험을 줄일 수 있다.
- **검색 증강 생성(Retrieval-Augmented Generation: RAG)**: 최신 정보나 정확한 데이터를 참조하면서 응답을 생성함으로써 가드레일의 일부로 기능하고, 부정확한 정보 제공을 방지할 수 있다.
- **셀프 리플렉션(Self-Reflection)**: AI 에이전트가 자신의 출력을 가드레일에 비추어 평가하고, 필요에 따라 수정을 수행할 수 있다.
- **에이전트 어댑터(Agent Adapter)**: 다른 모달리티의 데이터나 외부 시스템과의 연계를 원활히 하고, 가드레일의 적용 범위를 확장한다.

16. 툴/에이전트 레지스트리(Tool/Agent Registry)

툴/에이전트 레지스트리(그림 11.17)는 AI 에이전트 시스템 내에서 이용 가능한 다양한 도구나 에이전트(서브 에이전트)를 일원화하여 관리하고, 필요에 따라 적절한 것을 선택·호출하기 위한 패턴입니다. 이 패턴은 AI 에이전트가 더 많은 태스크에 대응하기 위한 기반이 됩니다.

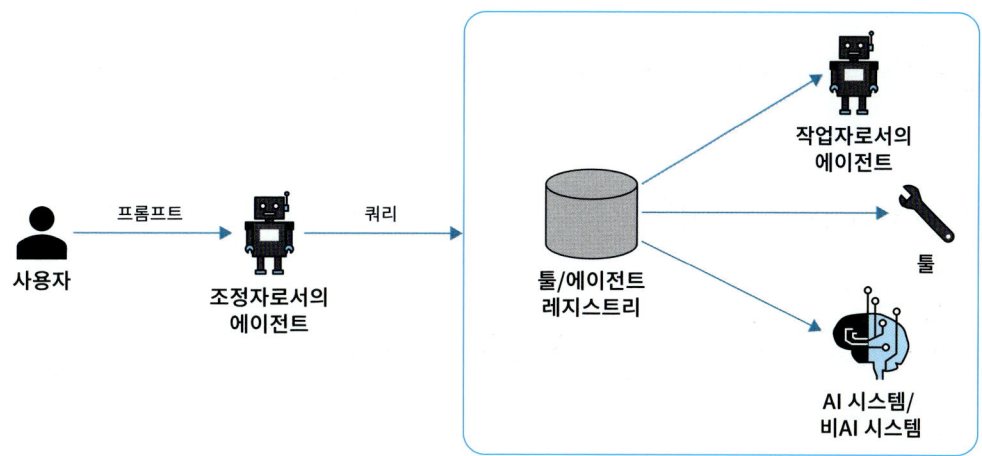

그림 11.17 툴/에이전트 레지스트리[20]

툴/에이전트 레지스트리의 구현 순서는 다음과 같습니다.

1. 이용 가능한 도구나 에이전트 목록을 작성하고, 각각의 기능, 입출력 형식, 사용 조건 등을 정의한다.
2. 도구나 에이전트를 분류하고, 카테고리나 태그를 부여하여 정리한다.
3. 각 도구/에이전트 접근 방법(API 엔드포인트, 함수 호출 등)을 표준화한다.
4. 도구/에이전트의 검색, 선택, 호출을 위한 인터페이스를 구현한다.
5. 새로운 도구/에이전트 추가나 기존 것의 업데이트를 쉽게 할 수 있는 메커니즘을 준비한다.
6. 도구/에이전트의 사용 상황이나 성능을 모니터링하고, 최적화하는 메커니즘을 구현한다.

구체적인 예로, 소프트웨어 개발 프로젝트에서 인간과 AI 에이전트가 협업하는 케이스에 유용한 툴/에이전트 레지스트리 구현을 생각해 봅시다. 필요한 도구나 에이전트로는 다음과 같은 것이 있을 수 있습니다.

1. 코드 관련 도구
    - 코드 생성 AI 에이전트(다양한 프로그래밍 언어 지원)
    - 코드 리뷰 AI 에이전트
    - 리팩토링 지원 도구
    - 정적 분석 도구

---

[20] Liu et al.(2024) 〈에이전트 디자인 패턴 카탈로그(Agent Design Pattern Catalogue)〉의 그림을 참고해 필자가 작성.

2. 테스트 관련 도구
   - 유닛 테스트 생성 AI 에이전트
   - 통합 테스트 자동화 도구
   - 성능 테스트 도구

3. 문서 관련 도구
   - 문서 생성 AI 에이전트
   - API 명세서 자동 생성 도구

4. 프로젝트 관리 도구
   - 태스크 배정 AI 에이전트
   - 진행 관리 AI 에이전트
   - 리소스 최적화 도구

5. 인프라스트럭처 관련 도구
   - 클라우드 리소스 최적화 AI 에이전트
   - Terraform 등의 IaC
   - 생성 도구
   - 컨테이너 설정 최적화 도구

6. 보안 관련 도구
   - 침투(취약점) 테스트 도구
   - 취약점 스캔 도구
   - 보안 정책 검사 도구

이러한 툴/에이전트 레지스트리를 사용한 워크플로가 있다면, 다음과 같은 시나리오가 가능합니다.

1. 새로운 기능 구현 시작 시
   - 코드 생성 AI 에이전트를 호출하여 초기 코드 스켈레톤 생성
   - 생성된 코드에 정적 분석 도구와 포매터 적용
   - 코드 리뷰 AI 에이전트를 사용하여 초기 리뷰 수행

2. 테스트 단계 수행 시

   - 유닛 테스트 생성 AI 에이전트를 사용하여 테스트 케이스 자동 생성
   - 통합 테스트 자동화 도구를 호출하여 테스트 실행
   - 성능 테스트 도구를 적용하여 비기능 요구사항 충족 확인

3. 문서 작성 시

   - 문서 생성 AI 에이전트를 사용하여 초기 초안 작성
   - API 명세서 자동 생성 도구를 호출하여 최신 API 문서 생성

4. 프로젝트 관리 수행 시

   - 태스크 배정 AI 에이전트를 사용하여 팀원에게 태스크 최적 배분
   - 진행 관리 AI 에이전트를 정기적으로 호출하여 프로젝트 진행 상황 분석
   - 리소스 최적화 도구를 사용하여 인적 자원과 시간 배분 최적화

5. 인프라스트럭처 설정 및 최적화 수행 시

   - 클라우드 리소스 최적화 AI 에이전트를 사용하여 필요한 리소스 예측
   - IaC 생성 도구를 호출하여 인프라스트럭처 코드 자동 생성
   - 컨테이너 설정 최적화 도구를 적용하여 Dockerfile이나 Kubernetes 매니페스트 최적화

6. 보안 대책 수행 시

   - 침투 테스트 도구를 실행하여 현재 취약점 탐지
   - 취약점 스캔 도구를 실행하여 잠재적 취약점 탐지
   - 보안 정책 검사 도구를 적용하여 조직의 보안 기준 준수 확인

툴/에이전트 레지스트리의 장점은 AI 에이전트가 이용할 수 있는 도구나 에이전트의 다양성이 증가할수록 다양한 태스크에 대응할 수 있다는 점입니다. 또한 AI 에이전트 자체가 어떻게 도구나 에이전트를 활용할지 결정하므로, 도구를 확장해도 일반 소프트웨어와 비교해 통합 비용이 적게 든다는 점도 장점입니다.

반면 이 패턴의 과제로는 다수의 도구나 에이전트가 정상 작동함을 계속 보장해야 한다는 점과 AI 에이전트 자체가 얼마나 적절한 도구나 에이전트를 선택할 수 있는지에 따라 실행 품질이 좌우된다는 점이 있습니다.

관련 패턴

- **역할 기반 협력(Role-based Cooperation)**: 툴/에이전트 레지스트리와 결합하여 각 역할에 적합한 도구나 에이전트를 효율적으로 배정할 수 있다.
- **멀티모달 가드레일(Multimodal Guardrails)**: 레지스트리 내 도구나 에이전트에 적절한 가드레일을 적용하여 안전성과 신뢰성을 확보할 수 있다.
- **프롬프트/응답 최적화(Prompt/Response Optimizer)**: 각 도구나 에이전트 사용 시 최적화된 프롬프트를 생성함으로써 더 효과적인 결과를 얻을 수 있다.
- **크로스 리플렉션(Cross-Reflection)**: 여러 도구나 에이전트의 결과를 상호 평가함으로써 더 신뢰성 높은 출력을 얻을 수 있다.
- **검색 증강 생성(Retrieval-Augmented Generation: RAG)**: 레지스트리 내 도구나 에이전트의 사용법이나 최신 정보를 검색을 통해 효율적으로 제공할 수 있다. 도구 후보 선별에 활용하는 것도 유용하다.
- **에이전트 어댑터(Agent Adapter)**: 레지스트리 내 다양한 도구나 에이전트와의 효율적인 연계를 가능하게 하고, 시스템의 유연성을 높인다.
- **에이전트 평가기(Agent Evaluator)**: 레지스트리 내 도구나 에이전트의 성능을 평가하고, 최적의 선택을 지원한다.

17. 에이전트 어댑터(Agent Adapter)

에이전트 어댑터(그림 11.18)는 AI 에이전트와 외부 도구 및 시스템 간의 인터페이스를 제공하는 패턴입니다. 이 패턴은 서로 다른 형식과 프로토콜을 가진 다양한 도구나 시스템과 AI 에이전트를 연계하는 경우에 효과적으로 활용할 수 있습니다.

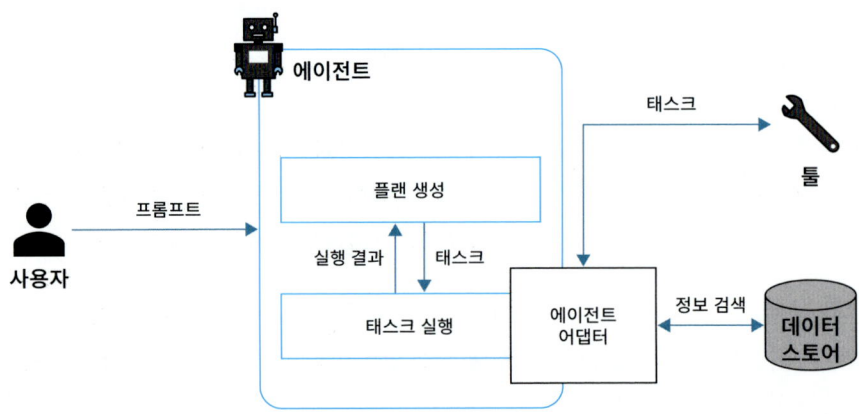

그림 11.18 에이전트 어댑터[21]

---

21 Liu et al.(2024) 〈에이전트 디자인 패턴 카탈로그(Agent Design Pattern Catalogue)〉 내의 그림을 참고해 필자가 작성.

에이전트 어댑터의 구현 순서는 다음과 같습니다.

1. 연계 대상 외부 도구나 시스템을 특정한다.
2. 각 도구·시스템의 API 사양이나 입출력 형식을 분석한다.
3. 각 도구를 호출하기 위한 함수를 작성한다.
4. 오류 처리나 재시도 메커니즘을 구현한다.
5. 필요에 따라 도구 사용법이나 제약 조건을 LLM 프롬프트에 포함한다.

구체적인 예로, 다양한 업무 보조 역할을 하는 AI 에이전트를 생각해 봅시다. 예를 들어 업무 보조 역할로 캘린더 접근과 이메일 발송이 필요하다고 가정했을 때 LangChain의 Tool 기능을 사용하면 각 기능을 AI 에이전트가 사용하기 위한 도구로 정의할 수 있습니다. 이를 통해 LangChain에서는 Tool 기능이 에이전트 어댑터 패턴의 구현 역할을 하고 있음을 알 수 있습니다. LangChain의 Tool 기능을 이용한 코드 예는 다음과 같습니다(캘린더 접근, 이메일 클라이언트 접근 처리는 기재하지 않았으므로, 이 코드 그대로는 실행되지 않습니다).

```python
from typing import Optional
from langchain.tools import tool
from langchain_core.pydantic_v1 import BaseModel, Field

# 캘린더 관리 도구의 입력 스키마
class CalendarEventInput(BaseModel):
    action: str = Field(description="'add', 'update', 'delete', 'get' 중 하나의 작업을 설정합니다")
    event_data: dict = Field(description="캘린더 이벤트의 상세 정보")


@tool("calendar-event", args_schema=CalendarEventInput)
def calendar_event(action: str, event_data: dict) -> dict:
    """캘린더 관리 도구에 접근할 필요가 있을 때 사용합니다"""
    # 캘린더 API와의 실제 통신 처리
    # ....
    return {"status": "success", "message": f"{action} event successful"}

# 이메일 클라이언트의 입력 스키마
class SendEmailInput(BaseModel):
    to: list[str] = Field(description="수신자 이메일 주소")
```

```
    subject: str = Field(description="이메일 제목")
    body: str = Field(description="이메일 본문")
    attachments: Optional[list[str]] = Field(default=None, description="첨부 파일의 파일 경로
리스트")

@tool("send-email", args_schema=SendEmailInput)
def send_email(to: List[str], subject: str, body: str, attachments: Optional[list[str]] =
None) -> bool:
    """이메일 발송이 필요할 때 사용합니다"""
    # 이메일 발송 처리
    # ...
    return True
```

12장에서 소개할 `create_react_agent`(LangGraph의 프리빌트 함수)를 이용하면 이 도구를 사용하는 에이전트를 정의할 수 있습니다. 코드 예는 다음과 같습니다.

```
from langchain_openai import ChatOpenAI
from langgraph.prebuilt import create_react_agent

# 챗 모델 정의
llm = ChatOpenAI()

# 에이전트 정의
agent = create_react_agent(model=llm, tools=[calendar_event, send_mail])

# 에이전트 실행
agent.invoke({
    "messages": [("human", "내일 오후 2시에 미팅 일정을 등록하고, 팀에 미팅 알림 이메일을 보내줘")]
})
```

@tool로 장식한 함수를 에이전트에서 사용하는 도구로 설정

이 코드를 실행하면 에이전트는 사용자의 요청을 실현하기 위해 다음 작업을 수행합니다.

1. `calendar_event` 도구를 사용해 내일 오후 2시에 미팅을 예약한다.
2. `send_email` 도구를 이용해 팀에 미팅 알림 이메일을 발송한다.

에이전트 어댑터를 구현할 때의 과제로는 다양한 도구의 인터페이스를 코드로 구현해야 한다는 점, 시스템 간 인증이나 접근 권한의 안전한 관리, 외부 시스템과의 연계 코드 버전 업그레이드에 대한 지속적인

대응이 있습니다. 또한, 사용 중인 LLM 자체의 버전 업그레이드로 인해 에이전트의 도구 사용 방법에 차이가 생기는 등의 시스템 영향도 고려해야 합니다.

관련 패턴

- **도구/에이전트 레지스트리(Tool/Agent Registry)**: 에이전트 어댑터와 조합하여 다양한 도구와 시스템을 효율적으로 관리하고, 적절하게 선택 · 실행할 수 있다.
- **프롬프트/응답 최적화(Prompt/Response Optimizer)**: 에이전트의 프롬프트를 최적화하여 더 효과적인 도구 사용을 촉진할 수 있다.
- **멀티모달 가드레일(Multimodal Guardrails)**: 도구 실행 시에도 입출력의 적절성을 점검하고, 보안이나 프라이버시를 확보할 수 있다.
- **에이전트 평가기(Agent Evaluator)**: 도구 사용 패턴이나 효과를 평가하고, 어댑터의 성능을 지속적으로 개선할 수 있다.
- **검색 증강 생성(Retrieval-Augmented Generation: RAG)**: 도구의 사용법이나 제약 조건에 관한 정보를 필요에 따라 검색 · 참조함으로써 더 적절한 도구 사용을 실현할 수 있다.

COLUMN

LangChain의 Tool 기능

에이전트 어댑터 설명에서 사용한 샘플 코드처럼, LLM이 외부 도구(코드 내 함수 등)를 사용하는 것을 Tool calling이라고 합니다. Tool calling은 AI 에이전트 개발뿐만 아니라, 일반 LLM 애플리케이션 개발에서도 많이 사용되는 기능이므로 LangChain에서는 Tool calling 구현을 원활하게 하기 위한 기능이 제공됩니다. Tool 기능은 그중 하나입니다.

Tool 기능은 입력 스키마나 도구 자체의 설명을 LangChain의 Tool calling에서 사용할 수 있는 형식으로 변환하기 위한 기능입니다. Tool calling은 LLM 자체에 '어떤 도구를 어떤 인자로 호출할지'를 추론하게 하는 메커니즘이므로, LLM을 호출할 때 '어떤 도구가 있고, 각 도구는 어떤 인자를 가지고 있는지'에 대한 정보를 전달해야 합니다. 이때 '어떤 도구가 있는지?'에는 도구 자체의 설명을 전달하고, '어떤 인자로 호출하는지?'는 입력 스키마 정보를 전달하여 구현합니다.

다음 코드에서는 `CalendarEventInput` 클래스가 입력 스키마로 정의돼 있으며, `calendar_event` 함수에 설정된 docstring 내용이 도구 자체의 설명이 됩니다. `@tool` 데코레이터가 설정된 함수는 LangChain의 기능으로, 도구로 취급할 수 있게 됩니다.

```python
# 캘린더 관리 도구의 입력 스키마
class CalendarEventInput(BaseModel):
    action: str = Field(description="'add', 'update', 'delete', 'get' 중 하나의 작업을 설정합니다")
    event_data: dict = Field(description="캘린더 이벤트의 상세 정보")

@tool("calendar-event", args_schema=CalendarEventInput)
def calendar_event(action: str, event_data: dict) -> dict:
    """캘린더 관리 도구에 접근할 필요가 있을 때 사용합니다"""
    # 캘린더 API와의 실제 통신 처리
    # ....
    return {"status": "success", "message": f"{action} event successful"}
```

도구 정의 방법에는 @tool 데코레이터를 사용하는 방법 외에도 BaseTool 클래스를 상속한 클래스 형태로 정의하는 방법도 있습니다. 자세한 내용은 다음 공식 문서를 참조하세요.

- LangChain > Tools _ https://python.langchain.com/v0.2/docs/how_to/#tools

18. 에이전트 평가기(Agent Evaluator)

에이전트 평가기(그림 11.19)는 AI 에이전트의 성능이나 작동을 평가하고, 그 결과를 AI 에이전트에 피드백하는 패턴입니다. 이는 셀프 리플렉션이나 크로스 리플렉션처럼 곧바로 피드백하는 메커니즘이 아니라, AI 에이전트의 일련의 작동 로그를 통해 정성·정량 평가를 수행한 후 설계나 구현 측면에서 AI 에이전트를 업데이트하기 위한 메커니즘입니다.

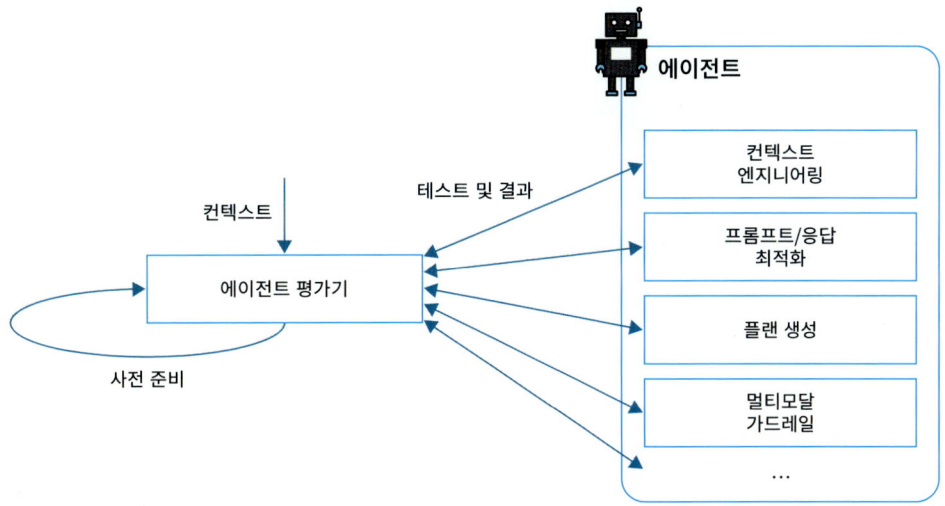

그림 11.19 에이전트 평가기[22]

에이전트 평가기의 구현 절차는 다음과 같습니다.

1. 평가 대상 AI 에이전트와 그 컴포넌트를 특정한다.
2. 평가 기준이나 지표를 정의한다(예: 기능 적합성, 효율성, 적응성).
3. 테스트 케이스나 평가 시나리오를 작성한다.
4. 에이전트에 대해 평가를 실행한다.
5. 결과를 분석하고, 점수화하거나 평가 리포트를 생성한다.
6. 평가 결과에 기반하여 개선점이나 최적화 제안을 한다.
7. 필요에 따라 에이전트의 조정이나 재설계를 수행한다.

구체적인 예로, 고객 지원 업무를 수행하는 AI 에이전트의 평가를 생각해 봅시다. 에이전트 평가기는 다음과 같은 평가를 수행합니다.

1. 응답의 정확성
    - 고객의 질문에 대한 답변의 정확도 평가
    - 잘못된 정보 제공 횟수 카운트

---

22 Liu et al.(2024) 《에이전트 디자인 패턴 카탈로그(Agent Design Pattern Catalogue)》 내의 그림을 참고해 필자가 작성.

2. **응답 시간**
   - 고객으로부터의 문의에 대한 초기 응답 시간 측정
   - 문제 해결까지의 총소요 시간 측정

3. **문제 해결률**
   - 첫 응답에서 문제가 해결된 비율 산출
   - 에스컬레이션이 필요했던 건의 비율 산출

4. **고객 만족도**
   - 대응 후 고객 피드백 점수 집계
   - 긍정/부정적 감정 표현의 비율 분석

5. **언어의 적절성**
   - 전문 용어의 적절한 사용 평가
   - 문법적 정확성이나 자연스러운 표현 평가

6. **컨텍스트 이해**
   - 여러 차례 소통에서의 문맥 이해도 평가
   - 이전 대화 내역의 적절한 활용 확인

7. **정책 준수**
   - 기업 가이드라인이나 법적 요건 준수 확인
   - 개인정보의 적절한 취급 평가

에이전트 평가기는 이러한 평가 결과를 분석하여 예를 들어 다음과 같은 피드백을 제공합니다.

- "응답 정확성은 90%로 목표를 달성했지만, 전문적인 제품 문의에서 오류가 많이 발견됩니다. 해당 분야의 지식베이스 확충이 권장됩니다."
- "평균 응답 시간은 목표를 20% 상회하지만, 피크 시간대의 성능 저하가 뚜렷합니다. 부하 분산이나 리소스 할당 최적화가 필요합니다."
- "고객 만족도 점수는 전월 대비 5% 향상됐지만, 기술적 문제에 관한 설명에서 이해하기 어렵다는 지적이 있습니다. 설명 간소화나 시각 자료 활용을 검토하세요."

에이전트 평가기를 구현할 때의 과제로는 평가 지표의 적절한 설정(정량적 지표와 정성적 지표의 균형), 평가 데이터의 신뢰성 확보, 온라인 평가와 오프라인 평가의 구분 사용, 평가 결과 해석에서 구체적인 개선 조치로의 변환 방법 등이 있습니다.

관련 패턴

- **셀프 리플렉션(Self-Reflection)**: 에이전트 평가기의 결과를 입력으로 하여 에이전트 자신이 자기 평가나 개선을 수행할 수 있다.
- **크로스 리플렉션(Cross-Reflection)**: 여러 에이전트 평가기를 사용하여 다양한 관점에서 평가를 수행할 수 있다.
- **휴먼 리플렉션(Human-Reflection)**: 에이전트 평가기의 결과를 사람이 확인하고 추가 피드백을 제공함으로써 평가의 질을 향상시킬 수 있다.
- **멀티모달 가드레일(Multimodal Guardrails)**: 에이전트 평가기의 결과에 기반하여 가드레일 설정을 동적으로 조정할 수 있다.
- **프롬프트/응답 최적화(Prompt/Response Optimizer)**: 에이전트 평가기의 결과를 활용하여 프롬프트나 응답의 최적화를 수행할 수 있다.

11.3 요약

이 장에서는 18가지 에이전트 디자인 패턴에 대해 각각 설명했습니다. 이 패턴들은 AI 에이전트 개발에서 다양한 문제에 대한 효과적인 설계 방법을 제안합니다.

- 목표 설정과 계획 생성

    사용자의 의도를 정확히 이해하고 효과적인 행동 계획을 세우기 위한 패턴을 배웠습니다.

- 추론의 확실성 향상

    AI 에이전트 출력의 신뢰성을 높이기 위한 패턴을 배웠습니다.

- 에이전트 간 협력

    여러 AI 에이전트가 서로 협력하여 복잡한 태스크를 해결하기 위한 패턴을 배웠습니다.

- 입출력 제어

    AI 에이전트의 작동을 안전하고 신뢰할 수 있게 만드는 패턴, 적절한 도구나 에이전트 선택으로 AI 에이전트의 성능을 높이기 위한 패턴을 배웠습니다.

한편 에이전트 디자인 패턴은 개념적인 내용이므로 구체적인 구현 이미지를 떠올리기 어려운 부분도 있었을 것입니다. 12장에서는 여기서 소개한 몇 가지 패턴에 대해 지금까지 배운 LangChain과 LangGraph 지식을 활용하여 간단한 구현을 시도해 보겠습니다.

12장

LangChain/LangGraph로 구현하는 에이전트 디자인 패턴

이 장에서는 11장에서 소개한 에이전트 디자인 패턴 중 특히 중요하고 서로 관련이 있는 7가지 패턴을 다루고 LangChain과 LangGraph를 이용한 구현 방법에 대해 설명합니다.

니시미 키미히로

12.1 이 장에서 다룰 에이전트 디자인 패턴

12.2 환경 설정

12.3 패시브 골 크리에이터(Passive Goal Creator)

12.4 프롬프트/응답 최적화(Prompt/Response Optimizer)

12.5 싱글 패스 플랜 제너레이터

12.6 멀티 패스 플랜 제너레이터

12.7 셀프 리플렉션(Self-Reflection)

12.8 크로스 리플렉션(Cross-Reflection)

12.9 역할 기반 협력(Role-Based Cooperation)

12.10 요약

12.1 이 장에서 다룰 에이전트 디자인 패턴

이 장에서 다룰 패턴은 다음과 같습니다.

- 패시브 골 크리에이터(Passive Goal Creator)
- 프롬프트/응답 최적화(Prompt/Response Optimizer)
- 싱글 패스 플랜 제너레이터(Single-Path Plan Generator)
- 멀티 패스 플랜 제너레이터(Multi-Path Plan Generator)
- 셀프 리플렉션(Self-Reflection)
- 크로스 리플렉션(Cross-Reflection)
- 역할 기반 협력(Role-Based Cooperation)

이러한 패턴들은 AI 에이전트의 설계와 구현에 있어서 목표 설정부터 계획 생성, 추론의 확실성 향상, 그리고 에이전트 간의 협력에 이르기까지 폭넓은 관점을 다룹니다[1].

우선 패시브 골 크리에이터 패턴에서 시작해, 그 패턴으로 생성된 결과를 프롬프트/응답 최적화 패턴으로 확장한 뒤, 이 결과를 바탕으로 싱글 패스 플랜 제너레이터 패턴을 이용해 에이전트처럼 동작하며 출력을 생성하는 방식으로, 여러 패턴을 조합해 작동하는 에이전트를 만들어 가겠습니다.

12.2 환경 설정

이 장의 샘플 코드는 Google Colab에서 작동하도록 작성돼 있습니다. Google Colab에서 작동 확인을 원하는 분은 다음 단계에 따라 환경을 설정해주세요.

1. 리포지터리 클론

   ```
   !git clone https://github.com/ychoi-kr/llm-agent.git
   ```

2. 디렉터리 이동

   ```
   %cd llm-agent
   %cd chapter12
   ```

---

[1] '검색 증강 생성(Retrieval-Augmented Generation: RAG)'도 유명한 패턴이지만, 이미 4장과 6장에서 설명했으므로 이 장에서는 생략합니다.

3. 필요한 라이브러리 설치

   ```
   !pip install langchain-core==0.3.0 langchain-community==0.3.0 langgraph==0.2.22 langchain-openai==0.2.0 langchain-anthropic==0.2.0 numpy==1.26.4 faiss-cpu==1.8.0.post1 pydantic-settings==2.5.2 retry==0.9.2 decorator==4.4.2 pydantic==2.9.2
   ```

4. 환경 변수 설정

   ```
   import os
   from google.colab import userdata

   os.environ["OPENAI_API_KEY"] = userdata.get("OPENAI_API_KEY")
   os.environ["ANTHROPIC_API_KEY"] = userdata.get("ANTHROPIC_API_KEY")
   os.environ["TAVILY_API_KEY"] = userdata.get("TAVILY_API_KEY")
   os.environ["LANGCHAIN_TRACING_V2"] = "true"
   os.environ["LANGCHAIN_ENDPOINT"] = "https://api.smith.langchain.com"
   os.environ["LANGCHAIN_API_KEY"] = userdata.get("LANGCHAIN_API_KEY")
   os.environ["LANGCHAIN_PROJECT"] = "agent-book"
   ```

   각 API 키를 얻는 방법은 다음에서 언급되는 단원을 참조하세요.

   - OpenAI API 키 얻는 방법 설명: 2장 2.4절의 'OpenAI API 사용을 위한 등록'
   - Anthropic API 키 얻는 방법 설명: 부록 A.1절의 'Anthropic 회원가입'
   - Tavily API 키 얻는 방법 설명: 5장 5.4절 'RunnablePassthrough – 입력을 그대로 출력하기'의 Tavily 가입 방법
   - LangSmith API 키 얻는 방법 설명: 부록 A.1절의 'LangSmith 회원가입'

5. 프로그램 실행 4단계까지의 설정이 완료된 후, 다음 명령어로 각 패턴을 구현한 프로그램을 실행할 수 있습니다.

   패시브 골 크리에이터

   ```
   !python -m passive_goal_creator.main --task "[프로그램에 대한 입력]"
   ```

   프롬프트/응답 최적화

   ```
   !python -m prompt_optimizer.main --task "[프로그램에 대한 입력]"
   ```

   싱글 패스 플랜 제너레이터

   ```
   !python -m single_path_plan_generation.main --task "[프로그램에 대한 입력]"
   ```

멀티 패스 플랜 제너레이터

```
!python -m multi_path_plan_generation.main --task "[프로그램에 대한 입력]"
```

셀프 리플렉션

```
!python -m self_reflection.main --task "[프로그램에 대한 입력]"
```

크로스 리플렉션

```
!python -m cross_reflection.main --task "[프로그램에 대한 입력]"
```

역할 기반 협력

```
!python -m role_based_cooperation.main --task "[프로그램에 대한 입력]"
```

각 패턴의 구현 코드에 관해

각 패턴의 구현 코드는 부록 A.2에 패턴별로 게재돼 있습니다. 각 패턴의 설명과 함께 참조해 주세요.

12.3 패시브 골 크리에이터(Passive Goal Creator)

구현 내용 해설

패시브 골 크리에이터 패턴은 사용자의 입력에서 구체적인 목표를 추출하는 패턴입니다. 실행되는 컨텍스트에 따라 다양한 고려사항이 있을 수 있지만, 여기서는 간단하게 프롬프트만을 사용해 사용자 입력을 '목표'의 내용이 표현된 데이터 모델의 객체로 변환하는 형태로 구현했습니다.

'목표'를 표현하는 데이터 모델

'목표'의 데이터 모델은 Pydantic의 **BaseModel**을 이용해 표현하고 있습니다. 코드는 다음과 같습니다.

```
class Goal(BaseModel):
    description: str = Field(..., description="목표 설명")

    @property
```

```
    def text(self) -> str:
        return f"{self.description}"
```

여기서는 목표를 나타내는 `Goal` 클래스를 정의하고 있습니다. 클래스에 `text` 프로퍼티를 정의함으로써 목표의 값을 문자열로 쉽게 가져올 수 있게 했습니다. 이러한 인터페이스의 표준화는 객체의 값을 프롬프트에 대입하는 경우에 편리하게 사용할 수 있습니다.

프롬프트와 체인

패시브 골 크리에이터의 프롬프트는 다음과 같이 정의했습니다. 유스케이스에 따라서는 '명확하고 실행 가능한 목표가 무엇인지'를 프롬프트 내에서 자세히 파고들 필요가 있을 수 있지만, 이번에는 범용적이고 간단한 예시로, 명확하고 실행 가능한 목표에 대해서는 LLM 자체가 생각하게 하는 프롬프트를 구성했습니다.

```
prompt = ChatPromptTemplate.from_template(
    "사용자 입력을 분석하여 명확하고 실행 가능한 목표를 생성해 주세요.\n"
    "요건:\n"
    "1. 목표는 구체적이고 명확해야 하며, 실행 가능한 수준으로 상세화되어야 합니다.\n"
    "2. 당신이 실행할 수 있는 행동은 다음과 같은 행동뿐입니다.\n"
    "   - 인터넷을 이용하여 목표 달성을 위한 조사를 수행합니다.\n"
    "   - 사용자를 위한 보고서를 생성합니다.\n"
    "3. 절대 2.에 명시된 행동 외의 다른 행동을 취해서는 안 됩니다.\n"
    "사용자 입력: {query}"
)
```

LLM의 출력을 `Goal` 모델의 구조에 맞추기 위해 `with_structured_output`을 사용합니다.

```
chain = prompt | self.llm.with_structured_output(Goal)
return chain.invoke({"query": query})
```

`with_structured_output`으로 데이터 모델 클래스를 지정하면, LLM이 Tool calling을 사용해 지정된 데이터 구조에 맞게 출력 데이터를 생성하도록 제어합니다. 이렇게 정의된 체인을 실행하면 `Goal` 객체로 출력 결과가 반환됩니다.

```
# 호출하는 측
goal_creator = PassiveGoalCreator(llm=llm)
result: Goal = goal_creator.run(query=args.task)
```

COLUMN
Settings 클래스에 관해

이 장에서 설명하는 각 패턴의 샘플 코드에서 사용하는 LLM의 모델명 등 공통 값들은 Settings 클래스에 정리돼 있습니다. Settings 클래스의 구현은 다음과 같습니다.

```python
import os

from pydantic_settings import BaseSettings, SettingsConfigDict


class Settings(BaseSettings):
    model_config = SettingsConfigDict(
        env_file=".env",
        env_file_encoding="utf-8",
    )

    OPENAI_API_KEY: str
    ANTHROPIC_API_KEY: str = ""
    TAVILY_API_KEY: str
    LANGCHAIN_TRACING_V2: str = "false"
    LANGCHAIN_ENDPOINT: str = "https://api.smith.langchain.com"
    LANGCHAIN_API_KEY: str = ""
    LANGCHAIN_PROJECT: str = "agent-book"

    # for Application
    openai_smart_model: str = "gpt-4o"
    openai_embedding_model: str = "text-embedding-3-small"
    anthropic_smart_model: str = "claude-3-5-sonnet-20240620"
    temperature: float = 0.0
    default_reflection_db_path: str = "tmp/reflection_db.json"

    def __init__(self, **values):
        super().__init__(**values)
        self._set_env_variables()

    def _set_env_variables(self):
        for key in self.__annotations__.keys():
            if key.isupper():
                os.environ[key] = getattr(self, key)
```

이 구현에서는 .env 파일에서 설정값을 읽어오기 위해 pydantic_settings라는 라이브러리를 사용합니다. pydantic_settings는 Pydantic 공식 라이브러리로, .env 파일에서 읽어온 값을 포함해 모든 설정값을 Pydantic 의 데이터 모델처럼 타입 어노테이션을 포함해 정의할 수 있습니다.

구현 코드에서는 .env 파일에서 설정값을 읽어오는 동시에, OPENAI_API_KEY와 같이 대문자로 정의된 키는 환경 변수로도 등록하도록 생성자에서 구현하고 있습니다. 매우 편리한 라이브러리이므로 여러분의 프로젝트에서도 꼭 활용해 보세요.

- Pydantic > Settings Management
  https://docs.pydantic.dev/latest/concepts/pydantic_settings/

실행 결과

패시브 골 크리에이터는 다음 명령어로 실행할 수 있습니다. 여기서는 샘플로 누구나 이해할 수 있는 예시인 '카레라이스 만드는 법'에 대해 패시브 골 크리에이터를 적용해 봤습니다.

명령어

```
!python -m passive_goal_creator.main --task "카레라이스 만드는 법"
```

출력 결과

```
인터넷을 이용하여 카레라이스 만드는 법을 조사하고, 사용자가 따라할 수 있도록 단계별로 정리된 보고서를 생성한다.
```

출력 결과에서는 "카레라이스 만드는 법"이라는 모호한 요청이 '카레라이스 만드는 법을 조사해 사용자를 위한 상세한 보고서를 생성한다'라는 구체적인 목표로 개선됐습니다.

12.4 프롬프트/응답 최적화(Prompt/Response Optimizer)

구현 내용 해설

프롬프트/응답 최적화는 생성된 목표나 사용자 요청을 보다 효과적인 프롬프트로 변환하고, LLM으로부터 더 높은 품질의 답변을 얻기 위한 패턴입니다. 여기서는 다음 프로그램을 각각 구현합니다.

- 입력된 목표를 바탕으로 효과적인 프롬프트를 생성하는 프로그램(프롬프트 최적화)
- 입력된 목표를 바탕으로 최적의 응답 내용을 정의하는 프로그램(응답 최적화)

프롬프트 최적화

'최적화된 목표'를 표현하는 데이터 모델

이번 구현에서는 최적화의 정의를 '더 구체적이고 측정 가능한 것'으로 설정했습니다. 이 정의에 따라 데이터 모델을 다음과 같이 구현하고 있습니다.

```
class OptimizedGoal(BaseModel):
    description: str = Field(..., description="목표의 설명")
    metrics: str = Field(..., description="목표의 달성도를 측정하는 방법")

    @property
    def text(self) -> str:
        return f"{self.description}(측정 기준: {self.metrics})"
```

새로운 데이터 모델에서는 새롭게 metrics 필드가 추가됐습니다. metrics 필드에는 '목표 달성도를 측정하는 방법'이 설정되도록 지시합니다. 이를 통해 각 목표에 대해 반드시 그 달성도를 측정하기 위한 측정 방법이 포함됩니다.

프롬프트에 대입을 쉽게 하기 위해, Goal 클래스와 마찬가지로 OptimizedGoal 클래스에도 text 프로퍼티를 구현합니다.

프롬프트와 체인

프롬프트에서 각 목표를 구체적, 측정 가능, 달성 가능, 관련성이 높은 것으로 최적화하도록 지시합니다.

```
prompt = ChatPromptTemplate.from_template(
    "당신은 목표 설정 전문가입니다. 아래의 목표를 SMART 원칙(Specific: 구체적, Measurable: 측정 가능, Achievable: 달성 가능, Relevant: 관련성이 높은, Time-bound: 기한이 있는)에 기반하여 최적화해 주세요.\n\n"
    "원래 목표:\n"
    "{query}\n\n"
    "지시 사항:\n"
```

```
"1. 원래 목표를 분석하고, 부족한 요소나 개선점을 파악해 주세요.\n"
"2. 당신이 실행할 수 있는 행동은 다음과 같습니다.\n"
"   - 인터넷을 이용하여 목표 달성을 위한 조사를 수행한다.\n"
"   - 사용자를 위한 보고서를 생성한다.\n"
"3. SMART 원칙의 각 요소를 고려하면서 목표를 구체적이고 상세하게 기술해 주세요.\n"
"   - 절대 추상적인 표현을 포함해서는 안 됩니다.\n"
"   - 반드시 모든 단어가 실행 가능하고 구체적인지 확인해 주세요.\n"
"4. 목표의 달성도를 측정하는 방법을 구체적이고 상세하게 기술해 주세요.\n"
"5. 원래 목표에서 기한이 지정되지 않은 경우에는 기한을 고려할 필요가 없습니다.\n"
"6. 주의: 절대로 2번 이외의 행동을 취해서는 안 됩니다."
)
```

패시브 골 크리에이터와 마찬가지로 `with_structured_output`을 이용해 LLM의 출력을 `OptimisedGoal` 클래스의 구조에 맞추게 합니다.

```
chain = prompt | self.llm.with_structured_output(OptimizedGoal)
return chain.invoke({"query": query})
```

실행 결과

프롬프트 최적화는 다음 명령어로 실행할 수 있습니다. 패시브 골 크리에이터의 출력이 개선됐음을 비교해 알 수 있도록 이번에도 '카레라이스 만드는 법'으로 실행해 보겠습니다.

명령어

```
!python -m prompt_optimizer.main --task "카레라이스 만드는 법"
```

출력 결과

> 사용자가 카레라이스를 만들기 위해 필요한 재료와 조리법을 조사하고, 이를 바탕으로 사용자가 따라할 수 있는 상세한 조리 가이드를 작성합니다. 이 가이드는 재료 목록, 조리 순서, 조리 시간, 그리고 팁을 포함해야 합니다. 목표는 2주 이내에 완료하는 것입니다. (측정 기준: 1. 작성된 조리 가이드의 완성도: 재료 목록, 조리 순서, 조리 시간, 팁이 모두 포함되어 있는지 확인합니다. 2. 사용자가 가이드를 따라 카레라이스를 성공적으로 만들 수 있는지 테스트합니다. 3. 가이드 작성 완료 후 2주 이내에 목표가 달성되었는지 확인합니다.)

패시브 골 크리에이터에 의한 목표 설정이 프롬프트 최적화에 의해 더 구체적이 됐고, 측정 기준도 설정됐음을 알 수 있습니다.

응답 최적화

프롬프트와 체인

응답 최적화에서는 사용자가 입력한 프롬프트로부터 그 프롬프트의 목표를 달성하기 위해 필요한 응답 사양을 출력하는 프롬프트를 정의하고 있습니다.

```
prompt = ChatPromptTemplate.from_messages(
    [
        (
            "system",
            "당신은 AI 에이전트 시스템의 응답 최적화 전문가입니다. 주어진 목표에 대해 에이전트가 목표에 맞는 응답을 반환하기 위한 응답 사양을 수립해 주세요.",
        ),
        (
            "human",
            "다음 절차에 따라 응답 최적화 프롬프트를 작성해 주세요:\n\n"
            "1. 목표 분석:\n"
            "제시된 목표를 분석하고 주요 요소와 의도를 파악해 주세요.\n\n"
            "2. 응답 사양 수립:\n"
            "목표 달성을 위한 최적의 응답 사양을 고안해 주세요. 톤, 구조, 내용의 초점 등을 고려해 주세요.\n\n"
            "3. 구체적인 지침 작성:\n"
            "사전에 수집된 정보에서 사용자의 기대에 부합하는 응답을 위해 필요한, AI 에이전트에 대한 명확하고 실행 가능한 지침을 작성해 주세요. 귀하의 지침으로 AI 에이전트가 수행할 수 있는 것은 이미 조사된 결과를 정리하는 것뿐입니다. 인터넷에 접근할 수 없습니다.\n\n"
            "4. 예시 제공:\n"
            "가능하다면, 목표에 맞는 응답의 예시를 하나 이상 포함해 주세요.\n\n"
            "5. 평가 기준 설정:\n"
            "응답의 효과를 측정하기 위한 기준을 정의해 주세요.\n\n"
            "다음 구조로 응답 최적화 프롬프트를 출력해 주세요:\n\n"
            "목표 분석:\n"
            "[여기에 목표 분석 결과를 기입]\n\n"
            "응답 사양:\n"
            "[여기에 수립된 응답 사양을 기입]\n\n"
            "AI 에이전트에 대한 지침:\n"
            "[여기에 AI 에이전트에 대한 구체적인 지침을 기입]\n\n"
            "응답 예시:\n"
            "[여기에 응답 예시를 기입]\n\n"
```

```
            "평가 기준:\n"
            "[여기에 평가 기준을 기입]\n\n"
            "그럼, 다음 목표에 대한 응답 최적화 프롬프트를 작성해 주세요:\n"
            "{query}",
        ),
    ]
)
```

응답 최적화에서는 특별히 출력용 데이터 모델 클래스를 준비하지 않았으므로 **StrOutputParser**를 사용해 생성 결과를 문자열로 반환하게 합니다.

```
chain = prompt | self.llm | StrOutputParser()
return chain.invoke({"query": query})
```

실행 결과

응답 최적화는 다음 명령어로 실행할 수 있습니다.

명령어

```
!python -m response_optimizer.main --task "카레라이스 만드는 법"
```

출력 결과

> 목표 분석:
> 이 목표는 사용자가 카레라이스를 만들 수 있도록 돕기 위한 단계별 조리법 보고서를 작성하는 것입니다. 주요 요소는 신뢰할 수 있는 출처에서 정보를 수집하고, 이를 바탕으로 사용자가 쉽게 따라할 수 있는 상세한 조리 과정을 제공하는 것입니다. 또한, 사용자 피드백을 통해 보고서를 개선하는 것이 중요합니다.
>
> 응답 사양:
> 응답은 명확하고 간결한 톤으로 작성되어야 하며, 단계별로 구조화된 형식을 가져야 합니다. 각 단계는 구체적이고 이해하기 쉬워야 하며, 필요한 재료와 도구, 조리 시간 등을 포함해야 합니다. 사용자가 쉽게 따라할 수 있도록 시각적 요소나 팁을 포함할 수 있습니다.
>
> AI 에이전트에 대한 지침:
> 1. 카레라이스 조리법에 대한 일반적인 정보를 제공하세요.
> 2. 카레라이스를 만드는 데 필요한 기본 재료와 도구 목록을 작성하세요.

> 3. 카레라이스 조리 과정을 최소 10단계로 나누어 설명하세요. 각 단계는 구체적이고 명확해야 하며, 필요한 조리 시간과 주의사항을 포함하세요.
> 4. 조리 과정 중 발생할 수 있는 일반적인 실수와 이를 피하기 위한 팁을 제공하세요.
> 5. 사용자가 조리법을 쉽게 이해할 수 있도록 간단한 요리 팁이나 대체 재료에 대한 정보를 추가하세요.
>
> 응답 예시:
> 1. **재료 준비**: 쌀 2컵, 물 3컵, 카레 블록 1팩, 양파 1개, 감자 2개, 당근 1개, 닭고기 200g, 식용유 2큰술.
> 2. **쌀 씻기**: 쌀을 깨끗이 씻고 물기를 뺀 후, 밥솥에 넣고 물 3컵을 부어 밥을 짓습니다.
> 3. **재료 손질**: 양파, 감자, 당근을 깍둑썰기하고, 닭고기는 한 입 크기로 자릅니다.
> 4. **양파 볶기**: 팬에 식용유를 두르고 중불에서 양파를 투명해질 때까지 볶습니다.
> 5. **닭고기 추가**: 닭고기를 팬에 넣고 겉면이 익을 때까지 볶습니다.
> 6. **채소 추가**: 감자와 당근을 넣고 5분간 볶습니다.
> 7. **물 붓기**: 팬에 물 2컵을 붓고 끓입니다.
> 8. **카레 블록 넣기**: 카레 블록을 넣고 잘 저어 녹입니다.
> 9. **조리**: 약한 불로 줄이고 15분간 끓이며 가끔 저어줍니다.
> 10. **완성**: 밥 위에 카레를 얹어 서빙합니다.
>
> 평가 기준:
> 1. 응답이 명확하고 단계별로 잘 구조화되어 있는지 평가합니다.
> 2. 각 단계가 구체적이고 이해하기 쉬운지 확인합니다.
> 3. 제공된 정보가 사용자가 실제로 따라할 수 있을 만큼 실용적인지 평가합니다.
> 4. 사용자 피드백을 통해 보고서의 효과성을 검증하고, 필요한 경우 개선점을 반영했는지 확인합니다.

프로그램에서 사용자가 입력한 프롬프트에 대해 다음과 같이 처리합니다.

- 사용자가 입력한 프롬프트를 패시브 골 크리에이터로 상세화
- 상세화된 프롬프트를 입력으로 하여 프롬프트 최적화를 통해 검증 방법까지 포함된 프롬프트 작성
- 최적화된 프롬프트를 입력으로 하여 그 프롬프트의 목표가 달성되도록 하는 응답 사양을 응답 최적화를 통해 작성

코드는 다음과 같습니다.

```
passive_goal_creator = PassiveGoalCreator(llm=llm)
goal: Goal = passive_goal_creator.run(query=args.task)

prompt_optimizer = PromptOptimizer(llm=llm)
optimized_goal: OptimizedGoal = prompt_optimizer.run(query=goal.text)
```

```
response_optimizer = ResponseOptimizer(llm=llm)
optimized_response: str = response_optimizer.run(query=optimized_goal.text)

print(f"{optimized_response}")
```

응답 최적화를 통해 AI 에이전트에 입력하는 쿼리의 최적화뿐만 아니라, AI 에이전트에서 출력되는 내용의 최적화까지 실현할 수 있습니다. 또한, 이 예시에서는 응답 사양을 나타내는 프롬프트를 LLM에 의해 동적으로 생성하고 있지만, 개발자 자신이 프롬프트를 하드코딩하는 것도 가능합니다. 업무 요구사항에 맞게 특정 형식으로 출력하고 싶은 경우에는 하드코딩하는 것도 고려해 보는 것이 좋습니다.

12.5 싱글 패스 플랜 제너레이터

구현 내용 해설

싱글 패스 플랜 제너레이터(Single-Path Plan Generator)는 설정된 목표를 달성하기 위한 일련의 구체적인 단계를 생성하는 패턴입니다. 여기서는 싱글 패스 플랜 제너레이터의 작동을 확인할 수 있는 AI 에이전트로, 다음과 같은 일련의 처리를 연결한 워크플로를 LangGraph를 이용해 구현해 나갑니다.

- 패시브 골 크리에이터와 프롬프트 최적화를 통한 목표 설정
- 설정된 목표에 대해 원샷 모델 쿼리와 싱글 패스 플랜 제너레이터를 사용해 목표를 개별 태스크로 분해
- 태스크 분해의 결과로 만들어진 태스크 리스트에 기반해 각 태스크를 실행
- 응답 최적화를 통해 정의된 응답 사양에 따른 보고서 출력

워크플로 도표

그럼 이번에 구현할 AI 에이전트의 워크플로 도표(그림 12.1)를 살펴봅시다.

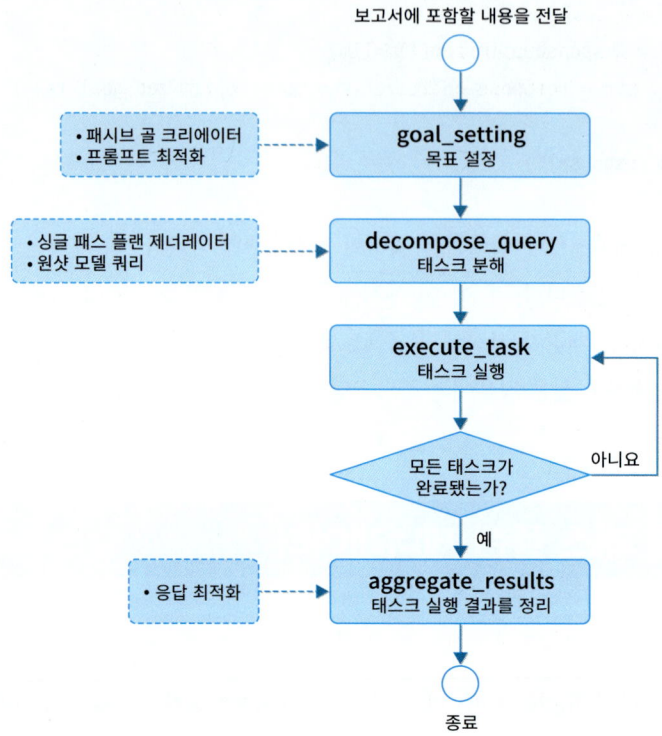

그림 12.1 싱글 패스 플랜 제너레이터 에이전트의 워크플로

워크플로는 다음 4개의 노드로 구성돼 있습니다.

- goal_setting: 목표 설정
- decompose_query: 태스크 분해
- execute_task: 태스크 실행
- aggregate_results: 태스크의 실행 결과를 정리

각 노드는 앞서 언급한 처리 단계에 대응합니다. 이처럼 설계상의 처리 단계와 실제 코드의 대응이 쉬워지는 것도 LangGraph를 이용한 개발의 장점입니다.

스테이트 설계

워크플로의 스테이트 데이터 모델 정의는 `SinglePathPlanGenerationState` 모델로 정의돼 있습니다. 구현 코드는 다음과 같습니다.

```python
class SinglePathPlanGenerationState(BaseModel):
    query: str = Field(..., description="사용자가 입력한 쿼리")
    optimized_goal: str = Field(default="", description="최적화된 목표")
    optimized_response: str = Field(
        default="", description="최적화된 응답 정의"
    )
    tasks: list[str] = Field(default_factory=list, description="실행할 태스크 리스트")
    current_task_index: int = Field(default=0, description="현재 실행 중인 태스크 번호")
    results: Annotated[list[str], operator.add] = Field(
        default_factory=list, description="실행 완료된 태스크 결과 리스트"
    )
    final_output: str = Field(default="", description="최종 출력 결과")
```

SinglePathPlanGenerationState 모델의 정의 내용은 다음과 같습니다.

- query: 사용자로부터의 입력을 유지합니다.
- optimized_goal: 사용자 입력을 상세화/최적화한 목표를 유지합니다.
- optimized_response: 상세화/최적화한 목표에 대해 적절한 응답 사양을 유지합니다.
- tasks: 상세화/최적화한 목표를 바탕으로 태스크 분해한 결과를 유지합니다.
- current_task_index: 현재 몇 번째 태스크에 대응하고 있는지를 유지합니다.
- results: 각 태스크의 실행 결과를 유지합니다.
- final_output: aggregate_results 노드의 실행 결과를 유지합니다.

이번 워크플로에서는 반드시 사용자 입력에서 AI 에이전트에 의한 처리가 시작되므로 query 필드만이 필수 항목으로 되어 있습니다.

그럼 노드의 처리를 하나씩 살펴봅시다.

goal_setting 노드: 목표 설정

goal_setting 노드의 처리는 지금까지 만든 패시브 골 크리에이터(PassiveGoalCreator), 프롬프트 최적화(PromptOptimizer), 응답 최적화(ResponseOptimizer)를 활용해 구현합니다. 구현 코드는 다음과 같습니다.

```python
def _goal_setting(self, state: SinglePathPlanGenerationState) -> dict[str, Any]:
```

```python
    # 프롬프트 최적화
    goal: Goal = self.passive_goal_creator.run(query=state.query)
    optimized_goal: OptimizedGoal = self.prompt_optimizer.run(query=goal.text)
    # 응답 최적화
    optimized_response: str = self.response_optimizer.run(query=optimized_goal.text)
    return {
        "optimized_goal": optimized_goal.text,
        "optimized_response": optimized_response,
    }
```

goal_setting 노드의 처리에 의해 이후 처리의 입력이 되는 optimized_goal 필드와 optimized_response 필드가 업데이트됩니다.

decompose_query 노드: 태스크 분해

decompose_query 노드의 처리는 QueryDecomposer 클래스에 의해 수행됩니다. 이 클래스가 실질적으로 싱글 패스 플랜 제너레이터 패턴을 구현하는 클래스입니다. 이 클래스의 구현 코드는 다음과 같습니다.

```python
class QueryDecomposer:
    def __init__(self, llm: ChatOpenAI):
        self.llm = llm
        self.current_date = datetime.now().strftime("%Y-%m-%d")

    def run(self, query: str) -> DecomposedTasks:
        prompt = ChatPromptTemplate.from_template(
            f"CURRENT_DATE: {self.current_date}\n"
            "-----\n"
            "태스크: 주어진 목표를 구체적이고 실행 가능한 태스크로 분해해 주세요.\n"
            "요건:\n"
            "1. 다음 행동만으로 목표를 달성할 것. 절대 지정된 이외의 행동을 취하지 말 것.\n"
            "   - 인터넷을 이용하여 목표 달성을 위한 조사를 수행한다.\n"
            "2. 각 태스크는 구체적이고 상세하게 기재하며, 단독으로 실행 및 검증 가능한 정보를 포함할 것. 추상적인 표현을 일절 포함하지 말 것.\n"
            "3. 태스크는 실행 가능한 순서로 리스트화할 것.\n"
            "4. 태스크는 한국어로 출력할 것.\n"
            "목표: {query}"
        )
        chain = prompt | self.llm.with_structured_output(DecomposedTasks)
        return chain.invoke({"query": query})
```

앞 장에서는 주어진 목표에 대해 한 번의 쿼리로 플랜 생성을 수행하는 패턴을 원샷 모델 쿼리 패턴으로 소개했습니다. 여기서는 원샷 모델 쿼리로 플랜 생성을 수행합니다.

목표에는 '다음 달까지'와 같은 시간적 요소가 포함될 가능성이 있으므로, 구체적인 시간 축을 고려한 태스크 분해가 가능하도록 현재 시각을 태스크 분해 프롬프트에 설정합니다. 또한, AI 에이전트의 작동에 제약을 두기 위해 상세한 요건도 설정합니다. 요건이 설정돼 있지 않은 경우, '이해관계자 인터뷰하기'와 같은 AI 에이전트로는 실행 불가능한 태스크도 태스크 분해 결과에 포함될 수 있으므로 주의해야 합니다.

태스크 분해 결과의 데이터 구조를 의도한 대로 조정하기 위해 `with_structured_output` 함수를 사용해 생성 결과가 `DecomposedTasks` 타입이 되게 합니다. `DecomposedTasks` 클래스의 구현 코드는 다음과 같습니다.

```
class DecomposedTasks(BaseModel):
    values: list[str] = Field(
        default_factory=list,
        min_items=3,
        max_items=5,
        description="3~5개로 분해된 태스크",
    )
```

필드 정의에 `min_items`(최소 요소 수), `max_items`(최대 요소 수)를 포함함으로써 생성되는 리스트의 요소 수도 제어할 수 있습니다.

`decomposed_query` 노드에서는 `QueryDecomposer`로 태스크 분해를 실행한 결과를 받아, 스테이트의 `tasks` 필드를 업데이트합니다. 구현 코드는 다음과 같습니다.

```
def _decompose_query(self, state: SinglePathPlanGenerationState) -> dict[str, Any]:
    decomposed_tasks: DecomposedTasks = self.query_decomposer.run(
        query=state.optimized_goal
    )
    return {"tasks": decomposed_tasks.values}
```

execute_task 노드: 태스크 실행

execute_task 노드에서는 decompose_query 노드에서 얻은 `tasks` 필드에 저장된 태스크를 하나씩 꺼내 TaskExecutor 클래스로 그 목표에 대해 실행한 결과를 `results` 필드에 실행 결과로 저장하는 처리를 수행합니다.

```python
def _execute_task(self, state: SinglePathPlanGenerationState) -> dict[str, Any]:
    current_task = state.tasks[state.current_task_index]
    result = self.task_executor.run(task=current_task)
    return {
        "results": [result],
        "current_task_index": state.current_task_index + 1,
    }
```

execute_task 노드에서 어떤 태스크를 실행해야 하는지는 current_task_index 필드의 값으로 파악합니다. current_task_index 필드의 값은 execute_task 노드를 실행할 때마다 증가(1씩 카운트 업)합니다.

생성된 태스크에 대해 모든 처리가 완료되면 다음 조건부 에지에 의해 aggregate_results 노드로 처리가 이동합니다.

```python
graph.add_conditional_edges(
    "execute_task",
    lambda state: state.current_task_index < len(state.tasks),
    {True: "execute_task", False: "aggregate_results"},
)
```

실제로 태스크 실행을 담당하는 TaskExecutor 클래스의 구현 코드는 다음과 같습니다.

```python
class TaskExecutor:
    def __init__(self, llm: ChatOpenAI):
        self.llm = llm
        self.tools = [TavilySearchResults(max_results=3)]

    def run(self, task: str) -> str:
        agent = create_react_agent(self.llm, self.tools)
        result = agent.invoke(
            {
                "messages": [
                    (
                        "human",
                        (
                            "다음 태스크를 실행하고 상세한 답변을 제공해 주세요.\n\n"
```

```
                        f"태스크: {task}\n\n"
                        "요건:\n"
                        "1. 필요에 따라 제공된 도구를 사용하세요.\n"
                        "2. 실행은 철저하고 포괄적으로 수행하세요.\n"
                        "3. 가능한 한 구체적인 사실이나 데이터를 제공하세요.\n"
                        "4. 발견한 내용을 명확하게 요약하세요.\n"
                    ),
                )
            ]
        }
    )
    return result["messages"][-1].content
```

이 클래스의 구현에 활용하는 `create_react_agent` 함수는 LangGraph에서 미리 준비돼 있는 프리빌트 함수입니다. 이 함수를 이용하면 인수로 지정한 도구를 사용해 태스크를 실행하는 AI 에이전트를 쉽게 만들 수 있습니다. `create_react_agent` 함수에 관한 자세한 설명은 칼럼을 참조해 주세요.

또한, 도구로는 LangChain에 미리 준비돼 있는 `TavilySearchResults`를 이용합니다. `TavilySearchResults`는 5장에서 소개한 RAG에 특화된 Tavily라는 검색 엔진을 이용해 검색 결과를 가져오기 위한 도구입니다.

AI 에이전트의 프롬프트에서는 실행 결과에 대한 요약을 요구합니다. 후속 `aggregate_results` 노드에서는 이 요약을 참조해 사용자 요청에 대한 최종적인 보고서를 생성합니다.

> **COLUMN**
>
> **태스크의 병렬 실행 대응 방법**
>
> 게재된 구현 코드에서는 인덱스 카운트업에 의해 다음 태스크를 추출하는 로직으로 되어 있어, 태스크를 위에서부터 순서대로 직렬로 실행하는 것은 가능하지만, 각각을 독립적으로 병렬 처리하는 것은 불가능합니다.
>
> 처리 속도 향상을 위해 의존 관계가 없는 태스크는 병렬 실행하도록 처리를 구현하고 싶은 경우도 있을 것입니다.
>
> 그런 경우에는 스테이트의 데이터로 착수 또는 완료된 태스크의 ID를 유지하도록 하고, 아직 착수·완료되지 않은 태스크를 추출해 실행하는 로직으로 변경해 주세요.

COLUMN

LangGraph의 create_react_agent 함수 해설

create_react_agent 함수는 도구 호출을 수반하는 AI 에이전트를 만들기 위한 함수입니다. 이와 같은 LLM에서 도구를 호출하는 구조는 일반적으로 Function calling이나 Tool calling 등으로 불립니다. Function calling에 대한 자세한 설명은 2장 2.6절 'Function calling'을 참조해 주세요.

create_react_agent 함수에 의해 생성된 AI 에이전트는 CompiledGraph 클래스의 객체이므로 LangGraph로 컴파일한 그래프와 같은 인터페이스로 이용할 수 있습니다.

이 AI 에이전트의 작동은 매우 단순해서 Function calling의 구조에 의해 LLM에서 도구의 실행이 요구되는 동안은 지정된 도구의 실행을 반복하고, 요구되지 않으면 실행을 종료합니다(그림 12.2).

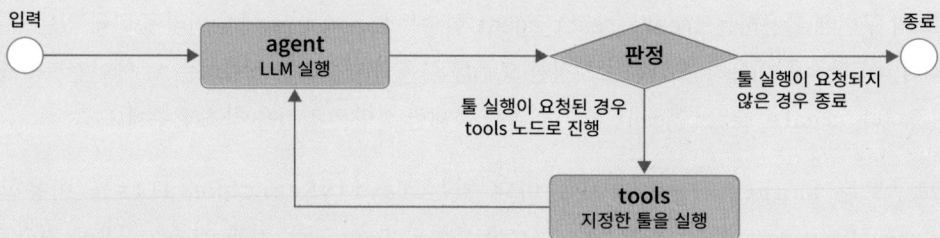

그림 12.2 create_react_agent 함수에 의해 생성되는 AI 에이전트의 플로

작동을 확인하기 위해 간단한 샘플 코드를 작성했습니다. 다음 코드에서는 LangChain의 기능(@tool 데코레이터)에 의해 AI 에이전트가 이용 가능한 도구로 정의한 check_weather 함수를 실행할 수 있는 에이전트를 정의합니다.

```
from langchain_core.tools import tool
from langchain_core.messages import HumanMessage
from langchain_openai import ChatOpenAI
from langgraph.prebuilt import create_react_agent

@tool
def check_weather(location: str) -> str:
    """현재 날씨를 반환하는 도구"""
    return f"{location}은 맑습니다"

tools = [check_weather]
llm = ChatOpenAI(model="gpt-4o")
graph = create_react_agent(llm, tools)
```

```
inputs = {"messages": [HumanMessage(content="지금 서울 날씨는?")]}
for state in graph.stream(inputs, stream_mode="values"2):
    message = state["messages"][-1]
    message.pretty_print()
```

create_react_agent 함수에 의해 생성되는 AI 에이전트는 스테이트로 messages 필드를 가지고 있습니다. 이 필드는 AI 에이전트에 의한 실행 결과를 모두 축적하는 설계로 되어 있습니다. 샘플 코드에서는 CompiledGraph의 stream 함수에 의해 순차적으로 에이전트를 작동시키고, 그때마다 반환되는 스테이트 내의 messages 필드 리스트의 마지막 요소를 표준 출력합니다. 이 코드의 실행 결과는 다음과 같습니다.

```
================================ Human Message ================================

지금 서울 날씨는?
================================== Ai Message ==================================
Tool Calls:
  check_weather (call_ymHCD06CCypMyNIlKIDMF2BP)
 Call ID: call_ymHCD06CCypMyNIlKIDMF2BP
  Args:
    location: 서울
================================= Tool Message =================================
Name: check_weather

서울은 맑습니다
================================== Ai Message ==================================

서울의 현재 날씨는 맑습니다.
```

사용자는 날씨에 대해 묻고 있으므로, AI 에이전트는 도구로 정의돼 있는 check_weather 함수의 실행을 요구하고, 현재 날씨를 가져온 결과를 반환하려고 하는 것을 알 수 있습니다.

aggregate_results 노드: 태스크의 실행 결과를 정리

마지막으로, aggregate_results 노드에서 태스크의 실행 결과를 정리합니다. aggregate_results 노드의 구현 코드는 다음과 같습니다.

---

2 stream_mode를 "values"로 설정하면 스테이트가 업데이트될 때마다 스테이트의 정보 전체가 for문의 반복 변수(예에서는 state 변수)에 전달됩니다. 또한, "updates"로 설정하면, 노드가 업데이트한 값만 반복 변수에 전달됩니다.

```python
def _aggregate_results(
    self, state: SinglePathPlanGenerationState
) -> dict[str, Any]:
    final_output = self.result_aggregator.run(
        query=state.optimized_goal,
        response_definition=state.optimized_response,
        results=state.results,
    )
    return {"final_output": final_output}
```

ResultAggregator 클래스의 run 함수에는 상세화/최적화한 목표, 최적화된 응답 사양, AI 에이전트에 의한 태스크의 실행 결과를 각각 입력합니다. 구현 코드는 다음과 같습니다.

```python
class ResultAggregator:
    def __init__(self, llm: ChatOpenAI):
        self.llm = llm

    def run(self, query: str, response_definition: str, results: list[str]) -> str:
        prompt = ChatPromptTemplate.from_template(
            "주어진 목표:\n{query}\n\n"
            "조사 결과:\n{results}\n\n"
            "주어진 목표에 대해 조사 결과를 활용하여 다음 지시에 기반한 응답을 생성해 주세요.\n"
            "{response_definition}"
        )
        results_str = "\n\n".join(
            f"Info {i+1}:\n{result}" for i, result in enumerate(results)
        )
        chain = prompt | self.llm | StrOutputParser()
        return chain.invoke(
            {
                "query": query,
                "results": results_str,
                "response_definition": response_definition,
            }
        )
```

프롬프트는 입력된 내용을 그대로 전달하는 간단한 설계로 되어 있습니다. 응답 사양을 정한 상세한 프롬프트는 사전에 응답 최적화에 의해 생성돼 있으므로 그 내용을 그대로 전달하면 프롬프트로 작동합니다.

실행 결과

그럼 다음 명령어로 만든 AI 에이전트를 실행해 봅시다.

명령어

```
!python -m single_path_plan_generation.main --task "카레라이스 만드는 법"
```

실제로 필자가 실행했을 때 LangSmith를 이용해 처리 상황을 확인해 보면 프롬프트 최적화의 결과가 다음과 같았습니다.

> description: 인터넷을 이용하여 카레라이스를 만들기 위한 재료와 조리 과정을 조사하고, 이를 바탕으로 사용자가 따라할 수 있는 상세한 레시피 보고서를 생성한다. 이 보고서는 재료 목록, 단계별 조리 과정, 예상 조리 시간, 그리고 각 단계의 사진을 포함해야 한다.
> metrics: "생성된 레시피 보고서의 품질은 다음 기준으로 측정된다: 1) 재료 목록의 정확성과 완전성, 2) 단계별 조리 과정의 명확성과 구체성, 3) 예상 조리 시간의 현실성, 4) 각 단계의 사진 제공 여부. 또한, 보고서를 따라 카레라이스를 성공적으로 조리한 사용자 피드백의 긍정적 비율을 통해 측정한다."

또한, 응답 최적화의 내용은 다음과 같습니다.

> 목표 분석:
> 이 목표는 사용자가 카레라이스를 만들 수 있도록 돕기 위한 상세한 레시피 보고서를 생성하는 것입니다. 주요 요소는 재료 목록의 정확성과 완전성, 단계별 조리 과정의 명확성과 구체성, 예상 조리 시간의 현실성, 그리고 각 단계의 사진 제공입니다. 의도는 사용자가 보고서를 따라 카레라이스를 성공적으로 조리할 수 있도록 하는 것입니다.
>
> 응답 사양:
> 응답은 친근하고 명확한 톤으로 작성되어야 하며, 사용자가 쉽게 따라할 수 있도록 구조화되어야 합니다. 내용은 재료 목록, 단계별 조리 과정, 예상 조리 시간, 그리고 각 단계의 사진 설명으로 구성됩니다. 각 단계는 구체적이고 이해하기 쉽게 설명되어야 하며, 예상 조리 시간은 현실적이어야 합니다.
>
> AI 에이전트에 대한 지침:
> 1. 카레라이스를 만들기 위한 일반적인 재료 목록을 제공하세요. 예를 들어, 쌀, 카레 가루, 고기(닭고기 또는 소고기), 감자, 당근, 양파 등이 포함될 수 있습니다.
> 2. 각 재료의 양을 명확히 제시하세요.
> 3. 단계별 조리 과정을 상세히 설명하세요. 각 단계는 명확하고 구체적으로 작성되어야 하며, 사용자가 쉽게 따라할 수 있도록 해야 합니다.
> 4. 각 단계에 대한 예상 소요 시간을 제공하세요.
> 5. 각 단계에 대한 사진 설명을 포함하세요. 사진 자체는 제공할 수 없지만, 사진이 어떤 내용을 담고

있어야 하는지 설명할 수 있습니다.

응답 예시:
(※생략)

평가 기준:
1) 재료 목록의 정확성과 완전성: 모든 필요한 재료가 명확히 나열되어 있는가?
2) 단계별 조리 과정의 명확성과 구체성: 각 단계가 이해하기 쉽게 설명되어 있는가?
3) 예상 조리 시간의 현실성: 각 단계의 소요 시간이 현실적인가?
4) 각 단계의 사진 제공 여부: 사진 설명이 각 단계의 이해를 돕고 있는가?
5) 사용자 피드백: 보고서를 따라 카레라이스를 성공적으로 조리한 사용자 피드백의 긍정적 비율.

설정된 목표에 대한 태스크 분해의 결과는 다음과 같습니다.

```
{
  "values": [
    "인터넷에서 카레라이스의 기본 재료 목록을 조사하여 작성한다.",
    "인터넷에서 카레라이스의 단계별 조리 과정을 조사하여 작성한다.",
    "인터넷에서 각 조리 단계에 대한 예상 조리 시간을 조사하여 작성한다.",
    "인터넷에서 각 조리 단계에 대한 사진을 수집한다.",
    "조사한 정보를 바탕으로 사용자가 따라할 수 있는 상세한 레시피 보고서를 작성한다."
  ]
}
```

이렇게 준비한 결과, 다음과 같은 출력을 얻었습니다. 응답 최적화를 통해 정의된 명세대로 조사 결과에 기반한 보고서가 출력됐음을 알 수 있습니다.

출력 결과

카레라이스를 만들기 위한 상세한 레시피 보고서를 아래와 같이 제공합니다. 이 보고서는 재료 목록, 단계별 조리 과정, 예상 조리 시간, 그리고 각 단계의 사진 설명으로 구성되어 있습니다.

재료 목록
- **쌀**: 2컵
- **카레 가루**: 100g
- **돼지고기**: 200g (목살 또는 앞다리살)
- **감자**: 2개
- **당근**: 1개
- **양파**: 1개

- **애호박**: 1/2개
- **대파**: 파란 부분 20cm
- **식용유**: 2스푼
- **다진 마늘**: 1스푼
- **소금**: 2꼬집
- **후춧가루**: 약간
- **맛술**: 2스푼
- **우유**: 1/4컵 (50ml)
- **물**: 700ml (카레 준비용) + 500ml (조리용)

단계별 조리 과정

1. **쌀 준비**:
   - 쌀을 씻고 30분 동안 물에 불립니다.
   - **사진 설명**: 물에 불린 쌀이 담긴 그릇.

2. **재료 손질**:
   - 감자, 당근, 애호박을 깍둑썰기하고 양파는 채썰기 합니다.
   - 대파는 파란 부분만 20cm 정도로 썰어줍니다.
   - **사진 설명**: 깍둑썰기한 감자, 당근, 애호박과 채썬 양파, 썰어놓은 대파.

3. **카레 준비**:
   - 카레 가루 100g을 물 700ml에 미리 풀어 준비합니다.
   - **사진 설명**: 물에 풀어진 카레 가루가 담긴 그릇.

4. **고기 및 양파 볶기**:
   - 냄비에 식용유 2스푼을 두르고 다진 마늘 1스푼을 넣어 볶습니다.
   - 양파를 먼저 볶은 후, 돼지고기를 넣고 볶습니다.
   - 맛술 2스푼을 넣고 고기가 익을 때까지 볶습니다. (약 5-7분 소요)
   - **사진 설명**: 냄비에서 볶아지고 있는 양파와 돼지고기.

5. **야채 추가 및 조리**:
   - 고기가 익으면 준비한 야채(감자, 당근, 애호박)를 넣고 소금 2꼬집, 후춧가루 약간을 넣어 볶습니다.
   - 물 500ml를 붓고 끓여서 야채가 익을 때까지 조리합니다. (약 10-15분 소요)
   - **사진 설명**: 냄비에 추가된 야채와 물이 끓고 있는 모습.

6. **카레 넣기**:
   - 야채와 고기가 익으면 미리 준비한 카레를 부어줍니다.
   - 걸쭉해질 때까지 끓입니다. (약 10분 소요)

- **사진 설명**: 걸쭉해진 카레가 끓고 있는 모습.

7. **마무리**:
   - 대파를 넣고, 필요에 따라 우유 1/4컵(50ml)을 추가하여 맛을 조절합니다.
   - **사진 설명**: 대파와 우유가 추가된 카레의 모습.

8. **밥 짓기**:
   - 불린 쌀을 밥솥에 넣고 밥을 짓습니다. (약 20-30분 소요)
   - **사진 설명**: 밥솥에 들어간 쌀과 완성된 밥.

9. **서빙**:
   - 밥이 완성되면 카레와 함께 접시에 담아냅니다.
   - **사진 설명**: 완성된 카레라이스가 담긴 접시.

예상 조리 시간
- 총 예상 조리 시간: 약 60-75분

이 레시피를 따라 카레라이스를 성공적으로 조리하시길 바랍니다! 각 단계의 사진 설명을 참고하여 조리 과정을 시각적으로 이해하는 데 도움이 되길 바랍니다.

12.6 멀티 패스 플랜 제너레이터

구현 내용 해설

멀티 패스 플랜 제너레이터(Multi-Path Plan Generator)는 태스크 분해 시 여러 선택지를 동시에 생성하고, 실행 시 컨텍스트에 따라 실행 에이전트 자신이 매번 적절한 선택을 하게 하는 패턴입니다.

싱글 패스 플랜 제너레이터의 예시와 마찬가지로, 여기서도 멀티 패스 플랜 제너레이터의 작동을 확인하는 AI 에이전트를 만들어 보겠습니다. 싱글 패스 플랜 제너레이터 예시와의 차이점은, 설정된 목표에 대해 멀티 패스 플랜 제너레이터를 통한 태스크 분해를 수행한다는 점입니다.

워크플로 도표

그럼 이번에 구현할 AI 에이전트의 워크플로 도표(그림 12.3)를 살펴봅시다.

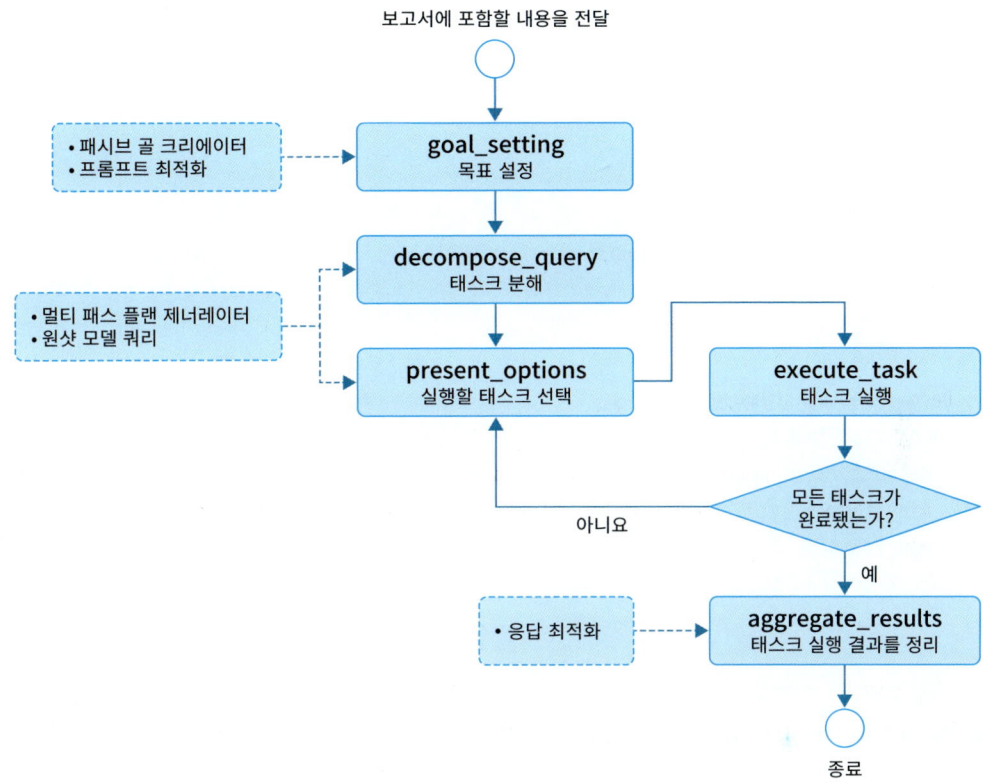

그림 12.3 멀티 패스 플랜 제너레이터 프로그램의 워크플로

이번 워크플로는 싱글 패스 제너레이터의 예시에서 만든 프로그램의 워크플로에 멀티 패스 플랜 제너레이터를 통해 생성된 선택지 중에서 적절한 것을 선택하기 위한 `present_options` 노드가 추가된 구성입니다. 여기서 선택된 태스크가 후속 `execute_task` 노드에서 실행됩니다.

최종적으로는 싱글 패스 플랜 제너레이터의 예시와 마찬가지로, `aggregate_results` 노드가 태스크의 실행 결과를 정리해 최종 보고서를 생성합니다.

스테이트 설계

스테이트 설계는 싱글 패스 플랜 제너레이터의 예시와 거의 동일하지만, 태스크에 여러 선택지를 유지할 수 있도록 새롭게 `DecomposedTasks` 클래스를 데이터 모델로 정의합니다. 구현 코드는 다음과 같습니다.

```python
class TaskOption(BaseModel):
    description: str = Field(default="", description="태스크 옵션에 대한 설명")


class Task(BaseModel):
    task_name: str = Field(..., description="태스크 이름")
    options: list[TaskOption] = Field(
        default_factory=list,
        min_items=2,
        max_items=3,
        description="2~3개의 태스크 옵션",
    )


class DecomposedTasks(BaseModel):
    values: list[Task] = Field(
        default_factory=list,
        min_items=3,
        max_items=5,
        description="3~5개로 분해된 태스크",
    )


class MultiPathPlanGenerationState(BaseModel):
    query: str = Field(..., description="사용자가 입력한 쿼리")
    optimized_goal: str = Field(default="", description="최적화된 목표")
    optimized_response: str = Field(default="", description="최적화된 응답")
    tasks: DecomposedTasks = Field(
        default_factory=DecomposedTasks,
        description="여러 옵션을 가진 태스크 리스트",
    )
    current_task_index: int = Field(default=0, description="현재 태스크의 인덱스")
    chosen_options: Annotated[list[int], operator.add] = Field(
        default_factory=list, description="각 태스크에서 선택된 옵션의 인덱스"
    )
    results: Annotated[list[str], operator.add] = Field(
        default_factory=list, description="실행된 태스크의 결과"
    )
    final_output: str = Field(default="", description="최종 출력")
```

AI 에이전트에 의한 선택을 스테이트에 유지하기 위해 chosen_options 필드에 각 태스크에서 선택된 선택지의 인덱스를 리스트로 유지하는 구조입니다.

decompose_query 노드: 태스크 분해

goal_setting 노드, execute_task 노드 및 aggregate_results 노드는 싱글 패스 플랜 제너레이터 예시에서의 구현과 동일하므로, 여기서는 decompose_query 노드와 present_options 노드에 대한 구현을 설명하겠습니다.

먼저 decompose_query 노드인데, 노드 자체는 다음 코드에 보이는 구현이며, 처리의 대부분을 QueryDecomposer 클래스에 위임합니다.

```python
def _decompose_query(self, state: MultiPathPlanGenerationState) -> dict[str, Any]:
    tasks = self.query_decomposer.run(query=state.optimized_goal)
    return {"tasks": tasks}
```

QueryDecomposer 클래스의 구현은 다음과 같습니다.

```python
class QueryDecomposer:
    def __init__(self, llm: ChatOpenAI):
        self.llm = llm
        self.current_date = datetime.now().strftime("%Y-%m-%d")

    def run(self, query: str) -> DecomposedTasks:
        prompt = ChatPromptTemplate.from_template(
            f"CURRENT_DATE: {self.current_date}\n"
            "-----\n"
            "태스크: 주어진 목표를 3~5개의 고수준 태스크로 분해하고, 각 태스크에 2~3개의 구체적인 옵션을 제공하세요.\n"
            "요구사항:\n"
            "1. 다음 행동만으로 목표를 달성할 것. 절대 지정된 것 외의 행동을 취하지 말 것.\n"
            "   - 인터넷을 이용하여 목표 달성을 위한 조사를 수행.\n"
            "2. 각 고수준 태스크는 구체적이고 상세하게 기술되어야 하며, 독립적으로 실행 및 검증 가능한 정보를 포함할 것. 추상적인 표현을 전혀 포함하지 말 것.\n"
            "3. 각 항목 레벨 태스크에 2~3개의 다른 접근법이나 옵션을 제공할 것.\n"
            "4. 태스크는 실행 가능한 순서로 나열할 것.\n"
            "5. 태스크는 한국어로 출력할 것.\n\n"
```

```
            "기억하세요: 실행할 수 없는 태스크와 선택지는 절대로 만들지 마세요.\n\n"
            "목표: {query}"
        )
        chain = prompt | self.llm.with_structured_output(DecomposedTasks)
        return chain.invoke({"query": query})
```

`with_structured_output` 함수를 이용해 DecomposedTasks 클래스에서 정의한 데이터 모델을 바탕으로 선택지가 있는 태스크 리스트가 생성되도록 구현합니다. 선택지의 생성을 포함해 거의 모든 처리를 프롬프트에 의한 지시로 실현하는 형태이므로, 코드의 구현은 단순합니다.

DecomposedTasks 클래스에 의한 데이터 모델의 정의는 LLM에 대해 다음과 같은 JSON에 의한 스키마[3]로 전달됩니다.

```
{
    "description": "3~5개로 분해된 태스크",
    "minItems": 3,
    "maxItems": 5,
    "type": "array",
    "items": {
        "type": "object",
        "properties": {
            "task_name": {
                "description": "태스크의 이름",
                "type": "string"
            },
            "options": {
                "description": "2~3개의 태스크 옵션",
                "minItems": 2,
                "maxItems": 3,
                "type": "array",
                "items": {
                    "type": "object",
                    "properties": {
                        "description": {
                            "description": "태스크 옵션의 설명",
```

---

[3] 스키마란 데이터의 구조를 정의하기 위한 설계도와 같은 것입니다. 스키마에는 어떤 종류의 정보를 저장할지, 각각의 정보가 어떤 형식인지, 정보끼리 어떻게 관련돼 있는지의 정보가 표현돼 있습니다. 여기서는 그 스키마 정보를 JSON으로 표현했습니다.

```
                    "default": "",
                    "type": "string"
                }
            }
        }
    },
    "required": ["task_name"]
  }
}
```

이 스키마를 바탕으로 LLM이 그 구조에 맞는 정보를 생성하고, DecomposedTasks 객체로 스테이트에 저장됩니다. 다음 생성 예시는 '카레라이스 만드는 법'에 대해 멀티 플랜 제너레이터에 의한 태스크 분해를 지시한 결과입니다.

```
{
  "tasks": {
    "values": [
      {
        "task_name": "인터넷에서 신뢰할 수 있는 카레라이스 레시피 출처 조사",
        "options": [
          {
            "description": "네이버 블로그와 카페에서 인기 있는 카레라이스 레시피를 검색하여 5개 이상의 출처를 수집한다."
          },
          {
            "description": "유튜브에서 조회수가 높은 카레라이스 요리 영상을 찾아 5개 이상의 출처를 수집한다."
          },
          {
            "description": "요리 전문 웹사이트(예: 만개의 레시피, 82cook)에서 카레라이스 레시피를 검색하여 5개 이상의 출처를 수집한다."
          }
        ]
      },
      {
        "task_name": "수집한 레시피를 바탕으로 상세한 조리 과정 작성",
        "options": [
```

```
                {
                    "description": "각 레시피의 공통점을 분석하여 10단계 이상의 조리 과정을 작성한다."
                },
                {
                    "description": "각 레시피의 차이점을 반영하여 다양한 조리 방법을 포함한 10단계 이상의 조리 과정을 작성한다."
                },
                {
                    "description": "가장 간단하고 효율적인 조리 방법을 선택하여 10단계 이상의 조리 과정을 작성한다."
                }
            ]
        },
        {
            "task_name": "각 단계에 필요한 재료와 도구, 예상 소요 시간 명시",
            "options": [
                {
                    "description": "각 조리 단계에 필요한 재료와 도구를 목록화하고, 예상 소요 시간을 추가한다."
                },
                {
                    "description": "재료와 도구를 단계별로 사진과 함께 제공하고, 예상 소요 시간을 명시한다."
                },
                {
                    "description": "재료와 도구의 대체 옵션을 제공하고, 각 단계의 예상 소요 시간을 명시한다."
                }
            ]
        },
        {
            "task_name": "보고서 검토 및 사용자 이해도 확인",
            "options": [
                {
                    "description": "작성한 보고서를 다른 사람에게 검토받아 이해하기 쉬운지 피드백을 받는다."
                },
                {
                    "description": "보고서를 읽고 따라할 수 있는지 테스트하여 이해도를 확인한다."
                },
                {
                    "description": "보고서의 각 단계를 따라가며 이해하기 어려운 부분이 없는지 스스로 검토한다."
                }
```

```
                    ]
                },
                {
                    "task_name": "사용자 피드백 수집",
                    "options": [
                        {
                            "description": "최소 3명의 사용자에게 보고서를 제공하고, 카레라이스를 성공적으로 만들었
는지 피드백을 받는다."
                        },
                        {
                            "description": "사용자에게 보고서를 따라 요리한 후, 개선할 점에 대한 피드백을 요청한다."
                        },
                        {
                            "description": "피드백을 바탕으로 보고서를 수정하고, 다시 사용자에게 테스트를 요청한다."
                        }
                    ]
                }
            ]
        }
}
```

스키마에서 정의한 대로 태스크마다 선택지가 2~3개 범위에서 생성됨을 알 수 있습니다.

present_options 노드: 태스크 선택

present_options 노드는 decomposed_query 노드에서 생성한 태스크 내의 선택지 중에서 적절한 것을 고르는 역할을 합니다.

```
def _present_options(self, state: MultiPathPlanGenerationState) -> dict[str, Any]:
    current_task = state.tasks.values[state.current_task_index]
    chosen_option = self.option_presenter.run(task=current_task)
    return {"chosen_options": [chosen_option]}
```

노드에서는 현재 처리 대상인 태스크를 1개 추출해 선택지 중에서 적절한 것을 선택하는 책임을 지는 OptionPresenter 클래스의 run 함수에 전달합니다.

OptionPresenter 클래스에는 간단하게 태스크와 선택지를 프롬프트로서 LLM에 입력해 판단하게 구현되어 있습니다.

```python
class OptionPresenter:
    def __init__(self, llm: ChatOpenAI):
        self.llm = llm.configurable_fields(
            max_tokens=ConfigurableField(id="max_tokens")
        )

    def run(self, task: Task) -> int:
        task_name = task.task_name
        options = task.options

        print(f"\n태스크: {task_name}")
        for i, option in enumerate(options):
            print(f"{i + 1}. {option.description}")

        choice_prompt = ChatPromptTemplate.from_template(
            "태스크: 주어진 태스크와 옵션을 기반으로 최적의 옵션을 선택하세요. 반드시 번호만으로 답변하세요.\n\n"
            "참고로, 당신은 다음 행동만 할 수 있습니다.\n"
            "- 인터넷을 이용하여 목표 달성을 위한 조사를 수행.\n\n"
            "태스크: {task_name}\n"
            "옵션:\n{options_text}\n"
            "선택 (1-{num_options}): "
        )

        options_text = "\n".join(
            f"{i+1}. {option.description}" for i, option in enumerate(options)
        )
        chain = (
            choice_prompt
            | self.llm.with_config(configurable=dict(max_tokens=1))
            | StrOutputParser()
        )
        choice_str = chain.invoke(
            {
                "task_name": task_name,
                "options_text": options_text,
                "num_options": len(options),
            }
        )
```

```
            print(f"==> 에이전트의 선택: {choice_str}\n")

        return int(choice_str.strip()) - 1
```

또한, 프로그램 실행 시 처리 경과를 알기 쉽게 하기 위해 태스크, 선택지, 에이전트에 의한 선택을 표준 출력에 출력하도록 되어 있습니다.

> **COLUMN**
> **구현의 발전**
>
> 현재의 구현을 더욱 개선하려면 태스크 선택 시까지 수행된 선택 결과나 그때까지의 태스크 실행 결과도 컨텍스트로서 프롬프트에 입력되도록 하는 것을 고려할 수 있습니다. 이를 통해 실행 시 컨텍스트에 맞춘 더 적절한 선택이 가능해집니다.
>
> 관심 있는 분은 샘플 코드를 변경해 실행 시 컨텍스트가 OptionPresenter의 선택에 반영되도록 해보세요.

실행 결과

그럼 다음 명령어로 만든 AI 에이전트를 실행해 봅시다.

명령어

```
!python -m multi_path_plan_generation.main --task "카레라이스 만드는 법"
```

실행 시 출력 결과는 다음과 같습니다. 각 태스크에서 AI 에이전트가 어떤 선택지를 채택했는지도 표시되게 되어 있습니다.

출력 결과

```
태스크: 인터넷에서 신뢰할 수 있는 카레라이스 레시피 출처 조사
1. 네이버 블로그와 카페에서 인기 있는 카레라이스 레시피를 검색하여 5개 이상의 출처를 수집한다.
2. 유튜브에서 조회수가 높은 카레라이스 요리 영상을 찾아 5개 이상의 출처를 수집한다.
3. 요리 전문 웹사이트(예: 만개의 레시피, 82cook)에서 카레라이스 레시피를 검색하여 5개 이상의 출처를 수집한다.
==> 에이전트의 선택: 3

태스크: 수집한 레시피를 바탕으로 상세한 조리 과정 작성
1. 각 레시피의 공통점을 분석하여 10단계 이상의 조리 과정을 작성한다.
```

2. 각 레시피의 차이점을 반영하여 다양한 조리 방법을 포함한 10단계 이상의 조리 과정을 작성한다.
3. 가장 간단하고 효율적인 조리 방법을 선택하여 10단계 이상의 조리 과정을 작성한다.
==> 에이전트의 선택: 2

태스크: 각 단계에 필요한 재료와 도구, 예상 소요 시간 명시
1. 각 조리 단계에 필요한 재료와 도구를 목록화하고, 예상 소요 시간을 추가한다.
2. 재료와 도구를 단계별로 사진과 함께 제공하고, 예상 소요 시간을 명시한다.
3. 재료와 도구의 대체 옵션을 제공하고, 각 단계의 예상 소요 시간을 명시한다.
==> 에이전트의 선택: 1

태스크: 보고서 검토 및 사용자 이해도 확인
1. 작성한 보고서를 다른 사람에게 검토받아 이해하기 쉬운지 피드백을 받는다.
2. 보고서를 읽고 따라할 수 있는지 테스트하여 이해도를 확인한다.
3. 보고서의 각 단계를 따라가며 이해하기 어려운 부분이 없는지 스스로 검토한다.
==> 에이전트의 선택: 1

태스크: 사용자 피드백 수집
1. 최소 3명의 사용자에게 보고서를 제공하고, 카레라이스를 성공적으로 만들었는지 피드백을 받는다.
2. 사용자에게 보고서를 따라 요리한 후, 개선할 점에 대한 피드백을 요청한다.
3. 피드백을 바탕으로 보고서를 수정하고, 다시 사용자에게 테스트를 요청한다.
==> 에이전트의 선택: 2

=== 최종 출력 ===
카레라이스 만들기: 단계별 가이드

카레라이스는 간단하면서도 맛있는 요리로, 다양한 재료를 활용하여 만들 수 있습니다. 아래는 신뢰할 수 있는 출처에서 수집한 정보를 바탕으로 작성된 카레라이스 조리 과정입니다. 각 단계에는 필요한 재료와 도구, 예상 소요 시간이 포함되어 있습니다.

1. 재료 준비
- **재료**:
  - 양파 1개
  - 당근 1개
  - 감자 2개
  - 닭고기 200g (또는 돼지고기, 소고기)

- 카레 가루 100g
  - 물 500ml
  - 소금, 후추 약간
  - 식용유 2큰술
  - 밥 2인분
- **도구**:
  - 칼
  - 도마
  - 계량컵
- **예상 소요 시간**: 10분

2. 재료 손질
- **설명**: 양파, 당근, 감자를 깍둑썰기하고, 닭고기는 한 입 크기로 자릅니다.
- **도구**:
  - 칼
  - 도마
- **예상 소요 시간**: 10분

3. 양파 볶기
- **설명**: 큰 냄비에 식용유를 두르고 중불에서 양파를 볶아줍니다. 양파가 투명해질 때까지 볶습니다.
- **도구**:
  - 큰 냄비
  - 나무 주걱
- **예상 소요 시간**: 5분

4. 닭고기 추가
- **설명**: 양파가 투명해지면 닭고기를 넣고 겉면이 익을 때까지 볶습니다.
- **도구**:
  - 나무 주걱
- **예상 소요 시간**: 5분

5. 야채 추가
- **설명**: 닭고기가 반쯤 익으면 당근과 감자를 넣고 5분간 더 볶습니다.
- **도구**:
  - 나무 주걱
- **예상 소요 시간**: 5분

6. 물 붓기

- **설명**: 물 500ml를 붓고, 끓기 시작하면 불을 줄이고 15분간 끓입니다.
- **도구**:
  - 계량컵
- **예상 소요 시간**: 15분

7. 카레 가루 추가
- **설명**: 카레 가루를 넣고 잘 저어줍니다. 소금과 후추로 간을 맞춥니다.
- **도구**:
  - 나무 주걱
- **예상 소요 시간**: 5분

8. 카레 끓이기
- **설명**: 약한 불에서 10분간 더 끓여줍니다. 이때, 농도를 확인하고 필요하면 물을 추가합니다.
- **도구**:
  - 나무 주걱
- **예상 소요 시간**: 10분

9. 밥 준비
- **설명**: 밥을 준비하여 접시에 담습니다.
- **도구**:
  - 밥솥 또는 전자레인지
- **예상 소요 시간**: 5분 (밥이 이미 준비된 경우)

10. 서빙
- **설명**: 밥 위에 카레를 얹어 서빙합니다. 필요에 따라 추가로 파슬리나 치즈를 뿌려 맛을 더할 수 있습니다.
- **도구**:
  - 접시
- **예상 소요 시간**: 5분

요약
카레라이스를 만드는 데 총 약 75분이 소요됩니다. 각 단계는 재료 준비, 손질, 조리, 서빙으로 구성되며, 각 단계마다 필요한 재료와 도구가 다릅니다. 이 과정은 철저하고 포괄적으로 계획되어 있으며, 각 단계의 예상 소요 시간을 명시하여 효율적인 조리가 가능하도록 하였습니다.

이 보고서는 사용자가 쉽게 이해하고 따라할 수 있도록 명확하고 체계적으로 작성되었습니다. 사용자가 이 가이드를 따라 카레라이스를 성공적으로 만들 수 있기를 바랍니다. 피드백을 통해 보고서를 더욱 개선할 수 있도록 도와주세요!

12.7 셀프 리플렉션(Self-Reflection)

구현 내용 해설

셀프 리플렉션은 태스크의 실행 결과를 에이전트 자신이 되돌아보고(=리플렉션) 그 실행 내용을 자체적으로 개선하는 패턴입니다.

이번 구현에서는 직전 태스크의 실행 내용을 돌아보는 것뿐만 아니라, 그 돌아본 내용을 영속화해 다음 실행 시에도 과거의 리플렉션 내용을 활용할 수 있도록 구현합니다. 이 설계를 통해 에이전트를 실행할수록 과거의 교훈을 살린 작동을 기대할 수 있게 됩니다.

워크플로 도표

이번에 구현할 AI 에이전트의 워크플로 도표(그림 12.4)를 살펴보겠습니다.

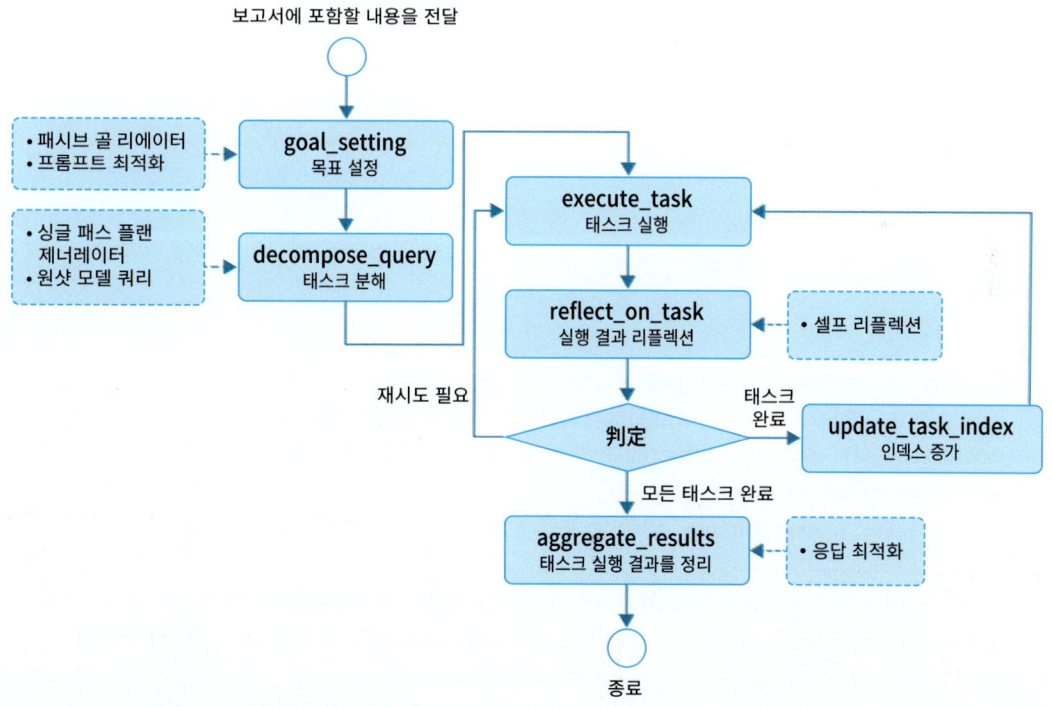

그림 12.4 셀프 리플렉션 에이전트의 워크플로

이번에 준비한 워크플로는 싱글 패스 플랜 제너레이터나 멀티 패스 플랜 제너레이터의 예시와 거의 동일하지만, reflect_on_task 노드를 통해 실행 결과를 리플렉션하고, 그 결과에 따라 다음에 어떤 노드로 전환할지를 결정하는 점이 다릅니다.

또한, 이전까지는 execute_task 노드에 의한 태스크 실행 후에 어떤 태스크를 다음에 실행할지를 나타내는 인덱스를 증가시켰지만, 리플렉션 결과에 따라 다시 태스크를 수행할 가능성이 있기 때문에 리플렉션을 바탕으로 태스크가 완료됐다고 판단한 후에 update_task_index 노드에서 인덱스를 증가시키는 설계로 되어 있습니다.

전체적으로 과거의 리플렉션 내용을 참조하는 작동이 추가돼 있기 때문에 decompose_query 노드 등의 구현도 변경됐습니다.

스테이트 설계

스테이트에는 새롭게 리플렉션 관련 필드인 reflection_ids와 retry_count가 추가됐습니다. 구현 코드는 다음과 같습니다.

```python
class DecomposedTasks(BaseModel):
    values: list[str] = Field(
        default_factory=list,
        min_items=3,
        max_items=5,
        description="3~5개로 분해된 태스크",
    )

class ReflectiveAgentState(BaseModel):
    query: str = Field(..., description="사용자가 처음에 입력한 쿼리")
    optimized_goal: str = Field(default="", description="최적화된 목표")
    optimized_response: str = Field(
        default="", description="최적화된 응답 정의"
    )
    tasks: list[str] = Field(default_factory=list, description="실행할 태스크 목록")
    current_task_index: int = Field(default=0, description="현재 실행 중인 태스크 번호")
    results: Annotated[list[str], operator.add] = Field(
        default_factory=list, description="실행 완료된 태스크 결과 목록"
    )
    reflection_ids: Annotated[list[str], operator.add] = Field(
```

```
        default_factory=list, description="리플렉션 결과의 ID 목록"
    )
    final_output: str = Field(default="", description="최종 출력 결과")
    retry_count: int = Field(default=0, description="태스크 재시도 횟수")
```

- reflection_ids

    이번 구현에서는 리플렉션 내용을 영속화하기 위한 간이 데이터베이스를 구축했습니다. 리플렉션 내용의 읽기는 그 데이터베이스를 통해 수행하므로 스테이트에는 ID만 유지합니다.

- retry_count

    또한, 이번 플로에서는 리플렉션 결과에 따라 태스크를 재실행하는 구조로 되어 있지만, 경우에 따라서는 태스크의 결과가 계속 받아들여지지 않아 무한 루프가 될 위험성이 있습니다. 따라서 스테이트상에서도 태스크의 재시도 횟수를 유지해 일정 횟수 이상이 되면 태스크의 실행 결과를 받아들이는 방식으로 구현했습니다.

태스크 리플렉터의 구현

이제 셀프 리플렉션 구현의 내부로 들어가 보겠습니다. 이번 구현에서는 태스크의 실행 결과를 리플렉션하는 태스크 리플렉터(TaskReflector)와 그 내용을 데이터베이스에 등록하거나 유사도를 검색하는 리플렉션 매니저(ReflectionManager)라는 클래스를 준비했습니다.

먼저 태스크 리플렉터에 대해 설명하겠습니다. 태스크 리플렉터는 태스크의 내용과 실행 결과를 인수로 받아, Reflection 타입의 객체를 반환하는 클래스입니다. Reflection 타입의 데이터 모델은 다음과 같이 정의돼 있습니다.

```
class ReflectionJudgment(BaseModel):
    needs_retry: bool = Field(
        description="태스크 실행 결과가 적절했다고 생각하십니까? 당신의 판단을 진윗값으로 표시하세요."
    )
    confidence: float = Field(
        description="당신의 판단에 대한 자신감 정도를 0부터 1까지의 소수로 표시하세요."
    )
    reasons: list[str] = Field(
        description="태스크 실행 결과의 적절성과 그에 대한 자신감에 대해 판단에 이른 이유를 간결하게 나열하세요."
    )
```

```python
class Reflection(BaseModel):
    id: str = Field(description="리플렉션 내용에 고유성을 부여하기 위한 ID")
    task: str = Field(description="사용자로부터 주어진 태스크의 내용")
    reflection: str = Field(
        description="이 태스크에 대한 접근 시 당신의 사고 과정을 되돌아보세요. 개선할 수 있는 부분이 있었습니까? 다음에 유사한 태스크를 수행할 때, 더 나은 결과를 내기 위한 교훈을 2~3문장 정도로 간결하게 서술하세요."
    )
    judgment: ReflectionJudgment = Field(description="재시도가 필요한지에 대한 판정")
```

각 필드에 대해 `description`을 상세히 기재하는 이유는 `with_structured_output` 함수를 통해 Reflection 타입으로 데이터 변환을 수행하기 때문입니다. LLM이 이해하기 쉽게 상세히 기술하는데, 설명이 풍부해짐에 따라 사람이 이해하기도 쉬워진다는 부차적인 효과를 기대할 수 있습니다.

태스크 리플렉터의 구현 코드는 다음과 같습니다. `run` 함수를 실행해 리플렉션을 수행할 수 있게 구현돼 있습니다.

```python
class TaskReflector:
    def __init__(self, llm: BaseChatModel, reflection_manager: ReflectionManager):
        self.llm = llm.with_structured_output(Reflection)
        self.reflection_manager = reflection_manager

    def run(self, task: str, result: str) -> Reflection:
        prompt = ChatPromptTemplate.from_template(
            "주어진 태스크 내용:\n{task}\n\n"
            "태스크 실행 결과:\n{result}\n\n"
            "당신은 고도의 추론 능력을 가진 AI 에이전트입니다. 위 태스크를 실행한 결과를 분석하고, 이 태스크에 대한 당신의 접근이 적절했는지 반성하세요.\n"
            "아래 항목에 따라 리플렉션 내용을 출력하세요.\n\n"
            "리플렉션:\n"
            "이 태스크에 대한 접근 시 당신의 사고 프로세스나 방법을 되돌아보세요. 개선할 수 있는 부분이 있었습니까?\n"
            "다음에 유사한 태스크를 수행할 때, 더 나은 결과를 내기 위한 교훈을 2~3문장 정도로 간결하게 서술하세요.\n\n"
            "판정:\n"
            "- 결과의 적절성: 태스크 실행 결과가 적절했다고 생각하십니까? 당신의 판단을 진윗값으로 표시하세요.\n"
            "- 판정의 자신감: 위 판단에 대한 당신의 자신감 정도를 0부터 1까지의 소수로 표시하세요.\n"
```

```python
        "- 판정의 이유: 태스크 실행 결과의 적절성과 그에 대한 자신감에 대해 판단에 이른 이유를 "
        "간결하게 나열하세요.\n\n"
        "반드시 한국어로 출력하세요.\n\n"
        "Tips: Make sure to answer in the correct format."
    )

    chain = prompt | self.llm

    @retry(tries=5)
    def invoke_chain() -> Reflection:
        return chain.invoke({"task": task, "result": result})

    reflection = invoke_chain()
    reflection_id = self.reflection_manager.save_reflection(reflection)
    reflection.id = reflection_id

    return reflection
```

태스크 리플렉터의 프롬프트는 태스크의 내용과 실행 결과를 바탕으로 간결하게 교훈을 도출하는 내용으로 이뤄져 있습니다. 태스크 분해나 태스크 실행 시 과거 리플렉션 내용을 참조하다가 내용이 불필요하게 장황하면 토큰 대비 얻을 수 있는 교훈의 '질'이 떨어져 효율이 나빠지기 때문입니다.

이 코드는 다음에 설명할 크로스 리플렉션의 예시에서도 사용합니다. 크로스 리플렉션의 예시에서는 태스크를 실행한 모델과는 다른 모델을 사용해 리플렉션을 실행하는 예시를 보여주지만, 모델에 따라서는 with_structured_output 함수에 의한 Reflection 타입으로의 변환에 실패하는 경우도 있으므로 체인의 실행을 최대 5회 재시도하는 구조로 되어 있습니다.

Reflection 타입의 객체가 생성되면 그 객체를 리플렉션 매니저에 저장하는 처리를 실행합니다.

그럼 이어서 리플렉션 매니저의 구현을 살펴보겠습니다.

리플렉션 매니저 구현

리플렉션 매니저는 태스크 리플렉터에 의해 생성한 리플렉션 내용을 관리하기 위한 기능(데이터베이스의 기능)을 제공합니다. 예를 들어, 리플렉션 내용을 UUID로 번호를 매겨 저장하거나, 번호가 매겨진 UUID에서 데이터를 가져오거나, 유사도 검색을 통해 관련된 과거의 리플렉션 내용을 추출하는 등의 기능이 있으며, 간이 벡터 데이터베이스로 다룰 수 있게 되어 있습니다.

이 데이터베이스의 내용은 JSON 파일로 영속화됩니다. 유사도 검색은 임베딩 벡터에 의한 유사도 검색을 지원하는 Faiss를 이용해 구현됐습니다. Faiss에 대한 설명은 후술하는 칼럼을 참조해 주세요.

리플렉션 매니저의 구현 코드는 다음과 같습니다.

```python
class ReflectionManager:
    def __init__(self, file_path: str = settings.default_reflection_db_path):
        self.file_path = file_path
        self.embeddings = OpenAIEmbeddings(model=settings.openai_embedding_model)
        self.reflections: dict[str, Reflection] = {}
        self.embeddings_dict: dict[str, list[float]] = {}
        self.index = None
        self.load_reflections()

    def load_reflections(self):
        if os.path.exists(self.file_path):
            with open(self.file_path, "r") as file:
                data = json.load(file)
                for item in data:
                    reflection = Reflection(**item["reflection"])
                    self.reflections[reflection.id] = reflection
                    self.embeddings_dict[reflection.id] = item["embedding"]

            if self.reflections:
                embeddings = list(self.embeddings_dict.values())
                self.index = faiss.IndexFlatL2(len(embeddings[0]))
                self.index.add(np.array(embeddings).astype("float32"))

    def save_reflection(self, reflection: Reflection) -> str:
        reflection.id = str(uuid.uuid4())
        reflection_id = reflection.id
        self.reflections[reflection_id] = reflection
        embedding = self.embeddings.embed_query(reflection.reflection)
        self.embeddings_dict[reflection_id] = embedding

        if self.index is None:
            self.index = faiss.IndexFlatL2(len(embedding))
        self.index.add(np.array([embedding]).astype("float32"))
```

```python
            with open(self.file_path, "w", encoding="utf-8") as file:
                json.dump(
                    [
                        {"reflection": reflection.dict(), "embedding": embedding}
                        for reflection, embedding in zip(
                            self.reflections.values(), self.embeddings_dict.values()
                        )
                    ],
                    file,
                    ensure_ascii=False,
                    indent=4,
                )

        return reflection_id

    def get_reflection(self, reflection_id: str) -> Optional[Reflection]:
        return self.reflections.get(reflection_id)

    def get_relevant_reflections(self, query: str, k: int = 3) -> list[Reflection]:
        if not self.reflections or self.index is None:
            return []

        query_embedding = self.embeddings.embed_query(query)
        try:
            D, I = self.index.search(
                np.array([query_embedding]).astype("float32"),
                min(k, len(self.reflections)),
            )
            reflection_ids = list(self.reflections.keys())
            return [
                self.reflections[reflection_ids[i]]
                for i in I[0]
                if i < len(reflection_ids)
            ]
        except Exception as e:
            print(f"Error during reflection search: {e}")
            return []
```

이 클래스에 구현돼 있는 함수는 다음과 같습니다.

- load_reflections 함수

  지정된 파일 경로에서 JSON 데이터를 읽어와 Faiss에 로드합니다. 리플렉션 매니저의 객체가 생성될 때 호출됩니다.

- save_reflection 함수

  데이터베이스에 Reflection 타입의 객체를 저장합니다. 성공하면, 데이터베이스에 등록할 때 생성한 고유 ID(UUID)를 반환합니다.

- get_reflection 함수

  save_reflection 함수에 의해 반환된 고유 ID를 바탕으로 데이터를 추출합니다.

- get_relevant_reflections 함수

  쿼리 내용과 유사한 리플렉션의 리스트를 데이터베이스에서 추출합니다.

셀프 리플렉션의 구현에서는 지금까지 소개한 태스크 리플렉터와 리플렉션 매니저를 활용해 각 노드의 구현을 수행합니다.

> **COLUMN**
>
> **Faiss란**
>
> Faiss란 Facebook AI Similarity Search의 약어로, 근사 최근접 이웃 검색(Approximate Nearest Neighbor, 이하 ANN)을 고속으로 수행하기 위한 패키지입니다. ANN이란 대규모 데이터셋에서 주어진 쿼리와 가장 유사한 데이터를 근사성을 이용해 효율적으로 찾아내는 방법입니다. 모든 데이터와의 거리를 계산하는 방법에서는 데이터양이 증가하면 계산량이 커져버려 비효율적이 되므로 근사적으로 구하는 방법을 채택합니다.
>
> Faiss에는 여러 ANN 접근 방식이 구현돼 있으며, 예를 들어 공간 분할법에 의한 접근 방식인 IVF 플랫(IndexIVFFlat), 그래프 기반 방법인 HNSW(IndexHNSW), 벡터 양자화를 이용한 Product Quantization(PQ) 인덱스(IndexPQ), 공간 분할과 벡터 양자화를 조합한 인덱스(IndexIVFPQ) 등 데이터셋의 특성에 따라 다양한 인덱스를 고려할 수 있습니다.
>
> IVF 플랫은 속도와 메모리 소비량이 중간 정도이고, HNSW는 빠르지만 메모리 사용량이 높으며, PQ는 컴팩트하지만 정확도가 저하될 가능성이 있는 등의 트레이드오프가 있으므로, 요구되는 검색 속도, 정확도, 이용 가능한 메모리양을 고려해 검토할 필요가 있습니다.
>
> 이번 구현에서는 전체적으로 데이터양이 많지 않을 것이므로, ANN을 사용하지 않는 플랫 인덱스(IndexFlatL2)를 채택해 엄밀한 최근접 이웃 검색을 수행합니다.

> 자세한 내용은 다음 문서를 참조해 주세요.
>
> - Faiss _ https://github.com/facebookresearch/faiss

goal_setting 노드: 목표 설정

이제 워크플로의 각 노드의 구현에 대해 설명하겠습니다. 이전 예시와의 차이점은, 이전 실행 시 저장된 리플렉션 결과를 각 처리에서 불러와 참고하도록 프롬프트에 지시를 추가한다는 점입니다.

goal_setting 노드에 의한 목표 설정에서는 프롬프트 최적화의 쿼리에 사용자의 목표와 관련된 리플렉션 결과를 포함했습니다. 리플렉션 내용을 고려해 목표 설정을 수행하는 ReflectiveGoalCreator의 구현 코드는 다음과 같습니다.

```python
class ReflectiveGoalCreator:
    def __init__(self, llm: ChatOpenAI, reflection_manager: ReflectionManager):
        self.llm = llm
        self.reflection_manager = reflection_manager
        self.passive_goal_creator = PassiveGoalCreator(llm=self.llm)
        self.prompt_optimizer = PromptOptimizer(llm=self.llm)

    def run(self, query: str) -> str:
        relevant_reflections = self.reflection_manager.get_relevant_reflections(query)
        reflection_text = format_reflections(relevant_reflections)

        query = f"{query}\n\n목표 설정 시 다음의 과거 회고를 고려할 것:\n{reflection_text}"
        goal: Goal = self.passive_goal_creator.run(query=query)
        optimized_goal: OptimizedGoal = self.prompt_optimizer.run(query=goal.text)
        return optimized_goal.text
```

또한, 목표 설정과 함께 수행하고 있는 응답 최적화의 구현 코드는 다음과 같습니다. 이쪽도 리플렉션 내용을 고려해 응답 사양의 정의를 수행합니다.

```python
class ReflectiveResponseOptimizer:
    def __init__(self, llm: ChatOpenAI, reflection_manager: ReflectionManager):
        self.llm = llm
        self.reflection_manager = reflection_manager
```

```python
        self.response_optimizer = ResponseOptimizer(llm=llm)

    def run(self, query: str) -> str:
        relevant_reflections = self.reflection_manager.get_relevant_reflections(query)
        reflection_text = format_reflections(relevant_reflections)

        query = f"{query}\n\n응답 최적화에 다음의 과거 회고를 고려할 것:\n{reflection_text}"
        optimized_response: str = self.response_optimizer.run(query=query)
        return optimized_response
```

리플렉션 내용을 프롬프트에 포함하기 위해 공통 함수로서 **format_reflections** 함수를 작성합니다. 이 함수를 이용해 리플렉션 내용을 프롬프트용 텍스트로 정형화합니다.

```python
def format_reflections(reflections: list[Reflection]) -> str:
    return (
        "\n\n".join(
            f"<ref_{i}><task>{r.task}</task><reflection>{r.reflection}</reflection></ref_{i}>"
            for i, r in enumerate(reflections)
        )
        if reflections
        else "No relevant past reflections."
    )
```

프롬프트에 추가되는 리플렉션 내용은 예를 들어 다음과 같은 것입니다. 이 예시는 샘플 코드를 몇 차례 실행해 리플렉션을 수집했을 때 생성된 것입니다.

> <ref_0><task>수집한 피드백을 분석하여 레시피의 문제점을 보완하고, 최종 레시피를 완성한다.</task><reflection>이번 태스크에서는 다양한 신뢰할 수 있는 출처에서 정보를 수집하여 최종 레시피를 작성했습니다. 그러나 피드백을 구체적으로 분석하여 문제점을 보완하는 과정이 부족했습니다. 다음에는 피드백을 더 철저히 분석하고, 그에 따라 레시피를 개선하는 데 중점을 두겠습니다.</reflection></ref_0>
>
> <ref_1><task>작성한 레시피를 3명의 사용자에게 제공하고, 레시피를 따라 카레라이스를 만들어보도록 요청한다. 각 사용자의 피드백을 수집한다.</task><reflection>이 태스크를 수행하면서 레시피의 명확성과 사용자 피드백 수집의 중요성을 다시 한번 깨달았습니다. 다음에 유사한 태스크를 수행할 때는 사용자 피드백을 보다 체계적으로 수집하고 분석할 수 있는 방법을 고려해야겠습니다. 또한, 다양한 사용자 수준을 고려한 레시피 제공이 필요할 것입니다.</reflection></ref_1>

> <ref_2><task>조사한 5개의 레시피를 비교 분석하여 공통점과 차이점을 파악하고, 이를 바탕으로 사용자가 따라할 수 있는 상세한 카레라이스 레시피를 작성한다.</task><reflection>이 태스크를 수행하면서 신뢰할 수 있는 출처에서 레시피를 찾지 못한 점이 아쉬웠습니다. 다음에는 더 다양한 출처를 탐색하거나, 검색 방법을 개선하여 더 많은 정보를 수집할 수 있도록 해야겠습니다. 또한, 레시피의 다양성을 높이기 위해 지역별 특색을 더 깊이 있게 조사할 필요가 있습니다.</reflection></ref_2>

goal_setting 노드의 구현 코드는 다음과 같습니다.

```python
def _goal_setting(self, state: ReflectiveAgentState) -> dict[str, Any]:
    optimized_goal: str = self.reflective_goal_creator.run(query=state.query)
    optimized_response: str = self.reflective_response_optimizer.run(
        query=optimized_goal
    )
    return {
        "optimized_goal": optimized_goal,
        "optimized_response": optimized_response,
    }
```

decompose_query 노드: 태스크 분해

태스크 분해도 마찬가지로 이전의 리플렉션 결과를 반영하도록 변경됐습니다. 태스크 분해를 수행하는 QueryDecomposer 클래스의 구현 코드는 다음과 같습니다.

```python
class QueryDecomposer:
    def __init__(self, llm: ChatOpenAI, reflection_manager: ReflectionManager):
        self.llm = llm.with_structured_output(DecomposedTasks)
        self.current_date = datetime.now().strftime("%Y-%m-%d")
        self.reflection_manager = reflection_manager

    def run(self, query: str) -> DecomposedTasks:
        relevant_reflections = self.reflection_manager.get_relevant_reflections(query)
        reflection_text = format_reflections(relevant_reflections)
        prompt = ChatPromptTemplate.from_template(
            f"CURRENT_DATE: {self.current_date}\n"
            "-----\n"
            "태스크: 주어진 목표를 구체적이고 실행 가능한 태스크로 분해해 주세요.\n"
            "요건:\n"
```

```
            "1. 다음 행동만으로 목표를 달성할 것. 절대 지정된 것 외의 행동을 취하지 말 것.\n"
            "   - 인터넷을 이용하여 목표 달성을 위한 조사를 수행한다.\n"
            "2. 각 태스크는 구체적이고 상세하게 작성되어 있으며, 독립적으로 실행 및 검증 가능한 정보
를 포함할 것. 추상적인 표현을 전혀 포함하지 않을 것.\n"
            "3. 태스크는 실행 가능한 순서로 나열할 것.\n"
            "4. 태스크는 한국어로 출력할 것.\n"
            "5. 태스크를 작성할 때 다음의 과거 회고를 고려할 것:\n{reflections}\n\n"
            "목표: {query}"
        )
        chain = prompt | self.llm
        tasks = chain.invoke({"query": query, "reflections": reflection_text})
        return tasks
```

기본적인 구현은 싱글 패스 플랜 제너레이터의 예시에서 만든 태스크 분해와 동일하며, 리플렉션 내용을 프롬프트에 포함하고 있는 점만이 바뀌었습니다.

decompose_query 노드의 구현 코드는 다음과 같습니다.

```
def _decompose_query(self, state: ReflectiveAgentState) -> dict[str, Any]:
    tasks: DecomposedTasks = self.query_decomposer.run(query=state.optimized_goal)
    return {"tasks": tasks.values}
```

execute_task 노드: 태스크 실행

태스크 실행도 마찬가지로 리플렉션 결과를 참조하고 있습니다. 태스크 실행을 담당하는 TaskExecutor 클래스의 구현 코드는 다음과 같습니다.

```
class TaskExecutor:
    def __init__(self, llm: ChatOpenAI, reflection_manager: ReflectionManager):
        self.llm = llm
        self.reflection_manager = reflection_manager
        self.current_date = datetime.now().strftime("%Y-%m-%d")
        self.tools = [TavilySearchResults(max_results=3)]

    def run(self, task: str) -> str:
        relevant_reflections = self.reflection_manager.get_relevant_reflections(task)
        reflection_text = format_reflections(relevant_reflections)
```

```
            agent = create_react_agent(self.llm, self.tools)
            result = agent.invoke(
                {
                    "messages": [
                        (
                            "human",
                            f"CURRENT_DATE: {self.current_date}\n"
                            "-----\n"
                            f"다음 태스크를 실행하고 상세한 답변을 제공해 주세요.\n\n태스크: {task}\n\n"
                            "요건:\n"
                            "1. 필요에 따라 제공된 도구를 사용할 것.\n"
                            "2. 실행 시 철저하고 포괄적일 것.\n"
                            "3. 가능한 한 구체적인 사실과 데이터를 제공할 것.\n"
                            "4. 발견 사항을 명확하게 요약할 것.\n"
                            f"5. 다음의 과거 회고를 고려할 것:\n{reflection_text}\n",
                        )
                    ]
                }
            )
            return result["messages"][-1].content
```

execute_task 노드의 구현 코드는 다음과 같습니다.

```
def _execute_task(self, state: ReflectiveAgentState) -> dict[str, Any]:
    current_task = state.tasks[state.current_task_index]
    result = self.task_executor.run(task=current_task)
    return {"results": [result], "current_task_index": state.current_task_index}
```

reflect_on_task 노드: 실행 결과 리플렉션

reflect_on_task 노드는 직전에 실행한 태스크의 내용에 대해 리플렉션을 실시하는 책임을 맡고 있습니다. 전반부에서 소개한 태스크 리플렉터를 이용해 리플렉션을 실행하고, 데이터베이스에 영속화된 ID를 스테이트에 저장합니다.

구현 코드는 다음과 같습니다.

```python
def _reflect_on_task(self, state: ReflectiveAgentState) -> dict[str, Any]:
    current_task = state.tasks[state.current_task_index]
    current_result = state.results[-1]
    reflection = self.task_reflector.run(task=current_task, result=current_result)
    return {
        "reflection_ids": [reflection.id],
        "retry_count": (
            state.retry_count + 1 if reflection.judgment.needs_retry else 0
        ),
    }
```

리플렉션 결과, 재시도가 필요한 경우는 재시도 카운트를 증가시킵니다.

조건부 에지: 리플렉션 결과에 의한 노드 분기

reflect_on_task 노드가 실행된 후에는 조건부 에지에 따라 리플렉션 결과를 바탕으로 다음에 진행할 노드를 변경합니다. 구현 코드에서는 직전의 리플렉션 결과를 가져와 이를 토대로 다음 판단을 수행합니다.

- 최대 시도 횟수에 미치지 않고 재시도가 필요한 경우: 재시도한다.
- 아직 다른 태스크가 남아 있는 경우: 다음 태스크를 실행한다.
- 모든 태스크가 완료된 경우: 태스크 실행을 종료한다.

```python
def _should_retry_or_continue(self, state: ReflectiveAgentState) -> str:
    latest_reflection_id = state.reflection_ids[-1]
    latest_reflection = self.reflection_manager.get_reflection(latest_reflection_id)
    if (
        latest_reflection
        and latest_reflection.judgment.needs_retry
        and state.retry_count < self.max_retries
    ):
        return "retry"
    elif state.current_task_index < len(state.tasks) - 1:
        return "continue"
    else:
        return "finish"
```

이 메서드를 다음과 같이 조건부 에지로 설정합니다.

```
graph.add_conditional_edges(
    "reflect_on_task",
    self._should_retry_or_continue,
    {
        "retry": "execute_task",
        "continue": "update_task_index",
        "finish": "aggregate_results",
    },
)
```

이렇게 정의함으로써 _should_retry_on_continue 함수의 반환값이 retry인 경우는 execute_task 노드, continue인 경우는 update_task_index 노드, finish인 경우는 aggregate_results 노드가 실행되도록 조건부 에지를 정의할 수 있습니다.

update_task_index 노드: 인덱스 증가

update_task_index 노드의 역할은 현재의 태스크 인덱스를 증가시키는 것뿐입니다. 구현 코드는 다음과 같습니다.

```
def _update_task_index(self, state: ReflectiveAgentState) -> dict[str, Any]:
    return {"current_task_index": state.current_task_index + 1}
```

aggregate_results 노드: 태스크의 실행 결과를 정리

마지막으로 aggregate_results 노드에서 지금까지 실행해 온 태스크의 실행 결과를 정리해 보고서를 생성합니다. 보고서 생성을 담당하는 ResultAggregator 클래스에서는 일련의 태스크의 리플렉션 결과와 응답 최적화에 의해 생성된 응답 사양의 정의를 참조해 보고서 생성을 실행합니다. 구현 코드는 다음과 같습니다.

```
class ResultAggregator:
    def __init__(self, llm: ChatOpenAI, reflection_manager: ReflectionManager):
        self.llm = llm
        self.reflection_manager = reflection_manager
        self.current_date = datetime.now().strftime("%Y-%m-%d")
```

```python
def run(
    self,
    query: str,
    results: list[str],
    reflection_ids: list[str],
    response_definition: str,
) -> str:
    relevant_reflections = [
        self.reflection_manager.get_reflection(rid) for rid in reflection_ids
    ]
    prompt = ChatPromptTemplate.from_template(
        "주어진 목표:\n{query}\n\n"
        "조사 결과:\n{results}\n\n"
        "주어진 목표에 대해 조사 결과를 이용하여 다음 지시에 기반한 응답을 생성해 주세요.\n"
        "{response_definition}\n\n"
        "과거 회고를 고려할 것:\n{reflection_text}\n"
    )
    chain = prompt | self.llm | StrOutputParser()
    return chain.invoke(
        {
            "query": query,
            "results": "\n\n".join(
                f"정보 {i+1}:\n{result}" for i, result in enumerate(results)
            ),
            "response_definition": response_definition,
            "reflection_text": format_reflections(relevant_reflections),
        }
    )
```

aggregate_results 노드의 구현 코드는 다음과 같습니다.

```python
def _aggregate_results(self, state: ReflectiveAgentState) -> dict[str, Any]:
    final_output = self.result_aggregator.run(
        query=state.optimized_goal,
        results=state.results,
        reflection_ids=state.reflection_ids,
        response_definition=state.optimized_response,
    )
    return {"final_output": final_output}
```

실행 결과

그럼 다음 명령어로 만든 AI 에이전트를 실행해 봅시다.

명령어

```
!python -m self_reflection.main --task "카레라이스 만드는 법"
```

실행 시 출력 결과는 다음과 같습니다.

출력 결과

```
카레라이스 레시피 보고서

### 조사한 출처
1. '일본 가정식 요리책'
2. '전문 셰프의 카레라이스 비법'
3. '온라인 요리 포럼'
4. '유명 요리 블로그'
5. '요리 유튜브 채널'

### 레시피 작성 과정
조사한 출처를 바탕으로 카레라이스 레시피의 공통점과 차이점을 분석하여 사용자가 쉽게 따라할 수 있는 레시피를 작성했습니다. 각 레시피의 재료, 조리 과정, 팁 등을 종합하여 최종 레시피를 구성했습니다.

### 최종 레시피

#### 재료
- 쌀: 2컵
- 닭고기: 300g
- 감자: 2개
- 당근: 1개
- 양파: 1개
- 카레 가루: 3큰술
- 물: 500ml
- 소금, 후추 약간

#### 조리 과정
1. 쌀을 씻어 밥을 짓습니다.
```

2. 닭고기, 감자, 당근, 양파를 먹기 좋은 크기로 썹니다.
3. 팬에 기름을 두르고 양파를 볶다가 닭고기를 넣고 익힙니다.
4. 감자와 당근을 추가하고 5분간 더 볶습니다.
5. 물을 붓고 끓인 후, 카레 가루를 넣고 잘 섞습니다.
6. 소금과 후추로 간을 맞추고, 약한 불에서 15분간 끓입니다.
7. 밥 위에 카레를 얹어 완성합니다.

팁
- 카레의 농도는 물의 양으로 조절할 수 있습니다.
- 다양한 채소를 추가하여 맛을 풍부하게 할 수 있습니다.

사용자 테스트 결과
작성한 레시피를 3명의 사용자에게 제공하고, 레시피를 따라 카레라이스를 만들어보도록 요청했습니다. 각 사용자의 피드백은 다음과 같습니다:

- **사용자 A**: "레시피가 명확하고 따라하기 쉬웠습니다. 특히 재료 준비가 간단해서 좋았습니다."
- **사용자 B**: "카레의 맛이 풍부하고, 조리 과정이 복잡하지 않아 좋았습니다. 다만, 매운맛을 더 추가하고 싶습니다."
- **사용자 C**: "조리 시간이 예상보다 길었습니다. 쌀을 미리 불려두면 좋을 것 같습니다."

테스트에 참여한 3명 중 3명이 레시피를 따라 성공적으로 카레라이스를 만들었습니다. 사용자들은 레시피가 명확하고 따라하기 쉬웠다고 평가했습니다.

결론
최종 레시피는 사용자 피드백을 반영하여 보다 명확하고 다양한 사용자 수준을 고려한 형태로 완성되었습니다. 레시피의 명확성과 단계별 설명의 이해도를 높였으며, 100%의 성공률을 기록하여 사용자가 쉽게 따라할 수 있는 레시피임을 확인했습니다. 앞으로 더 많은 사용자 피드백을 수집하여 다양한 관점을 반영할 수 있도록 노력하겠습니다.

샘플 코드를 실행하면 기본적으로는 chapter12/tmp 디렉터리 아래에 self_reflection_db.json 파일이 생성됩니다. 이 파일에는 실행한 태스크에 대한 리플렉션 내용과 임베딩 모델(기본적으로는 OpenAI의 text-embedding-3-small 모델)에 의해 생성된 임베딩 벡터가 쌍으로 저장됩니다.

구체적으로 어떤 데이터가 생성되는지 궁금한 분은 해당 파일의 내용을 살펴보세요.

12.8 크로스 리플렉션(Cross-Reflection)

구현 내용 해설

크로스 리플렉션은 실행 태스크의 리플렉션을 다른 언어 모델이나 AI 에이전트가 실시하는 패턴입니다. 셀프 리플렉션처럼 동일한 언어 모델이나 에이전트가 리플렉션을 실시한 경우, 일정한 바이어스를 바탕으로 리플렉션이 계속 실시될 가능성이 있어 본질적인 개선에 이르지 못할 가능성이 있습니다. 크로스 리플렉션은 그러한 바이어스에 대처하는 데 유효한 수단이라고 할 수 있습니다.

또한, AI 에이전트 자신은 비교적 성능이 낮은 모델로 실행하고, 리플렉션을 성능이 높은 모델로 실행함으로써 전체 비용을 억제하는 접근법도 유효할 가능성이 있습니다.

이번 구현에서는 앞서 구현한 셀프 리플렉션을 실행하는 AI 에이전트를 기반으로, 이용하는 LLM을 OpenAI의 GPT 시리즈에서 Anthropic의 Claude 시리즈로 전환함으로써 크로스 리플렉션의 효과를 시험해 보겠습니다.

태스크 리플렉터에서 이용하는 언어 모델을 변경

태스크의 리플렉션을 실시하는 것이 태스크 리플렉터의 역할입니다. 셀프 리플렉션의 구현 클래스인 **ReflectiveAgent** 클래스는 이용하는 LLM, 리플렉션 매니저, 태스크 리플렉터를 각각 인수로 받으므로, 이 중 태스크 리플렉터에서 이용하는 LLM만 변경하면 리플렉션에 이용하는 LLM만 변경하는 것이 가능합니다.

우선 다음과 같이, OpenAI의 LLM과 Anthropic의 LLM을 각각 초기화합니다.

```
# OpenAI LLM 초기화
openai_llm = ChatOpenAI(
    model=settings.openai_smart_model, temperature=settings.temperature
)

# Anthropic LLM 초기화
anthropic_llm = ChatAnthropic(
    model=settings.anthropic_smart_model, temperature=settings.temperature
)
```

다음에 리플렉션 매니저와 태스크 리플렉터를 초기화합니다. 영속화 데이터를 저장하기 위한 파일 경로는 셀프 리플렉션과 구별하기 위해 tmp/cross_reflection_db.json으로 합니다. 태스크 리플렉터에서 이용하는 LLM에는 앞서 정의한 Anthropic의 LLM을 배정합니다.

```python
# ReflectionManager 초기화
reflection_manager = ReflectionManager(file_path="tmp/cross_reflection_db.json")

# Anthropic LLM을 사용하는 TaskReflector 초기화
anthropic_task_reflector = TaskReflector(
    llm=anthropic_llm, reflection_manager=reflection_manager
)
```

마지막으로, 이제까지 정의해 온 리플렉션 매니저와 태스크 리플렉터를 ReflectiveAgent에 배정합니다.

```python
# ReflectiveAgent 초기화
agent = ReflectiveAgent(
    llm=openai_llm,
    reflection_manager=reflection_manager,
    task_reflector=anthropic_task_reflector,
)
```

실행 결과

그럼 다음 명령어로 크로스 리플렉션을 수행하는 AI 에이전트를 실행해 봅시다.

명령어

```
!python -m cross_reflection.main --task "카레라이스 만드는 법"
```

실행 시 출력 결과는 다음과 같습니다.

출력 결과

```
### 카레라이스 레시피 보고서

#### 준비 및 조리 시간
- **준비 시간**: 15분
```

- **조리 시간**: 30분
- **총 소요 시간**: 45분

재료
- **카레분말**: 100g
- **물**: 700mL
- **돼지고기 목살**: 200g
- **소금**: 2꼬집
- **미림**: 1스푼
- **식용유**: 2스푼
- **다진마늘**: 1스푼
- **감자**: 1개
- **애호박**: 1/2개
- **당근**: 50g
- **양파**: 1/2개
- **우유**: 1/4컵 (50mL)
- **대파**: 파란 부분만 20cm

조리 단계
1. **재료 준비**:
   - 돼지고기 목살을 한 입 크기로 자르고 소금과 미림으로 간을 합니다.
   - 감자, 애호박, 당근, 양파를 깍둑썰기합니다.

2. **양파 볶기**:
   - 팬에 식용유를 두르고 다진마늘과 양파를 넣어 투명해질 때까지 볶습니다.

3. **고기 볶기**:
   - 양파가 투명해지면 돼지고기를 넣고 겉면이 하얗게 변할 때까지 볶습니다.

4. **야채 추가**:
   - 감자, 애호박, 당근을 추가하고 5분간 더 볶습니다.

5. **카레 소스 만들기**:
   - 카레분말과 물을 섞어 팬에 붓고 끓입니다. 끓기 시작하면 불을 줄이고 15분간 끓입니다.

6. **우유 추가**:
   - 우유를 넣고 잘 저어줍니다. 부드러운 맛을 더해줍니다.

7. **마무리**:

> - 대파를 넣고 한소끔 끓인 후 불을 끕니다. 밥 위에 카레를 얹어 서빙합니다.
>
> #### 팁 및 주의사항
> - **대체 재료**: 돼지고기 대신 닭고기나 소고기를 사용할 수 있습니다.
> - **농도 조절**: 카레의 농도를 조절하고 싶다면 물의 양을 조절하세요.
> - **풍미 추가**: 버터를 약간 추가하면 더욱 풍부한 맛을 낼 수 있습니다.
>
> #### 레시피의 특징 및 장점
> - **간단한 재료**: 대부분의 재료는 쉽게 구할 수 있으며, 특별한 조미료가 필요하지 않습니다.
> - **짧은 조리 시간**: 45분 내외로 빠르게 조리할 수 있어 바쁜 일상에 적합합니다.
> - **풍부한 맛**: 우유를 추가하여 부드럽고 깊은 맛을 제공합니다.
>
> 이 레시피는 김대석 셰프의 노하우를 바탕으로 하여, 누구나 쉽게 따라할 수 있도록 구성되었습니다. 각 단계별로 사진을 참고하면 더욱 쉽게 조리할 수 있습니다.
>
> ### 평가 기준
> 1. **레시피의 명확성**: 사용자가 각 단계를 쉽게 이해할 수 있는지 평가합니다.
> 2. **재료의 용이성**: 재료가 쉽게 구할 수 있는지 평가합니다.
> 3. **조리 과정의 이해도**: 사용자가 조리 과정을 따라할 수 있는지 평가합니다.
> 4. **사용자 평가**: 10명의 사용자가 레시피를 따라 만든 카레라이스의 맛과 완성도를 평가하여 평균 점수가 4점 이상인지 확인합니다.
>
> 이 보고서는 사용자가 쉽게 따라할 수 있도록 명확하고 단계별로 구성된 레시피를 제공합니다. 각 단계에 필요한 도구나 기술을 설명하고, 대체 가능한 재료를 명시하여 유연성을 높였습니다.

셀프 리플렉션 예시에서 출력 결과와의 차이에서도 크로스 리플렉션의 효과를 알 수 있지만, 개별 리플렉션 내용에서도 차이를 비교해 보겠습니다.

여기서는 '재료나 절차 등의 조사 태스크의 리플렉션 내용'을 OpenAI의 모델과 Anthropic의 모델로 비교해 보겠습니다.

태스크 리스트도 LLM에 의해 생성된 성과물이기 때문에 태스크 내용이 완전히 동일하지 않은 점에 대해서는 양해 바랍니다.

먼저 다음은 OpenAI의 모델(gpt-4o)로 리플렉션한 결과입니다.

```
{
    "id": "1",
```

```
        "task": "카레라이스의 조리 방법, 조리 시간, 필요한 재료에 관한 정보를 인터넷에서 조사한
다.",
        "reflection": "이 태스크에 임할 때, 신뢰할 수 있는 여러 정보원을 참조하고, 정보를 정리해
제공했습니다. 조리 방법, 조리 시간, 필요한 재료에 대해 상세히 기재하고, 초보자도 이해하기 쉽도
록 공들였습니다. 개선점으로는 각 단계의 구체적인 포인트나 주의점을 좀 더 자세히 기재함으로써 더
실용적인 가이드가 될 수 있을 것입니다. 다음번에는 조리 요령이나 주의점도 포함해 정보를 제공하도
록 유념하겠습니다.",
        "judgment": {
            "needs_retry": false,
            "confidence": 0.9,
            "reasons": [
                "여러 신뢰할 수 있는 정보원을 참조하고 있으므로, 정보의 정확성이 높다.",
                "조리 방법, 조리 시간, 필요한 재료가 명확히 기재되어 있어 초보자도 이해하기 쉽
다.",
                "참고 사이트도 제공하고 있어, 더 자세한 정보를 얻는 수단이 있다."
            ]
        }
}
```

다음으로, Anthropic의 모델(`claude-3-5-sonnet-20240620`)로 리플렉션한 결과가 다음 내용입니다. 리플렉션 자체는 같은 프롬프트로 작동하는데도, 모델에 따른 표현의 차이가 보입니다.

```
{
 "id": "카레라이스_레시피_조사",
 "task": "인터넷에서 다양한 카레라이스 레시피를 검색하고, 최소 5개의 레시피를 선정하여 각 레시피의 재료
목록과 조리 과정을 문서화한다.",
 "reflection": "이 태스크에 대한 접근은 전반적으로 적절했지만, 개선의 여지가 있습니다. 다음에 유사한 태스
크를 수행할 때는 레시피의 출처를 명확히 밝히고, 각 레시피의 특징이나 장점을 간단히 설명하여 사용자가 선택
하는 데 도움을 줄 수 있습니다. 또한, 레시피 간의 난이도 비교나 조리 시간 정보를 추가하면 더욱 유용한 정보가
될 것입니다.",
 "judgment": {
  "needs_retry": false,
  "confidence": 0.8,
  "reasons": [
   "5개의 다양한 카레라이스 레시피를 성공적으로 선정하여 문서화했습니다.",
```

12.9 역할 기반 협력(Role-Based Cooperation)

구현 내용 해설

역할 기반 협력은 사용자의 요구를 실현하기 위해 AI 에이전트가 각자 역할 분담을 하면서 태스크를 진행하는 패턴입니다.

이번 구현에서는 다음 AI 에이전트가 협력해 태스크 실행에 임하는 것을 생각합니다.

- **플래너**(planner): 사용자로부터 요구된 내용을 태스크 분해한다.
- **배정자**(role_assigner): 각 태스크를 어떤 역할의 자식 에이전트가 실행해야 하는지 정의한다.
- **실행자**(executor): 태스크를 실행하기 위한 자식 에이전트를 생성하고 태스크를 실행한다.
- **리포터**(reporter): 실행 결과를 보고한다.

이 구현의 가장 큰 특징은 미리 역할이 정해진 에이전트를 준비해 두는 것이 아니라, 분해된 태스크 내용에 따라 '배정자'가 동적으로 역할을 생성한다는 점입니다.

기존 프로그래밍 패러다임에서는 프로그램 내에서 사용하는 데이터는 사전에 준비해 둬야 합니다. 하지만 LLM을 활용한 프로그램에서는 상황에 맞춰 그때그때 필요한 데이터를 생성하는 것이 가능합니다. 이 특징을 살려 이번에 만드는 프로그램에서는 동적으로 생성되는 태스크의 내용에 대해 동적으로 '역할' 데이터를 생성했습니다.

워크플로 도표

그럼 이번에 구현할 AI 에이전트의 워크플로 도표(그림 12.5)를 살펴봅시다.

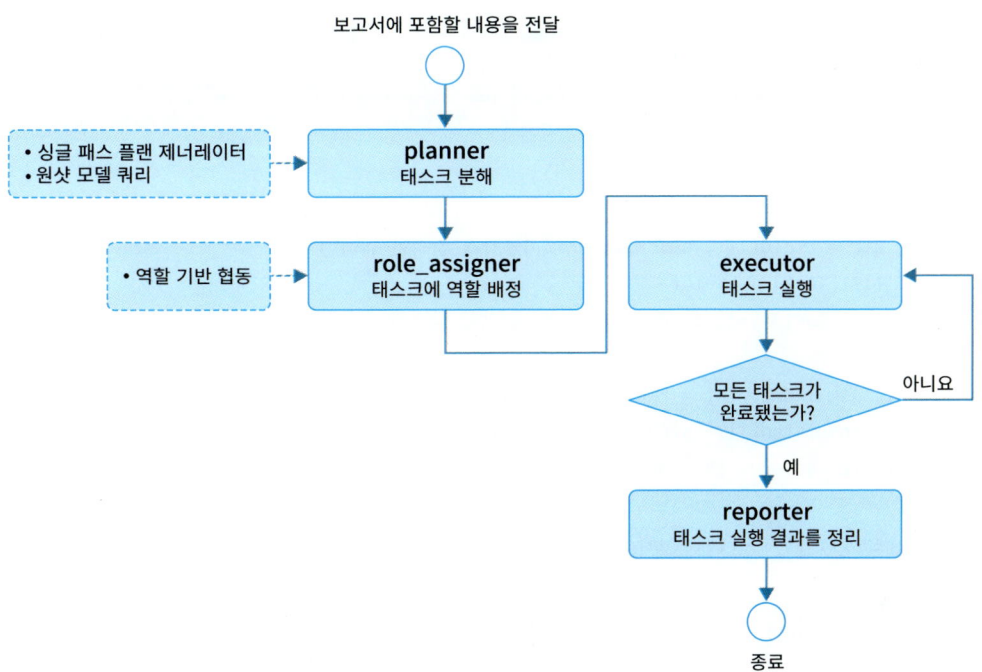

그림 12.5 역할 기반 협력 프로그램의 워크플로

역할 기반 협력에서 워크플로의 특징은 태스크 분해 다음에 각 태스크의 실시에 있어 최적의 역할을 생성하고 태스크에 역할을 배정한다는 점입니다. 태스크에 역할을 배정한 후, 태스크 실행을 담당하는 executor 노드는 그 역할에 맞는 에이전트를 생성해 태스크를 실행합니다.

스테이트 설계

워크플로의 스테이트 데이터 모델 정의는 AgentState 모델을 활용합니다. 구현 코드는 다음과 같습니다.

```
class Role(BaseModel):
    name: str = Field(..., description="역할의 이름")
    description: str = Field(..., description="역할에 대한 상세 설명")
    key_skills: list[str] = Field(..., description="이 역할에 필요한 주요 스킬이나 속성")


class Task(BaseModel):
    description: str = Field(..., description="태스크 설명")
    role: Role = Field(default=None, description="태스크에 배정된 역할")
```

```python
class TasksWithRoles(BaseModel):
    tasks: list[Task] = Field(..., description="역할이 배정된 태스크 목록")


class AgentState(BaseModel):
    query: str = Field(..., description="사용자가 입력한 쿼리")
    tasks: list[Task] = Field(
        default_factory=list, description="실행할 태스크 목록"
    )
    current_task_index: int = Field(default=0, description="현재 실행 중인 태스크의 번호")
    results: Annotated[list[str], operator.add] = Field(
        default_factory=list, description="실행 완료된 태스크의 결과 목록"
    )
    final_report: str = Field(default="", description="최종 출력 결과")
```

AgentState 모델의 정의 내용은 다음과 같습니다.

- query: 사용자가 입력된 쿼리를 저장합니다.
- tasks: 사용자 입력을 바탕으로 planner 노드에서 태스크를 분해한 결과를 보관합니다. Task 모델의 role 필드는 role_assigner 노드에서 생성됩니다.
- current_task_index: 현재 몇 번째 태스크를 수행 중인지 기록합니다.
- results: 각 태스크의 실행 결과를 저장합니다.
- final_report: reporter 노드의 실행 결과를 보관합니다.

그럼 각 노드의 구현을 살펴보겠습니다.

planner 노드: 태스크 분해

우선 planner 노드에 의해 태스크 분해를 수행합니다. planner 노드의 구현 코드는 다음과 같습니다.

```python
def _plan_tasks(self, state: AgentState) -> dict[str, Any]:
    tasks = self.planner.run(query=state.query)
    return {"tasks": tasks}
```

구체적인 처리는 Planner 클래스가 담당합니다. Planner 클래스의 구현은 다음과 같습니다.

```
class Planner:
    def __init__(self, llm: ChatOpenAI):
        self.query_decomposer = QueryDecomposer(llm=llm)

    def run(self, query: str) -> list[Task]:
        decomposed_tasks: DecomposedTasks = self.query_decomposer.run(query=query)
        return [Task(description=task) for task in decomposed_tasks.values]
```

Planner 클래스에서는 싱글 패스 플랜 제너레이터의 예시에서 만든 QueryDecomposer 클래스를 이용해 사용자의 요구로부터 태스크 분해를 수행합니다. 태스크 분해 후에는 이번 워크플로에서 사용하기 쉽도록 list[Task] 타입으로 변환해 반환하도록 돼 있습니다.

role_assigner 노드: 태스크에 역할을 배정

planner 노드에서 태스크를 분해한 후, role_assigner 노드로 각 태스크에 대한 역할을 배정합니다. role_assigner 노드의 구현 코드는 다음과 같습니다.

```
def _assign_roles(self, state: AgentState) -> dict[str, Any]:
    tasks_with_roles = self.role_assigner.run(tasks=state.tasks)
    return {"tasks": tasks_with_roles}
```

여기서도 구체적인 처리는 RoleAssigner 클래스가 담당합니다. RoleAssigner 클래스의 구현은 다음과 같습니다.

```
class RoleAssigner:
    def __init__(self, llm: ChatOpenAI):
        self.llm = llm.with_structured_output(TasksWithRoles)

    def run(self, tasks: list[Task]) -> list[Task]:
        prompt = ChatPromptTemplate(
            [
                (
                    "system",
                    (
```

```
                    "당신은 창의적인 역할 설계 전문가입니다. 주어진 태스크에 대해 독특하고 적절
한 역할을 생성하세요."
                ),
            ),
            (
                "human",
                (
                    "태스크:\n{tasks}\n\n"
                    "이러한 태스크에 대해 다음 지침에 따라 역할을 배정하세요:\n"
                    "1. 각 태스크에 대해 독창적이고 창의적인 역할을 고안하세요. 기존 직업명이나
일반적인 역할명에 얽매일 필요는 없습니다.\n"
                    "2. 역할명은 해당 태스크의 본질을 반영한 매력적이고 기억에 남는 것으로 지어
주세요.\n"
                    "3. 각 역할에 대해, 그 역할이 해당 태스크에 왜 최적인지 상세히 설명하세요.\n"
                    "4. 그 역할이 효과적으로 태스크를 수행하기 위해 필요한 주요 스킬이나 속성을
3가지 들어주세요.\n\n"
                    "창의성을 발휘하여 태스크의 본질을 포착한 혁신적인 역할을 생성하세요."
                ),
            ),
        ],
    )
    chain = prompt | self.llm
    tasks_with_roles = chain.invoke(
        {"tasks": "\n".join([task.description for task in tasks])}
    )
    return tasks_with_roles.tasks
```

RoleAssigner 클래스에서는 planner 노드에 의해 생성된 태스크 리스트를 바탕으로 TasksWithRoles 모델의 정의에 따라 내용을 생성합니다. 그 결과, 각 태스크마다 어떤 역할의 에이전트가 투입돼야 하는지가 다음과 같이 생성됩니다.

```
{
  "description": "검색한 레시피에서 필요한 재료와 양을 확인한다.",
  "role": {
    "name": "재료 분석가",
    "description": "재료 분석가는 레시피에서 요구하는 재료와 그 양을 정확하게 파악하는 역할을 맡습니다. 이 역할은 레시피의 세부 사항을 분석하고, 필요한 재료 목록을 체계적으로 정리하는 데 중점을 둡니다.",
    "key_skills": [
```

```
            "세부 사항에 대한 주의력",
            "조직력",
            "분석적 사고"
        ]
    }
}
```

executor 노드: 태스크 실행

태스크의 할당이 완료된 후 각 태스크를 실행합니다. executor 노드의 구현 코드는 다음과 같습니다.

```python
def _execute_task(self, state: AgentState) -> dict[str, Any]:
    current_task = state.tasks[state.current_task_index]
    result = self.executor.run(task=current_task)
    return {
        "results": [result],
        "current_task_index": state.current_task_index + 1,
    }
```

구체적인 처리는 Executor 클래스가 담당합니다. Executor 클래스의 구현은 다음과 같습니다.

```python
class Executor:
    def __init__(self, llm: ChatOpenAI):
        self.llm = llm
        self.tools = [TavilySearchResults(max_results=3)]
        self.base_agent = create_react_agent(self.llm, self.tools)

    def run(self, task: Task) -> str:
        result = self.base_agent.invoke(
            {
                "messages": [
                    (
                        "system",
                        (
                            f"당신은 {task.role.name}입니다.\n"
                            f"설명: {task.role.description}\n"
                            f"주요 스킬: {', '.join(task.role.key_skills)}\n"
                            "당신의 역할에 기반하여 주어진 태스크를 최고의 능력으로 수행해 주세요."
```

```
                        ),
                    ),
                    (
                        "human",
                        f"다음 태스크를 실행해 주세요:\n\n{task.description}",
                    ),
                ]
            }
        )
        return result["messages"][-1].content
```

AI 에이전트가 이용할 수 있는 도구로는 이전과 같이 TavilySearchResults를 설정했습니다. 이전과 다른 점은 태스크에 따라 AI 에이전트의 시스템 프롬프트를 변경한다는 점입니다. 시스템 프롬프트에는 role_assigner 노드에서 생성한 태스크별 역할을 부여합니다. 이 프롬프트를 통해 태스크를 효과적으로 수행할 역할을 지닌 AI 에이전트를 동적으로 생성하는 것입니다.

reporter 노드: 태스크의 실행 내용 정리

태스크 실행이 완료된 후, reporter 노드에 의해 태스크의 실행 내용을 정리합니다. reporter 노드의 구현 코드는 다음과 같습니다.

```
def _generate_report(self, state: AgentState) -> dict[str, Any]:
    report = self.reporter.run(query=state.query, results=state.results)
    return {"final_report": report}
```

구체적인 처리는 Reporter 클래스가 담당합니다. Reporter 클래스의 구현은 다음과 같습니다.

```
class Reporter:
    def __init__(self, llm: ChatOpenAI):
        self.llm = llm

    def run(self, query: str, results: list[str]) -> str:
        prompt = ChatPromptTemplate(
            [
                (
                    "system",
                    (
```

```
                    "당신은 종합적인 보고서 작성 전문가입니다. 여러 정보원의 결과를 통합하고,
통찰력 있는 포괄적인 보고서를 작성하는 능력이 있습니다."
                ),
            ),
            (
                "human",
                (
                    "태스크: 다음 정보를 바탕으로 포괄적이고 일관성 있는 답변을 작성하세요.\n"
                    "요구사항:\n"
                    "1. 제공된 모든 정보를 통합하여 잘 구성된 답변을 만들어주세요.\n"
                    "2. 답변은 원래 쿼리에 직접 응답하는 형태로 작성하세요.\n"
                    "3. 각 정보의 중요 포인트나 발견 사항을 포함하세요.\n"
                    "4. 마지막에 결론이나 요약을 제공하세요.\n"
                    "5. 답변은 상세하면서도 간결하게 작성하고, 250~300단어 정도를 목표로 하세요.\n"
                    "6. 답변은 한국어로 작성하세요.\n\n"
                    "사용자 요청: {query}\n\n"
                    "수집한 정보:\n{results}"
                ),
            ),
        ],
    )
    chain = prompt | self.llm | StrOutputParser()
    return chain.invoke(
        {
            "query": query,
            "results": "\n\n".join(
                f"Info {i+1}:\n{result}" for i, result in enumerate(results)
            ),
        }
    )
```

이번 생성 예시에서는 응답 최적화의 프롬프트를 이용하지 않았기 때문에 하드코드로 응답 내용을 프롬프트에 정의했습니다. 또한, **Reporter**도 1개의 역할을 담당하는 AI 에이전트로 정의했기 때문에 시스템 프롬프트에서 AI 에이전트로서의 행동을 지시했습니다.

실행 결과

그럼 다음 명령어로 만든 AI 에이전트를 실행해 봅시다.

명령어

```
!python -m role_based_cooperation.main --task "카레라이스 만드는 법"
```

실행 중에 어떤 역할이 생성됐는지를 LangSmith로 확인해 보면, 다음과 같은 데이터가 생성됐음을 알 수 있습니다.

```
{
  "tasks": [
    {
      "description": "인터넷을 이용하여 카레라이스의 기본 레시피를 검색한다.",
      "role": {
        "name": "디지털 레시피 탐험가",
        "description": "디지털 레시피 탐험가는 인터넷의 방대한 정보 속에서 카레라이스의 기본 레시피를 찾아내는 전문가입니다. 이 역할은 다양한 출처를 탐색하고, 신뢰할 수 있는 정보를 선별하여 최적의 레시피를 발견하는 데 중점을 둡니다.",
        "key_skills": [
          "정보 검색 능력",
          "비판적 사고",
          "디지털 리터러시"
        ]
      }
    },
    {
      "description": "검색한 레시피에서 필요한 재료와 양을 확인한다.",
      "role": {
        "name": "재료 분석가",
        "description": "재료 분석가는 레시피에서 요구하는 재료와 그 양을 정확하게 파악하는 역할을 맡습니다. 이 역할은 레시피의 세부 사항을 분석하고, 필요한 재료 목록을 체계적으로 정리하는 데 중점을 둡니다.",
        "key_skills": [
          "세부 사항에 대한 주의력",
          "조직력",
          "분석적 사고"
        ]
```

```
      }
    },
    {
      "description": "인터넷을 통해 각 재료의 대체 가능한 재료나 추가적인 팁을 조사한다.",
      "role": {
        "name": "요리 혁신가",
        "description": "요리 혁신가는 기존의 레시피를 더욱 창의적으로 변형할 수 있는 방법을 찾는 전문가입니다. 이 역할은 대체 재료를 찾고, 요리에 대한 추가적인 팁을 수집하여 요리의 다양성과 창의성을 높이는 데 중점을 둡니다.",
        "key_skills": [
          "창의적 사고",
          "문제 해결 능력",
          "정보 수집 능력"
        ]
      }
    },
    {
      "description": "조사한 정보를 바탕으로 카레라이스를 만드는 순서를 정리한다.",
      "role": {
        "name": "요리 시나리오 작가",
        "description": "요리 시나리오 작가는 수집한 정보를 바탕으로 카레라이스를 만드는 과정을 체계적으로 정리하는 역할을 합니다. 이 역할은 요리 과정을 명확하고 이해하기 쉽게 구성하여 누구나 따라할 수 있도록 돕습니다.",
        "key_skills": [
          "글쓰기 능력",
          "논리적 사고",
          "조직력"
        ]
      }
    },
    {
      "description": "정리한 순서를 검토하여 실행 가능한지 확인한다.",
      "role": {
        "name": "실행 가능성 검토자",
        "description": "실행 가능성 검토자는 정리된 요리 순서가 실제로 실행 가능한지 검토하는 역할을 맡습니다. 이 역할은 계획된 과정이 현실적이고 실현 가능한지 평가하여, 필요한 경우 수정 및 보완을 제안합니다.",
        "key_skills": [
          "비판적 사고",
          "세부 사항에 대한 주의력",
```

```
                "문제 해결 능력"
            ]
        }
    }
  ]
}
```

이 역할 분담을 토대로 생성된 결과가 다음 보고서입니다. 각 항목에서 각각의 역할을 가진 AI 에이전트의 세심한 특성이 반영돼 있음을 알 수 있습니다.

출력 결과

> 카레라이스는 다양한 재료와 조리법을 통해 쉽게 만들 수 있는 요리입니다. 기본적으로 카레라이스를 만들기 위해 필요한 재료와 조리법을 다음과 같이 정리할 수 있습니다.
>
> ### 재료 준비
> - **기본 재료**: 양파 1~2개, 마늘 2쪽, 생강 1작은술, 카레 가루 100g, 쌀 2컵, 물 또는 육수 4컵, 소금 1작은술
> - **추가 재료**: 소고기 150g, 감자 1개, 당근 1/2개, 브로콜리 1줌, 냉동 완두콩 1컵 (선택 사항), 고추, 파프리카, 큐민, 강황, 카다멈, 후추 등
>
> ### 요리 순서
> 1. **재료 손질**: 소고기와 야채(감자, 양파, 당근)를 한 입 크기로 썰고, 브로콜리는 작은 송이로 나눕니다.
> 2. **양파 볶기**: 팬에 기름을 두르고 양파를 부드럽고 투명해질 때까지 볶습니다.
> 3. **고기와 야채 볶기**: 양파가 갈색이 되면 소고기와 감자, 당근을 넣고 함께 볶습니다.
> 4. **향신료 추가**: 마늘, 생강, 카레 가루, 강황 등을 넣고 1분간 볶아 향을 냅니다.
> 5. **쌀과 물 추가**: 쌀과 물 또는 육수를 넣고 끓입니다. 소금으로 간을 맞춥니다.
> 6. **끓이기**: 중약불로 줄이고 약 15분간 끓입니다. 이때 브로콜리와 완두콩을 넣고 함께 끓입니다.
> 7. **마무리**: 소금과 후추로 간을 맞추고, 포크로 쌀을 풀어줍니다.
> 8. **서빙**: 완성된 카레를 밥 위에 얹어 서빙합니다.
>
> ### 요리 팁
> - 양파를 충분히 볶아주면 카레의 단맛이 더해집니다.
> - 카레 가루를 넣을 때는 덩어리가 생기지 않도록 잘 저어주는 것이 중요합니다.
> - 브로콜리는 너무 오래 끓이지 않도록 주의하여 색과 식감을 살립니다.
>
> 이 과정을 따르면 맛있는 카레라이스를 완성할 수 있습니다. 다양한 재료와 향신료를 활용하여 자신만의 특별한 카레라이스를 만들어 보세요. 즐거운 요리 시간 되시길 바랍니다!

> **옮긴이 칼럼**
>
> **역할 기반 협력 예제 코드 보완**
>
> 예제 코드의 role_assigner는 역할을 생성할 때 항상 사용자의 요청(요리명)을 언급하지는 않습니다. 실행 결과 예시에서는 '재료 분석가', '요리 혁신가', '실행 가능성 검토자' 역할의 설명에 요리명인 카레 라이스가 누락되었습니다. 따라서 실제로 코드를 실행해 보면, 수행하려는 태스크가 어떤 요리에 관한 것인지 되묻기만 하는 바람에 원래 의도한 출력을 얻지 못하는 현상이 관찰됩니다.
>
>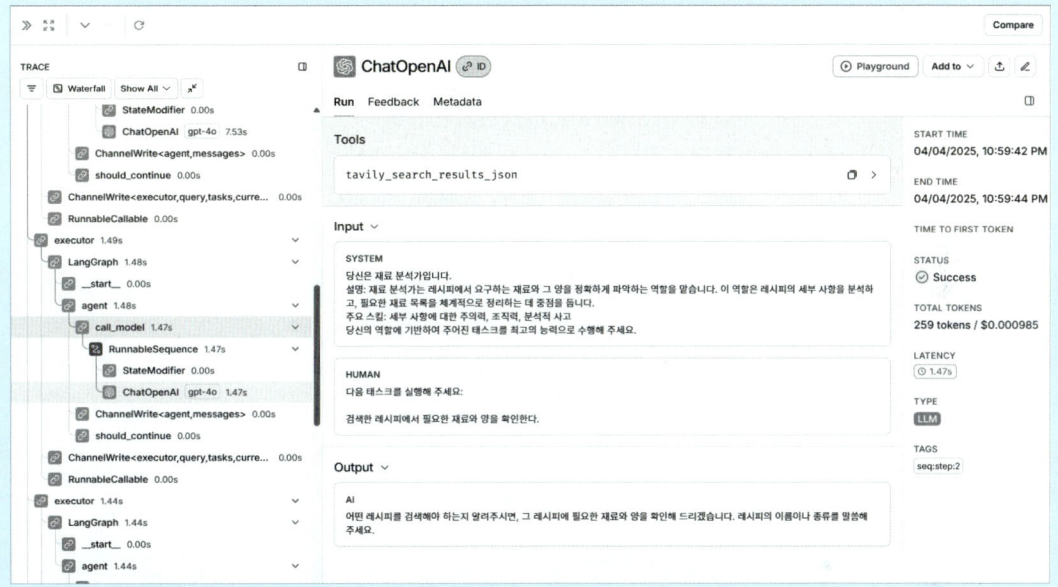
>
> 그림 12.6 역할이 올바로 생성되지 않아 정보가 누락되는 경우
>
> 다음 예시처럼 _execute_task 메서드와 Executor.run 메서드를 약간 수정해서 서브 에이전트(각 역할)가 전체 사용자 의도도 함께 전달받도록 바꿔서 이 문제를 해결할 수 있습니다.
>
> RoleBasedCooperation 클래스의 _execute_task 메서드에서 self.executor.run()을 호출할 때 전체 사용자 쿼리(state.query)도 인자로 넘겨서 각 역할이 원본 질의를 인지하도록 만듭니다.
>
> ```python
> def _execute_task(self, state: AgentState) -> dict[str, Any]:
>     current_task = state.tasks[state.current_task_index]
>     result = self.executor.run(task=current_task, user_query=state.query)
>     return {
>         "results": [result],
>         "current_task_index": state.current_task_index + 1,
>     }
> ```

Executor 클래스의 run 메서드 시그니처와 내부 메시지 구성에 user_query를 반영해 서브 에이전트가 '사용자에게 실제로 필요한 요리가 무엇인지' 등 최종 맥락을 잃지 않도록 합니다.

```python
def run(self, task: Task, user_query: str) -> str:
    result = self.base_agent.invoke(
        {
            "messages": [
                (
                    "system",
                    (
                        f"당신은 {task.role.name}입니다.\n"
                        f"설명: {task.role.description}\n"
                        f"주요 스킬: {', '.join(task.role.key_skills)}\n"
                        f"최종 사용자 요청(쿼리): \"{user_query}\"\n"
                        "당신의 역할에 기반하여 주어진 태스크를 최고의 능력으로 수행해 주세요."
                    ),
                ),
                (
                    "human",
                    f"다음 태스크를 실행해 주세요:\n\n{task.description}",
                ),
            ]
        }
    )
    return result["messages"][-1].content
```

main.py 파일을 이렇게 수정한 코드로 교체한 뒤 실행하면 여러 정보원의 결과를 통합한 보고서를 얻을 수 있습니다.

12.10 요약

이 장에서는 11장에서 소개한 18개의 에이전트 디자인 패턴 중 에이전트를 설계할 때 자주 활용될 것으로 생각되는 7가지 패턴을 다루고 그 구현 예시를 소개했습니다.

지금까지 본 바와 같이, 각 에이전트 디자인 패턴의 구현은 LangChain/LangGraph에 의해 간단하게 수행할 수 있습니다. 에이전트의 구현을 진행함에 있어 각 에이전트 디자인 패턴의 구현을 가지고 있으면 프로젝트를 진행하기가 아주 쉬워지므로, 꼭 이 책의 지식을 바탕으로 다른 패턴의 구현에도 도전해 보세요.

한편, 이렇게 LangGraph를 활용하면서 AI 에이전트를 개발해 나가면 노드나 에지의 수가 점점 많아지고, 코드베이스는 방대해지기 쉽습니다. 그런 상황에서 LangGraph를 유지보수 가능한 형태로 활용하는 포인트는 각 노드의 구현을 최대한 단순하게 하는 것입니다.

예를 들어 그래프 구조가 복잡해지면 문제가 발생했을 때 워크플로의 흐름 자체에 문제가 있는지, 아니면 LLM의 처리에 문제가 있는지 구분하기가 어렵습니다. 이런 경우, 각 노드 내 중심 처리는 클래스나 함수 등으로 외부로 빼내고, 테스트 시 처리를 교체할 수 있게 해두면 문제 발생 시 원인을 파악하기가 쉬워집니다.

부차적인 효과로, 노드를 모킹함으로써 워크플로 실행 시 LLM을 호출하지 않고 작동을 확인할 수 있거나 이 장에서처럼 노드를 인스턴스 메서드로서 구현하는 경우에도 노드 내의 처리를 단독으로 확인할 수 있으므로 개발 속도가 향상됩니다.

LangGraph를 활용한 코드는 워크플로가 복잡할수록 거대해지기 쉬우므로 여기서 소개한 코드베이스의 유지보수성을 유지하기 위한 노력도 꼭 해보세요.

랭체인과 랭그래프로 구현하는
RAG·AI 에이전트
실전 입문

A 부록

각종 서비스 가입과 각 패턴의 구현 코드

A.1 각종 서비스 가입

A.2 각 패턴의 구현 코드

A.1 각종 서비스 가입

LangSmith 가입

LangSmith 웹사이트(https://www.langchain.com/langsmith)에 접속해 [Sign up]을 클릭해 가입합니다.

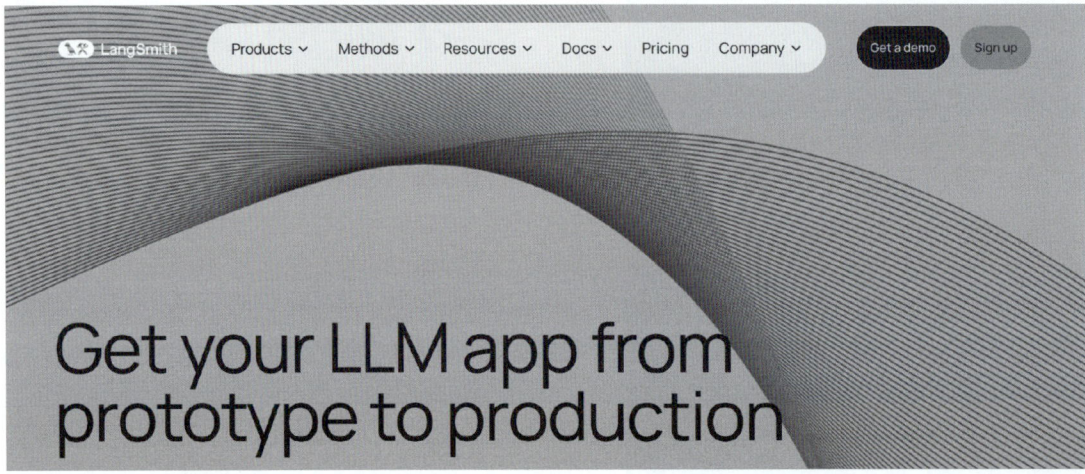

그림 A.1 LangSmith 웹사이트

메뉴 화면 왼쪽의 톱니바퀴 아이콘을 클릭해 [Settings]의 [API Keys]를 엽니다.

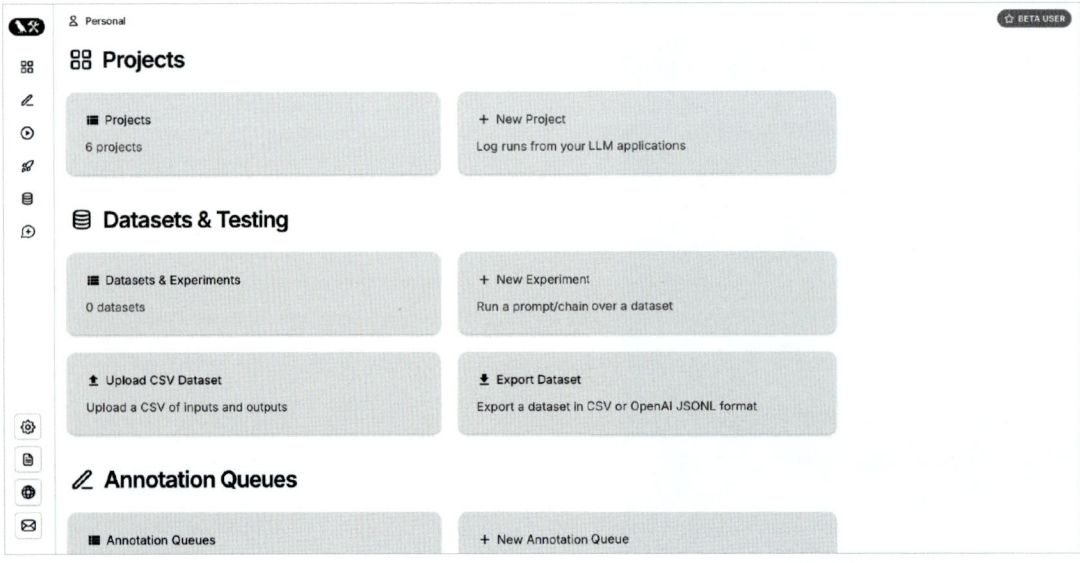

그림 A.2 LangSmith 메뉴 화면

[Create API Key]를 클릭합니다.

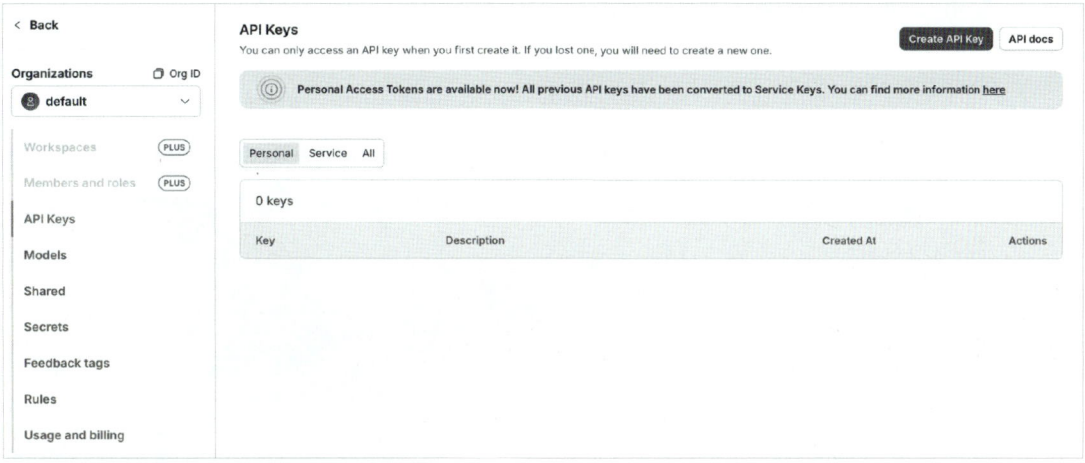

그림 A.3 LangSmith API 키 목록 화면

적절한 'Description'을 입력하고 API 키를 생성하세요. 'Personal Access Token'은 사용자로서 LangSmith API에 요청할 때 사용하고, 'Service Key'는 서비스 계정으로 LangSmith API에 요청할 때 사용합니다[1].

API 키를 생성했다면 Google Colab의 시크릿에 'LANGCHAIN_API_KEY'라는 이름으로 저장하세요.

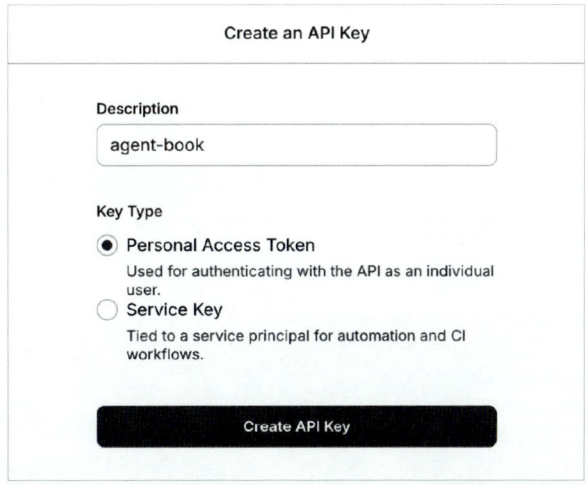

그림 A.4 LangSmith API 키 생성

---

1 https://docs.smith.langchain.com/concepts/admin#api-keys

Cohere 가입

Cohere 웹사이트(https://cohere.com/)에 접속해 [TRY NOW]를 클릭해 가입합니다.

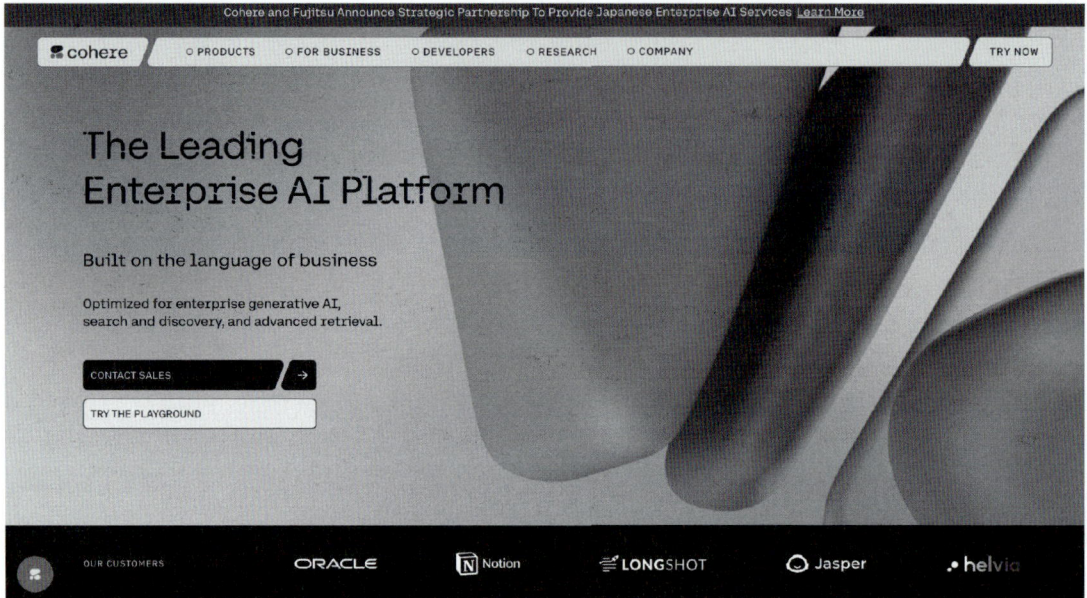

그림 A.5 Cohere 웹사이트

대시보드 화면에서 [API Keys]를 클릭해 API 키 목록 화면을 엽니다.

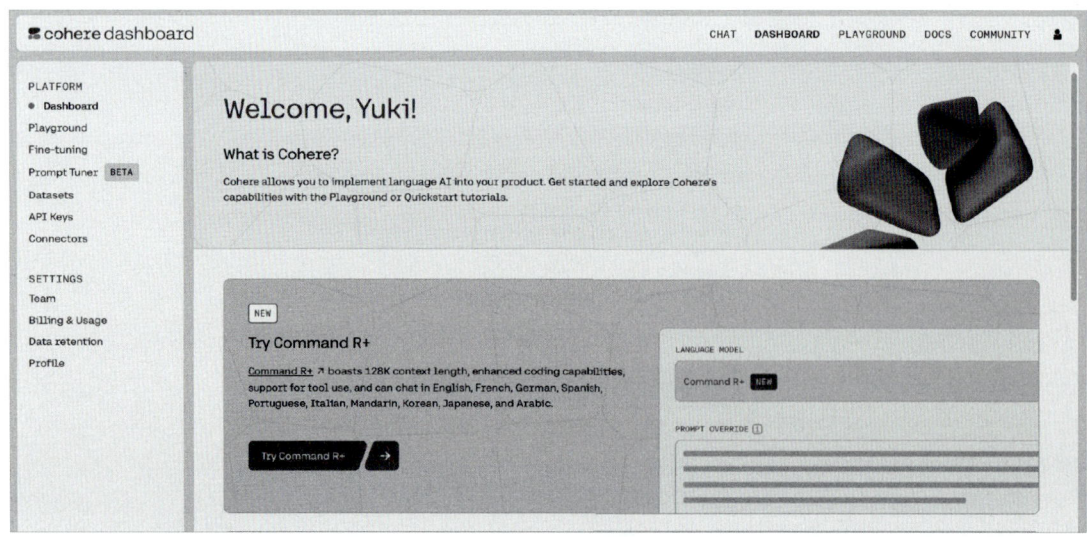

그림 A.6 Cohere 대시보드

기본 API 키를 표시해 복사하거나 [Create Trial key]로 API 키를 생성하세요. API 키는 Google Colab의 시크릿에 'COHERE_API_KEY'라는 이름으로 저장하세요.

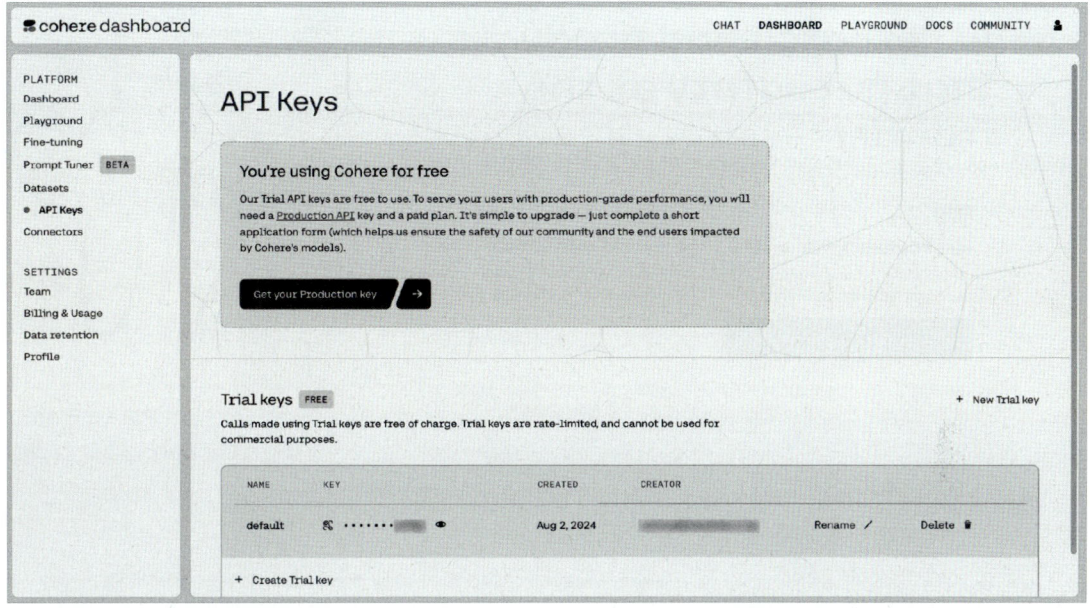

그림 A.7 Cohere API 키 목록 화면

Anthropic 가입

Anthropic 웹사이트(https://www.anthropic.com/)에 접속해 [Get started now]를 클릭해 가입 화면으로 이동합니다.

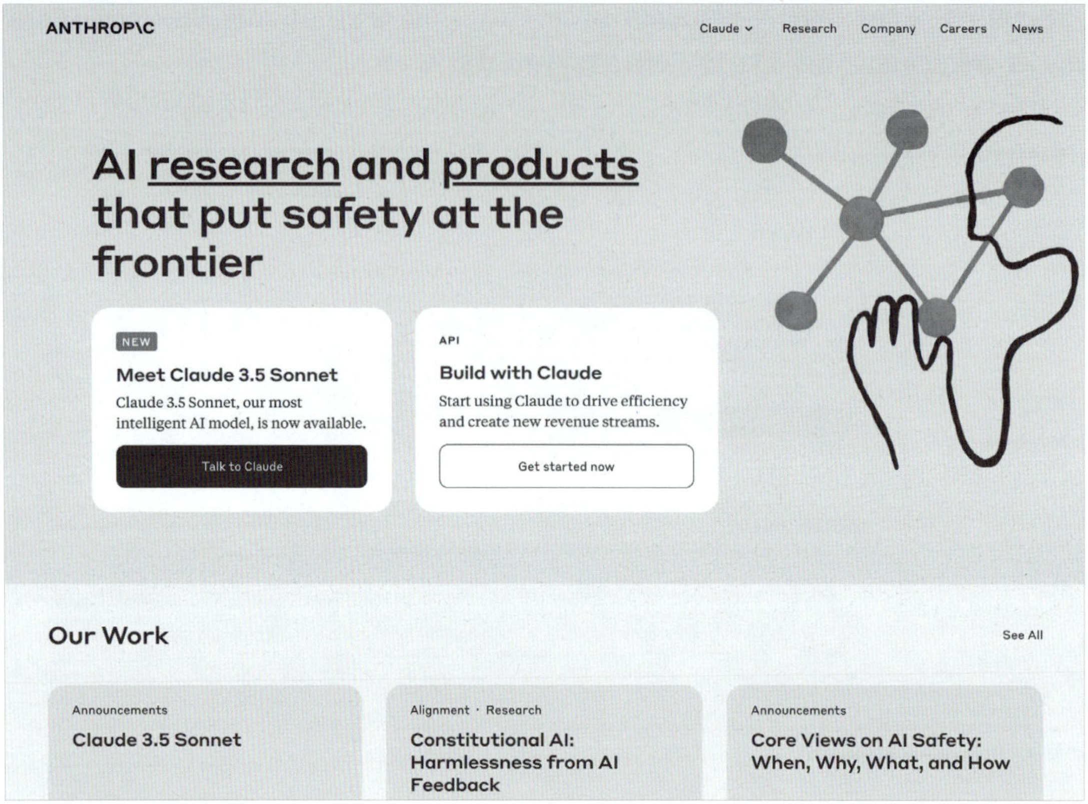

그림 A.8 Anthropic 웹사이트

Google 계정이나 이메일 주소를 이용해 가입합니다.

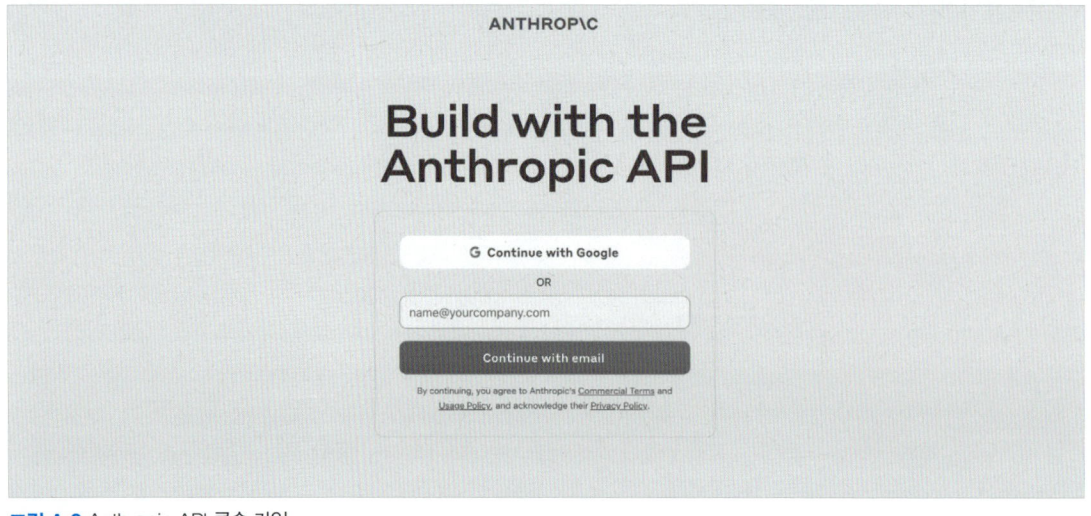

그림 A.9 Anthropic API 콘솔 가입

가입이 완료되면 Anthropic API 콘솔의 메뉴 목록이 열립니다. 여기서 [Get API keys]를 클릭합니다.

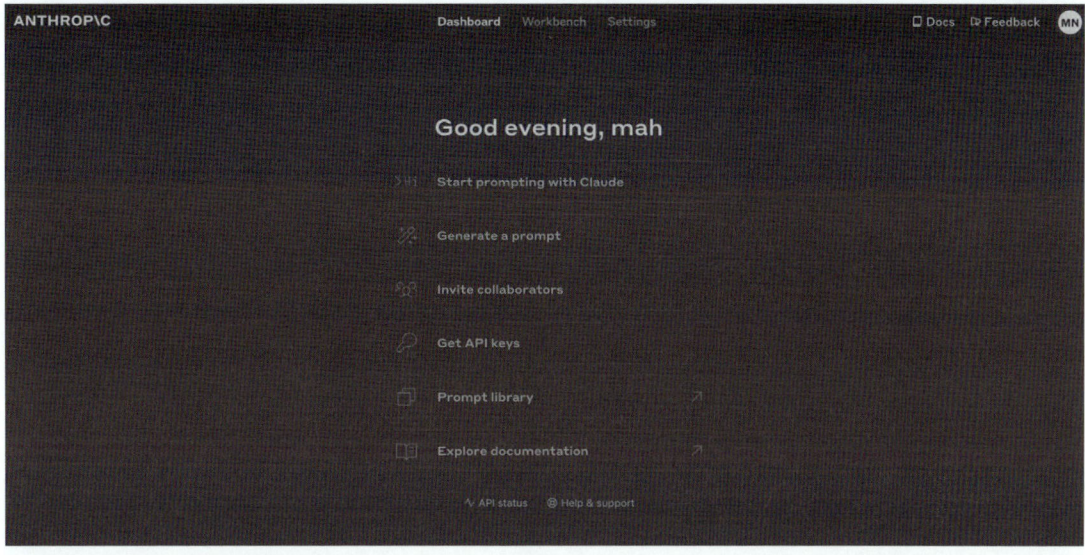

그림 A.10 Anthropic API 콘솔 메뉴 화면

[Create Key]를 클릭하면 API 키를 발급할 수 있습니다. 각 API 키에는 이름이 부여되므로 용도를 기록해 두면 편리합니다. API 키의 이름은 나중에 변경할 수 없으므로 변경하고 싶은 경우 API 키를 삭제한 후 다시 만들어야 합니다.

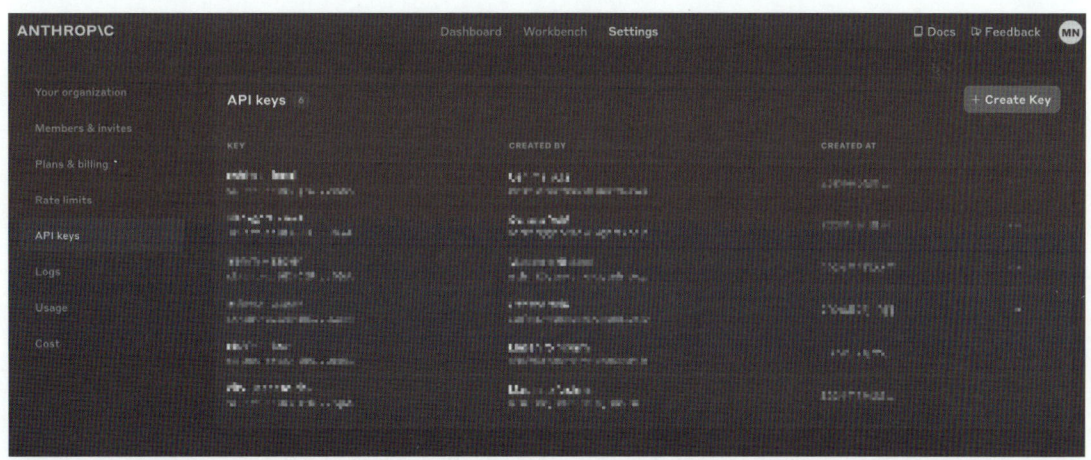

그림 A.11 Anthropic API 키 목록 화면

A _ 각종 서비스 가입과 각 패턴의 구현 코드 | 439

A.2 각 패턴의 구현 코드

소스 코드의 최신 버전은 다음 GitHub 저장소에서 관리합니다.

- https://github.com/ychoi-kr/llm-agent

1. 패시브 골 크리에이터(Passive Goal Creator)

구현 코드(chapter12/passive_goal_creator/main.py)

```python
from langchain_core.prompts import ChatPromptTemplate
from langchain_openai import ChatOpenAI
from pydantic import BaseModel, Field


class Goal(BaseModel):
    description: str = Field(..., description="목표 설명")

    @property
    def text(self) -> str:
        return f"{self.description}"


class PassiveGoalCreator:
    def __init__(
        self,
        llm: ChatOpenAI,
    ):
        self.llm = llm

    def run(self, query: str) -> Goal:
        prompt = ChatPromptTemplate.from_template(
            "사용자 입력을 분석하여 명확하고 실행 가능한 목표를 생성해 주세요.\n"
            "요건:\n"
            "1. 목표는 구체적이고 명확해야 하며, 실행 가능한 수준으로 상세화되어야 합니다.\n"
            "2. 당신이 실행할 수 있는 행동은 다음과 같은 행동뿐입니다.\n"
            "   - 인터넷을 이용하여 목표 달성을 위한 조사를 수행합니다.\n"
```

```
            "   - 사용자를 위한 보고서를 생성합니다.\n"
            "3. 절대 2.에 명시된 행동 외의 다른 행동을 취해서는 안 됩니다.\n"
            "사용자 입력: {query}"
        )
        chain = prompt | self.llm.with_structured_output(Goal)
        return chain.invoke({"query": query})


def main():
    import argparse

    from settings import Settings

    settings = Settings()

    parser = argparse.ArgumentParser(
        description="PassiveGoalCreator를 사용하여 목표를 생성합니다"
    )
    parser.add_argument("--task", type=str, required=True, help="실행할 태스크")
    args = parser.parse_args()

    llm = ChatOpenAI(
        model=settings.openai_smart_model, temperature=settings.temperature
    )
    goal_creator = PassiveGoalCreator(llm=llm)
    result: Goal = goal_creator.run(query=args.task)

    print(f"{result.text}")


if __name__ == "__main__":
    main()
```

2. 프롬프트/응답 최적화(Prompt/Response Optimizer)

프롬프트 최적화 구현 코드(chapter12/prompt_optimizer/main.py)

```python
from langchain_core.prompts import ChatPromptTemplate
from langchain_openai import ChatOpenAI
from passive_goal_creator.main import Goal, PassiveGoalCreator
from pydantic import BaseModel, Field


class OptimizedGoal(BaseModel):
    description: str = Field(..., description="목표의 설명")
    metrics: str = Field(..., description="목표의 달성도를 측정하는 방법")

    @property
    def text(self) -> str:
        return f"{self.description}(측정 기준: {self.metrics})"


class PromptOptimizer:
    def __init__(self, llm: ChatOpenAI):
        self.llm = llm

    def run(self, query: str) -> OptimizedGoal:
        prompt = ChatPromptTemplate.from_template(
            "당신은 목표 설정 전문가입니다. 아래의 목표를 SMART 원칙(Specific: 구체적, Measurable: 측정 가능, Achievable: 달성 가능, Relevant: 관련성이 높은, Time-bound: 기한이 있는)에 기반하여 최적화해 주세요.\n\n"
            "원래 목표:\n"
            "{query}\n\n"
            "지시 사항:\n"
            "1. 원래 목표를 분석하고, 부족한 요소나 개선점을 파악해 주세요.\n"
            "2. 당신이 실행할 수 있는 행동은 다음과 같습니다.\n"
            "   - 인터넷을 이용하여 목표 달성을 위한 조사를 수행한다.\n"
            "   - 사용자를 위한 보고서를 생성한다.\n"
            "3. SMART 원칙의 각 요소를 고려하면서 목표를 구체적이고 상세하게 기술해 주세요.\n"
            "   - 절대 추상적인 표현을 포함해서는 안 됩니다.\n"
            "   - 반드시 모든 단어가 실행 가능하고 구체적인지 확인해 주세요.\n"
            "4. 목표의 달성도를 측정하는 방법을 구체적이고 상세하게 기술해 주세요.\n"
            "5. 원래 목표에서 기한이 지정되지 않은 경우에는 기한을 고려할 필요가 없습니다.\n"
            "6. 주의: 절대로 2번 이외의 행동을 취해서는 안 됩니다."
        )
```

```python
        chain = prompt | self.llm.with_structured_output(OptimizedGoal)
        return chain.invoke({"query": query})


def main():
    import argparse

    from settings import Settings

    settings = Settings()

    parser = argparse.ArgumentParser(
        description="PromptOptimizer를 이용하여 생성된 목표 리스트를 최적화합니다"
    )
    parser.add_argument("--task", type=str, required=True, help="실행할 태스크")
    args = parser.parse_args()

    llm = ChatOpenAI(
        model=settings.openai_smart_model, temperature=settings.temperature
    )

    passive_goal_creator = PassiveGoalCreator(llm=llm)
    goal: Goal = passive_goal_creator.run(query=args.task)

    prompt_optimizer = PromptOptimizer(llm=llm)
    optimised_goal: OptimizedGoal = prompt_optimizer.run(query=goal.text)

    print(f"{optimised_goal.text}")


if __name__ == "__main__":
    main()
```

응답 최적화 구현 코드(chapter12/response_optimizer/main.py)

```python
from langchain_core.output_parsers import StrOutputParser
from langchain_core.prompts import ChatPromptTemplate
from langchain_openai import ChatOpenAI
from passive_goal_creator.main import Goal, PassiveGoalCreator
```

```python
from prompt_optimizer.main import OptimizedGoal, PromptOptimizer


class ResponseOptimizer:
    def __init__(self, llm: ChatOpenAI):
        self.llm = llm

    def run(self, query: str) -> str:
        prompt = ChatPromptTemplate.from_messages(
            [
                (
                    "system",
                    "당신은 AI 에이전트 시스템의 응답 최적화 전문가입니다. 주어진 목표에 대해 에이전트가 목표에 맞는 응답을 반환하기 위한 응답 사양을 수립해 주세요.",
                ),
                (
                    "human",
                    "다음 절차에 따라 응답 최적화 프롬프트를 작성해 주세요:\n\n"
                    "1. 목표 분석:\n"
                    "제시된 목표를 분석하고 주요 요소와 의도를 파악해 주세요.\n\n"
                    "2. 응답 사양 수립:\n"
                    "목표 달성을 위한 최적의 응답 사양을 고안해 주세요. 톤, 구조, 내용의 초점 등을 고려해 주세요.\n\n"
                    "3. 구체적인 지침 작성:\n"
                    "사전에 수집된 정보에서 사용자의 기대에 부합하는 응답을 위해 필요한, AI 에이전트에 대한 명확하고 실행 가능한 지침을 작성해 주세요. 귀하의 지침으로 AI 에이전트가 수행할 수 있는 것은 이미 조사된 결과를 정리하는 것뿐입니다. 인터넷에 접근할 수 없습니다.\n\n"
                    "4. 예시 제공:\n"
                    "가능하다면, 목표에 맞는 응답의 예시를 하나 이상 포함해 주세요.\n\n"
                    "5. 평가 기준 설정:\n"
                    "응답의 효과를 측정하기 위한 기준을 정의해 주세요.\n\n"
                    "다음 구조로 응답 최적화 프롬프트를 출력해 주세요:\n\n"
                    "목표 분석:\n"
                    "[여기에 목표 분석 결과를 기입]\n\n"
                    "응답 사양:\n"
                    "[여기에 수립된 응답 사양을 기입]\n\n"
                    "AI 에이전트에 대한 지침:\n"
                    "[여기에 AI 에이전트에 대한 구체적인 지침을 기입]\n\n"
                    "응답 예시:\n"
```

```python
                    "[여기에 응답 예시를 기입]\n\n"
                    "평가 기준:\n"
                    "[여기에 평가 기준을 기입]\n\n"
                    "그럼, 다음 목표에 대한 응답 최적화 프롬프트를 작성해 주세요:\n"
                    "{query}",
                ),
            ]
        )
        chain = prompt | self.llm | StrOutputParser()
        return chain.invoke({"query": query})


def main():
    import argparse

    from settings import Settings

    settings = Settings()

    parser = argparse.ArgumentParser(
        description="ResponseOptimizer를 이용하여 주어진 목표에 대해 최적화된 응답 정의를 생성합니다"
    )
    parser.add_argument("--task", type=str, required=True, help="실행할 태스크")
    args = parser.parse_args()

    llm = ChatOpenAI(
        model=settings.openai_smart_model, temperature=settings.temperature
    )

    passive_goal_creator = PassiveGoalCreator(llm=llm)
    goal: Goal = passive_goal_creator.run(query=args.task)

    prompt_optimizer = PromptOptimizer(llm=llm)
    optimized_goal: OptimizedGoal = prompt_optimizer.run(query=goal.text)

    response_optimizer = ResponseOptimizer(llm=llm)
    optimized_response: str = response_optimizer.run(query=optimized_goal.text)
```

```python
    print(f"{optimized_response}")


if __name__ == "__main__":
    main()
```

3. 싱글 패스 플랜 제너레이터(Single-Path Plan Generator)

구현 코드(chapter12/single_path_plan_generation/main.py)

```python
import operator
from datetime import datetime
from typing import Annotated, Any

from langchain_community.tools.tavily_search import TavilySearchResults
from langchain_core.output_parsers import StrOutputParser
from langchain_core.prompts import ChatPromptTemplate
from langchain_openai import ChatOpenAI
from langgraph.graph import END, StateGraph
from langgraph.prebuilt import create_react_agent
from passive_goal_creator.main import Goal, PassiveGoalCreator
from prompt_optimizer.main import OptimizedGoal, PromptOptimizer
from pydantic import BaseModel, Field
from response_optimizer.main import ResponseOptimizer


class DecomposedTasks(BaseModel):
    values: list[str] = Field(
        default_factory=list,
        min_items=3,
        max_items=5,
        description="3~5개로 분해된 태스크",
    )


class SinglePathPlanGenerationState(BaseModel):
    query: str = Field(..., description="사용자가 입력한 쿼리")
    optimized_goal: str = Field(default="", description="최적화된 목표")
```

```python
    optimized_response: str = Field(
        default="", description="최적화된 응답 정의"
    )
    tasks: list[str] = Field(default_factory=list, description="실행할 태스크 리스트")
    current_task_index: int = Field(default=0, description="현재 실행 중인 태스크 번호")
    results: Annotated[list[str], operator.add] = Field(
        default_factory=list, description="실행 완료된 태스크 결과 리스트"
    )
    final_output: str = Field(default="", description="최종 출력 결과")


class QueryDecomposer:
    def __init__(self, llm: ChatOpenAI):
        self.llm = llm
        self.current_date = datetime.now().strftime("%Y-%m-%d")

    def run(self, query: str) -> DecomposedTasks:
        prompt = ChatPromptTemplate.from_template(
            f"CURRENT_DATE: {self.current_date}\n"
            "-----\n"
            "태스크: 주어진 목표를 구체적이고 실행 가능한 태스크로 분해해 주세요.\n"
            "요건:\n"
            "1. 다음 행동만으로 목표를 달성할 것. 절대 지정된 이외의 행동을 취하지 말 것.\n"
            "   - 인터넷을 이용하여 목표 달성을 위한 조사를 수행한다.\n"
            "2. 각 태스크는 구체적이고 상세하게 기재하며, 단독으로 실행 및 검증 가능한 정보를 포함할 것. 추상적인 표현을 일절 포함하지 말 것.\n"
            "3. 태스크는 실행 가능한 순서로 리스트화할 것.\n"
            "4. 태스크는 한국어로 출력할 것.\n"
            "목표: {query}"
        )
        chain = prompt | self.llm.with_structured_output(DecomposedTasks)
        return chain.invoke({"query": query})


class TaskExecutor:
    def __init__(self, llm: ChatOpenAI):
        self.llm = llm
        self.tools = [TavilySearchResults(max_results=3)]
```

```python
    def run(self, task: str) -> str:
        agent = create_react_agent(self.llm, self.tools)
        result = agent.invoke(
            {
                "messages": [
                    (
                        "human",
                        (
                            "다음 태스크를 실행하고 상세한 답변을 제공해 주세요.\n\n"
                            f"태스크: {task}\n\n"
                            "요건:\n"
                            "1. 필요에 따라 제공된 도구를 사용하세요.\n"
                            "2. 실행은 철저하고 포괄적으로 수행하세요.\n"
                            "3. 가능한 한 구체적인 사실이나 데이터를 제공하세요.\n"
                            "4. 발견한 내용을 명확하게 요약하세요.\n"
                        ),
                    )
                ]
            }
        )
        return result["messages"][-1].content


class ResultAggregator:
    def __init__(self, llm: ChatOpenAI):
        self.llm = llm

    def run(self, query: str, response_definition: str, results: list[str]) -> str:
        prompt = ChatPromptTemplate.from_template(
            "주어진 목표:\n{query}\n\n"
            "조사 결과:\n{results}\n\n"
            "주어진 목표에 대해 조사 결과를 활용하여 다음 지시에 기반한 응답을 생성해 주세요.\n"
            "{response_definition}"
        )
        results_str = "\n\n".join(
            f"Info {i+1}:\n{result}" for i, result in enumerate(results)
        )
        chain = prompt | self.llm | StrOutputParser()
        return chain.invoke(
```

```python
            {
                "query": query,
                "results": results_str,
                "response_definition": response_definition,
            }
        )


class SinglePathPlanGeneration:
    def __init__(self, llm: ChatOpenAI):
        self.passive_goal_creator = PassiveGoalCreator(llm=llm)
        self.prompt_optimizer = PromptOptimizer(llm=llm)
        self.response_optimizer = ResponseOptimizer(llm=llm)
        self.query_decomposer = QueryDecomposer(llm=llm)
        self.task_executor = TaskExecutor(llm=llm)
        self.result_aggregator = ResultAggregator(llm=llm)
        self.graph = self._create_graph()

    def _create_graph(self) -> StateGraph:
        graph = StateGraph(SinglePathPlanGenerationState)
        graph.add_node("goal_setting", self._goal_setting)
        graph.add_node("decompose_query", self._decompose_query)
        graph.add_node("execute_task", self._execute_task)
        graph.add_node("aggregate_results", self._aggregate_results)
        graph.set_entry_point("goal_setting")
        graph.add_edge("goal_setting", "decompose_query")
        graph.add_edge("decompose_query", "execute_task")
        graph.add_conditional_edges(
            "execute_task",
            lambda state: state.current_task_index < len(state.tasks),
            {True: "execute_task", False: "aggregate_results"},
        )
        graph.add_edge("aggregate_results", END)
        return graph.compile()

    def _goal_setting(self, state: SinglePathPlanGenerationState) -> dict[str, Any]:
        # 프롬프트 최적화
        goal: Goal = self.passive_goal_creator.run(query=state.query)
        optimized_goal: OptimizedGoal = self.prompt_optimizer.run(query=goal.text)
```

```python
        # 응답 최적화
        optimized_response: str = self.response_optimizer.run(query=optimized_goal.text)
        return {
            "optimized_goal": optimized_goal.text,
            "optimized_response": optimized_response,
        }

    def _decompose_query(self, state: SinglePathPlanGenerationState) -> dict[str, Any]:
        decomposed_tasks: DecomposedTasks = self.query_decomposer.run(
            query=state.optimized_goal
        )
        return {"tasks": decomposed_tasks.values}

    def _execute_task(self, state: SinglePathPlanGenerationState) -> dict[str, Any]:
        current_task = state.tasks[state.current_task_index]
        result = self.task_executor.run(task=current_task)
        return {
            "results": [result],
            "current_task_index": state.current_task_index + 1,
        }

    def _aggregate_results(
        self, state: SinglePathPlanGenerationState
    ) -> dict[str, Any]:
        final_output = self.result_aggregator.run(
            query=state.optimized_goal,
            response_definition=state.optimized_response,
            results=state.results,
        )
        return {"final_output": final_output}

    def run(self, query: str) -> str:
        initial_state = SinglePathPlanGenerationState(query=query)
        final_state = self.graph.invoke(initial_state, {"recursion_limit": 1000})
        return final_state.get("final_output", "최종 응답을 생성하지 못했습니다.")


def main():
    import argparse
```

```python
    from settings import Settings

    settings = Settings()

    parser = argparse.ArgumentParser(
        description="SinglePathPlanGeneration을 사용하여 태스크를 실행합니다"
    )
    parser.add_argument("--task", type=str, required=True, help="실행할 태스크")
    args = parser.parse_args()

    llm = ChatOpenAI(
        model=settings.openai_smart_model, temperature=settings.temperature
    )
    agent = SinglePathPlanGeneration(llm=llm)
    result = agent.run(args.task)
    print(result)


if __name__ == "__main__":
    main()
```

4. 멀티 패스 플랜 제너레이터(Multi-Path Plan Generator)

구현 코드(chapter12/multi_path_plan_generation/main.py)

```python
import operator
from datetime import datetime
from typing import Annotated, Any

from langchain_community.tools.tavily_search import TavilySearchResults
from langchain_core.output_parsers import StrOutputParser
from langchain_core.prompts import ChatPromptTemplate
from langchain_core.runnables import ConfigurableField
from langchain_openai import ChatOpenAI
from langgraph.graph import END, StateGraph
from langgraph.prebuilt import create_react_agent
from passive_goal_creator.main import Goal, PassiveGoalCreator
```

```python
from prompt_optimizer.main import OptimizedGoal, PromptOptimizer
from pydantic import BaseModel, Field
from response_optimizer.main import ResponseOptimizer


class TaskOption(BaseModel):
    description: str = Field(default="", description="태스크 옵션에 대한 설명")


class Task(BaseModel):
    task_name: str = Field(..., description="태스크 이름")
    options: list[TaskOption] = Field(
        default_factory=list,
        min_items=2,
        max_items=3,
        description="2~3개의 태스크 옵션",
    )


class DecomposedTasks(BaseModel):
    values: list[Task] = Field(
        default_factory=list,
        min_items=3,
        max_items=5,
        description="3~5개로 분해된 태스크",
    )


class MultiPathPlanGenerationState(BaseModel):
    query: str = Field(..., description="사용자가 입력한 쿼리")
    optimized_goal: str = Field(default="", description="최적화된 목표")
    optimized_response: str = Field(default="", description="최적화된 응답")
    tasks: DecomposedTasks = Field(
        default_factory=DecomposedTasks,
        description="여러 옵션을 가진 태스크 리스트",
    )
    current_task_index: int = Field(default=0, description="현재 태스크의 인덱스")
    chosen_options: Annotated[list[int], operator.add] = Field(
        default_factory=list, description="각 태스크에서 선택된 옵션의 인덱스"
```

```python
    )
    results: Annotated[list[str], operator.add] = Field(
        default_factory=list, description="실행된 태스크의 결과"
    )
    final_output: str = Field(default="", description="최종 출력")


class QueryDecomposer:
    def __init__(self, llm: ChatOpenAI):
        self.llm = llm
        self.current_date = datetime.now().strftime("%Y-%m-%d")

    def run(self, query: str) -> DecomposedTasks:
        prompt = ChatPromptTemplate.from_template(
            f"CURRENT_DATE: {self.current_date}\n"
            "-----\n"
            "태스크: 주어진 목표를 3~5개의 고수준 태스크로 분해하고, 각 태스크에 2~3개의 구체적인 옵션을 제공하세요.\n"
            "요구사항:\n"
            "1. 다음 행동만으로 목표를 달성할 것. 절대 지정된 것 외의 행동을 취하지 말 것.\n"
            "   - 인터넷을 이용하여 목표 달성을 위한 조사를 수행.\n"
            "2. 각 고수준 태스크는 구체적이고 상세하게 기술되어야 하며, 독립적으로 실행 및 검증 가능한 정보를 포함할 것. 추상적인 표현을 전혀 포함하지 말 것.\n"
            "3. 각 항목 레벨 태스크에 2~3개의 다른 접근법이나 옵션을 제공할 것.\n"
            "4. 태스크는 실행 가능한 순서로 나열할 것.\n"
            "5. 태스크는 한국어로 출력할 것.\n\n"
            "기억하세요: 실행할 수 없는 태스크와 선택지는 절대로 만들지 마세요.\n\n"
            "목표: {query}"
        )
        chain = prompt | self.llm.with_structured_output(DecomposedTasks)
        return chain.invoke({"query": query})


class OptionPresenter:
    def __init__(self, llm: ChatOpenAI):
        self.llm = llm.configurable_fields(
            max_tokens=ConfigurableField(id="max_tokens")
        )
```

```python
    def run(self, task: Task) -> int:
        task_name = task.task_name
        options = task.options

        print(f"\n태스크: {task_name}")
        for i, option in enumerate(options):
            print(f"{i + 1}. {option.description}")

        choice_prompt = ChatPromptTemplate.from_template(
            "태스크: 주어진 태스크와 옵션을 기반으로 최적의 옵션을 선택하세요. 반드시 번호만으로 답변하세요.\n\n"
            "참고로, 당신은 다음 행동만 할 수 있습니다.\n"
            "- 인터넷을 이용하여 목표 달성을 위한 조사를 수행.\n\n"
            "태스크: {task_name}\n"
            "옵션:\n{options_text}\n"
            "선택 (1-{num_options}): "
        )

        options_text = "\n".join(
            f"{i+1}. {option.description}" for i, option in enumerate(options)
        )
        chain = (
            choice_prompt
            | self.llm.with_config(configurable=dict(max_tokens=1))
            | StrOutputParser()
        )
        choice_str = chain.invoke(
            {
                "task_name": task_name,
                "options_text": options_text,
                "num_options": len(options),
            }
        )
        print(f"==> 에이전트의 선택: {choice_str}\n")

        return int(choice_str.strip()) - 1


class TaskExecutor:
```

```python
    def __init__(self, llm: ChatOpenAI):
        self.llm = llm
        self.tools = [TavilySearchResults(max_results=3)]

    def run(self, task: Task, chosen_option: TaskOption) -> str:
        agent = create_react_agent(self.llm, self.tools)
        result = agent.invoke(
            {
                "messages": [
                    (
                        "human",
                        f"다음 태스크를 실행하고 상세한 답변을 제공해주세요:\n\n"
                        f"태스크: {task.task_name}\n"
                        f"선택된 접근법: {chosen_option.description}\n\n"
                        f"요구사항:\n"
                        f"1. 필요에 따라 제공된 도구를 사용할 것.\n"
                        f"2. 실행에 있어 철저하고 포괄적일 것.\n"
                        f"3. 가능한 한 구체적인 사실이나 데이터를 제공할 것.\n"
                        f"4. 발견 사항을 명확하게 요약할 것.\n",
                    )
                ]
            }
        )
        return result["messages"][-1].content


class ResultAggregator:
    def __init__(self, llm: ChatOpenAI):
        self.llm = llm

    def run(
        self,
        query: str,
        response_definition: str,
        tasks: list[Task],
        chosen_options: list[int],
        results: list[str],
    ) -> str:
        prompt = ChatPromptTemplate.from_template(
```

```python
            "주어진 목표:\n{query}\n\n"
            "조사 결과:\n{task_results}\n\n"
            "주어진 목표에 대해 조사 결과를 활용하여 다음 지시에 따라 응답을 생성하세요.\n"
            "{response_definition}"
        )
        task_results = self._format_task_results(tasks, chosen_options, results)
        chain = prompt | self.llm | StrOutputParser()
        return chain.invoke(
            {
                "query": query,
                "task_results": task_results,
                "response_definition": response_definition,
            }
        )

    @staticmethod
    def _format_task_results(
        tasks: list[Task], chosen_options: list[int], results: list[str]
    ) -> str:
        task_results = ""
        for i, (task, chosen_option, result) in enumerate(
            zip(tasks, chosen_options, results)
        ):
            task_name = task.task_name
            chosen_option_desc = task.options[chosen_option].description
            task_results += f"태스크 {i+1}: {task_name}\n"
            task_results += f"선택된 접근법: {chosen_option_desc}\n"
            task_results += f"결과: {result}\n\n"
        return task_results


class MultiPathPlanGeneration:
    def __init__(
        self,
        llm: ChatOpenAI,
    ):
        self.llm = llm
        self.passive_goal_creator = PassiveGoalCreator(llm=self.llm)
        self.prompt_optimizer = PromptOptimizer(llm=self.llm)
```

```python
        self.response_optimizer = ResponseOptimizer(llm=self.llm)
        self.query_decomposer = QueryDecomposer(llm=self.llm)
        self.option_presenter = OptionPresenter(llm=self.llm)
        self.task_executor = TaskExecutor(llm=self.llm)
        self.result_aggregator = ResultAggregator(llm=self.llm)
        self.graph = self._create_graph()

    def _create_graph(self) -> StateGraph:
        graph = StateGraph(MultiPathPlanGenerationState)
        graph.add_node("goal_setting", self._goal_setting)
        graph.add_node("decompose_query", self._decompose_query)
        graph.add_node("present_options", self._present_options)
        graph.add_node("execute_task", self._execute_task)
        graph.add_node("aggregate_results", self._aggregate_results)
        graph.set_entry_point("goal_setting")
        graph.add_edge("goal_setting", "decompose_query")
        graph.add_edge("decompose_query", "present_options")
        graph.add_edge("present_options", "execute_task")
        graph.add_conditional_edges(
            "execute_task",
            lambda state: state.current_task_index < len(state.tasks.values),
            {True: "present_options", False: "aggregate_results"},
        )
        graph.add_edge("aggregate_results", END)

        return graph.compile()

    def _goal_setting(self, state: MultiPathPlanGenerationState) -> dict[str, Any]:
        # 프롬프트 최적화
        goal: Goal = self.passive_goal_creator.run(query=state.query)
        optimized_goal: OptimizedGoal = self.prompt_optimizer.run(query=goal.text)
        # 응답 최적화
        optimized_response: str = self.response_optimizer.run(query=optimized_goal.text)
        return {
            "optimized_goal": optimized_goal.text,
            "optimized_response": optimized_response,
        }

    def _decompose_query(self, state: MultiPathPlanGenerationState) -> dict[str, Any]:
```

```python
        tasks = self.query_decomposer.run(query=state.optimized_goal)
        return {"tasks": tasks}

    def _present_options(self, state: MultiPathPlanGenerationState) -> dict[str, Any]:
        current_task = state.tasks.values[state.current_task_index]
        chosen_option = self.option_presenter.run(task=current_task)
        return {"chosen_options": [chosen_option]}

    def _execute_task(self, state: MultiPathPlanGenerationState) -> dict[str, Any]:
        current_task = state.tasks.values[state.current_task_index]
        chosen_option = current_task.options[state.chosen_options[-1]]
        result = self.task_executor.run(
            task=current_task,
            chosen_option=chosen_option,
        )
        return {
            "results": [result],
            "current_task_index": state.current_task_index + 1,
        }

    def _aggregate_results(self, state: MultiPathPlanGenerationState) -> dict[str, Any]:
        final_output = self.result_aggregator.run(
            query=state.optimized_goal,
            response_definition=state.optimized_response,
            tasks=state.tasks.values,
            chosen_options=state.chosen_options,
            results=state.results,
        )
        return {"final_output": final_output}

    def run(self, query: str) -> str:
        initial_state = MultiPathPlanGenerationState(query=query)
        final_state = self.graph.invoke(initial_state, {"recursion_limit": 1000})
        return final_state.get("final_output", "최종 답변 생성에 실패했습니다.")


def main():
    import argparse
```

```python
from settings import Settings

settings = Settings()

parser = argparse.ArgumentParser(
    description="MultiPathPlanGeneration을 사용하여 태스크를 실행합니다"
)
parser.add_argument("--task", type=str, required=True, help="실행할 태스크")
args = parser.parse_args()

llm = ChatOpenAI(
    model=settings.openai_smart_model, temperature=settings.temperature
)
agent = MultiPathPlanGeneration(llm=llm)
result = agent.run(query=args.task)
print("\n=== 최종 출력 ===")
print(result)


if __name__ == "__main__":
    main()
```

5. 셀프 리플렉션(Self-Reflection)

태스크 리플렉터, 리플렉션 매니저 구현 코드(chapter12/common/reflection_manager.py)

```python
import json
import os
import uuid
from typing import Optional

import faiss
import numpy as np
from langchain_core.language_models.chat_models import BaseChatModel
from langchain_core.prompts import ChatPromptTemplate
from langchain_openai import OpenAIEmbeddings
from pydantic import BaseModel, Field
from retry import retry
```

```python
from settings import Settings

settings = Settings()


class ReflectionJudgment(BaseModel):
    needs_retry: bool = Field(
        description="태스크 실행 결과가 적절했다고 생각하십니까? 당신의 판단을 진윗값으로 표시하세요."
    )
    confidence: float = Field(
        description="당신의 판단에 대한 자신감 정도를 0부터 1까지의 소수로 표시하세요."
    )
    reasons: list[str] = Field(
        description="태스크 실행 결과의 적절성과 그에 대한 자신감에 대해 판단에 이른 이유를 간결하게 나열하세요."
    )


class Reflection(BaseModel):
    id: str = Field(description="리플렉션 내용에 고유성을 부여하기 위한 ID")
    task: str = Field(description="사용자로부터 주어진 태스크의 내용")
    reflection: str = Field(
        description="이 태스크에 대한 접근 시 당신의 사고 과정을 되돌아보세요. 개선할 수 있는 부분이 있었습니까? 다음에 유사한 태스크를 수행할 때, 더 나은 결과를 내기 위한 교훈을 2~3문장 정도로 간결하게 서술하세요."
    )
    judgment: ReflectionJudgment = Field(description="재시도가 필요한지에 대한 판정")


class ReflectionManager:
    def __init__(self, file_path: str = settings.default_reflection_db_path):
        self.file_path = file_path
        self.embeddings = OpenAIEmbeddings(model=settings.openai_embedding_model)
        self.reflections: dict[str, Reflection] = {}
        self.embeddings_dict: dict[str, list[float]] = {}
        self.index = None
        self.load_reflections()
```

```python
def load_reflections(self):
    if os.path.exists(self.file_path):
        with open(self.file_path, "r") as file:
            data = json.load(file)
            for item in data:
                reflection = Reflection(**item["reflection"])
                self.reflections[reflection.id] = reflection
                self.embeddings_dict[reflection.id] = item["embedding"]

        if self.reflections:
            embeddings = list(self.embeddings_dict.values())
            self.index = faiss.IndexFlatL2(len(embeddings[0]))
            self.index.add(np.array(embeddings).astype("float32"))

def save_reflection(self, reflection: Reflection) -> str:
    reflection.id = str(uuid.uuid4())
    reflection_id = reflection.id
    self.reflections[reflection_id] = reflection
    embedding = self.embeddings.embed_query(reflection.reflection)
    self.embeddings_dict[reflection_id] = embedding

    if self.index is None:
        self.index = faiss.IndexFlatL2(len(embedding))
    self.index.add(np.array([embedding]).astype("float32"))

    with open(self.file_path, "w", encoding="utf-8") as file:
        json.dump(
            [
                {"reflection": reflection.dict(), "embedding": embedding}
                for reflection, embedding in zip(
                    self.reflections.values(), self.embeddings_dict.values()
                )
            ],
            file,
            ensure_ascii=False,
            indent=4,
        )

    return reflection_id
```

```python
    def get_reflection(self, reflection_id: str) -> Optional[Reflection]:
        return self.reflections.get(reflection_id)

    def get_relevant_reflections(self, query: str, k: int = 3) -> list[Reflection]:
        if not self.reflections or self.index is None:
            return []

        query_embedding = self.embeddings.embed_query(query)
        try:
            D, I = self.index.search(
                np.array([query_embedding]).astype("float32"),
                min(k, len(self.reflections)),
            )
            reflection_ids = list(self.reflections.keys())
            return [
                self.reflections[reflection_ids[i]]
                for i in I[0]
                if i < len(reflection_ids)
            ]
        except Exception as e:
            print(f"Error during reflection search: {e}")
            return []


class TaskReflector:
    def __init__(self, llm: BaseChatModel, reflection_manager: ReflectionManager):
        self.llm = llm.with_structured_output(Reflection)
        self.reflection_manager = reflection_manager

    def run(self, task: str, result: str) -> Reflection:
        prompt = ChatPromptTemplate.from_template(
            "주어진 태스크 내용:\n{task}\n\n"
            "태스크 실행 결과:\n{result}\n\n"
            "당신은 고도의 추론 능력을 가진 AI 에이전트입니다. 위 태스크를 실행한 결과를 분석하고, 이 태스크에 대한 당신의 접근이 적절했는지 반성하세요.\n"
            "아래 항목에 따라 리플렉션 내용을 출력하세요.\n\n"
            "리플렉션:\n"
            "이 태스크에 대한 접근 시 당신의 사고 프로세스나 방법을 되돌아보세요. 개선할 수 있는 부분이 있었습니까?\n"
```

```
            "다음에 유사한 태스크를 수행할 때, 더 나은 결과를 내기 위한 교훈을 2~3문장 정도로
간결하게 서술하세요.\n\n"
            "판정:\n"
            "- 결과의 적절성: 태스크 실행 결과가 적절했다고 생각하십니까? 당신의 판단을 진윗값으로
표시하세요.\n"
            "- 판정의 자신감: 위 판단에 대한 당신의 자신감 정도를 0부터 1까지의 소수로
표시하세요.\n"
            "- 판정의 이유: 태스크 실행 결과의 적절성과 그에 대한 자신감에 대해 판단에 이른 이유를
간결하게 나열하세요.\n\n"
            "반드시 한국어로 출력하세요.\n\n"
            "Tips: Make sure to answer in the correct format."
        )

        chain = prompt | self.llm

        @retry(tries=5)
        def invoke_chain() -> Reflection:
            return chain.invoke({"task": task, "result": result})

        reflection = invoke_chain()
        reflection_id = self.reflection_manager.save_reflection(reflection)
        reflection.id = reflection_id

        return reflection
```

셀프 리플렉션 패턴 구현 코드(chapter12/self_reflection/main.py)

```
import operator
from datetime import datetime
from typing import Annotated, Any

from common.reflection_manager import Reflection, ReflectionManager, TaskReflector
from langchain_community.tools.tavily_search import TavilySearchResults
from langchain_core.output_parsers import StrOutputParser
from langchain_core.prompts import ChatPromptTemplate
from langchain_openai import ChatOpenAI
from langgraph.graph import END, StateGraph
from langgraph.prebuilt import create_react_agent
from passive_goal_creator.main import Goal, PassiveGoalCreator
from prompt_optimizer.main import OptimizedGoal, PromptOptimizer
```

```python
from pydantic import BaseModel, Field
from response_optimizer.main import ResponseOptimizer


def format_reflections(reflections: list[Reflection]) -> str:
    return (
        "\n\n".join(
            f"<ref_{i}><task>{r.task}</task><reflection>{r.reflection}</reflection></ref_{i}>"
            for i, r in enumerate(reflections)
        )
        if reflections
        else "No relevant past reflections."
    )


class DecomposedTasks(BaseModel):
    values: list[str] = Field(
        default_factory=list,
        min_items=3,
        max_items=5,
        description="3~5개로 분해된 태스크",
    )


class ReflectiveAgentState(BaseModel):
    query: str = Field(..., description="사용자가 처음에 입력한 쿼리")
    optimized_goal: str = Field(default="", description="최적화된 목표")
    optimized_response: str = Field(
        default="", description="최적화된 응답 정의"
    )
    tasks: list[str] = Field(default_factory=list, description="실행할 태스크 목록")
    current_task_index: int = Field(default=0, description="현재 실행 중인 태스크 번호")
    results: Annotated[list[str], operator.add] = Field(
        default_factory=list, description="실행 완료된 태스크 결과 목록"
    )
    reflection_ids: Annotated[list[str], operator.add] = Field(
        default_factory=list, description="리플렉션 결과의 ID 목록"
    )
```

```python
        final_output: str = Field(default="", description="최종 출력 결과")
        retry_count: int = Field(default=0, description="태스크 재시도 횟수")


class ReflectiveGoalCreator:
    def __init__(self, llm: ChatOpenAI, reflection_manager: ReflectionManager):
        self.llm = llm
        self.reflection_manager = reflection_manager
        self.passive_goal_creator = PassiveGoalCreator(llm=self.llm)
        self.prompt_optimizer = PromptOptimizer(llm=self.llm)

    def run(self, query: str) -> str:
        relevant_reflections = self.reflection_manager.get_relevant_reflections(query)
        reflection_text = format_reflections(relevant_reflections)

        query = f"{query}\n\n목표 설정 시 다음의 과거 회고를 고려할 것:\n{reflection_text}"
        goal: Goal = self.passive_goal_creator.run(query=query)
        optimized_goal: OptimizedGoal = self.prompt_optimizer.run(query=goal.text)
        return optimized_goal.text


class ReflectiveResponseOptimizer:
    def __init__(self, llm: ChatOpenAI, reflection_manager: ReflectionManager):
        self.llm = llm
        self.reflection_manager = reflection_manager
        self.response_optimizer = ResponseOptimizer(llm=llm)

    def run(self, query: str) -> str:
        relevant_reflections = self.reflection_manager.get_relevant_reflections(query)
        reflection_text = format_reflections(relevant_reflections)

        query = f"{query}\n\n응답 최적화에 다음의 과거 회고를 고려할 것:\n{reflection_text}"
        optimized_response: str = self.response_optimizer.run(query=query)
        return optimized_response


class QueryDecomposer:
    def __init__(self, llm: ChatOpenAI, reflection_manager: ReflectionManager):
        self.llm = llm.with_structured_output(DecomposedTasks)
```

```python
        self.current_date = datetime.now().strftime("%Y-%m-%d")
        self.reflection_manager = reflection_manager

    def run(self, query: str) -> DecomposedTasks:
        relevant_reflections = self.reflection_manager.get_relevant_reflections(query)
        reflection_text = format_reflections(relevant_reflections)
        prompt = ChatPromptTemplate.from_template(
            f"CURRENT_DATE: {self.current_date}\n"
            "-----\n"
            "태스크: 주어진 목표를 구체적이고 실행 가능한 태스크로 분해해 주세요.\n"
            "요건:\n"
            "1. 다음 행동만으로 목표를 달성할 것. 절대 지정된 것 외의 행동을 취하지 말 것.\n"
            "   - 인터넷을 이용하여 목표 달성을 위한 조사를 수행한다.\n"
            "2. 각 태스크는 구체적이고 상세하게 작성되어 있으며, 독립적으로 실행 및 검증 가능한 "
            "정보를 포함할 것. 추상적인 표현을 전혀 포함하지 않을 것.\n"
            "3. 태스크는 실행 가능한 순서로 나열할 것.\n"
            "4. 태스크는 한국어로 출력할 것.\n"
            "5. 태스크를 작성할 때 다음의 과거 회고를 고려할 것:\n{reflections}\n\n"
            "목표: {query}"
        )
        chain = prompt | self.llm
        tasks = chain.invoke({"query": query, "reflections": reflection_text})
        return tasks


class TaskExecutor:
    def __init__(self, llm: ChatOpenAI, reflection_manager: ReflectionManager):
        self.llm = llm
        self.reflection_manager = reflection_manager
        self.current_date = datetime.now().strftime("%Y-%m-%d")
        self.tools = [TavilySearchResults(max_results=3)]

    def run(self, task: str) -> str:
        relevant_reflections = self.reflection_manager.get_relevant_reflections(task)
        reflection_text = format_reflections(relevant_reflections)
        agent = create_react_agent(self.llm, self.tools)
        result = agent.invoke(
            {
                "messages": [
```

```python
                    (
                        "human",
                        f"CURRENT_DATE: {self.current_date}\n"
                        "-----\n"
                        f"다음 태스크를 실행하고 상세한 답변을 제공해 주세요.\n\n태스크: {task}\n\n"
                        "요건:\n"
                        "1. 필요에 따라 제공된 도구를 사용할 것.\n"
                        "2. 실행 시 철저하고 포괄적일 것.\n"
                        "3. 가능한 한 구체적인 사실과 데이터를 제공할 것.\n"
                        "4. 발견 사항을 명확하게 요약할 것.\n"
                        f"5. 다음의 과거 회고를 고려할 것:\n{reflection_text}\n",
                    )
                ]
            }
        )
        return result["messages"][-1].content


class ResultAggregator:
    def __init__(self, llm: ChatOpenAI, reflection_manager: ReflectionManager):
        self.llm = llm
        self.reflection_manager = reflection_manager
        self.current_date = datetime.now().strftime("%Y-%m-%d")

    def run(
        self,
        query: str,
        results: list[str],
        reflection_ids: list[str],
        response_definition: str,
    ) -> str:
        relevant_reflections = [
            self.reflection_manager.get_reflection(rid) for rid in reflection_ids
        ]
        prompt = ChatPromptTemplate.from_template(
            "주어진 목표:\n{query}\n\n"
            "조사 결과:\n{results}\n\n"
            "주어진 목표에 대해 조사 결과를 이용하여 다음 지시에 기반한 응답을 생성해 주세요.\n"
```

```python
                "{response_definition}\n\n"
                "과거 회고를 고려할 것:\n{reflection_text}\n"
            )
            chain = prompt | self.llm | StrOutputParser()
            return chain.invoke(
                {
                    "query": query,
                    "results": "\n\n".join(
                        f"정보 {i+1}:\n{result}" for i, result in enumerate(results)
                    ),
                    "response_definition": response_definition,
                    "reflection_text": format_reflections(relevant_reflections),
                }
            )


class ReflectiveAgent:
    def __init__(
        self,
        llm: ChatOpenAI,
        reflection_manager: ReflectionManager,
        task_reflector: TaskReflector,
        max_retries: int = 2,
    ):
        self.reflection_manager = reflection_manager
        self.task_reflector = task_reflector
        self.reflective_goal_creator = ReflectiveGoalCreator(
            llm=llm, reflection_manager=self.reflection_manager
        )
        self.reflective_response_optimizer = ReflectiveResponseOptimizer(
            llm=llm, reflection_manager=self.reflection_manager
        )
        self.query_decomposer = QueryDecomposer(
            llm=llm, reflection_manager=self.reflection_manager
        )
        self.task_executor = TaskExecutor(
            llm=llm, reflection_manager=self.reflection_manager
        )
        self.result_aggregator = ResultAggregator(
```

```python
            llm=llm, reflection_manager=self.reflection_manager
        )
        self.max_retries = max_retries
        self.graph = self._create_graph()

    def _create_graph(self) -> StateGraph:
        graph = StateGraph(ReflectiveAgentState)
        graph.add_node("goal_setting", self._goal_setting)
        graph.add_node("decompose_query", self._decompose_query)
        graph.add_node("execute_task", self._execute_task)
        graph.add_node("reflect_on_task", self._reflect_on_task)
        graph.add_node("update_task_index", self._update_task_index)
        graph.add_node("aggregate_results", self._aggregate_results)
        graph.set_entry_point("goal_setting")
        graph.add_edge("goal_setting", "decompose_query")
        graph.add_edge("decompose_query", "execute_task")
        graph.add_edge("execute_task", "reflect_on_task")
        graph.add_conditional_edges(
            "reflect_on_task",
            self._should_retry_or_continue,
            {
                "retry": "execute_task",
                "continue": "update_task_index",
                "finish": "aggregate_results",
            },
        )
        graph.add_edge("update_task_index", "execute_task")
        graph.add_edge("aggregate_results", END)
        return graph.compile()

    def _goal_setting(self, state: ReflectiveAgentState) -> dict[str, Any]:
        optimized_goal: str = self.reflective_goal_creator.run(query=state.query)
        optimized_response: str = self.reflective_response_optimizer.run(
            query=optimized_goal
        )
        return {
            "optimized_goal": optimized_goal,
            "optimized_response": optimized_response,
        }
```

```python
def _decompose_query(self, state: ReflectiveAgentState) -> dict[str, Any]:
    tasks: DecomposedTasks = self.query_decomposer.run(query=state.optimized_goal)
    return {"tasks": tasks.values}

def _execute_task(self, state: ReflectiveAgentState) -> dict[str, Any]:
    current_task = state.tasks[state.current_task_index]
    result = self.task_executor.run(task=current_task)
    return {"results": [result], "current_task_index": state.current_task_index}

def _reflect_on_task(self, state: ReflectiveAgentState) -> dict[str, Any]:
    current_task = state.tasks[state.current_task_index]
    current_result = state.results[-1]
    reflection = self.task_reflector.run(task=current_task, result=current_result)
    return {
        "reflection_ids": [reflection.id],
        "retry_count": (
            state.retry_count + 1 if reflection.judgment.needs_retry else 0
        ),
    }

def _should_retry_or_continue(self, state: ReflectiveAgentState) -> str:
    latest_reflection_id = state.reflection_ids[-1]
    latest_reflection = self.reflection_manager.get_reflection(latest_reflection_id)
    if (
        latest_reflection
        and latest_reflection.judgment.needs_retry
        and state.retry_count < self.max_retries
    ):
        return "retry"
    elif state.current_task_index < len(state.tasks) - 1:
        return "continue"
    else:
        return "finish"

def _update_task_index(self, state: ReflectiveAgentState) -> dict[str, Any]:
    return {"current_task_index": state.current_task_index + 1}

def _aggregate_results(self, state: ReflectiveAgentState) -> dict[str, Any]:
```

```python
            final_output = self.result_aggregator.run(
                query=state.optimized_goal,
                results=state.results,
                reflection_ids=state.reflection_ids,
                response_definition=state.optimized_response,
            )
            return {"final_output": final_output}

        def run(self, query: str) -> str:
            initial_state = ReflectiveAgentState(query=query)
            final_state = self.graph.invoke(initial_state, {"recursion_limit": 1000})
            return final_state.get("final_output", "오류: 출력에 실패했습니다.")


def main():
    import argparse

    from settings import Settings

    settings = Settings()

    parser = argparse.ArgumentParser(
        description="ReflectiveAgent를 사용해 태스크를 실행합니다(Self-reflection)"
    )
    parser.add_argument("--task", type=str, required=True, help="실행할 태스크")
    args = parser.parse_args()

    llm = ChatOpenAI(
        model=settings.openai_smart_model, temperature=settings.temperature
    )
    reflection_manager = ReflectionManager(file_path="tmp/self_reflection_db.json")
    task_reflector = TaskReflector(llm=llm, reflection_manager=reflection_manager)
    agent = ReflectiveAgent(
        llm=llm, reflection_manager=reflection_manager, task_reflector=task_reflector
    )
    result = agent.run(args.task)
    print(result)
```

```python
if __name__ == "__main__":
    main()
```

6. 크로스 리플렉션(Cross-Reflection)

구현 코드(chapter12/cross_reflection/main.py)

```python
from common.reflection_manager import ReflectionManager, TaskReflector
from langchain_anthropic import ChatAnthropic
from langchain_openai import ChatOpenAI
from self_reflection.main import ReflectiveAgent


def main():
    import argparse

    from settings import Settings

    settings = Settings()

    parser = argparse.ArgumentParser(
        description="ReflectiveAgent를 사용해 태스크를 실행합니다(Cross-reflection)"
    )
    parser.add_argument("--task", type=str, required=True, help="실행할 태스크")
    args = parser.parse_args()

    # OpenAI LLM 초기화
    openai_llm = ChatOpenAI(
        model=settings.openai_smart_model, temperature=settings.temperature
    )

    # Anthropic LLM 초기화
    anthropic_llm = ChatAnthropic(
        model=settings.anthropic_smart_model, temperature=settings.temperature
    )

    # ReflectionManager 초기화
    reflection_manager = ReflectionManager(file_path="tmp/cross_reflection_db.json")
```

```python
    # Anthropic LLM을 사용하는 TaskReflector 초기화
    anthropic_task_reflector = TaskReflector(
        llm=anthropic_llm, reflection_manager=reflection_manager
    )

    # ReflectiveAgent 초기화
    agent = ReflectiveAgent(
        llm=openai_llm,
        reflection_manager=reflection_manager,
        task_reflector=anthropic_task_reflector,
    )

    # 태스크를 실행하고 결과 획득
    result = agent.run(args.task)

    # 결과 출력
    print(result)


if __name__ == "__main__":
    main()
```

7. 역할 기반 협력(Role-Based Cooperation)

구현 코드(chapter12/role_based_cooperation/main.py)

```
import operator
from typing import Annotated, Any

from langchain_community.tools.tavily_search import TavilySearchResults
from langchain_core.messages import HumanMessage, SystemMessage
from langchain_core.output_parsers import StrOutputParser
from langchain_core.prompts import ChatPromptTemplate
from langchain_openai import ChatOpenAI
from langgraph.graph import END, StateGraph
from langgraph.prebuilt import create_react_agent
from pydantic import BaseModel, Field
```

```python
from single_path_plan_generation.main import DecomposedTasks, QueryDecomposer


class Role(BaseModel):
    name: str = Field(..., description="역할의 이름")
    description: str = Field(..., description="역할에 대한 상세 설명")
    key_skills: list[str] = Field(..., description="이 역할에 필요한 주요 스킬이나 속성")


class Task(BaseModel):
    description: str = Field(..., description="태스크 설명")
    role: Role = Field(default=None, description="태스크에 배정된 역할")


class TasksWithRoles(BaseModel):
    tasks: list[Task] = Field(..., description="역할이 배정된 태스크 목록")


class AgentState(BaseModel):
    query: str = Field(..., description="사용자가 입력한 쿼리")
    tasks: list[Task] = Field(
        default_factory=list, description="실행할 태스크 목록"
    )
    current_task_index: int = Field(default=0, description="현재 실행 중인 태스크의 번호")
    results: Annotated[list[str], operator.add] = Field(
        default_factory=list, description="실행 완료된 태스크의 결과 목록"
    )
    final_report: str = Field(default="", description="최종 출력 결과")


class Planner:
    def __init__(self, llm: ChatOpenAI):
        self.query_decomposer = QueryDecomposer(llm=llm)

    def run(self, query: str) -> list[Task]:
        decomposed_tasks: DecomposedTasks = self.query_decomposer.run(query=query)
        return [Task(description=task) for task in decomposed_tasks.values]
```

```python
class RoleAssigner:
    def __init__(self, llm: ChatOpenAI):
        self.llm = llm.with_structured_output(TasksWithRoles)

    def run(self, tasks: list[Task]) -> list[Task]:
        prompt = ChatPromptTemplate(
            [
                (
                    "system",
                    (
                        "당신은 창의적인 역할 설계 전문가입니다. 주어진 태스크에 대해 독특하고 적절한 역할을 생성하세요."
                    ),
                ),
                (
                    "human",
                    (
                        "태스크:\n{tasks}\n\n"
                        "이러한 태스크에 대해 다음 지침에 따라 역할을 배정하세요:\n"
                        "1. 각 태스크에 대해 독창적이고 창의적인 역할을 고안하세요. 기존 직업명이나 일반적인 역할명에 얽매일 필요는 없습니다.\n"
                        "2. 역할명은 해당 태스크의 본질을 반영한 매력적이고 기억에 남는 것으로 지어주세요.\n"
                        "3. 각 역할에 대해, 그 역할이 해당 태스크에 왜 최적인지 상세히 설명하세요.\n"
                        "4. 그 역할이 효과적으로 태스크를 수행하기 위해 필요한 주요 스킬이나 속성을 3가지 들어주세요.\n\n"
                        "창의성을 발휘하여 태스크의 본질을 포착한 혁신적인 역할을 생성하세요."
                    ),
                ),
            ],
        )
        chain = prompt | self.llm
        tasks_with_roles = chain.invoke(
            {"tasks": "\n".join([task.description for task in tasks])}
        )
        return tasks_with_roles.tasks
```

```python
class Executor:
    def __init__(self, llm: ChatOpenAI):
        self.llm = llm
        self.tools = [TavilySearchResults(max_results=3)]
        self.base_agent = create_react_agent(self.llm, self.tools)

    def run(self, task: Task) -> str:
        result = self.base_agent.invoke(
            {
                "messages": [
                    (
                        "system",
                        (
                            f"당신은 {task.role.name}입니다.\n"
                            f"설명: {task.role.description}\n"
                            f"주요 스킬: {', '.join(task.role.key_skills)}\n"
                            "당신의 역할에 기반하여 주어진 태스크를 최고의 능력으로 수행해 주세요."
                        ),
                    ),
                    (
                        "human",
                        f"다음 태스크를 실행해 주세요:\n\n{task.description}",
                    ),
                ]
            }
        )
        return result["messages"][-1].content


class Reporter:
    def __init__(self, llm: ChatOpenAI):
        self.llm = llm

    def run(self, query: str, results: list[str]) -> str:
        prompt = ChatPromptTemplate(
            [
                (
                    "system",
                    (
```

```
                    "당신은 종합적인 보고서 작성 전문가입니다. 여러 정보원의 결과를 통합하고, 통찰력 있는 포괄적인 보고서를 작성하는 능력이 있습니다."
                ),
            ),
            (
                "human",
                (
                    "태스크: 다음 정보를 바탕으로 포괄적이고 일관성 있는 답변을 작성하세요.\n"
                    "요구사항:\n"
                    "1. 제공된 모든 정보를 통합하여 잘 구성된 답변을 만들어주세요.\n"
                    "2. 답변은 원래 쿼리에 직접 응답하는 형태로 작성하세요.\n"
                    "3. 각 정보의 중요 포인트나 발견 사항을 포함하세요.\n"
                    "4. 마지막에 결론이나 요약을 제공하세요.\n"
                    "5. 답변은 상세하면서도 간결하게 작성하고, 250~300단어 정도를 목표로 하세요.\n"
                    "6. 답변은 한국어로 작성하세요.\n\n"
                    "사용자 요청: {query}\n\n"
                    "수집한 정보:\n{results}"
                ),
            ),
        ]
    )
    chain = prompt | self.llm | StrOutputParser()
    return chain.invoke(
        {
            "query": query,
            "results": "\n\n".join(
                f"Info {i+1}:\n{result}" for i, result in enumerate(results)
            ),
        }
    )


class RoleBasedCooperation:
    def __init__(self, llm: ChatOpenAI):
        self.llm = llm
        self.planner = Planner(llm=llm)
        self.role_assigner = RoleAssigner(llm=llm)
        self.executor = Executor(llm=llm)
```

```python
        self.reporter = Reporter(llm=llm)
        self.graph = self._create_graph()

    def _create_graph(self) -> StateGraph:
        workflow = StateGraph(AgentState)

        workflow.add_node("planner", self._plan_tasks)
        workflow.add_node("role_assigner", self._assign_roles)
        workflow.add_node("executor", self._execute_task)
        workflow.add_node("reporter", self._generate_report)

        workflow.set_entry_point("planner")

        workflow.add_edge("planner", "role_assigner")
        workflow.add_edge("role_assigner", "executor")
        workflow.add_conditional_edges(
            "executor",
            lambda state: state.current_task_index < len(state.tasks),
            {True: "executor", False: "reporter"},
        )

        workflow.add_edge("reporter", END)

        return workflow.compile()

    def _plan_tasks(self, state: AgentState) -> dict[str, Any]:
        tasks = self.planner.run(query=state.query)
        return {"tasks": tasks}

    def _assign_roles(self, state: AgentState) -> dict[str, Any]:
        tasks_with_roles = self.role_assigner.run(tasks=state.tasks)
        return {"tasks": tasks_with_roles}

    def _execute_task(self, state: AgentState) -> dict[str, Any]:
        current_task = state.tasks[state.current_task_index]
        result = self.executor.run(task=current_task)
        return {
            "results": [result],
            "current_task_index": state.current_task_index + 1,
```

```python
    }

    def _generate_report(self, state: AgentState) -> dict[str, Any]:
        report = self.reporter.run(query=state.query, results=state.results)
        return {"final_report": report}

    def run(self, query: str) -> str:
        initial_state = AgentState(query=query)
        final_state = self.graph.invoke(initial_state, {"recursion_limit": 1000})
        return final_state["final_report"]


def main():
    import argparse

    from settings import Settings

    settings = Settings()
    parser = argparse.ArgumentParser(
        description="RoleBasedCooperation을 사용하여 태스크를 실행합니다"
    )
    parser.add_argument("--task", type=str, required=True, help="실행할 태스크")
    args = parser.parse_args()

    llm = ChatOpenAI(
        model=settings.openai_smart_model, temperature=settings.temperature
    )
    agent = RoleBasedCooperation(llm=llm)
    result = agent.run(query=args.task)
    print(result)


if __name__ == "__main__":
    main()
```

A

Advanced RAG	134
Agent Adapter	348
Agent-as-a-coordinator	306
Agent-as-a-worker	306
Agent Design Pattern Catalogue	300
Agent Evaluator	352
Agenticness	231
AI 에이전트	4
Anthropic	413, 416, 437
astream_events	128
AutoGen	202
AutoGPT	200
Automation rule	185

B

BabyAGI	201
Batch API	14
BIRD-SQL	211
BM25	153

C

Chain-of-Thought 프롬프팅	193
Chat Completions API	10, 24
ChatDev	220
ChatPromptTemplate	74
CHESS	213
Cohere	147, 436
context	50
ContextualCompressionRetriever	149
Copilot	3

create_react_agent	376
crewAI	204
Cross-Reflection	322, 413, 472

D

DEA-SQL	215
Debate-Based Cooperation	339
Devin	219
Document loader	93
Document transformer	95
DTS-SQL	215

E

Elicitron	207, 273
Embedding model	96
EnsembleRetriever	156

F

Few-shot 프롬프팅	54
Function calling	32

G

Google Colab	17

H

Human-Reflection	325
HyDE(Hypothetical Document Embeddings)	138

I

Incremental Model Querying	330

L

LangChain	62
langchain-core	64
LangChain Expression Language(LCEL)	86, 106
LangGraph	236
LangServe	132
LangSmith	66, 112, 434
LCEL	113

M

MAC-SQL	214
MAGIS	227
MessagesPlaceholder	75
MetaGPT	223
MRKL Systems	195
Multimodal Guardrails	341
Multi-Path Plan Generator	317, 382, 451
MultiQueryRetriever	143

O

One-Shot Model Querying	329
Online Evaluator	184
OpenAI 라이브러리	24
OpenAI API 키	21
Output parser	79

P

Passive Goal Creator	307, 360, 440
Plan-and-Solve 프롬프팅	198
PRD(Product Requirement Document)	225
Proactive Goal Creator	309
Prompt/Response Optimizer	311, 363, 442
PromptTemplate	73
Pydantic	276
PydanticOutputParser	79

R

Ragas	163
rag-from-scratch	135
RAG-Fusion	143
RAG(Retrieval-Augmented Generation)	91
Reasoning and Acting(ReAct)	196
Retrieval-Augmented Generation: RAG	313
Role-Based Cooperation	336, 418, 473
RRF(Reciprocal Rank Fusion)	144
Runnable	107
RunnableLambda	113
RunnableParallel	117
RunnablePassthrough	123

S

Self-Organized Agents	229
Self-Reflection	320, 395
Set-of-Mark(SoM) 프롬프팅	59
Single-Path Plan Generator	315, 369, 446
Spider	210
StrOutputParser	84
Structured Outputs	41

T

Tavily	124
Text-to-SQL	208
TF-IDF	153
tiktoken	16
Tokenizer	15
Tool/Agent Registry	344
tool_choice 파라미터	39

V

Vector store	97
Voting-Based Cooperation	334

W

WebGPT	192
with_structured_output	80, 90, 276

Z

Zero-shot 프롬프팅	53
Zero-shot Chain-of-Thought 프롬프팅	57
Zero-shot CoT 프롬프팅	57

ㄱ

감정 분석	53
검색 증강 생성	313

ㄹ

레벤슈타인 거리	172
롬프트/응답 최적화	363
리랭크	146

ㅁ

멀티모달 가드레일	341
멀티 패스 플랜 제너레이터	317, 382, 451
문맥	50

ㅂ

벡터 데이터베이스	92
벡터화	92

ㅅ

셀프 리플렉션	320, 395
스트리밍	27, 71
싱글 패스 플랜 제너레이터	315, 369, 446

ㅇ

에이전트 디자인 패턴 카탈로그	300
에이전트 어댑터	348
에이전트 평가기	352
에이전틱 AI 시스템	230
역할 기반 협력	336, 418, 473

오프라인 평가	160
온라인 평가	160
원샷 모델 쿼리	329
인크리멘탈 모델 쿼리	330

ㅈ

자체 조직화 에이전트	229
작업자로서의 에이전트	306
조정자로서의 에이전트	306

ㅊ

체크포인트	257

ㅋ

크로스 리플렉션	322, 413, 472

ㅌ

토론 기반 협력	339
토큰	15
투표 기반 협력	334
툴/에이전트 레지스트리	344

ㅍ

파인튜닝	44
패시브 골 크리에이터	307, 360, 440
프로액티브 골 크리에이터	309
프롬프트 엔지니어링	44
프롬프트/응답 옵티마이저	311
프롬프트/응답 최적화	442

ㅎ

하이브리드 검색	154
합성 데이터(Synthetic data)	163
휴먼 리플렉션	325

랭체인과 랭그래프로 구현하는
RAG·AI 에이전트
실전 입문